SONDERZAHL

Gerhard Scheit, Wilhelm Svoboda

# Feindbild Gustav Mahler

Zur antisemitischen Abwehr der Moderne in Österreich

SONDERZAHL

Publiziert mit Unterstützung des Bundeskanzleramtes – Kunstsektion
und der Kulturabteilung der Stadt Wien

Alle Rechte vorbehalten
© 2002 Sonderzahl Verlagsgesellschaft m.b.H., Wien
Satzbelichtung: VISCOM GmbH, Wien
Schrift: BaskervilleBook
Druck: REMA*print*, Wien
ISBN 3 85449 196 4

Umschlag von Thomas Kussin

# Inhalt

Vorwort: Die Fischpredigt **7**

1. Der große Aufschwung: 1918–1923 **11**

   Das Mahler-Fest: Mengelberg in Amsterdam 1920 – Noch ein Mahler-Fest: Oskar Fried in Wien 1920 – Das Evangelium der Mahler-Gemeinde: Mahler in den *Musikblättern des Anbruch* – Mahler und das Judentum in der Musik: Max Brod

2. Die langsame Wende: 1924–1933 **35**

   Die Uraufführung des Fragments der ›Zehnten‹ – Arbeitersymphonie-Konzerte und ein Mahler-Denkmal für die Erste Republik – Integration und Ausgrenzung – Anbruch einer neuen Deutung: Das zweite Mahler-Heft des *Anbruch*

3. Das Feindbild: 1934–1945 **56**

   Gefeiert und verfolgt – Bruno Walter und das Feindbild – Willi Reich, Ernst Krenek, Theodor W. Adorno, Hermann Scherchen: Mahler und die Moderne im »Ständestaat« – Mahler im Exil

4. Die erfolgreiche Abwehr: 1945–1959 **127**

   Der zaghafte Beginn – Die Causa Krips – Der ausbleibende Erfolg – Erwin Ratz und die Gründung der Internationalen Gustav Mahler Gesellschaft – Exkurs: Gösta Neuwirth und das Studium der Musikwissenschaft in Wien – Mahler und die Musikgeschichte des Abendlandes – Die späten fünfziger Jahre

5. Rückzugsgefechte: 1960–1988 **185**

   Die Mahler-Gedenkjahre 1960/1961: Intermezzo oder Neubeginn? – Adorno in Wien – Der kurze Atem des Gedenkjahres – Druck von außen: Leonard Bernstein, die neuen Mahler-Dirigenten und die zivilisatorische Leistung des internationalen Musikbetriebs – Von der Renaissance zur Postmoderne?

Interviews **269**

    Pierre Boulez  269
    Gösta Neuwirth  281
    Ernst Scheit  290

Anmerkungen  **293**
Dokumente  **327**
Personenregister  **329**

# Vorwort: Die Fischpredigt

> *Ich war grad in Österreich und hab da u.a. das kleine Häuschen in Steinbach am Attersee betrachtet, wo der Mahler die II. und III. Sinfonie schrieb: es dient heute als Toilette für einen Campingplatz: – und das ist die Kulturgeschichte ...*
>
> Hans Wollschläger[1]

Die Gustav Mahler-Gesellschaft hat das Komponierhäuschen in Steinbach am Attersee mittlerweile in eine kleine Gedenkstätte für Gustav Mahler umgewandelt. Sie konnte im Mai 1985 eröffnet werden. Hatte einst die Toilettenanlage (das Häuschen diente auch als Waschküche und Schlachthaus) die Erinnerung an Gustav Mahler auf mehr als groteske Weise ausgelöscht, so ist mit deren Beseitigung wiederum jene »Kulturgeschichte« ausgelöscht, von der Wollschläger spricht. Die aggressive Verdrängung wich einem friedlichen Nebeneinander: heute steht das als Miniaturmuseum adaptierte Häuschen inmitten eines Campingplatzes. Der interessierte Besucher, der den Schlüssel in jenem nahen Gasthaus erhält, in dem bereits Mahler logierte, kann darin einiges über den Komponisten erfahren und verschiedene Faksimiles studieren, während sich draußen in Badehosen und Bikini die Feriengäste vergnügen, und an den kleinen Fenstern ab und zu Kinder ihre Nase plattdrücken. Ist diese Idylle, dieses beziehungslose Nebeneinander von Verehrung und Ignoranz nicht ein schönes Bild für die gegenwärtige Situation der Mahler-Rezeption – ja für jenen gesellschaftlichen Zustand, der gerne mit dem Ausdruck Postmoderne bezeichnet wird? Gustav Mahler jedenfalls würde heute gewiß die absurde Lage seines Komponierhäuschens frappieren: sie paßt nicht schlecht zu seiner Musik, etwa zu *Des Antonius von Padua Fischpredigt*.

Die vorliegende Studie, die mit dem Ende der alten Ordnung im

Ersten Weltkrieg einsetzt, versucht zu dokumentieren, wie es dazu kam – und hofft insgeheim, damit etwas zu retten: ein Bewußtsein von Geschichtlichkeit, das angesichts der beschriebenen Lage des Komponierhäuschens verloren zu gehen droht.

Es handelt sich dabei nicht allein um eine Rezeptionsgeschichte. Im Falle Mahlers führt die Rezeption direkter als bei anderen Komponisten ins Zentrum des Werks: die Geschichte der Verdrängung seiner Musik vermag über diese selber Entscheidendes zu sagen. Hier liegt der rationale Kern des ›Prophetischen‹, das man der Person und dem Werk Mahlers immer wieder zugeschrieben hat. Damit hängt letztlich auch zusammen, daß die Kapitel über die Zeit zwischen 1933 und 1945 und über die postfaschistische Nachkriegsära, die bis heute andauert, wesentlich mehr Raum in Anspruch nehmen, als jene über die zwanziger Jahre, obwohl doch gerade die Periode nach dem Ersten Weltkrieg mit ihrer ersten großen Mahler-Renaissance als genaues Gegenstück zur späteren Verdrängung Mahlers gelten kann. Eine unserer Hypothesen lautet jedoch: die Gegner Mahlers ›wissen‹ sehr oft besser darüber Bescheid, warum sie Mahler hassen, als die Verehrer, warum sie ihn lieben. Und die Nationalsozialisten, ihre Vor-, Mit- und Nachläufer, waren die konsequentesten Gegner Mahlers. Anders als im Falle Mendelssohn Bartholdys verfolgten sie Mahlers Musik nicht nur, weil es die Musik eines Juden war, sondern weil sie von dieser Musik unmittelbar ihr Kulturverständnis, ihre Weltanschauung, ja ihre Identität in Frage gestellt sahen – weil es moderne Musik in einem bestimmten Sinn ist. Mahler galt ihnen zu Recht als Pionier der ›entarteten Musik‹. Das Feindbild ist zwar immer nur eine Projektion der Antisemiten, aber das Erstaunliche und Einzigartige an der Konstellation ist, daß Mahlers Musik auf diese Projektion gleichsam vorweg angespielt hat. Erfahrungen, die ein Jude in der antisemitischen Gesellschaft und Kultur macht, sind darin wie in keine andere Musik eingegangen. Und darum trifft sie der Haß doppelt.

Jemand, der Mahlers Musik nicht mag, muß kein Antisemit sein (viele jüdische Musikliebhaber lehnten Mahler ab, ohne auch nur im entferntesten dem Antisemitismus nachzugeben), und ein Freund der Moderne ist nicht unbedingt ein Freund von Mahlers Musik (nach 1945 galt sie in den Kreisen der seriellen Musik und der Strawinsky-Anhänger als Inbegriff des Unmodernen, Überholten). Es kommt eben darauf an, *wie* im einzelnen gegen Mahler argumentiert wird. Nur dann kann sichtbar werden, in welchem Ausmaß die Argumentation gegen die Moderne mit antisemitischen Bedeutungen politisch aufgeladen, der Antisemitismus durch antimoderne Ressentiments gleichsam ästhetisch motiviert worden ist. Dabei gehen wir davon aus, daß es sich nicht lediglich um ein Problem der Jahre 1933 bzw. 1938 bis 1945 handelt, sondern um eine Grundkonstellation dieses Jahrhunderts, mag sich das Feindbild nach 1945 auch maskiert haben; denn Antisemitismus ist nach unseren Begriffen kein bloßes Vorurteil, sondern so etwas wie ein national integrierendes Moment im Kultur- und Musikverständnis. Inwieweit die ›Musikstadt‹ Wien dabei wie schon zu Mahlers Lebzeiten zur unrühmlichsten Avantgarde zählt, auch darüber soll die Studie Auskunft geben. »Ich gehe, weil ich das Gesindel nicht mehr aushalten kann«, schrieb Gustav Mahler, als er 1907 von hier wegging.

Herta Blaukopf hat die Arbeit gelesen und zahlreiche wichtige Hinweise und Kritikpunkte geäußert. Wir verdanken ihr viel – so wenig sie auch für unsere Fehler und möglichen Fehleinschätzungen verantwortlich ist. Weiters bedanken wir uns für Hilfe und Ratschlag bei den Mitarbeiterinnen der Gustav Mahler-Gesellschaft in Wien, den Mitarbeiterinnen des Archivs der Gesellschaft der Musikfreunde in Wien, Erwin Barta (Archiv der Wiener Konzerthaus-Gesellschaft), Rainer Bischof, Rolf von Bockel, Pierre Boulez, Gerald Braun, Roland Burger (Wiener Stadt- und Landesbibliothek), Eckart Früh (Tagblatt-Archiv der Arbeiterkammer Wien), Primavera Gruber (Orpheus Trust, Wien), Peter Gülke, Oliver Hilmes, Elfriede Jelinek, Georg Knepler, Josef Kucera (Wiener Stadt- und Landesbibliothek), Leo Mueller, Gösta Neuwirth, Alfred J. Noll, Peter Petersen, Ernst Scheit, Inge Scholz (Sigmund Freud-Gesellschaft, Wien) und Manfred Wirtitsch (Bundesministerium für Bildung, Wissenschaft und Kultur).

Das Buch beruht auf einem Forschungsprojekt des österreichischen Bundesministeriums für Wissenschaft und Verkehr, das in den Jahren 1995 bis 1997 durchgeführt wurde. Es sollte ursprünglich bereits im Jahre 1998 erscheinen. Drei wichtigen Förderern und Ratgebern können wir darum nicht mehr danken: Kurt Blaukopf, Emmy Hauswirth und Walter Pass sind gestorben. Kurt Blaukopf hat als einer der wichtigsten Mahlerforscher und als der gewiß bedeutendste Musiksoziologe Österreichs unsere Arbeit mit seinem Rat begleitet; Emmy Hauswirth, die frühere Sekretärin von Erwin Ratz und ständige Mitarbeiterin der Gustav Mahler Gesellschaft konnte uns in vielen Fragen mit unermüdlicher Aufmerksamkeit weiterhelfen; Walter Pass war der Leiter des Forschungsprojekts und hat uns in jeder Phase mit großem Elan unterstützt und zur Publikation ermuntert.

Über die optimistische Einschätzung, mit der das Buch bei aller Skepsis über die Versprechungen der Postmoderne beginnt und schließt, sind die Autoren mittlerweile geteilter Auffassung. Die meisten der großen Mahler-Dirigenten der Nachkriegszeit und der beginnenden Mahler-Renaissance sind tot (Bernstein, Kubelik, Solti ...). Bei einzelnen Vertretern der neuen Generation aus Österreich und Deutschland, die nun im Rampenlicht steht, zeigt sich (von Harnoncourt bis Thielemann) eine mitunter eigenartig idiosynkratische Distanz oder sogar strikte Enthaltsamkeit, was das Mahlersche Werk betrifft, während wiederum bei anderen und auch bei Orchestern der Eindruck entstehen kann, daß dieses Werk mehr und mehr als bloße Vorlage verstanden wird, Virtuosität zur Schau zu stellen.

Vielleicht gehört es zu der neuen Situation, daß Mahler nun nicht mehr wie einstmals über Nacht verboten, sondern allmählich, sozusagen schleichend, entwertet oder zurückgedrängt wird. »... die Karpfen viel fressen, die Predigt vergessen, vergessen! Die Predigt hat g'fallen, sie bleiben wie Allen, die Predigt hat g'fallen, hat g'fallen!«

# 1. Der große Aufschwung: 1918–1923

## Das Mahler-Fest: Mengelberg in Amsterdam 1920

Mit dem Ersten Weltkrieg begann Mahlers Werk zum ersten Mal in einer größeren Öffentlichkeit zu wirken. Wie rasch und grundlegend der Wandel erfolgte, illustriert eine Bemerkung von Ernst Bloch, etwa ein Jahr vor dem Ende des Kriegs niedergeschrieben:

»Noch immer reichen die Ohren nicht aus, um mit diesem Großen zu fühlen und ihn zu verstehen. Er gilt immer noch wesentlich nur als der bedeutende Dirigent, und mancher elende Zeitungsschreiber wagt durchaus ohne Schamröte zu fragen, ob Mahler überhaupt dazu berufen war, zu komponieren, als ob es sich hier um die fünf oder sechs schwankenden Leistungen eines Harmonieschülers handelte. Fast keines der symphonischen Werke wird aufgeführt; und wenn es geschieht, dann bleibt das Ergebnis zumeist ein verlegenes Schweigen oder aber jenes bodenlos gemeine Geschwätz vom Mahlerschen Jüdeln oder Scheintitanentum, mit dem sich die sonst alles genießenden Strohwische vor der ihnen freilich artfremden Reinheit des Ernstfalls zurechtfinden.«[2]

Nach dem Zusammenbruch jener alten Ordnung, der Mahler selbst angehört hatte, war nun offenbar eine Situation eingetreten, in der diese Reinheit des Ernstfalls, wie sie Bloch in Mahlers Musik verwirklicht sah, weit über die Grenzen des Landes hinaus wahrgenommen werden konnte. Dabei ist interessant, daß Mahler in Wien bereits während des Kriegs häufiger aufgeführt wurde als all die Jahre davor: die Krisis der alten Ordnung, die in diesem Krieg heranreifte, schien nach seiner Musik förmlich zu verlangen.

»Die große Welle des geistigen Umschwungs in Mitteleuropa hat auch Gustav Mahler plötzlich emporgetragen. [...] Erst durch vollständige geistige und technische Durchdringung seiner Ausdrucksmittel wird man diese Kunst in ihrem organischen Wesen wahrhaft erleben können, wird man Inhalt und Form als ein lebendiges Ganzes erkennbar machen. Nur die

Erkenntnis dieser klassischen Meisterschaft wird Mahler auch bei ihm völkisch und weltanschaulich fremden Naturen und Rassen als einen der großen Genien der Menschheit ins Bewußtsein rufen. In Holland ist Mahlers Kunst schon in diesem Sinne klassisch geworden. Die systematische und von Grund aus aufbauende Mahler-Pflege im Amsterdamer Concertgebouw hat es erreicht. Das große Mahlerfest im Mai 1920 zeugte davon. Auf diesem Wege muß er in die Welt hinaus wirken.«[3]

Dies schrieb Rudolf Mengelberg rückblickend über das große Amsterdamer Mahler-Fest im Mai 1920 – und es ist darin so etwas wie die Programmatik der »Mahler-Pflege« der zwanziger Jahre formuliert.

Rudolf Mengelberg, Komponist und Musikwissenschaftler, war bei der Organisation des Mahler-Festes maßgeblich beteiligt und hielt zu dessen Vorbereitung und Werbung Vorträge über Mahler in Haag, Leiden und Frankfurt am Main.[4] Er war der Neffe Willem Mengelbergs, jenes berühmten Dirigenten des Amsterdamer Concertgebouw, der der eigentliche Initiator und künstlerische Leiter des Amsterdamer Festes war. Willem Mengelberg war ein unermüdlicher Mahler-Enthusiast, der seinen Ruhm in Holland von Beginn an für das Schaffen Mahlers einsetzte. Seit 25 Jahren war er bereits Leiter des Amsterdamer Concertgebouw-Orchesters und stets hatte er sich bedingungslos für Mahler exponiert (1903 hatte er die *Erste* und die *Dritte*, 1904 die *Zweite* und *Vierte*, 1906 die *Fünfte*, 1909 die *Siebente* Symphonie mit großem Erfolg dirigiert).

Tatsächlich stellte das Mahler-Fest von 1920 eine beachtliche und wirkungsvolle Würdigung des kompositorischen Schaffens Gustav Mahlers dar, wurde hier doch zum ersten Mal das Gesamtwerk in zyklischer Form geboten. Und es kann als wichtigster Anstoß zur Mahler-Welle der zwanziger Jahre gelten. Die Anerkennung, die Mahler in Wien zunächst versagt blieb, fand er zuerst in Amsterdam. Egon Wellesz stellte daher anläßlich des Amsterdamer Mahler-Zyklus mit Recht fest:

»Ist es nicht seltsam, daß man als Wiener nach Amsterdam fahren muß, um die Feier seines sechzigsten Geburtstages zu begehen. Wien, das doch, was die Kunst und die Künstler betrifft, so sehr am Persönlichen haftet, hat sich die Gelegenheit dieses Festes entgehen lassen. Hier, im sachlichen, aber kunstsinnigen Amsterdam lebt der Geist Mahlers fort.«[5]

Begleitet wurde die zyklische Aufführung des Gesamtwerks durch einige Vorträge – wobei der internationale Charakter der ganzen Veranstaltung deutlich wird: neben dem Holländer Mengelberg referierten Alfredo Casella aus Italien und vier Exponenten der Wiener Mahler-Gemeinde: Guido Adler, Felix Salten, Richard Specht und Paul Stefan. Rudolf Mengelberg bezeichnete das Mahler-Fest »als erste Brücke internationalen künstlerischen und geistigen Austausches nach dem Weltkriege«[6], ein amerikanischer Teilnehmer sprach sogar von einer »Friedenskonferenz«[7] – und es ist bezeichnend, daß Mahler für diesen Brückenschlag ausgewählt wurde und nicht etwa Beethoven, von Wagner ganz zu schweigen: die Katastrophe des Kriegs sollte offenbar nicht einfach verdrängt werden, um sich am humanistischen Erbe der Klassik gleichsam schadlos halten zu können. Mahlers Musik bot vielmehr die Möglichkeit, sich mit der Moderne und mit den unmittelbaren Voraussetzungen des Weltkriegs auseinanderzusetzen. Vor allem aber bedeutete Mahler auch eine Chance, gewisse Ideologien der deutschnationalen Musikgeschichtsschreibung zu überwinden, die im Ersten Weltkrieg zu höchster Blüte getrieben waren. So weist Herta Blaukopf in ihrem Artikel über das Mahler-Fest darauf hin, daß einer der aus Wien angereisten Vortragenden, der Universitätsprofessor Guido Adler, noch fünf Jahre zuvor, vom Kriegswahnsinn angesteckt, die Eliminierung der »Halbweltsmusik« von Puccini und Giordano aus dem deutschen Kunstbetrieb forderte. »Der Gerechtigkeit halber sei gesagt, daß Adler 1917, also noch während des Kriegs, zur Besinnung kam und sich öffentlich zum Völkerverbindenden der Musik bekannte.«[8]

Während des Mahler-Festes wurde von den ausländischen Gästen ein Manifest verfaßt, das neben vielen anderen Prominenten, Alfredo Casella und Arnold Schönberg, unterzeichneten. Darin hieß es:

»Beyond and above the aestetic feasts which we have enjoyed in the common worship of a single genius [...] and in doing homage to the great artist whose superhuman effort and self-sacrifice have made this festival a success, we feel that the great importance of this occasion lies in its universal social aspect. The way is pointed here to the great goal towards which musicians must arrive in the years to come; to rebuild the broken spiritual bridges between the peoples.«[9]

Das Mahler-Fest sollte also eine Versöhnung zwischen der deutschen bzw. österreichischen Tradition und der Musik der Entente-Länder einleiten.

Alfredo Casella war, wie Herta Blaukopf schreibt, »unter den Vortragenden der bekannteste Künstler, noch dazu einer, den Mahler geschätzt und gefördert hatte. So fiel ihm die ehrenvolle Aufgabe zu, in einer Matinee am 7. Mai 1920 die eigentliche Festrede – in französischer Sprache – zu halten.«[10] In diesem Vortrag eröffnete Casella eine neue Perspektive auf das Werk Mahlers: nicht dessen Zusammenhang mit der symphonischen Tradition, sondern sein Klangsinn rücke ihn ins Interesse der Gegenwart, da die moderne Musik dem Klang überhaupt erst zu seinem Recht verholfen habe. So nannte Casella Mahler einen »Poète de timbres« – »le genial inventeur des nouvelles sonorités«, »le chercheur inlassable des rapports sonores inconnus«.[11]

Eigentlich blieb diese moderne Sichtweise der einzige originelle Beitrag dieses ›Symposiums‹. Es folgten die aus Wien angereisten Mahler-Verehrer: Adler, Stefan, Salten und Specht – über deren Gemeinsamkeiten Herta Blaukopf schreibt:

»Selbstverständlich gehörten die vier Vortragenden zu Mahlers Freunden. Gemeinsam war ihnen überdies ihre jüdische Herkunft. Die österreichische Kultur wurde seit Beginn der Emanzipation im 18. Jahrhundert in steigendem Maß von Österreichs jüdischen Bürgern mitgestaltet, und daß sich um einen Hofoperndirektor jüdischer Abkunft im Zeitalter des politischen Antisemitismus viele Gleichbetroffene geschart hatten, ist allzu natürlich.«[12]

Die Frage aber ist, ob diese Konstellation sich nun nach dem Ersten Weltkrieg fortsetzte, zuspitzte oder abschwächte. Die Tatsache, daß kein einziger nicht-jüdischer Vortragender aus Wien angereist war, legt nahe, daß die Front zwischen Mahler-Freunden und

Mahler-Feinden in Wien weiterhin eine Frage der konfessionellen Herkunft im buchstäblichen Sinn blieb.

Guido Adler nahm in seinem Vortrag auf Mahler als Künstler und Mensch Bezug. Es folgte Paul Stefan, aus Brünn stammend, der jüngste der Vortragenden und auch der entschiedenste, was das Engagement für Mahler betraf.[13] Er sprach in Amsterdam über »Gustav Mahler und das Theater«, wobei er Mahlers Kapellmeisterlaufbahn durch die Provinztheater verfolgte, seine Arbeit in Budapest und Hamburg beschrieb und schließlich den großen Wiener Opernreformator feierte. Stefan sollte drei Jahre später die Redaktion der Wiener *Musikblätter des Anbruch* übernehmen und in dieser Funktion weiterhin für Mahler wirken. Tatsächlich war er einer der wenigen Mahler-Verehrer, die sich auch offen gegen antisemitische Attacken auf Mahlers Musik zur Wehr setzten: so replizierte er im Jahr 1922 auf einen Schmähartikel gegen Mahler und die Mahlerwelle in einer neuen deutschen Musikzeitschrift:

»›Götze Mahler‹. Unter diesem Titel geht es fastnachtskunterbunt über vier Seiten einer Musikzeitschrift des neuesten Deutschen Reiches (das Papier soll da teuer sein). [...] Was der Verfasser, offensichtlich bemüht, nicht in den antisemitischen Jargon zu verfallen, zwar nicht sagt, aber gern sagen möchte, wäre von einem der deutschen Sprache besser Kundigen ungefähr so auszudrücken: die Bedeutung, die man Mahler anschwindelt, der Reklamelärm um seine Werke, verhindern den Aufgang des neuen großen ›germanischen‹ Gestirns dieser Tage. Beruhige sich der besorgte Mann! Während Mahlers Wesen von einer immer breiteren Öffentlichkeit immer besser erkannt wird, seine Größe, honoriert von ›Jud und Christ‹, bleibt Raum, Zeit und Aufmerksamkeit genug für Neuere, welcher Art sie auch seien. Das Licht vom Himmel läßt sich nicht verhängen. Aber es muß freilich erst da sein.«[14]

Felix Salten und Richard Specht sprachen in der Amsterdamer Matinee vom 14. Mai 1920. Salten war kein Musikspezialist. Im Unterschied zu Stefan gehörte er zu einer Gruppe von (meist älteren) Mahler-Verehrern (Hermann Bahr, Arthur Schnitzler), die Mahler nicht im Zusammenhang mit der Moderne sehen konnten oder wollten. Vor allem auch das Verhältnis zu Karl Kraus bezeichnete hier eine Demarkationslinie zwischen den Kreisen der Mahler-Freunde. Salten referierte in Amsterdam auch gar nicht über Mahler, sondern über »Wien und die Musik« – »ein gefälliges Feuilleton, das unter Berufung auf Walther von der Vogelweide, Haydn, Mozart, Beethoven, Schubert, Bruckner und Mahler die üblichen Gemeinplätze ausbreitete«.[15] Nicht zufällig wurde gerade dieser Vortrag in der Wiener *Neuen Freien Presse* publiziert.[16] Richard Specht war ebenso kein Musikspezialist im engeren Sinn – aber immerhin begleitet er am 3. Februar 1926 am Klavier ein Mahler-Liederprogramm im Musikverein[17]. Specht schrieb u. a. Bücher über Johann Strauß, Richard Strauss, Arthur Schnitzler (wie Schnitzlers Tagebuch zeigt, fungierte Specht als eine Art Vermittler zwischen Mahler und Schnitzler, der den Komponisten ungemein verehrte) und hatte sich auch selbst einige Zeit als Dichter versucht, wovon nicht zuletzt sein Vortrag in Amsterdam Zeugnis ablegt – »ein Hymnus in Prosa« (Herta Blaukopf):

> »In diesen Tagen, die Feste im Hohen Sinne Mahlers bedeuten, wie wir sie seit seinem Hingang kaum mehr erleben durften und die noch mehr als Feste sind: das ergreifende Erlebnis der Heraufkunft einer Unsterblichkeit, das wundervolle und befreiende Mysterium, ein großes Menschenleben zu den Sternen versetzt zu sehen.«[18]

Es handelte sich also bei dem Fest in Amsterdam nicht zuletzt um eine Apotheose: die Vergöttlichung Mahlers. Doch es war – und das ist das durchaus Neue an diesem Kult – die Apotheose eines internationalen Gottes nach der Götterdämmerung der Nationen. Das Ambiente dieser kultischen Verehrung und die Aura ihres Oberpriesters beschreibt Egon Wellesz in seinem Bericht für die Wiener Presse:

> »Man kommt in den großen Saal des Concertgebouw zur ersten Festaufführung. Das Podium ist mit roten Azaleenkränzen geschmückt, hinter dem Chor, der das Orchester umgibt, sind Lorbeerbäume aufgestellt, im Vordergrund des Podiums steht die Büste Mahlers. Mengelberg kommt, von minutenlangen Beifallsstürmen begrüßt. Lautlose Stille tritt ein.«[19]

## Noch ein Mahler-Fest: Oskar Fried in Wien 1920

Im Herbst 1920 fand auch in Wien ein erster großer Mahler-Zyklus statt. Aber bereits in den beiden vorangegangenen Jahren waren in zahlreichen Konzerten Werke von Mahler zur Aufführung gebracht worden. Hatten die Erfahrungen des Kriegs, des Zusammenbruchs der alten Ordnung und der Unruhen der neuen tatsächlich auch in Wien das Interesse an Mahlers Musik in breiteren Schichten des Publikums nachhaltig geweckt? Jedenfalls war hier zum ersten Mal eine Mahler-Begeisterung zu verspüren, die über einen kleinen Kreis von Eingeweihten hinausging.

Im Zyklus von 1920 dirigierte Oskar Fried bei sämtlichen Aufführungen das Wiener Sinfonie-Orchester (veranstaltet vom Verein Wiener Tonkünstlerorchester). Keine Vorträge begleiteten diese Veranstaltung, und auch das publizistische Echo blieb weit hinter dem des Amsterdamer Festes zurück. Es war kein wirkliches Fest, sondern im Unterschied zu Amsterdam gleichsam eine Studienausgabe der Mahlerschen Werke. Was das Engagement und den Enthusiasmus der Künstler und eines Teils des Publikums betrifft und wohl auch die Wirkung auf das Musikleben der Stadt, konnte dieser Zyklus sich allerdings durchaus mit Amsterdam vergleichen. Aufgeführt wurden – in größeren Abständen als in Amsterdam – neben dem *Lied von der Erde*, den *Wunderhorn-Liedern*, den *Liedern eines fahrenden Gesellen*, den *Kindertotenliedern* und dem *Klagenden Lied* alle Symphonien außer der *Achten*. Der Zyklus begann am 20. September mit der *Zweiten* und endete am 23. Oktober 1920 mit der *Neunten*.

Der Dirigent und Komponist Oskar Fried, 1871 in Berlin geboren, nahm nun für kurze Zeit in Wien gewissermaßen die Stellung von Willem Mengelberg ein. Er hatte Gustav Mahler im Frühjahr 1905 persönlich kennengelernt[20] – und gewann, wie die Briefe Mahlers zeigen, rasch sein Vertrauen. Verbürgt ist, daß Mahler ihn insbesondere als Interpreten seiner *Zweiten* schätzen lernte – er bekannte, daß er sein eigenes Scherzo so nicht getroffen haben würde.[21] In einem Brief vom August 1906 schrieb er an Fried:

»Lieber – Fried – werden Sie ein wenig netter gegen die Menschen, die ja nicht verstehen können, woher ihr Wesen fließt. Ich verweise sie immer nur auf mich, der ja das Alles zur Genüge kennt. Mich hat schließlich dieses ewige Mißverstandenwerden, und die Hindernisse, die sich dadurch für die *Sache* aufthürmen, der man nachstrebt, auch genöthigt mit den Thierchen einen modus vivendi zu finden. Und – vergessen Sie nicht – unseren Hauptfehler die Race, können wir nicht ändern. Da müssen wir wenigstens trachten, die wirklich störenden Äußerlichkeiten unseres angeborenen Wesens ein wenig zu mildern. Dafür wollen wir dann *sachlich um so weniger nachgeben*. Ich hoffe das Beste und verzagen Sie ja nicht! Herzlichst in der Eile der Abreise Ihr Mahler«.[22]

Der spezielle Hinweis auf die Interpretation des grotesken Scherzos der *Zweiten* und Mahlers sehr persönliche Worte an Fried (bei den Worten vom »Hauptfehler der Race« ist eine Ironie im Spiel, die die Nähe der beiden Musiker erahnen läßt) geben zu erkennen, daß es sich hier um einen Dirigenten handelt, der durchaus bereit war, die Provokationen, die von Mahlers Musik ausgingen, zu exponieren und kaum danach trachtete, sie zu mildern, um nur ja nicht den Zorn der Antisemiten (der »Thierchen«) auf sich zu ziehen. Fried, der nach 1920 nur mehr selten in Wien auftrat, setzte sich schließlich in den zwanziger Jahren von Berlin aus mit Entschiedenheit nicht nur für Mahler, sondern für die europäische Moderne insgesamt, etwa für Strawinsky, Delius und Busoni, ein. (Busoni widmete ihm sein op. 43.) So gesehen scheint Oskar Fried von Anbeginn der Antipode von Bruno Walter gewesen zu sein – ja man könnte fast sagen, daß sich Walter in seinem ganzen Auftreten, in seiner Arbeit mit dem Orchester und in seiner Interpretation der Mahlerschen Musik von vornherein an die Ratschläge gehalten hat, die Mahler eigentlich Fried gegeben hatte. Und Fried und Walter waren die beiden großen Mahler-Dirigenten der zwanziger Jahre im deutschsprachigen Raum. Für diese Gegensätzlichkeit von Frieds und Walters Auffassung sprechen auch die Rezensionen des Mahler-Zyklus.

Über die *Zweite* unter Fried findet sich in der *Arbeiter-Zeitung*, die Mahler prinzipiell positiv gegenüberstand, folgende Kritik:

»Wenn Fried auf solche Melodien, die vom gesund-hausbackenen Mahlerverstand als banal verschrien sind, förmlich losstürzt, um sie in nüchterner Art zu dozieren und nach Möglichkeit streng periodisch zu gliedern, tut er unseres Erachtens der Gesamtwirkung Schaden an. Er bringt dadurch Schwerpunkte in die musikalische Kadenz, welche die unwägbar über dem Werke schwebende, ›philosophische‹ Kadenz empfindlich stören.«[23]

Der Kritiker möchte offenbar Mahlers Musik näher zur Romantik hingerückt haben, als Fried dies bereit ist zu tun. Möglicherweise hat Fried damals Mahler ähnlich »nüchtern« und rational-durchsichtig dirigiert wie heute Pierre Boulez:

»alles viel zu sehr erklügelt; wenn das scharfe, gewissenhafte Durchdenken der Partitur die Vorauslegung für die vollwertige Wiedergabe eines Werkes darstellt, dann ist Fried bei diesem Stadium stehen geblieben oder er kann darüber nicht hinaus. [...] Mahler hat in bewundernswerter Selbstüberwindung die Wege, die er in der *Ersten* geht, die ja zum Großteil in taubes Gestein führen müssten, in seinen späteren Werken verlassen – welch gewaltiger Sprung von der *Ersten* zur *Zweiten* Symphonie!«[24]

Wieder läßt der Rezensent deutlich die Tendenz seines Mahler-Verständnisses erkennen, wenn er ihn in der *Ersten* auf dem Weg in »taubes Gestein« wahrzunehmen glaubt, während ihm die *Zweite* – die eher mit Bruckner und der romantischen Symphonietradition assoziiert zu werden vermag – als gewaltiger Sprung erscheint. Die Vorbehalte des Kritikers bringen offenbar in gemäßigter Form die allgemeine Publikumsstimmung zum Ausdruck, von der der Kritiker sich jedoch distanziert:

»Im Verlauf der beiden letzten Sätze der *Ersten* Symphonie setzte ein Abwandern des Konzertpublikums ein, daß sich bis zum Schluß steigerte und gegen das Ende zu, in eine förmliche Flucht ausartete. Dieses vorzeitige Weggehen, das immer in mehr oder weniger rücksichtsloser Weise durchgeführt wird, richtet sich augenscheinlich wieder gegen einen Ritter vom Geist, den man anzugreifen nicht mehr den Mut hat, den man aber in der allerdings noch problematischen Form, wie sich Mahler in der *Ersten* Symphonie gibt, auch öffentlich als äußerst unbequem empfinden darf. Wir machen nun den Vorschlag, bei Werken wie Mahlers *Erster* und ähnlichen eine Tafel ›gefährlich‹ oder sogar ›sehr gefährlich‹ aufziehen zu lassen, damit sich die Leute, denen nicht geholfen werden kann, rechtzeitig in Sicherheit bringen oder in einen Sammelraum begeben können, von wo aus sie in geräuschloser Art die Flucht ergreifen mögen, wenn sie es nicht mehr ›aushalten‹. Daß derartige Musik unseren wackeren Spießern Verdauungsschwierigkeiten bereitet, finden wir begreiflich, möchten aber dadurch nicht im Genuß eines hochinteressanten Werkes gestört zu werden.«[25]

So trifft die *Arbeiter-Zeitung* sehr genau die Situation der Mahler-Rezeption um 1920: im Gegensatz zur Jahrhundertwende sucht die Aversion gegen Mahler keinen artikulierten antisemitischen Ausdruck, bleibt vielmehr stummer Protest, der sich vermutlich lautstark im privaten Kreis und am Stammtisch der deutschnationalen Musikfreunde entlud. Mahler wurde nach wie vor als äußerst unangenehm empfunden – und es waren immer dieselben »Stellen« seiner Symphonien, die provozierten: so setzte das Weggehen im Publikum gerade im dritten Satz der *Ersten* ein, worin Mahler Heterogenstes zusammenzwingt: so etwa die ›ausgeleierte‹ Melodie vom Bruder Jakob mit einer gleichsam surrealistisch ins musikalische Bild gerückten Dorfmusikkapelle. Aber man hatte vielleicht vorläufig nicht den Mut, Mahler offen und öffentlich anzugreifen. Daraus gewinnt nun seinerseits der Kritiker der *Arbeiter-Zeitung* seinen Mut, über die Mahler-Gegner zu spotten: er ist getragen von der Gewißheit, daß die Schlacht für Mahler gewonnen ist und daß die Verlierer sich einfach nur mehr zurückziehen müßten vom Schlachtfeld, damit der Sieg gefeiert werden könne.

Aus heutiger Sicht erscheint es freilich als eine Verharmlosung, in den antisemitischen Mahler-Gegnern bloß »Spießer« zu sehen, deren Zeit ohnehin abgelaufen sei. So betrachtet auch Soma Morgenstern in seinen Erinnerungen die stumme Ablehnung Mahlers in den zwanziger Jahren als viel gefährlicher – selbst im Vergleich zu den lautstarken Protesten der Jahrhundertwende. Durch den Weltkrieg war ein antisemitisches Potential entstanden, das zuvor gar nicht existierte:

»Daß es Zeit seines Lebens einen Kampf um Mahler gegeben hat, ist die Schande nicht nur der Stadt Wien. Es hat fast überall einen Kampf um das ›Neue‹ in der Kunst gegeben. Aber die Mittel, deren man sich in diesem Kampf bediente, hatten bereits den autochthonen deutschösterreichischen

Geruch. Es war noch nicht die teutonische Volkswut über den verlorenen Weltkrieg, die sich später in dem unbedingten Glauben an die Dreieinigkeit von Volk, Reich und Führer den Weg nach Auschwitz bahnen sollte.«[26]

Allerdings überwog 1920 noch der zurückhaltende Einwand – wie ihn folgende Besprechung dokumentiert:

»Man kann wohl schon mit ziemlicher Sicherheit behaupten, daß der zwiespältige problematische Eindruck, den manche Mahlersche Schöpfungen bis heute machen, wohl niemals gänzlich verschwinden wird, weil er eben tief im Wesen und in der Begabung dieses Komponisten begründet ist. Es kann wohl kaum bezweifelt werden, daß dieser Mahler-Zyklus im ganzen eine Enttäuschung war und bei wenigen das Verlangen nach einer Wiederholung erweckt haben dürfte.«[27]

Heinrich Kralik scheint in seiner Kritik über den Mahler-Zyklus etwas davon zu ahnen, daß der Mahler-Begeisterung nach dem Krieg in Wahrheit das Fundament oder der lange Atem fehlt; daß sie im Gegenteil etwas verdecken könnte:

»Man möchte warnen, bremsen, zurückhalten. Aus allen Konzertsaalhimmeln taut es, regnet es Mahler herab. Die Flut kam überraschend, förmlich über Nacht, alle kühnsten Prognosen überbietend. Ist das noch organisches Wachsen und Werden, oder geht im geheimen ein Zauberlehrling um, der dem alten, edlen Geist der Tonkunst ins Handwerk pfuscht und sein ruhiges, sicheres, gesetzmäßiges Halten stört? Das laute Lied des Mahlerschen Kunstwerkes hat etwas Beklemmendes. Als könnte es noch Überraschungen, trotz allen Tatsachen, die ja durch Zeugnis und Beweis genügend erhärtet sind. Bei so jähem Durchbruch einer gerechten Sache mischt sich in die Genugtuung ein leiser bitterer Beigeschmack, die Erwägung, daß das Verständnis vielfach allzu billig erkauft wurde, daß nicht jeder ein ehrlicher Freund, der heute am du und du mit Gott, mit Mahler und Symphonie steht. [...] Vor allem aber: man hat es gelernt, Mahler zu hören. Die Dinge, die einstmals ästhetische Fallen und Wolfsgruben waren, sind nicht andre geworden; nämlich die Gegenstände von trivialem, gassenhauerischen burlesken Aussehen inmitten des geweihten symphonischen Bezirkes. Aber wir hören heute besser über das [...] hinweg, suchen mit mehr Erfolg ein wirkendes Prinzip jenseits der akustischen Erscheinungsform – womit freilich auch für allerlei vage subjektive Wünsche und Meinungen der Zutritt offensteht.«[28]

Heinrich Kralik, der sich noch in der Zweiten Republik mit besonderem Einsatz für Mahler engagieren sollte, vertrat eine deutlich konservativ geprägte Mahler-Interpretation, die in Bruno Walter ihre ästhetische Erfüllung fand: nach dieser Auffassung gilt es, Mahler in die Klassik und Romantik des 19. Jahrhunderts einzubauen.

Ein besonders merkwürdiges Phänomen dieser Jahre ist der Versuch, Mahler selbst als großen Komponisten der Menschheit zu würdigen – und zugleich seine Verehrer und Förderer antisemitisch zu stigmatisieren. So schreibt etwa Theodor Haas im *Musikalischen Kurier*:

»Es wäre fürwahr zum Lachen, was heute mit dem Namen Mahlers getrieben wird – zum Lachen, wenn es nicht so widerlich wäre! Heute, da sich der Todestag des großen Künstlers bald zum zehnten Male jähren wird, nachdem diese ganze Zeit über die bekannte finstere Stille der undankbaren Nachwelt geherrscht hatte, ist über Nacht ein lärmendes Getue losgebrochen, als ob es sich hier nicht um den geweihten Namen eines Genius handeln würde, sondern als ob es gälte, eine neubegründete ›Firma‹ in die Welt zu schreien. Erst angegriffen, verhöhnt und ausgepfiffen – und nachher auf den Schild gehoben: – das wäre ja schließlich nichts neues; das war schon ungezählte Male so und wird sich immer wieder bei jedem Schaffenden wiederholen, der der Masse keine Konzessionen macht. Wozu aber Gustav Mahler gegenwärtig mißbraucht wird, das ist ein weit unwürdigeres Schauspiel. Denn heute ist man am Werke, Mahler die Gloriole echten Künstlerruhms zu nehmen, um ihm dafür die Krone Zions auf das Haupt zu drücken. Als Rudolf Louis vor mehr als zehn Jahren sein ganzes Unverständnis von Mahlers Musik in den Worten offenbarte, er lehne sie ab, weil sie ihm ›zu jüdisch‹ sei, da erhob sich ein gewaltiger – berechtigter! – Sturm gegen diese in keiner Weise zutreffende Äußerung. […] Seine Musik ist der Weltgeist in Klängen und es ist Blasphemie, eine so erhabene Tonsprache als ›jüdisch‹ bezeichnen zu wollen. Wenn aber etwas jüdisch ist, dann ist es das ›Geserres‹, das ›Geschmus‹, die Reklame, die heute mit und um Mahler getrieben wird, und die – hätte er sie erlebt – er sich gewiß mit den schärfsten Worten verbeten hätte.«[29]

Besonders bemerkenswert aber ist, daß die christlichsoziale *Reichspost*, eine Stütze des Antisemitismus von jeher, keinerlei abwertende Bemerkung über Mahlers Werk in ihrer abschließenden Besprechung von Frieds Zyklus macht:

»Derartige zyklische Veranstaltungen, die das Schaffen eines Meisters in seinen wichtigsten Werken miterleben lassen, haben stets einen bedeutenden erzieherischen Wert und lassen im Hörer immer wieder neue Erkenntnisse reifen. Oskar Fried, ein persönlicher Freund des verstorbenen Komponisten, ist gewiß einer der berufensten Interpreten Mahlers. Am stärksten ist er dort, wo es gilt, die komplizierten Klang- und Rhythmuskombinationen, die verwickeltsten kontrapunktischen Schürzungen, an denen die späteren Werke Mahlers immer reicher werden, dem Hörer möglichst klar und deutlich hinzubreiten. Wo Mahlers Werk am geistreichsten ist, dort scheint Fried am besten zu Hause zu sein. Dies erklärt wohl auch, warum uns seine Art zu dirigieren stellenweise zu nüchtern und von akademischer Glätte, zu sehr beherrscht vorkommt.«[30]

Aus dieser Kritik läßt sich allenfalls nur ein leiser Unterton von antisemitischem Ressentiment heraushören: z. B. wenn von den »geistreichen« Stellen bei Mahler die Rede ist, die Fried am besten zum Ausdruck bringe – wurde doch den Juden immer wieder unterstellt, sie wären in den Künsten nur geistreich, aber nicht schöpferisch. Andererseits bietet die Kritik eine erstaunlich sachkundige und differenzierte Besprechung der Interpretation, die sich in vielem mit der der *Arbeiter-Zeitung* deckt, so etwa, wenn die Fähigkeit des Dirigenten hervorgehoben wird, »die komplizierten Klang- und Rhythmuskombinationen, die verwickeltsten kontrapunktischen Schürzungen, an denen die späteren Werke Mahlers immer reicher werden, dem Hörer möglichst klar und deutlich hinzubreiten«[31].

Auffällig ist, daß mit keinem Wort auf die jüdische Herkunft des Komponisten Mahler und des Dirigenten Fried hingewiesen wird – und dies zu einer Zeit, da das Judentum in der *Reichspost* zum Hauptfeind erklärt wurde. Denn die Aufführungen des Mahler-Zyklus fielen in die Zeit des Wahlkampfs für die Neuwahlen zum Nationalrat, bei denen die Sozialdemokraten starke Stimmenverluste hinnehmen und schließlich aus der Regierung ausscheiden mußten. Wenige Tage bevor die *Reichspost* also das Werk Mahlers und die Interpretation Frieds im Kulturteil würdigte, wurde im politischen Teil ununterbrochen antisemitisch agitiert: In einer Anzeige stand z. B. zu lesen:

»Keine Stimme der verjudeten Sozialdemokratie muß die Losung aller sein! – Was für einen außerordentlichen Einfluß das Judentum in der international-sozialdemokratischen Partei besitzt, geht aber vor allem andern dadurch hervor, daß die sozialdemokratische Partei der Nationalversammlung bis heute 9 Staatssekretäre in die Regierung entsandte, von welchen 6 Juden waren. Deutsche Volksgenossen! Wollet ihr euch auch noch weiterhin von volksfremden, jüdischen Führern leiten lassen? – Darauf gibt es nur eine Antwort und die lautet Nein und hundertmal nein! – Wir wollen von Männern unseres Volkes, unseres Blutes, aber nicht von Angehörigen einer fremden Rasse geführt werden. Deutsche Wähler und Wählerinnen! Gehet deshalb alle Sonntag, den 17. Oktober 1920 unbedingt und unter allen Umständen zur Wahl der neuen Nationalversammlung eures Vaterlandes und gebet eure Stimmen nur ausschließlich und allein der Liste einer deutsch-christlichen Partei!«[32]

Wer also die politische und die kulturelle Rubrik solcher Zeitungen aufeinander zu beziehen verstand, war sich wohl darüber im klaren, daß die antisemitische Polemik jederzeit wieder auf das Feuilleton übergreifen könnte. Aus den Besprechungen des Zyklus' geht außerdem deutlich hervor, daß der große Teil des Publikums wohl keineswegs zu Mahler bekehrt wurde – so groß auch die Begeisterung eines kleineren Teils gewesen sein mag, zu dem die geistige und musikalische Elite der Stadt zählte und die besonders bei der Eröffnung des Zyklus' noch den Ausschlag gegeben haben dürfte. Soma Morgenstern, der bei dieser den Zyklus eröffnenden Aufführung der *Zweiten* anwesend war, dabei Alban Berg begegnete und selbst zum ersten Mal Musik von Mahler hörte, deren »aggressiver Zauber« ihn sofort tief beeindruckte, Soma Morgenstern also beschrieb die Stimmung im Konzertsaal sehr anschaulich und doch illusionslos:

»In der großen Pause wurde ich gewahr, daß hier nicht ein gewöhnliches Publikum den größten Konzertsaal der Stadt bis aufs letzte Plätzchen besetzt hatte, um melomanisch in Emotionen zu schwelgen, wie das ja bei einem großen Auditorium vorzüglich und überall in der Welt der Fall ist. Hier war eine große Gemeinde von Kennern und Kämpfern, die bereit waren, kennerisch zu verstehen, enthusiastisch aufzunehmen und – nötigenfalls – in entschlossenem Eifer zu kämpfen, sich einzusetzen. Es war aber bereits in der Pause klargeworden, daß es diesmal einen Sieg, ja, einen Triumph ohne Kampf geben wird. Nach Abschluß des Mahler-Zyklus' gab es sogar leichtherzige Optimisten, die überzeugt waren, daß der heiß umstrittene Gustav Mahler mit seiner Musik sogar schon in Wien, wo die verbissenste Gegnerschaft gegen ihn gewütet hatte, sich durchzusetzen vermöchte. Es war aber noch lange nicht der Fall. Es ist, so grotesk es denen vorkommen mag, die das Wien und das Österreich heutzutage nur als wohlgelaunte Touristen kennen, noch heute nicht der Fall.«[33]

Dies schrieb Morgenstern allerdings viele Jahre später, nach dem Zweiten Weltkrieg.

Die Mahler-Privataufführungen, die der von Schönberg ins Leben gerufene Verein für musikalische Privataufführungen in den ersten Jahren der Ersten Republik veranstaltete, unterstreichen den Eindruck, den Morgenstern vermittelt: Mahlers Musik wurde trotz der Mahler-Welle und trotz des Zyklus' von Oskar Fried nur in einigen Kreisen wirklich und nachhaltig rezipiert, und der engste dieser Kreise war der Schönberg-Kreis. Die Konzerte des Vereins waren von vornherein klein dimensioniert und für ein ausgewähltes Publikum veranstaltet. Sie fanden etwa im Festsaal des Kaufmännischen Vereins, in der Schwarzwald-Schule, im Kleinen Musikvereinssaal oder im Kleinen Konzerthaussaal statt und die für großes Orchester geschriebenen Werke Mahlers wurden für vier Hände oder für Kammerorchester bearbeitet. Auch dies war mehr als eine praktische Konzession an die beschränkten Möglichkeiten: die Reduzierung des spätromantischen Orchesterapparats auf kammermusikalische Dimensionen entspricht der Perspektive, in der die Zweite Wiener Schule nunmehr Mahlers Werk rezipierte: Wert wurde auf Kontrapunktik und Durchsichtigkeit gelegt und nicht so sehr auf das Klangerlebnis. Es verwundert darum nicht, daß man hier die weniger populären Symphonien am häufigsten zu hören bekam. So spielten Eduard Steuermann und Ernst Bachrich zwischen 1918 und 1920 vier Mal die *Siebente* in einer Bearbeitung für vier Hände von Alfredo Casella, zwei Mal die *Sechste* in einer Bearbeitung für vier Hände von Alexander Zemlinsky; aber auch bekanntere Werke wurden in einer leicht verfremdeten Form gegeben: Arnold Schönberg dirigierte mit einem Kammerorchester die *Lieder eines fahrenden Gesellen*, Erwin Stein dirigierte ebenfalls mit einem Kammerorchester seine eigene Bearbeitung der *Vierten*.

## Das Evangelium der Mahler-Gemeinde: Mahler in den *Musikblättern des Anbruch*

Das Mahler-Heft der *Musikblätter des Anbruch* vom April 1920 präsentiert genau jene optimistische Perspektive, von der Soma Morgenstern bereits ironisch zurückblickend berichtet: Mahlers Zeit habe endlich begonnen, so lautet der Grundtenor. Das Heft wird im Hinblick auf das bevorstehende Amsterdamer Ereignis eröffnet mit einem Beitrag Guido Adlers »Zum Mahler-Fest in Amsterdam«, der gerührt für die große Feier des Komponisten dankt, und einem Teilabdruck einer Studie des kurz zuvor verstorbenen deutschen Musikschriftstellers Otto Neitzel über »Gustav Mahler und das Amsterdamer Concertgebouw« aus dem Jahre 1916. Es folgt ein Aufsatz von Hugo Kauder »Vom Geiste der Mahlerschen Musik«, der die Kompositionen ganz im Sinne der deutschen Romantik und Metaphysik deutet. Hier zeigt sich der religiöse Zug, den die Mahler-Rezeption angenommen hat, sehr deutlich:

> »So hat denn Mahler bis an sein Ende nicht abgelassen, unaufhörlich nach der höchsten Vollendung zu ringen. Und als ein Siegreich-Vollendeter ist er von uns gegangen, uns in seinem Werke sein Wesen und seine Welt hinterlassend. Mahlers Weltbild ist das gleiche wie das Jakob Böhmes, des tiefsten Denkers der deutsch-christlichen Welt, und seiner Geisteserben, der großen Romantiker Novalis und Schelling: ein Christentum, das jedoch die Sinnenwelt nicht als ›Reich des Teufels‹ verneint, vielmehr in ihr Abglanz und Gleichnis des Göttlichen erblickt.«[34]

Etwas zurückhaltender in der Deutung ist die Interpretation der »Welt der *Fünften, Sechsten* und *Siebenten* Sinfonie Mahlers« durch Kauders Schüler Hans Ferdinand Redlich, deren Verdienst allein schon darin liegt, die weniger populären und als schwierig geltenden Werke in den Mittelpunkt zu rücken. Statt religiöser und metaphysischer Kategorien bevorzugt Redlich eher vitalistische, so etwa wenn er schreibt: »In diesen drei Sinfonien hat Mahler seine Welt- und Blut-Instinkte bis zum äußersten spielen lassen.«[35] Kennzeichnend für diese Phase der Mahler-Rezeption ist auch, daß Redlich die mittleren Symphonien letztlich doch nicht in ihrer Eigenart herausarbeitet, sondern als Werke des Übergangs betrachtet, die gleichsam ihren Sinn im später Geschaffenen haben: »[...] ohne Würdigung dieser Mittel-Periode bleibt die ungeheure Steigerung der *Achten Sinfonie* unverständlich«.[36] Das Code-Wort für diese Art der Mahler-Rezeption lautet »Vollendung«; indem die *Achte Mahler* unter diesem Begriff mit der *Neunten Beethoven* assoziiert wird, erscheinen die vorangegangenen Symphonien als bloße Stufen auf dem Weg zur Vollendung. Abgesehen von dieser teleologischen Struktur, die wie ein Tribut ans 19. Jahrhundert wirkt, vermag Redlich allerdings als einziger in diesem Sonderheft des *Anbruch* wirkliche Einblicke ins Musikalische zu eröffnen, mit einer etwas unbeholfenen Argumentation tastet er sich an den modernen Gehalt der drei Symphonien heran:

»Vom harmonischen Standpunkt betrachtet, erscheint Mahler hier als Analytiker. Er geht gewissermaßen von einer ›imaginären‹ kompakten Akkordik aus und zerlegt sie kontrapunktisch in parallele und divergente Linien. In der ersten Epoche war der umgekehrte Vorgang zu beobachten. Hier schossen die einzelnen Bogenlinien zu schwebenden Ballungen zusammen. Diese Umstände bringen es mit sich, daß die ›resultierende‹ Kombination – vor allem durch tonal selbständige Instrumentalgruppen unterstützt – in wuchernder Mannigfaltigkeit sich ausbreitet. Die kontrapunktische Kombination geht aus der Parallelität der ersten Periode in eine ›Verschränkung‹ über. Diese ›Verschränkung‹ aber führt zu einer unendlich komplizierten, gleichsam gestaffelten Rhythmik. Die Rhythmik dieser drei Sinfonien erscheint vom genetischen Standpunkt sekundärer Natur zu sein. Sie stellt sich als eine Resultante der harmonisch-instrumentalen Kombination dar. Aus dieser allgemeinen Verschränkung folgt, daß zueinander beziehungslose tonale Systeme unwillkürlich aneinanderstoßen, ja sich vermischen. Hieraus erklärt sich das bei Mahler sonst äußerst seltene Schwanken der Tonalität bis zur – scheinbaren – Negation derselben. (Selbst das a-Moll der *Sechsten* Sinfonie entwickelt sich zu einem sehr weiten Begriff.) [...] Gleich geblieben mit früher – ja sogar verstärkt – erscheint die solistische Orchesterbehandlung. Im Prinzip des orchestralen Individualismus blieb sich Mahler eben stets gleich. Nur ist die Führung hier infolge der angedeuteten Umstände noch schroffer und rücksichtsloser.«[37]

Durch die Analyse ist Redlich offenkundig auch aufgegangen, wie weit man allgemein noch vom Verständnis dieser Werke entfernt ist – und mit dieser erstaunlichen Erkenntnis, die er wiederum nur in einer Art religiösen Terminologie formulieren kann, schließt der Essay:

»Es wird wohl noch lange währen, bis dieser Komplex restlos in unsere Psyche aufgegangen ist […] So sind diese drei großen Werke recht eigentlich das Vermächtnis Gustav Mahlers. Und wir sollten in Demut dies Vermächtnis bewahren und warten, bis auch für uns der Tag kommt, an dem wir zu ›verstehen‹ beginnen.«[38]

Redlich hatte bereits 1919 ein Buch über Mahler publiziert, in dem er das Moderne der Musik noch deutlicher als in seinem Aufsatz in poetischen Bildern des 19. Jahrhunderts zu fassen sucht; so zieht er hier die Gestalt des Kapellmeister Kreisler von E. T. A. Hoffmann heran:

»In Mahlers Musik, besonders in seinen Mittelsätzen, gibt es Stellen, wo sich einem das gespenstische Bild des wahnsinnigen Kreislers, dieser leibhaftigen Potenzierung E. T. A. Hoffmanns, aufzwingt. Da klingt diese Musik wie das Lachen eines bösen, tückischen Kobolds […] Gespenstische Ruten knattern. Glockenspiel, Tam, Tam, verhöhnen alles schöne Vorhergegangene und Oboen ächzen und wimmern wie Tiere eines Traumes. Ein vertierter böhmischer Gassenhauer erklingt und alle Musiker schlagen geradezu roh auf ihre Instrumente los, – aller Seelenschmerz wird durch die Fratze einer irrsinnigen Parodie in den Kot gezogen, – und dann – es ist in der *Ersten* Sinfonie – läuten ganz leise Glocken und singen wie aus einer verwundeten und zerpreßten Brust. Das ist Gustav Mahler, wenn sein asketisches Gnomengesicht plötzlich engelhaft wurde und sein Herz, sein furchtbar großes Herz, zu läuten begann und anschwoll, wie eine ehrwürdige Domglocke […] Mahler war aber auch durch die jüdisch-slavische Mischung seines Wesens dazu prädestiniert. Einer der unheimlichsten Sätze dieser Art tönt in der *Zweiten*, in der Auferstehungs-Sinfonie. Es ist die sinfonische Erweiterung des Liedes von der vergeblichen Fischpredigt des heiligen Antonius. Ein grausiges Sinnbild seines Daseins. Die Predigt hat g'fallen, hat g‹fallen, gellt es – und die Fische rudern mit ihren dicken Bäuchen davon. Auch in der *Neunten* Sinfonie, in deren erstem Satz man den gottsuchenden Wanderer geradezu zu sehen vermeint, ist eine Burleske (– stimmungs- und wesensverwandt mit dem unheimlichen Biedermeier-Scherzo der *Sechsten* Sinfonie –), die das furchtbarste und hohnvollste ist, was seit Goyas *Träumen* und Strindbergs *Gespenstersonate* in der Kunst gestaltet wurde. Wie klein wirkt dagegen sogar der Hexensabbat von Berlioz mit seiner widerlichen Verzerrung der lieblichen Idee Fixe. In dieser Burleske glaube ich auch Mahlers geschändetes edles Judentum aufschreiben zu hören. Nur dies einzige Mal ...«[39]

Was die Analysen der Mahlerschen Werke betrifft, so bleibt das Sonderheft des *Anbruch* insgesamt hinter Paul Bekkers berühmten Mahler-Studien von 1918 und 1921[40] zurück. Die weiteren Beiträge beschäftigen sich auch nicht unmittelbar mit Mahlers Musik: Egon Lustgarten schreibt über »Mahlers lyrisches Schaffen«; Alfred Roller über »Mahler und die Inszenierung«; Hermann Bahr über »Mahler als Direktor«; Ernst Jokl über »Gustav Mahler in Amerika«.

Wie wenig man in der Darstellung der Rezeption Mahlers in Wien an einer offenen Darstellung der Konflikte interessiert ist, zeigt der lange Beitrag von Richard Specht über »Mahlers Feinde« – und wie zum Ausgleich stellt Paul Stefan im selben Heft »Mahlers Freunde« vor.[41] Ausführlich, aber merkwürdig diskret werden die Feinde Mahlers von Specht beschrieben – mit der Conclusio: »Sie leben ja eigentlich alle heute noch, weil sie ewig sind.«[42] Doch meint Specht eben nicht die ewigen Antisemiten – sondern beschreibt die Feinde politisch ganz anonym als Neider, Intriganten und Undankbare: er nennt Robert Hirschfeld und die Stammtischecke im Café Imperial. Als »Freunde Mahlers« finden dagegen David Josef Bach, Elsa Bienenfeld, Paul Stefan, Julius Korngold, Felix Salten, Hermann Bahr Erwähnung. Bemerkenswert erscheint, daß bei Specht Antisemiten nur außerhalb Wiens geortet werden und auch dann wird ihnen eher ausgewichen; so heißt es etwa:

»[...] der ebenso geistreiche als fragwürdige Münchener Rudolf Louis, der aus kunstfernen Rassegefühlen heraus und freilich auch in befremdender Beschränktheit des eigenen Wesens keinen Zugang zu Mahler fand und diesen Meister Eckhart der Musik als ›jüdischen‹ Fremdkörper ablehnte und beschimpfte (ebenso wie seine als geistig minderwertig stigmatisierten Anhänger) – von ihm und anderen seiner Art, ist hier nicht zu sprechen.«[43]

Rudolf Stefan Hoffmann bietet in seinen abschließenden Betrachtungen zu »Repräsentativen Wiener Mahler-Aufführungen« auch eine letzte Steigerung im neuen Mahler-Pathos:

»Es ist kein Zweifel mehr: Mahler ist der Komponist unserer Zeit. Not, Elend, alle Unerträglichkeiten einer widerlichen Wirklichkeit, haben das metaphysische Bedürfnis in ungeahntem Maße gesteigert, drängen von dem Grauen des Tages fort zu den Einsamkeiten des großen Pan, zu kindlich vertrauenden Aufblicken in höhere Sphären konfessionsloser Gläubigkeit, zu transzendentalen, resigniert-zuversichtlichen Stimmungen von letztem Scheiden und ewigem Sein. Dies alles gibt Mahler. Die kleine verlachte Mahlerclique von einst ist in zehn Jahren eine gewaltige Gemeinde geworden, deren unbewußtes Bekenntnis lauten könnte: ›Ich bin von Gott und will wieder zu Gott‹.«[44]

Als Dirigenten werden Weingartner, Schalk, Nedbal, Loewe, Schreker, Furtwängler, Spörr, Konrath, Walter, Fried, Zemlinsky, Korngold genannt. Besondere Beachtung findet Oskar Fried:

»Keine wirksamere Propaganda, als die, die Fried hier für Mahler entwickelt hat. Für das *Lied von der Erde* das große Publikum endgültig gewonnen zu haben, ist nicht zum wenigsten sein großer Erfolg in Wien. […] Mit seiner bewundernswerten Energie ist Fried hier speziell für die noch sehr wenig anerkannte *Fünfte*, *Sechste* und besonders die *Neunte* eingetreten. Geniales Erfassen verband sich aufs glücklichste mit einer nicht mehr alltäglichen Exaktheit, die freilich hin und wieder wie unterstrichen, wie absichtsvoll aussieht. Etwa so: ›Begreift Ihr denn nicht? Das ist doch so klar!‹«[45]

Wie Hoffmann indes konstatieren muß, kommt es bei Mahler-Aufführungen in anderen europäischen Ländern mitunter zu tumultuösen Kundgebungen oder es herrscht Desinteresse:

»In Rom kam es […] bei einer Aufführung von Mahlers *Erster* in diesem Sommer zu einem Skandal, der noch während des Finales mit lebhaften Basta!-Rufen und Protesten hin und her einsetzte, wodurch der Gesamteindruck des Werkes vollständig verwischt wurde. Es war dies die dritte Aufführung einer Mahler-Symphonie in Rom. […] Nicht viel besser steht es in Frankreich um Mahler, obwohl sich dort vor dem Kriege schon eine kleine Gruppe von Mahlerfreunden gebildet hatte. Seit 1914 hat dann leider in der Geschmacksentwicklung des französischen Publikums die Politik eine führende Rolle gespielt, derzufolge der Name Mahler wieder völlig vom Repertoire und aus dem Gedächtnis verschwand.«[46]

Auch in Amerika fehle für Mahler »das Organ, obwohl Bodansky, W. Mengelberg, Karl Muck und Stokowski sich für ihn einsetzten und auch Einzelerfolge errangen. Im ganzen bleibt man ablehnend.«[47]

Die Mahler-Rezeption der 20er Jahre scheint von Anfang an weniger gegenwartsbezogen als vergangenheitssüchtig zu sein: immer wieder werden persönliche Erinnerungen an Gustav Mahler publiziert[48] – eine Auseinandersetzung mit der Bedeutung seines Werks für die Gegenwart findet kaum statt. Charakteristisch darum die vielen anekdotenhaften Berichte aus der Zeit von Mahlers Leben, wie sie Richard Specht in geradezu unerschöpflichem Ausmaß und in den verschiedensten Publikationen zum besten gibt.[49] Mit besonderer Genugtuung wird des öfteren auf die von Mahler selbst geäußerte Hoffnung, seine Musik werde sich erst in der Zukunft wirklich durchsetzen, Bezug genommen. Auch in dieser Hinsicht erinnert die Mahler-Verehrung dieser Jahre an ein religiöses Phänomen: Mahler wird bewußt oder unbewußt in die Nähe von Christus gerückt; durch seinen Tod sei die Erlösung seiner Musik – ihre Auferstehung ins Reich der Unsterblichkeit – bewirkt worden; und aus Mahlers ›Passionsgeschichte‹ in Wien werden nunmehr immer neue Leidensgeschichten erzählt und schriftlich festgehalten, an deren Prophetie der Erlösung man teilhaftig zu sein glaubt. Im Sinne eines solchen Evangeliums werden etwa im *Anbruch*-Sonderheft »Erinnerungen an Gustav Mahler« von Josef B. Foerster, Max Steinitzer und E. N. v. Reznicek, »Gespräche mit Mahler« (nacherzählt von Bernhard Scharlitt), »zwei Jugendbriefe« (herausgegeben von Friedrich Löhr) und Mahler-Aussprüche (gesammelt von Natalie Bauer-Lechner) abgedruckt. Es kann bei all dem nicht mehr erstaunen, daß gerade im Fall dieses Komponisten der Ausdruck »Apostel« für den bevorzugten Interpreten seiner Musik obligatorisch ist.

## Mahler und das Judentum in der Musik: Max Brod

Wie ein Nachtrag zum Mahler-Sonderheft erscheint der Aufsatz von Max Brod über »Gustav Mahlers jüdische Melodien«, der im Mai-Heft desselben Jahres in den Musikblättern des *Anbruch* publiziert wurde. Der explizit christlichen Interpretation durch Hugo Kauder stellt Max Brod eine jüdische entgegen, die einiges Aufsehen erregen sollte. »Die gesamte Wiener Musikkritik, soweit sie von deutsch-jüdischen assimilatorischen Rezensenten ausgeübt wurde, protestierte ärgerlich«, erinnert sich Brod 1961: »Man betrachtete meine Äußerung als Verrücktheit, als Kuriosum.«[50]

Dabei geht Brod von einem persönlichen Erlebnis aus, das mit dem Zusammenbruch der Habsburgermonarchie zusammenhängt:

»Ich habe jetzt, seit die galizischen Flüchtlinge nach Prag gekommen sind, oft ostjüdischem Gottesdienst beigewohnt – dem schlechthin Erhabensten, was mir je in meinem Leben zu fühlen vergönnt war. Namentlich der von Mystik umrauschten ›dritten‹ Mahlzeit (schlosch sude) zu Sabbatausgang, die ich mehrmals bei einem chassidischen Rabbi mitten unter seiner Gemeinde einnehmen durfte, kann ich nur mit tiefster Ehrfurcht gedenken. Ununterbrochen erklingen, bald von Einzelnen gesummt, bald vom Chor aufgenommen, aus den dunklen Ecken des ganz unbeleuchteten Vorstadtzimmers hervor und längs der ärmlich-würdevollen Tafel, von tiefen Männerstimmen und im hellsten Kinderdiskant die heiligen, begeisterten Melodien … Plötzlich riß es mich zusammen. In einem Moment war es mir, als hätte ich den lange gesuchten Schlüssel zu etwas scheinbar Fernliegendem, aber doch ebenso tief Jüdischem gefunden: zu der Kunst Gustav Mahlers. Und zwar zu einer ganz ausgeprägten Eigentümlichkeit dieser Kunst, die schon mehrfach bemerkt und auch getadelt worden ist: zu Gustav Mahlers merkwürdig oft verwendeten Marschrhythmen. Man hat die besondere Vorliebe des Komponisten für Märsche […] verschiedenartig gedeutet. Ein liebevoller Biograph (ich glaube Specht) führt diese Vorliebe darauf zurück, daß der Knabe Mahler in Leitmeritz neben einer Kaserne aufwuchs, wo sich ihm die Hornsignale und Militärrhythmen unvergeßlich ins Gemüt eingesenkt hätten. Weniger freundliche Beurteiler sprachen einfach von Banalität und Ideenarmut. Und man konnte und kann noch bei jeder Mahler-Aufführung ein paar Liebhaber ›vornehmer‹ Musik, die daher ein andermal auf das viel rohere, aber glatte Formtalent Richard

Strauss‹ hineinfallen, die Hände ringen sehen: ›Oh diese Rohheit, dieses ewige Bum-tra-tra!‹ Noch andere fanden gerade im schrittweisen Vierviertaltakt Mahlers das Bemühen, volksliedartig deutsch zu schreiben, also gewollte Assimilation. – Nein! Seit ich chassidische Volkslieder gehört habe, glaube ich, daß Mahler ganz einfach aus demselben unbewußten Urgrund seiner jüdischen Seele so und nicht anders musizieren mußte, aus dem die schönsten chassidischen Lieder, die er wohl niemals gekannt hat, entsprossen sind. Das Seltsame ist nämlich, daß auch diese Lieder einen oft scharf ausgeprägten Marschrhythmus aufweisen, auch dann, wenn der Text die allerhöchsten Dinge, Gott und Ewigkeit, besingt.«

Neben dem Marschrhythmus sieht Brod eine weitere Eigentümlichkeit, die Mahlers Musik mit der chassidischen Volksweise teile:

»gewisse zwischen Dur und Moll schwebende Melismen, sowie die Art, sich langsam in Bewegung zu setzen, zuerst denselben Ton einigemale zu wiederholen, für westliche Ohren eigensinnig oft, dann erst loszuschaukeln, in kleineren, bald gewaltigeren Schwingungen.«[51]

Brods Begründung für die Nähe Mahlers zur chassidischen Musik bleibt doppeldeutig: zum einen sieht er sie in dem »unbewußten Urgrund seiner jüdischen Seele« verankert, als angeborene, physisch bestimmte Verwandtschaft; zum anderen spricht er davon, daß Mahler wie alle großen jüdischen Komponisten »mit der spezifischen Judennot […] zu ringen hatte«[52], und bezieht sich damit auf das gesellschaftliche Verhältnis zwischen Juden und Nichtjuden, letztlich den Antisemitismus. Warum Brod jedoch die jüdische Identität am entschiedensten betont – er spricht sogar von Mahler als »dem größten jüdischen Kunstgenie der Neuzeit«[53] –, dürfte auch mit seinem Verständnis von ästhetischer Identität zu tun haben:

»Von einem deutschen Blickpunkt aus erscheint dieses Werk daher inkohärent, stillos, unförmlich, ja bizarr, schneidend, zynisch, allzu weich, gemischt mit allzu Hartem. Es ergibt, deutsch betrachtet, keine Einheit. Man ändere die Perspektive, suche sich in Mahlers jüdische Seele einzufühlen […] Sofort ändert sich das Bild, Form und Inhalt stimmen, nichts ist vorlaut, nichts übertrieben […]«[54]

Brod ist darum bemüht, den klassizistisch-romantischen Kunstverstand zu retten, indem er ihn in substantialistische Kategorien übersetzt: das Moderne an Mahlers Musik wird als Jüdisches wieder zu einem Klassisch-Romantischen, nur eben mit einer anderen Herkunft als das Deutsche. Der Gegensatz zwischen Romantik und Moderne, Wagner und Mahler, kehrt entzeitlicht wieder als Gegensatz zwischen deutscher und jüdischer Musik.

Dieser Ansatz von Max Brod wurde von Heinrich Berl, einem Dozenten der Musikhochschule Karlsruhe, geboren 1896, aufgegriffen und 1926 in dem Buch *Das Judentum in der Musik* zu einem umfassenden philosemitischen System ausgebaut, in dem allerdings jegliche gesellschaftliche Bestimmung, die bei Brod noch berührt wird, verschwunden ist: daß Mahler »der Zufall in Österreich geboren sein ließ, konnte nur bestimmend sein für seine Formen, unmöglich für seine Substanz«.[55] Die Substanz definiert Berl als »asiatische Angehörigkeit« Mahlers und als »Identität des Blutes«.[56] Es ist offensichtlich, daß dieser Philosemitismus einfach nur die Vorzeichen des Antisemitismus umkehrt, dessen Kategorien aber vollständig übernimmt. Das Verfahren erscheint umso fragwürdiger, als es sich bei Berl um einen Nichtjuden handelt, der sich auf diese Weise einer wirklichen Kritik des Antisemitismus und seiner Voraussetzungen entziehen kann.

## 2. Die langsame Wende: 1924–1933

### Die Uraufführung des Fragments der *Zehnten* 1924

Eine Art Nachzügler der Mahler-Zyklen von 1920 bildete die Uraufführung des Fragments der *Zehnten* Symphonie in der Wiener Staatsoper. Die Kritiker schwankten meist zwischen Neugierde und einer Art Scham angesichts des Unvollendeten und darum allzu Persönlichen. Heinrich Kralik etwa schrieb:

»Bei den nachgelassenen Fragmenten der *Zehnten* Symphonie von Gustav Mahler handelt sich's nicht wie etwa bei Schubert um die vollendeten Sätze einer ›Unvollendeten‹; sondern der wunderbare Bau dieser Symphonie war noch mitten im Entstehen begriffen, als der Baumeister abberufen wurde. Auch die beiden Teile, deren Ausführung schon weit gediehen ist, deren Mauern schon sicher unter Dach stehen – das Adagio und das Scherzo ›Purgatorio‹ –, tragen noch zahlreiche Spuren des Werdens, auch sie sind noch, wie Alma Maria Mahlers Geleitwort in Beziehung auf das ganze Werk sagt, von Gerüsten umstellt, die einzelnes von der Architektur verhüllen. Gleichwohl zeigt der Blick, den wir hinter alles Gerüst und alles Verhüllende werfen dürfen, etwas ganz Großes und Vollkommnes: ein Adagio von größter Konzeption und visionärer Dichterkraft. Die Symphonie, die diesen Satz eingeschlossen hätte, wäre vielleicht Mahlers tiefstes und reichstes Werk geworden. Und wenn man die erregten Notenzeichen der bloß angedeuteten und skizzierten, wie in fiebernder Hast hingeworfenen Teile auf sich einwirken läßt, so weiß man, daß diese Symphonie zugleich auch Mahlers versöhnlichstes Werk bedeutet hätte. [...] Für die Aufführung des Adagios und des Intermezzos mußten natürlich einige zweifelhafte Takte klargestellt, einige Stimmen ergänzt und ausgeschrieben werden. Der Vergleich mit dem Manuskript zeigt, daß diese Arbeit mit der größten philologischen Gewissenhaftigkeit durchgeführt wurde – von Ernst Krenek mit Unterstützung von Franz Schalk und Alban Berg. Die Aufführung selbst hat Franz Schalk mit pietätvoller Liebe vorbereitet und geleitet. Es ist fast überflüssig, zu sagen, daß das Orchester und die Zuhörer aufs tiefste ergriffen und erschüttert waren. [...] Die Fragmente der *Zehnten* Symphonie von Gustav Mahler durften gewiß nicht der Öffentlichkeit vorenthalten werden; aber die Öffentlichkeit hat nunmehr die Pflicht, dafür zu sorgen, daß diese von so viel Todesleid geheiligten Reliquien, im gewöhnlichen Musikbetrieb nicht profaniert werden.«[57]

Im *Neuen Wiener Journal* publizierte Elsa Bienenfeld einen ausführlichen Artikel über das Fragment. Elsa Bienenfeld, 1877 in Wien geboren, gehörte zu der ersten Generation von Frauen der Habsburgermonarchie, die ein Universitätsstudium absolvierten; sie war eine Schülerin Guido Adlers und unterrichtete selbst als Musikprofessorin an der Schwarzwald-Schule – einer der bedeutendsten Schulen für die Frauenemanzipation; 1904/05 leitete sie außerdem an dieser Schule zusammen mit Arnold Schönberg und Alexander Zemlinsky spezifische Kompositionskurse. Elsa Bienenfeld wurde 1942 von den Nazis im Konzentrationslager ermordet. Über Mahlers *Zehnte* schrieb auch sie mit zwiespältigen Gefühlen. Es scheint, als hätte Mahlers Fragment die Kategorien, mit denen man sein Werk gewohnt war zu hören, einigermaßen irritiert; und vielleicht war es diese Irritation, die als Scham vor dem Unvollendeten und Intimen rationalisiert wurde:

»Eine merkwürdig harte, von Qual zerklüftete Symphonie, deren Aufführung erkennen ließ, daß Mahlers so sorgsam feilende Hand ihr nicht mehr die letzte endgültige Gestaltung hat geben können. Mahler selbst wollte die nur skizzierte *Zehnte* Symphonie der Welt entzogen wissen. Ein begreifliches Gefühl der Scham läßt es wohl jedem Schaffenden unerträglich erscheinen, dem allzu neugierigen Blick das Geheimste der Werkstatt preiszugeben. […] Die Veröffentlichung der Fragmente von Mahlers *Zehnter* Symphonie gestattet der Außenwelt vielleicht eine Ahnung davon, wie es in einem noch subjektiverem Stadium des Schaffensaktes aussieht. Ob es mitfühlende oder verstehende Liebe gewesen ist, die dieses Persönliche des durch den Tod wehrlosen Künstlers und Menschen Mahler offenbaren konnte, bleibe dahingestellt. Sicher ist, daß durch die Veröffentlichung des so wunderbar Ungeformten nicht nur die Musik, sondern die Seelenkunde ein unvergleichliches und vielleicht einzigartiges Denkmal empfing. […] Bei der weitausgreifenden Arbeitsmethode Mahlers, der, wie oft am fertigen Werk noch änderte, ist die Anordnung der Zahl, also der eigentliche Grundriß der Symphonie wohl kaum festzustellen. Es läßt sich daher kaum sagen, ob die Gefühlslinie der Symphonie in die Höhe oder zur

Tiefe strebte. Ein Adagio, im Entwurf als erster Satz bezeichnet, ist am vollständigsten ausgeführt. Einem anderen langsamen Satz und drei scherzoartigen Sätzen hatte Mahler ihre Stellung noch nicht angewiesen. Unentschieden, ob ein furioses Finale oder ein ins Pianissimo verklingender Sehnsuchtssatz die Symphonie abschließen sollte. Adagiosatz und Scherzo, die zur Aufführung gelangten, sind keineswegs vollendet. Die Instrumentation, die vielfach nur die Harmonie festhält, verrät deutlich das nur Skizzenhafte. Gleichwohl gehören beide Sätze zu der ergreifendsten Musik Mahlers. Mahler hat sich hier leidenschaftlicher denn je zur Melodie bekannt, im ersten Satz zur hochgeschwungenen, über die einfachsten und stärksten Pfeiler Tonalität gespannten Melodie. Ein schöneres Thema als das über den Dreiklang gezogene, zur Spitze der Doppeloktave aufsteigende Grundthema des ersten Satzes ist in der neueren Musik nicht zu finden. Wie aus der Gegen- und Fortführung das bewegte Gegenthema herauswächst, ist blühendste Erfindung.«[58]

## Arbeiter-Symphoniekonzerte und ein Mahler-Denkmal für die Erste Republik

Innerhalb der österreichischen Arbeitermusikbewegung nahm Gustav Mahler unter allen neueren Komponisten vermutlich den höchsten Rang ein: seine größten Förderer waren hier David Josef Bach, der Leiter der sozialdemokratischen Kunststelle und Gründer der Arbeiter-Symphoniekonzerte, und Paul Amadeus Pisk, Komponist und Mitherausgeber der *Musikblätter des Anbruch*. Doch blieb Mahler nicht ganz unumstritten. Reinhard Kannonier etwa meint: »Die Unsicherheit diesem Komponisten gegenüber war in allen Strömungen der Arbeitermusikbewegung deutlich spürbar. Die Palette reichte von schroffer Ablehnung (Hanns Eisler) bis zur weitgehenden Hochschätzung (Pisk, aber auch Bach).«[59] Die Vorbehalte gegenüber Mahler sind übrigens gerade bei Eisler erstaunlich, gehört dieser Komponist doch zum Kreis der Schüler Schönbergs, die im übrigen alle Mahlerianer waren. Gerade der ›Mitschüler‹ Anton von Webern trat innerhalb der Arbeiterbewegung als Mahler-Dirigent hervor.

Im Juni 1922 schrieb Bach einen Artikel über ein Arbeiter-Symphoniekonzert mit Mahlers *Dritter* unter Webern, der die Bedeutung Mahlers für die österreichische Arbeiterbewegung in allen Facetten der zwanziger Jahre dokumentiert:

»Das sind nun achtzehn Jahre her, daß Mahlers *Dritte* Symphonie zum erstenmal erklang. Schon war um ihn die Luft des Abschiednehmens von Wien, von der Oper, von den Philharmonikern. Umso mehr lockte es ihn, wenigstens aus dem Widerstand Funken zu schlagen. In einem wahrhaft ›außerordentlichen‹ Konzert der Philharmoniker wurde die *Dritte* Symphonie gebracht. Die Generalprobe war den Nachmittag vorher gewesen. In ihr saß neben mir Victor Adler. Von ihm nämlich muß man erzählen, so oft ein neues Stück Kultur, ein Stück geistiges Refugium für die Arbeiterklasse erobert wird. Wer hätte damals, vor achtzehn Jahren, geahnt, daß diese Symphonie vor Arbeitern gespielt werden würde! Von der Bedeutung eines Gustav Mahler war Adler, der ihn schon in jungen Jahren gekannt hatte, immer durchdrungen gewesen. Aber würde sich diese Bedeutung auch unmittelbar im tönenden Werk aussprechen? Nach der Symphonie wußte man's ohneweiters. Wir sprachen kein Wort darüber, wir gingen nach der ersten Beruhigung, welche die einem Genius gezollte Bewunderung der eigenen Seele gewährt, mitsammen, den glorreichen Tag feiern – doch das gehört nicht mehr hieher; wenn einmal die Zeugnisse für die menschliche Güte Victor Adlers gesammelt werden, wird auch dies erzählt werden. Aber dann erschien nach einiger Pause – lieber Leser, du kennst ja auch diese Pause – die Rezension in der *Arbeiter-Zeitung*. Es war ein rückhaltloses Bekenntnis zu Mahler dem Komponisten, ohne alle vorsichtigen ›Wenn auch – so doch‹, ohne die Aufhebung des Vordersatzes im Nachsatz, damit man nicht gesagt habe, was man doch gesagt hat, und im Notfall auch gesagt habe, was man nicht gesagt hat, je nachdem. Damals war solch Verhältnis zum Komponisten Mahler noch höchst selten. Er war noch nicht entdeckt, seine Kunst, sein privilegierter Tempelbezirk; also war es auch ein bißchen gefährlich, für ihn einzutreten. Stoßweise kamen die Briefe an Victor Adler, wie er in der *Arbeiter-Zeitung* solchen Unfug eines jungen Mannes dulden könne; noch dazu eines, der knapp vorher gewagt hatte, den Namen Arnold Schönberg öffentlich auszusprechen, ohne Beschimpfungen daran zu knüpfen, ja ihn als grundehrliche, geniale Begabung dargestellt hatte! Adler hat diese Briefe meines Wissens überhaupt nicht beantwortet; er hat sie mir erst gezeigt, als einige Monate vergangen waren und keine Gefahr bestand, daß ich mich einschüchtern lassen könnte. Und noch ein Brief war gekommen: ein paar Zeilen Gustav

Mahlers an den ihm persönlich ganz unbekannten Rezensenten. Sie zu veröffentlichen kann ich mich auch heute noch nicht entschliessen. Wohl aber darf man heute davon sprechen, da nun die *Dritte* Symphonie Mahlers auch zu proletarischen Hörern gesprochen, sie schlechthin überwältigt hat. Wenn Mahler dies erlebt hätte! Wenn er den Sturm gesehen hätte, der nach dem ersten Satz losbrach (am ersten Abend; am zweiten verschob er sich nach dem zweiten und dritten Satz), er wäre nicht nur für manche persönliche Kränkung entschädigt gewesen, er hätte sich und sein Werk geborgen gefühlt: an diesem Werk ist an diesem Abend die Vereinigung von Kunst und Volk vollzogen worden. Vor achtzehn Jahren mitten in den Kämpfen um das Recht der Kunst auf zukünftige Lebendigkeit – es handelt sich weder um Mahler und Schönberg noch um die Musik allein –, damals entstand der brennende Wille, das Recht der Kunst auf das Volksganze und umgekehrt noch anders zu verfechten als in Schrift und Wort, und zwar durch die Tat. Die Möglichkeit, diese Überzeugung von der Einheit Kunst-Volk auswirken zu lassen, die war mit Hilfe Adlers einige Monate später gegeben mit den Arbeiter-Symphoniekonzerten. Ihren ideellen Ursprung haben sie von dorther genommen. Immerhin, es hat achtzehn Jahre gedauert, bis wir zu Mahlers *Dritter* kamen. Dazwischen liegt die Erziehung der Arbeiterschaft zu den größten Meisterwerken der Musik, zu der gesamten klassischen Kunst, aus der uns kaum noch das eine oder das andere bezeichnende Werk fehlt. So bewährt sich die Meisterschaft Mahlers abermals als echt; ist einmal der Grund durch die Werke der Vergangenheit gelegt, so steigert sich das Empfinden für seine Musik. Sie hat heute, nach achtzehn Jahren, nicht als Sensation überrumpelnd gewirkt, sondern sie ist als natürlich, als organische Weiterentwicklung empfunden worden. So hat sie auch der Dirigent dieser letzten Aufführung, Herr Doktor Webern, verstanden. Sein persönlicher großer Erfolg ist auch der Ruhm der Schule Schönberg, die ihre Jünger zur Ehrfurcht vor dem großen Wurf, zur größten Genauigkeit ebenso erzieht, wie sie ihnen den Fanatismus für alles Edle verleiht. Wäre diese Schule nur weitläufiger! Sie müssen mit dem Einsatz ihres ganzen Selbst hereinbringen, was andern schon durch ein wenig mehr Routine verliehen wird. Sie sind diesen überlegen, ohne Zweifel, doch sie könnten es auf ökonomische Art sein. Sie geben sich nicht nur hin, sie verschwenden sich auch, ohne daß immer in jedem Punkt ihre Mühe belohnt würde; technische Erfahrung spart manche Arbeit des Herzens. Das Altsolo sang Frau Emilie Bittner ganz ausnehmend schön. Auch sie eine Künstlerin, die zu ›entdecken‹ der musikalische Geschäftsbetrieb unserer Tage keine Zeit hat. Offenbar hat alles, was mit Mahler, mit der Reinheit seiner Kunst – nur eine reine Künstlerin kann dieses Soli wirklich singen – irgendwie zusammenhängt, das Leid alles Künstlerischen zu tragen. Sie haben ja auch Mahler entdeckt, als er ein Geschäft wurde. Er wird dem Geschäft entrissen werden, wie er dem Ghetto der ›Eingeweihten‹ entrissen worden ist. Die Mahlerianer, die sonst keine Aufführung einer Mahler-Symphonie ›auslassen‹, haben dem letzten Konzert gefehlt. Um so sichtbarer ist es geworden, daß Mahler keine Gemeinde mehr braucht, nun er Besitz des Volkes geworden ist.«[60]

Am 13. Jänner 1926 findet ein Arbeiter-Symphoniekonzert statt, das von Alexander Zemlinsky geleitet, auch Mahlers Fragment der *Zehnten* bietet. Zum Konzert erschien in der *Arbeiter-Zeitung* folgender einleitender Text, der Gustav Mahler geradezu als eine Art proletarischen Christus phantasiert:

> Er muß den Weg nach Golgatha,
> Und sei er arm und dürftig,
> Die Seele eng ihm, karg und kaum bemessen …
> Und sei er weit und groß,
> In hellen Flügeln ausgespannt der Geist:
> Die Stunde kommt …
> Sie kommt, da ihm das tausendjährige Kreuz
> Zermalmend auf die Schulter schlägt
> Und er das Blut fühlt, das ihm,
> Einmal genagelt an das Kreuz der Qualen,
> Aus allen Poren träufeln wird: ›Erbarmen –
> Denn ich vermag's nicht mehr.‹
> Du hast die übermächt'gen Arme
> Bis in den Himmel aufgereckt,
> Und Gott gab dir in deine Hände,
> In deine hohlen, schwer gekrampften Hände
> Den Schrei der Qual.
> Zerschmettert's dich, Gigant, erhebt der Klang sich
> Ins Ohr der Menschheit, die den Schrei erfaßt
> Und fühlt das Einende?
> ›Wir leiden alle das gleiche Leid –
> Wir alle stürzen an dem Wegesrand zusammen,
> Von gleichen Wunden, Herr, ist unser Sein zerfleischt,
> Und deine langgezog'ne schrille Klage

Und deines dumpfen Paukenwirbels Tönen
Ist unser aller Stammeln nach Erlösung.‹
Der Weg nach Golgatha, hin rauscht er über Zeiten,
Ein Klingen ist's den Welten und den Ewigkeiten.[61]

Zu diesem Konzert schreibt David Josef Bach eine Einführung in der *Arbeiter-Zeitung* – »Gustav Mahlers *Zehnte* Symphonie vor den Arbeitern« –, die in der Distanz zu den frühen zwanziger Jahren und der Abgrenzung von einem »Mahler-Rummel« eine neue Phase der Mahler-Rezeption markiert: gewissermaßen eine relativer Stabilisierung – es gilt, Mahlers Werk allmählich den Arbeitern nahezubringen, in systematischer Kleinarbeit:

»Daß die Arbeiter-Symphoniekonzerte das Recht der Aufführung dieser *Zehnten* Symphonie besitzen, daß sie dieses Recht mit Ausnahme der einzigen Aufführung in der Staatsoper während des Musikfestes vor allen anderen Konzertveranstaltungen besaßen, auch wenn sie erst jetzt davon Gebrauch machen, ist uns eine Ehre und eine Verpflichtung zugleich. Wenn Gustav Mahler es hätte noch erleben können, daß seine Werke, nicht bloß die *Zehnte* Symphonie, von einem Arbeiterpublikum bejubelt werden, es wäre ihm eine große Genugtuung, eine Entschädigung für viele Leiden gewesen. Er zweifelte nicht daran, daß es so kommen werde; aber solange er lebte, waren wir noch nicht reif. Die Arbeiter-Symphoniekonzerte haben niemals den Mahler-Rummel mitgemacht, den einige Jahre nach seinem Tode geschäftstüchtige Konzertunternehmungen entfesselten. Auch dieses Stück Kunst, das Mahlers Lebenswerk bedeutet, kann erst allmählich erobert werden. Begonnen wurde die Arbeit im Jahre 1919 mit der *Vierten* Symphonie. Inzwischen haben wir in unseren Konzerten die *Erste*, *Zweite* und *Dritte* Symphonie gehört, die *Lieder eines fahrenden Gesellen* und andere Orchesterlieder, dann das *Lied von der Erde*. Jetzt kommt die *Zehnte* daran und die *Achte* wird im April das zweihundertste Arbeiter-Symphoniekonzert krönen. Aus dem Verhältnis der Werke Mahlers zu den Arbeiter-Symphoniekonzerten müssen wir lernen. Die Arbeiterklasse muß sich auch als genießendes Konzertpublikum ihrer historischen Aufgabe bewußt bleiben, der Hort alles dessen zu sein, was in die Zukunft weist und die Zukunft verkündet. Die Erziehungsarbeit muß nicht immer von vorn beginnen. Eine neue Generation wird nicht bloß in neue politische, sondern auch in neue geistige und kulturelle Verhältnisse hineingeboren, sie wächst in einer andern Luft auf. Auch sie darf freilich niemals den Zusammenhang mit den großen Werken der Vergangenheit verlieren; aber sie hat das Recht und die Pflicht, Träger neuer Entwicklung zu sein. Die Arbeiter-Symphoniekonzerte sind die Hoffnung auch der lebenden Komponisten, denen nicht Geld oder Protektion oder ein weltberühmter Name – selbst der hilft nicht immer, wenn er nicht von Haus aus ein Geschäft bedeutet – die Konzertsäle öffnen. So bringen wir auch diesmal eine Uraufführung, ein Violinkonzert mit Begleitung des Streichorchesters von Hugo Kauder.«[62]

Anläßlich des Internationalen Musikfestes in Wien im Sommer 1932, in dessen Rahmen ein Arbeiter-Symphoniekonzert stattfand, erscheint in der *Arbeiter-Zeitung* ein Resümee, in dem die Bedeutung Weberns für die Institution der Arbeiterbildung deutlich zum Ausdruck kommt:

»Anton Webern als Dirigent brachte das Wunder der beiden Partituren zum wunderbarsten Klingen. Schönbergs Chor Friede auf Erden und Mahlers *Zweite* Symphonie bildeten die Eckpfeiler des Abends. Des Dirigenten außerordentliche Musikalität, seine Führerbegabung, seine Gestaltungskraft, die sich in der Mahlerschen Symphonie ins Gigantisch-geniale steigerte, schuf eine Ausnahmeleistung. Er durchflutete mit persönlichem Erleben das Werk und führte aus der Niederung des Kämpfens und Ringens Chor, Solisten und Orchester zur reinen Höhe des tief überzeugten gemeinsamen Bekenntnisses eines unerschütterlichen Glaubens an eine geistige Auferstehung empor. Zu Ruzena Herlingers hellem Sopran gesellte sich hier Enid Szanthos schöner warmer Alt. Ein Sonderlob gebührt den Chören (Freie Typographie und Singverein der Kunststelle), deren treffliche Disziplin und klangliche Abgrundetheit Wesentlichstes zum Eindruck restloser Vollkommenheit beitrug. Beide Chorvereinigungen, die sich schon vor wenigen Jahren gerade für Schönberg und Mahler zu gemeinsamer Arbeit zusammengetan hatten, haben erneut eine Chorleistung geboten, der Aehnliches nur selten zur Seite gestellt werden kann. Der Pianissimoeinsatz des Schlußchors beispielsweise war überwältigend. Die ausgezeichnete Leistung des Symphonieorchesters bestätigte die Besonderheit des Abends. Die Hörer, die den Saal bis auf den letzten Platz besetzt hielten – noch viele andere mußten vor der ausverkauften Abendkasse umkehren – waren gepackt, erschüttert, erhoben und ihr Dank an Dirigenten und alle Mitwirkenden machte sich in einem Ausbruch des Jubels Luft.«[63]

Der Komponist Anton von Webern setzte sich als Dirigent besonders für die Werke Mahlers ein: er dirigierte bei den Arbeiter-Symphoniekonzerten 1922 die *Dritte*, 1926 die *Achte*, 1930 die *Sechste*, 1932 die *Zweite* und *Fünfte*. Der Rezensent der *Arbeiter-Zeitung* schreibt über diese Aufführung der *Fünften* Ende November 1932:

»Die *Fünfte* Symphonie von Mahler gilt als ein sehr schwer zu formendes Werk. Webern legte vor allem Gewicht darauf, es dem Leben nachzubringen. Dem Trauermarsch des ersten Teiles gab er festes Zeitmaß und dramatische Ausbrüche. Das Scherzo wurde unter seinen Händen zu einem halb wilden, bald zierlichen, fast wienerischen Reigen, das kleine, zarte Adagio zu einem Gesang der Liebe, Sehnsucht und Hingebung. Im Schlußsatz konnten sich wieder die großen Steigerungen entladen, die endlich zum strahlenden Höhepunkt führen. Das Orchester folgte Webern mit der größten Begeisterung. Es wurde, gleich den Hörern, vom Dirigenten mitgerissen. Der Beifall, der nach allen Sätzen losbrach, galt dem Dirigenten, den Chor, aber auch dem Wiener Symphonieorchester. Mahlers Symphonie hat die Arbeiterhörer bereichert, ihnen viel gegeben und sie in eine Welt überirdischer Schönheit geführt.«[64]

Es ist also kein Zufall, daß die Arbeiter-Symphoniekonzerte bei der Feier der Republik am 10./11. 1929 und bei der des 200. Arbeiter-Symphoniekonzerts Mahler aufs Programm setzten. Bei der Aufführung der *Achten* unter Webern aus Anlaß des 200. Konzerts der Arbeitermusikbewegung hielten sogar der österreichische Bundespräsident und der Wiener Bürgermeister Festansprachen. Mahler wurde von der Arbeiterbewegung gewissermaßen als staatstragender Komponist ›ihrer‹ Republik favorisiert, eines Staats, wie sie ihn im Gegensatz zur real existierenden Republik verstehen und verwirklichen wollten. Mag sein, daß bei dieser Apotheose eine gewisse Gemeinsamkeit eine Rolle gespielt hatte: die Schwierigkeiten, die Mahler in Wien hatte, weniger als Operndirektor, sondern als Komponist, ließen sich mit denen der Arbeiterbewegung in der Monarchie vergleichen; und beiden, Mahlers Musik wie der Arbeiterklasse, war nun gewissermaßen mit der Republik der Weg gebahnt worden.

Mahlers Musik schien ab Mitte der zwanziger Jahre im Musikleben und in der Öffentlichkeit der Ersten Republik tatsächlich einen bestimmten Rang erobert zu haben. Jährlich wurden einige seiner Werke aufgeführt, und auch die zahlreichen Publikationen, die seit 1920 erschienen waren, lassen darauf schließen, daß hier eine erste Kanonisierung Mahlers in die Wege geleitet worden ist: Paul Stefan ließ seiner Studie über *Persönlichkeit und Werk Gustav Mahlers* (München 1920) ein weiteres Mahler-Buch folgen, dessen Titel diese Kanonisierung schlagend zum Ausdruck bringt: *Mahler für Jedermann* (Wien 1923); Alfred Roller veröffentlichte sein Mahler-Buch (*Die Bildnisse von Gustav Mahler*, Leipzig 1922), Natalie Bauer-Lechner ihre *Erinnerungen an Gustav Mahler* (Leipzig 1923), Alma Mahler die Briefausgabe (Berlin-Wien-Leipzig 1924); Richard Specht publizierte nicht nur »Einführende Bemerkungen« zur Faksimileausgabe der *Zehnten* (Berlin-Wien-Leipzig 1924), er brachte 1925 bereits die dritte Auflage seines Mahler-Buchs von 1913 heraus.

Kanonisierung heißt auch: es kam kaum mehr zu Auseinandersetzungen um Mahler – keine Ablehnung, aber auch keine Begeisterung. Die offiziellen Institutionen räumten ihm nun gewisse Ehren ein – allerdings nur, wenn sie unter Druck gesetzt wurden: Am 18. Mai 1931 – anläßlich von Mahlers 20. Todestag – wurde die Mahler-Büste von Auguste Rodin in der Wiener Staatsoper ›eingeweiht‹. Zu diesem Anlaß fanden sich hohe Würdenträger des politischen Lebens der Ersten Republik ein: Bundespräsident Miklas, Repräsentanten des diplomatischen Korps, die Spitzen der Bürokratie, Mahlerianer verschiedenster Prägung sowie die Witwe, Alma; Clemens Krauss dirigierte das Adagietto aus der *Fünften*.[65] Alma Mahler hatte die Büste der Wiener Staatsoper geschenkt und – wie sie selbst schreibt – verlangt, »daß sie am heutigen Tag, seinem zwanzigsten Todestag, aufgestellt wird. Ich zwang so gewissermaßen die Behörde dazu, Mahler zu feiern ... was sie absolut nicht vorhatte.«[66] Es war auch Alma, die sich das Adagietto aus der *Fünften* wünschte. Was sie schließlich über den Standort der Büste sagt, könnte fast eine Metapher für die Stellung von Mahler am Ende der Ersten Republik sein: »Die Büste aber wirkt viel zu klein für den großen Raum ... und das ist mein Fehler gewesen.«[67]

Für diese Situation ist es ebenso kennzeichnend, daß nun zwar ein Denkmal für Mahler geplant, dessen Aufstellung aber auf einen späteren Zeitpunkt verschoben wurde. (Am 17. März 1927 fand in der Staatsoper eine Erinnerungsfeier zugunsten dieses Gustav

Mahler-Denkmalfonds statt, bei der das *Klagende Lied* und die *Zweite* unter Franz Schalk aufgeführt wurden.) Während die Errichtung eines Richard Wagner-Denkmals seiner Verwirklichung entgegensah, wurde es um das bereits in Auftrag gegebene Mahler-Denkmal bald merkwürdig still.[68] Alma Mahler-Werfel berichtet 1933 über die Mühen, das Projekt voranzutreiben:

»Heute hatten wir wieder einmal zum hundertsten Mal eine Sitzung in der Gustav Mahler-Denkmal-Angelegenheit bei Julius Tandler im Rathaus. Der frühere Bundespräsident Hainisch präsidierte. Der regierende Fürst Schwarzenberg hatte seine anfängliche Einwilligung zur Errichtung des Denkmals an der Rampe seines Gartens zurückgezogen. Der Block ist gebrochen, die Gemeinde hat den Unterbau bewilligt – die Stimmung war mehr als gedrückt. Aber der herrliche offene Kämpfer Tandler hat alle besiegt; und wir, das engere Komitee, wir werden nun den Kampf bis aufs Messer fortsetzen.«[69]

**Integration und Ausgrenzung**

Die Mahler-Welle der frühen zwanziger Jahre wurde nahezu vollständig vom Wiener Sinfonie-Orchester – den späteren Wiener Symphonikern – getragen. Während dieses Orchester zwischen 1919 und 1924 fast 70 Mahler-Konzerte absolvierte, blieben die Wiener Philharmoniker, die seit Mahlers Lebzeiten ein gestörtes Verhältnis zur Musik dieses Komponisten hatten, zunächst so gut wie unberührt von der ersten Mahler-Renaissance: zwischen 1921 und 1923 spielten sie nach den Programm-Indizes des Archivs der Gesellschaft der Musikfreunde und nach den Aufzeichnungen des Archivs des Wiener Konzerthauses überhaupt kein Werk Mahlers. Ab dem Jahre 1924 führte dieses Orchester dann jedes Jahr ein oder sogar mehrere Werke des Komponisten auf – angeleitet vor allem von Bruno Walter; wobei man sich bis 1929 mit Ausnahme des Adagios aus der *Zehnten* auf die *Wunderhorn*-Symphonien, das *Lied von der Erde* und die *Kindertotenlieder* beschränkte. Erst durch die Zusammenarbeit mit Clemens Krauss wurde das Orchester auch mit der *Sechsten* und *Siebenten* konfrontiert.

An dieser Änderung der Programmpolitik des renommiertesten Wiener Orchesterapparats zeigt sich die allgemeine Akzeptanz, die Mahler erreicht hatte. In dieser Phase etablierten sich neben Bruno Walter nun auch Dirigenten als Mahler-Interpreten, die das Bewußtsein der Generation nach dem Zweiten Weltkrieg kaum mit diesem Komponisten assoziieren würde: seit 1924 dirigierte etwa Hans Knappertsbusch Mahler in Wien: 1924 die *Vierte*, 1925 das *Lied von der Erde* und 1926 die *Lieder eines fahrenden Gesellen*; während Wilhelm Furtwängler in Wien bereits 1918 die *Lieder eines fahrenden Gesellen*, 1919 bis 1924 insgesamt fünf Mal die *Dritte* und 1929 die *Erste* zur Aufführung brachte. Daneben beschäftigten sich in dieser Phase auch Dirigenten mit Mahler, die wenig später entschiedener als Furtwängler oder Knappertsbusch die Sache der Nationalsozialisten zu ihrer eigenen machen sollten, wie etwa Leopold Reichwein (der etwa 1929 die *Fünfte*, 1930 die *Sechste* dirigierte) und Oswald Kabasta (der 1930 die *Erste*, 1933 das *Lied von der Erde* und sogar noch 1937 die *Vierte* leitete). Vor allem aber trat Clemens Krauss seit 1924 als Mahler-Dirigent hervor. Sein Zyklus von 1925/ 26, in dem er alle Werke Mahlers mit Ausnahme der *Achten* dirigierte, bedeutete nun keine Sensation mehr, wie noch der Mengelbergs oder Frieds von 1920. In der Zeitungskritik läßt sich die relative Stabilisierung vielmehr an dem Hervortreten einer gewissen Mittelmäßigkeit erkennen – auch in der Ablehnung des Mahlerschen Werks. Die Mahlerkritik des Komponisten und Musikkritikers Joseph Marx, der hier als Beispiel genannt werden kann, kontrastiert jedenfalls auffällig zu den Analysen etwa von Bach, Stefan oder Bienenfeld, die sich um einen Begriff des Modernen in der Musik wenigstens bemühen. Marx hingegen mißt alles an der Latte eines Formschemas, das er aus der Musik der Wiener Klassik abstrahiert hat, und das dieser sowenig gerecht wird wie der Musik Mahlers. Über eine Aufführung der *Dritten* mit den Wiener Philharmonikern unter Clemens Krauss am 13. Dezember 1931 schreibt er:

»Sonatensatz, wie hast du dich verändert! (Man darf nämlich nicht alles, was ein paar Themen und Durchführung hat, schon als Sonate klassifizieren.) Aber auch die Bezeichnung Suite paßt auf diese Sätze nicht recht, da fehlt es an Leichtigkeit und präziser Geschlossenheit der Form. Dazu kommt noch ein nicht wegzuleugnender theatralischer Einschlag (eine wichtige Komponente zur Erklärung der Publikumswirkung) und eine Art Uebercharakterisierung im einzelnen, alles Dinge, die dem Stil der klassischen Symphonie nicht ganz entsprechen; Ausnahmen, wie der letzte Satz der Neunten von Beethoven, bestätigen nur die Regel: ›Doch sagt' ich nicht, daß es ein Fehler sei.‹ Im Gegenteil! Der wahrhaft schöpferischen Natur ist es nicht nur gestattet, sondern sogar geboten, die überlieferten Formen nach Belieben auszugestalten oder ganz neue zu erfinden, wenn es notwendig erscheint, weil der Inhalt, die thematische Erfindung, mit einem Wort die Persönlichkeit, eine andere ist. […] Keine schwierigen Funktionsprobleme, wie etwa bei Chopin oder gar bei Wagner. Die meist volkstümlich gehaltenen Themen werden häufig unvermittelt nebeneinander gestellt, wodurch sich gewissermassen beabsichtigte szenische Wirkungen ergeben, die sich im Schlußmarsch zu starkem Eindruck steigern; man hat aber hier, wie an anderen Stellen der Symphonie, den Eindruck einer symphonischen Theatralik, die nicht recht warm werden läßt und daher auch nicht überzeugt. Ueberhaupt erscheint dieser ganze erste Teil etwas derb gezimmert, wenn man auch nicht einen Moment an der persönlichen Ehrlichkeit des Komponisten zweifelt. Der Weg zu dieser Art populären Effektmusik ist um so schwerer zu finden, je leichter sie einem eingeht; da ist nichts zu überhören, aber auch nichts zu entdecken, und man muß sich höchstens über Leute wundern, die über Regers oder Skrjabins geistreiche Stücke mit leichtem Achselzucken zur Tagesordnung übergehen, hier aber über landläufige instrumentale Kombinationen und melodische Wendungen in hellste Verzückung verfallen, während sie ähnliches in einem anderen zeitgenössischen Werk sicher als unerträglich, sentimental und banal bezeichnen würden.«[70]

Als »Mahler-Apostel« mit Monopolstellung in der Interpretation des Mahlerschen Werkes etablierte sich in dieser Phase der relativen Stabilisierung Bruno Walter, der sich nun gegenüber Oskar Fried im deutschsprachigen Raum endgültig durchsetzen konnte. Er dirigierte zwar nicht mehr so viele Mahler-Konzerte wie in den frühen zwanziger Jahren, doch war sein Ruhm inzwischen gewachsen. Mehr als Fried galt er als enger Vertrauter des Komponisten, der als solcher sein Werk entsprechend umsetzen könne. Besonders bei den Salzburger Festspielen konnte sich Walter für Mahler erfolgreich einsetzen. 1926 und 1933 dirigierte er die *Vierte*, 1928 und 1931 *Das*

*Lied von der Erde*, es spielten die Wiener Philharmoniker.[71] In gewisser Weise dürfte die Interpretation dieses Dirigenten der etablierten Musikkritik entgegengekommen sein; es findet sich so gut wie nirgends ein kritisches Wort zu Bruno Walters Interpretationskunst – ganz im Gegensatz also zu der durchwegs kritischen Aufnahme von Oskar Frieds Mahler-Interpretationen. Aber gerade in dem Lob für Walter verbarg sich oft ein Ressentiment gegenüber Mahler:

»Bruno Walter kennt seinen Mahler in- und auswendig; und er liebt ihn geradezu inbrünstig. Das sieht man an der Art seines Dirigierens, wenn er mit ekstatischer Gebärde Themeneinsätze gibt, Aufschwünge steigert, oder mit leidender Miene dem schmerzlichen Abgesang einer Stelle folgt. Dieser Ausdruck des märtyrerhaften Hingegebenseins an das Werk beherrscht weite Strecken der Entwicklung, wird zum charakteristischen Pathos seiner Interpretation, und könnte schließlich sogar die Echtheit dieses andauernden Gefühlsüberschwanges in Frage stellen, wenn man nicht spürte: diese Begeisterung entspringt einem völligen Aufgehen in Musik. Daß ihn sein Lehrer und Vorbild am meisten hinreißt, ist erklärlich. Wir haben Mahlers *Erste* schon lange nicht mehr so überzeugend, wirksam und übersichtlich gehört. Wie gut weiß Walter die Tempi gegeneinander abzustimmen. Gegensätze mildernd zu überbrücken, Zusammenhänge zu schaffen, wo nur ein Programm lose Beziehungen knüpfen könnte, diese verschiedensten Sätze in eins zu verschmelzen, daß man beinahe an ein geschlossenes symphonisches Kunstwerk glauben könnte, so persönlich im Sinne des Schöpfers vermag dieser Interpret geistig zu formen ...«[72]

Die Kritik von Joseph Marx ist paradigmatisch für das Bild, das man sich außerhalb der ausgesprochenen Mahler-Verehrer-Gemeinde von dieser Musik und ihrer Interpretation durch Walter machen wollte. Nur »beinahe« könne man an ein Kunstwerk glauben, so sehr sei der Interpret darum bemüht, aber es bleibt bei der Bemühung, denn die Gegensätze können noch so abgemildert werden, sie erlauben keinen »organischen« Zusammenhang mehr.

Von geradezu erstaunlicher Klischeehaftigkeit ist auch Roland Tenscherts Aufsatz über den »faustischen Zug in Gustav Mahlers Wesen und Werk« von 1927, der hinter der Metapher vom faustischen Ringen bereits ein wenig jene antisemitische Konstruktion vom Ewigen Juden bedient:

»Wir hören oft in seinen Werken mitten in die reinsten Stimmungen jähe Dissonanzen sich mischen und glauben, das heisere Lachen eines Wahnwitzigen zu vernehmen. Mahler selbst nannte solche Stimmungen, wie Max Steinitzer erzählt, den ›Teufel‹. ›Der Teufel tanzt es mit mir. Wahnsinn faßt mich an, Verfluchten!‹ [...] Das liebebedürftige Herz, das das Fühlen der ganzen Menschheit in sich aufzunehmen bereit und empfänglich ist, sieht sich durch kalte Ablehnung und Verständnislosigkeit zurückgestoßen und die ›schöne Welt‹ seiner Träume verwandelt sich ihm urplötzlich in eine Hölle. ›Die höchste Glut der freudigsten Lebenskraft und die verzehrendste Todessehnsucht: beide thronen abwechselnd in meinem Herzen; ja oft wechseln sie mit der Stunde.‹ Hugo Kauder glaubt auch in dem Judentum Mahlers eine Wurzel seines stetigen Lebenszwiespaltes zu finden. [...] In dem Sinne erscheint uns der Umstand, daß Mahler sich von allem, was auf die Überwindung des Judentums hinzielt, so sehr angezogen fühlt, erklärlich. Weiter wäre Gustav Mahlers inniges Verhältnis zur Natur hervorzuheben. [...] Ein weiterer Zug in Mahlers Wesen, der der Faust-Natur verwandt ist, ist das Festhalten an dem Unsterblichkeitsgedanken. [...] Wenn irgendwo, so haben wir in der 8. Sinfonie das Mahler-Werk, in dem der ›Teufel‹ niemals zu Worte kommt, sondern wo der Künstler von der ersten bis zur letzten Note in grandiosester Steigerung einen einzigen Hymnus idealster Diesseits- und Jenseitsbejahung singt. Hier erscheint wahrlich jeder ›Erdensrest‹ getilgt. Zwar wurde der Künstler noch wiederholt aus diesem Lande seiner Sehnsucht gerissen. Zwar gaben ihn die finsteren Gewalten noch immer nicht endgültig frei, wie die letzten Werke: *Das Lied von der Erde*, die 9. und die unvollendete 10. Sinfonie beweisen, und noch durften sich den Lippen des Streiters die Worte entringen: ›Vernichte mich, daß ich vergesse, daß ich bin, daß ich aufhöre zu sein!‹ Aber schließlich sollte doch der andere Mahler recht behalten: ›Sterben wird' ich, um zu leben!‹ So scheinen die Worte der seligen Knaben für niemanden mehr Geltung zu besitzen als für den, der ihnen in seinen Tönen so beredten Ausdruck verlieh: ›Doch dieser hat gelernt:/ Er wird uns lehren.‹«[73]

In solcher Musikkritik wird Mahler eingemeindet in eine deutschnational orientierte, die Romantik ungebrochen fortschreibende Musikgeschichte, indem alles Widersprüchliche und Heterogene, nicht mit den herkömmlichen Kategorien Faßbare seiner Musik entweder als ›faustisches Ringen‹ oder als Sehnsucht des ›ewigen Juden‹ aufgelöst wird. Mephisto übernimmt in Tenscherts wohlwollendem Mahler-Bild eindeutig die Rolle des Judentums. Dieser

Eingemeindung und Nationalisierung von Mahlers Musik in der Kritik folgte ab 1932 ein regelrechter Einbruch der Rezeption im Konzertsaal: Selbst wenn man die Reduzierung des Musiklebens infolge der Wirtschaftskrise in Rechnung stellt, ist der Schwund von Mahler-Konzerten und hier vor allem die Reduktion auf ganz bestimmte Werke (*Lied von der Erde*, *Wunderhorn*-Symphonien) und die Ausgrenzung der als ›schwieriger‹ geltenden auffällig. Die Musikkritik der zitierten Art mag dazu beigetragen haben, daß Mahlers Werke – anders als unmittelbar nach dem Ersten Weltkrieg – nicht mehr als eine Musik rezipiert wurde, in der die Erfahrung der Krise, die in diesen Jahren den Schein der ökonomischen und politischen Stabilisierung ruinierte, reflektiert werden konnte.

### Anbruch einer neuen Deutung: Das zweite Mahler-Heft des *Anbruch* (1930)

Das zweite Mahler-Schwerpunktheft des *Anbruch*, das zehn Jahre nach dem ersten erschien, bringt im Unterschied zu diesem tatsächlich eine neue, ungleich modernere Perspektive. Autoren wie Theodor W. Adorno, Erwin Stein und Hanns Gutman (Hans Ferdinand Redlich ist hier gewissermaßen der verbindende Autor zwischen beiden Heften) unterschieden sich deutlich von den alten Mahler-Verehrern, die 1920 dominierten und der Mahler-Rezeption einen nostalgischen oder sogar kultisch-religiösen Charakter gaben.

Hanns Gutman stellt sich in seinem Aufsatz offen dem Vorwurf, Mahler habe banale Musik geschrieben. Anders als die ›alten‹ Freunde Mahlers, weist er den Vorwurf nicht einfach als falsch zurück, sondern spürt seinem Wahrheitsgehalt solange nach, bis er zu einem moderneren Begriff von Musik gelangt:

»Wer die bereits zur lieben Gewohnheit gewordene Verkoppelung des Begriffes ›Banalität‹ mit dem dennoch verehrten Namen Mahlers einmal ein wenig sorgsamer belasten will, wird sich vielleicht zunächst bei der Etymologie Auskunft holen. Ich jedenfalls tue es und finde: das Banal, in der Terminologie des alten Lehnrechtes eine Sache, die der Lehnsherr dem

Vasallen gegen gewisse Gegenleistungen überlassen hat. Ja – brüllt die hämische Meute, da ist es! Beethoven, Schubert, Wagner sind die großen Lehnsherren, Mahler der Vasall, und jene gewissen Gegenleistungen, das sind die häufigen Aufführungen ihrer Werke, die er ihnen so trefflich besorgt hat. Die läppische Torheit derer, die so reden, die über einem gelegentlichen Ohrenschein die tiefere Bedeutung vergessen, ist zu offenbar, als daß man sie widerlegen sollte. Schon Lichtenberg hat ausgesprochen, daß der hohle Klang bei dem Zusammenstoß eines Buches mit einem Kopf nicht notwendig vom Buch hervorgerufen zu sein braucht. Aber in Wahrheit bezieht sich ja der heutige Sprachgebrauch auf einen vom ursprünglichen derivierten Wortsinn, der mit dem gangbaren Adjektiv ›banal‹ kaum mehr anderes besagen will, als daß das also Benannte landläufig, gewöhnlich und abgedroschen ist; der es kurzum dem Trivialen gleichsetzt, dem, was an jeder Straßenkreuzung zu finden ist, dem Gassenhauer jeder Art. Und, so gesehen, darf das Attribut des Banalen sehr wohl dem Musiker Mahler verliehen werden; wieso und inwieweit, das eben ist die Frage. Banalität als Erscheinung innerhalb der Musik wird möglich erst in dem Augenblick, da diese eine bloße Angelegenheit des ästhetischen Raisonnements geworden ist. In dem Augenblicke, da das Artifizielle zum obersten Kriterium der Kunst erhoben wird. Sobald einmal die Originalität des Themas zum primären Gradmesser einer Komposition bestellt ist, wird Banalität zur Handhabe der negativen Kritik. [...] Die Rolle des Banalen in der Kunst ist mit der Geschichte der Romantik engstens verknüpft. Und so ist es nur natürlich, wenn mit der Krise der Romantik auch das Problem der Banalität seine höchste Aktualität erlangt hat. An diesem Wendepunkt steht Gustav Mahler, dessen gesamtes, in sich unvergleichlich logisches Opus ich für die letzte gültige Manifestation und zugleich für die tiefste Vergeistigung des romantischen Ideals halte. Eins gleich vorauszuschicken: hier wird keine Ehrenrettung Mahlers unternommen. Er bedarf ihrer nicht.«[74]

Hans Ferdinand Redlich gewinnt in seinem Essay einen neuen musiksoziologischen Zugang ins Innere der Mahlerschen Kompositionen – einen Zugang, der in seinen Arbeiten von 1919/1920 noch fehlte:

»Wenn das Nietzsche-Wort zur Recht besteht, wonach jede große Musik erst als Schwanengesang ihrer Epoche zur Aktualisierung der eigenen Wirkungsmöglichkeit gelangt, dann ist eine Deutung gefunden für jenes merkwürdige, an Mahlers symphonischem Werk vielfach beobachtete

Phänomen einer – auch von ihrem Schöpfer – durchaus unzeitgemäß empfundenen Kunst, die nach dem Tode dieses Schöpfers urplötzlich zu wirken beginnt und mit einem Schlage zu bedeutsamster Gegenwärtigkeit gelangt. Dann kann man weiter sagen: Mahlers Musik war repräsentative Musik ihrer geistigen Epoche, auch wenn wir heute ihre kollektiven Wirkungsmöglichkeiten von ihren privaten Voraussetzungen zu trennen gelernt haben. Wenn man mit Paul Bekker – der vor etwa zwölf Jahren als erster die soziologische Betrachtungsweise ins musikalische Raisonnement eingeführt und gleichzeitig jene berühmt gewordenen ›symphonische Milieutheorie‹ aufgestellt hatte, deren faszinierendste These die von der ›mitkomponierten Hörerschaft‹ war – Beethovens Symphonik und ihre Freiheitsideologie als rechtmäßigen Sprößling der revolutionären Saaten von 1789 bezeichnet, dann ist Mahlers Werk als letzter Nachhall liberaler Romantik und idealistisch-vormärzlichen Deutschtums gewesen. Beide Feststellungen können nicht erschöpfend sein, denn (bei aller Gewichtigkeit, die wir heute den soziologischen Faktoren zuweisen) das Milieu – auch in seiner spirituellsten Bedeutung – bleibt im Organismus der ganz großen Künstler stets nur Teilkomponente. [...] Mahler war – in einem sehr unmittelbaren, sehr ursprünglichen, gläubigen Sinne – der dekorativen Tendenz seiner Zeit verfallen. Dies darf nicht dahin mißverstanden werden, als habe Mahler geradezu ›Böcklin-Suiten‹, ›Fidus‹-Symphonien oder ›Toteninsel-Gesänge‹ komponiert. Dann wäre er ja ein zeitgemäßer Symphoniker à la Alexander Ritter gewesen. Nein, Mahler hat eine Musik der heimlichen Programme geschrieben, eine Musik, die das schwindende symphonische Formerlebnis durch Zwitterelemente der Kantate, des Oratoriums, des Liedes, ja schließlich eines (sehr spiritualisierten) Theaters zu ersetzen suchte. Darin lag ja die (vielfach besprochene) Schöpfertragik Mahlers, daß er ein Werk zu schaffen hatte, an dessen Formidee er nicht mehr glaubte, nicht mehr glauben durfte – eben weil er der Dekoration, der Regie, dem Effekt, der tönenden Gebärde als Kind seiner Zeit verfallen war. [...] In seiner Musik zitterte – den Zeitgenossen teils unverständlich, teils lächerlich – das Grauen vor dem eisernen Zeitalter, an dessen Schwelle er starb. Aus den merkwürdig häufigen Trauerkondukten, Schlachtmusiken, soldatischen Volksliedern und gespenstisch militärischen Tonsymbolen ist das Fernbeben des heranziehenden Krieges zu spüren. Aus dem Rembrandtschen ›clair obscure‹ der ›Nachtmusiken‹, der ›Revelge‹, des ›Tambourgsell‹ leuchtet der Widerschein eines weiten aber gefährlichen Feuers. Die Angst vor dem Feuer, die Trauer um eine dem zerstörenden Brand geweihte Welt, die endliche Gefaßtheit und Ergebenheit in das kommende Schicksal, mit der er in der *Achten* Symphonie barock-theatralisch – im *Lied von der Erde* sehr persönlich und erschütternd in der allmählichen Lautlosigkeit des ersterbenden Gefühls – Abschied vom Leben, Abschied von seinem Jahrhundert nimmt – dies ist das Vermächtnis Gustav Mahlers an eine nahe Zukunft.«[75]

Erwin Steins Aufsatz für den *Anbruch* von 1930 versucht in der Opposition zur Deutung Mahlers als Spätromantiker die Perspektive der Neuen Sachlichkeit nutzbar zu machen:

»Was mich an Mahlers Musik, als ich sie kennen lernte, sofort faszinierte, war, daß sie so gar nicht akademisch ist. Sie hörte sich mir an wie ein spannender Roman, der in seinem Ablauf immer neue unerwartete und überraschende Wendungen nimmt. Dabei war ihre Ausdrucksgewalt so überzeugend, die künstlerische Wirkung so tief, daß mich kein Gerede von Banalität, formlosen Potpourris und Effekthascherei irritieren konnte. Im Falle Mahler erlebte ich zum ersten Male, wie ein Einzelner gegen die große Menge Recht behielt. Heute, da wir zu Mahler zeitlich Distanz gewonnen haben, beginnt uns sein Bild klarer zu werden und die Umrisse seiner Erscheinung treten deutlicher hervor. Die Unmittelbarkeit seiner Wirkung ist geblieben, und wir erkennen, daß sein Werk auch jenseits einer romantischen Gefühlswelt Geltung und Dauer hat. Wir sehen, wie hier ein ungeheurer Ausdruckswille neue Formen der Musik geschaffen hat. Dieser Ausdruckswille mag romantische Wurzeln gehabt haben. Aber Mahlers Symphonik ist eines der schönsten Beispiele aus der Musikliteratur, wie Ausdruck restlos in Form aufzugehen vermag, wie Subjektives sich in Kunst objektiviert. Freilich, diese Formen sind nicht nur ihrer großen Ausmaße wegen schwer überblickbar. Ihr Ebenmaß beruht nur zum Teil auf den rhythmischen Gesetzen der Symmetrie und den harmonischen der Kadenz. So gut die Teile gegeneinander abgewogen sind, so genau dem Formgefühl alles stimmt, es geht, wen man näher hinhört, erstaunlich asymmetrisch in dieser Musik zu […] Für Sachlichkeit des Satzes und Durchsichtigkeit des Klanges sind seine Partituren vorbildlich. Die weitverbreitete Meinung, daß sein Werk ohne Auswirkung geblieben ist, ist also irrig. Nicht die Äußerlichkeiten seiner Diktion, aber die Besonderheiten seiner Kompositionstechnik sind in den besten Komponisten unserer Zeit fruchtbar geblieben.«[76]

Theodor W. Adorno schließlich, seit 1928 Redakteur des *Anbruch*, geht in seinem Beitrag für das Mahler-Heft explizit von der negativen Rezeption aus – von der Ablehnung, die Mahlers Werk im Konzertbetrieb erfuhr und erfährt; – und anders als die alte Gemeinde der Mahler-Verehrer, versucht er die Vorbehalte gegenüber Mahler nicht nur zu entkräften und als falsch hinzustellen, sondern gerade von ihnen aus die ästhetische Eigenart und das gesellschaftlich Unversöhnte von Mahlers Musik zu erschließen. Gleich anderen konstatiert Adorno um 1930 bereits das Ende der Mahler-Welle der 20er Jahre; allerdings stellt er dabei gewisse Gemeinsamkeiten in der Verdrängung Mahlers und Schönbergs fest, und hier verweist Adorno nicht zuletzt auf den Antisemitismus: »ganze Gruppen von Formeln« seien »dem Kampf gegen Schönberg und gegen Mahler gemeinsam«[77]:

»[...] der jüdische Intellektuelle, der mit wurzellosem Geist die ach so gute Natur verdirbt; der Destruktor ehrwürdig traditionaler Musikgüter, die sei es banalisiert, sei es schlechthin zersetzt werden; der abstrakte Fanatiker, der mit jenem von Riemann entdeckten Willen, ›Unerhörtes zu leisten‹, die schöne grüne Weide rings herum verbrennt, auf der es den anderen so wohl zumute ist: all dies wird gegen Mahler wie Schönberg vorgebracht, als ob nicht schließlich zwischen ihnen der radikale dialektische Bruch der neueren Musik liege.«[78]

Adorno setzt bei dem »Chok« an, »der stets wieder von Mahler ausgeht«[79]:

»Die echte Aktualität Mahlers, die zu entdecken ist, liegt eben in der Gewalt, mit der er aus jenem Musikraum ausbrach, der ihn heute vergessen will.«[80]

So stellt sich Adorno wohl am entschiedensten gegen die gesamte Mahler-Gemeinde, wenn er die Romantik in Mahlers Werk, ja die Romantik überhaupt, in Frage stellt: »Nicht dumpfe pantheistische Liebe zu Kreatur und Natur, nicht romantische Rückbewegung zur verlorenen Einfalt ereignet sich in Mahlers Werk, wenn es sich zum Unteren hinabneigt, vielmehr: er sucht die oberen Gehalte in ihrem Sturz durch die Geschichte dort auf, wo sie ihm jetzt und hier erscheinen.«[81] Das Mahlersche Espressivo deutet Adorno mit Blick auf Schönberg als »Mittel, das fremd Begegnende faßlich zu machen«[82] – ohne es freilich seiner Fremdheit zu berauben: »Faßlichkeit ist geradezu das Prinzip der Mahlerschen Instrumentation, wodurch sie sich von dem homogenern und diffuseren Gruppenklang der Spätromantik, zumal Straussens, so scharf abhebt.«[83] Über das Finale der *Sechsten* heißt es mit polemischem Seitenhieb auf die deutsche Romantik: »Hier wird nichts von ewiger Liebe und Auferstehung einer verblasenen Allnatur erzählt, sondern vom Ende der symphonischen Sonate oder, um das intentionale Objekt beim rechten Namen zu nennen, vom Ende der Ordnung, die die Sonate trug.«[84]

## 3. Das Feindbild: 1934–1945

**Gefeiert und verfolgt**

Nach einer landläufigen Auffassung bildete jenes Regime, das sich nach 1933 in Österreich etablierte und 1938 mit dem Einmarsch deutscher Truppen endete, so etwas wie eine Vorstufe des Nationalsozialismus in Österreich. Eines der Beispiele, die einer solchen Auffassung zuwiderlaufen, scheint die Rezeptionsgeschichte Gustav Mahlers. Der Komponist, dessen Werke ab 1933 aus dem offiziellen deutschen Musikleben ausgeschlossen wurden, begann zur selben Zeit in Österreich eine geradezu staatstragende Größe zu bilden: er wurde als der größte österreichische Komponist der jüngsten Vergangenheit gefeiert und erlaubte es dem Regime, das mit Demokratie und Republik Schluß zu machen beabsichtigte, auf die Zeit der Monarchie positiv Bezug zu nehmen. Mahler wurde unter »Musik der Heimat«[85] nicht nur rubriziert, er erhielt hier einen Ehrenplatz. Und auf diesem Platz wurde er auch im Ausland wahrgenommen – zumindest im westlichen: wenn etwa der Sender von Marseille-Provence, um diese Zeit die Sendestation Frankreichs mit der größten Reichweite, Mitte der dreißiger Jahre ein »österreichisches Musikfest« veranstaltete, dann stand Mahler in einer Reihe mit Bruckner und sollte zusammen mit Hugo Wolf wohl die Verbindung zu den in Österreich lebenden Komponisten der unmittelbaren Gegenwart – Alban Berg, freilich auch Franz Schmidt, Joseph Marx und Julius Bittner – herstellen.[86] In der *Neuen Freien Presse* wurde etwa angeregt, die Aufnahme von Mahlers Werken auf Schallplatte vom Unterrichtsministerium finanziell zu unterstützen, so daß dem Rundfunk, der ›Ravag‹, »in Anbetracht der Wichtigkeit echter und unfehlbarer Kulturpropaganda für Österreich ermöglicht werden sollte, zumindest das Wichtigste aus Mahlers Schaffen auf der Schallplatte festzuhalten. […] Der kulturpolitischen wichtigen

Verbreitung solcher Werke durch die Schallplatte und durch das Radio können sich die zur Förderung guter moderner Musik berufenen Faktoren nicht länger entziehen.«[87] (Von Mahlers Werken gab es damals auf Schallplatte nur das Adagietto der *Fünften* unter Mengelberg und eine Auswahl von Mahler-Liedern von Elisabeth Schumann und Sara Cahier.)[88]

Die Feierlichkeiten zum 25. Todestag Mahlers im Mai 1936 zeigen die Tendenz zur Vereinnahmung am deutlichsten. Ihre Höhepunkte bildeten die Aufführung der *Zweiten* (26. April) und der *Achten* (15./16. Mai) sowie des *Liedes von der Erde* (24. Mai) unter der Leitung von Bruno Walter – und unter dem Ehrenschutz von Kurt v. Schuschnigg, der noch immer Bundeskanzler genannt wurde, obwohl er doch Staatsführer eines autoritären Regimes war. Neben Schuschnigg ist in den Berichten über die ausverkauften Konzerte auch die Anwesenheit anderer staatstragender Persönlichkeiten vermerkt: so etwa die des Unterrichtsministers Hans Pernter und auch die Alma Mahler-Werfels, die mit ihren guten Verbindungen zu Schuschnigg, Pernter und Ernst Rüdiger v. Starhemberg in ihrem Salon gleichsam eine Relaisstation zwischen Mahler und dem Ständestaat eingerichtet hatte. Charakteristisch für den Stellenwert der Feiern auch die paritätische Aufteilung der Mahler-Feiern in Anwesenheit des Staatsführers und unter Leitung des Stardirigenten: die eine Aufführung fand im Musikverein mit den Wiener Philharmonikern, die andere im Konzerthaus mit den Wiener Symphonikern statt. Nicht zufällig erscheint auch die Auswahl der Werke: die beiden Symphonien sind das, was man kolossale Tongemälde nennt, mit großem Chor und Sängersolisten; sie verwenden Texte, die in christlicher Tradition geschrieben worden sind und sie können mit ihren groß angelegten Schlußsätzen als die beiden affirmativen Werke in Mahlers Gesamtwerk gelten.

Bruno Walter hielt am 18. Mai im Rahmen dieser Feiern einen großen Vortrag über Mahler im mittleren Konzerthaussaal unter dem Titel: »Gustav Mahler – Erinnerung, Betrachtung und Bekenntnis« – »illustriert mit Beispielen am Klavier«. Die ausverkaufte und bejubelte Veranstaltung des »Kulturbundes« stand ebenfalls unter dem Ehrenschutz von Bundeskanzler Schuschnigg und besaß augenscheinlich einen staatsoffiziellen Charakter: neben Schuschnigg selbst waren – wie die Presse ausführlich berichtete – abermals Unterrichtsminister Pernter, sowie die Gesandten Englands, Frankreichs, Hollands, Italiens, Polens und der Schweiz (also etwa jener Länder, die die Unabhängigkeit des österreichischen Staats garantierten oder sich neutral verhielten) im Publikum (nicht aber der Gesandte Deutschlands von Papen!); ferner waren Alma Mahler-Werfel und Franz Werfel anwesend.[89]

»Dem Vortrag Walters folgte ein Beifall, dessen Intensität sich nicht vom Dankesjubel nach der Aufführung der ›Achten‹ unterschied. Von Bundeskanzler v. Schuschnigg bis zu den Stehparterrebesuchern folgten den Ausführungen so viele Mahler-Enthusiasten, als der mittlere Konzerthaussaal fassen konnte.«[90]

Am selben Tag legten die Direktoren der Wiener Staatsoper Felix Weingartner und Erich Kerber einen Lorbeerkranz am Grabe Mahlers auf dem Grinzinger Friedhof nieder.[91] Alma Mahler-Werfel und Franz Werfel veranstalteten in diesem Zusammenhang auch einen Festempfang (und Rout), bei dem, wie die Presse schreibt »zahlreiche Vertreter des geistigen Wiens erschienen waren«[92]: Minister Pernter, Minster a. D. Dobretsberger, der österreichische Gesandte Hornbostel, die Gesandten ›neutraler‹ bzw. ›befreundeter‹ Länder (Niederlande, Schweiz, Schweden, Belgien, Polen, Ungarn, Frankreich); zahlreiche Fürsten und Fürstinnen, Grafen und Gräfinnen, Ministerialräte, Hofräte und Militärs; die Tänzerin Grete Wiesenthal, die Schriftsteller Raoul Auernheimer, Franz Theodor Csokor, Felix Salten, Karl Schönherr, Siegfried Trebitsch, die Verleger Bermann Fischer und Zsolnay, der Herausgeber des *Neuen Wiener Journals* Oscar Loewenstein, die Komponisten Wilhelm Kienzl und Egon Wellesz, Burgtheaterdirektor Röbbeling, der philharmonische Konzertmeister Arnold Rosé und viele viele andere. Andererseits fand aber auch in der Ottakringer Volkshochschule auf dem Ludo Hartmann-Platz eine musikalische Mahler-Gedenkfeier statt, wie Julius Stern in der *Volks-Zeitung* zu berichten weiß.[93] Und im Radio wurden Mahlers *Neunte* und die *Lieder eines fahrenden Gesellen* (ebenfalls mit Bruno Walter) als Mahler-Gedenkstunde gesendet.[94] Nur die Gedenkfeier, die die Wiener Staatsoper veranstaltete, fiel vergleichsweise sehr bescheiden aus: am 14. Juni fand vormittags im Foyer der Staatsoper »im intimen Kreis eine kurze Gedenkfeier anläßlich der 25. Wiederkehr des Todestages Gustav Mahlers statt«; Kerstin Thorborg sang vier Lieder, am Flügel begleitet von Carl Alwin, Felix Weingartner hielt eine Ansprache, »in der er seiner persönlichen Beziehungen zu Gustav Mahler gedachte«.[95] Im Publikum saß diesmal nur die zweite Garnitur des Staats, daneben fanden sich auch Bruno Walter, der Komponist Joseph Marx, der Burgtheaterregisseur Rosenthal ein.

Die zu diesen Veranstaltungen erschienenen Presseberichte bemühen sich sichtlich, Mahler als Komponisten einer großen Vergangenheit zu interpretieren, sie hüten sich, seine mögliche Bedeutung für die Gegenwart zu berühren, es sind gewissermaßen nostalgische Kritiken, wozu insbesondere die Persönlichkeit Bruno Walters, des ehemals engsten Freundes und Kollegen Mahlers, Anlaß gibt:

»Bruno Walter mag diesmal mit besonderer Ergriffenheit ans Pult getreten sein, um Werke Mahlers zu dirigieren, denn im Bewußtsein aller Teilnehmer, der Aufführenden und der Zuhörer, steht derzeit die Erinnerung an das Lebensende des Künstlers, an seinen Todestag vor fünfundzwanzig Jahren. Der Dirigent schien da mit geheimnisvoller magischer Kraft förmlich das Rad der Zeit zurückzudrehen, die Vergangenheit wieder gegenwärtig zu machen, und als das Geigentremolo und die aufstürmenden Bässe der *Zweiten* Symphonie einsetzten, fühlte man sich wunderbar zurückgetragen in jene Jahre, da Mahler noch selbst hier stand, in eben diesem Saale und auf eben diesem Podium, Führer und Beschwörer des gleichen Orchesters und Bezauberer eines Publikums, das ebenfalls zu großen Teilen das gleiche geblieben ist.«[96]

Folgt man dieser Einschätzung des Kritikers des *Neuen Wiener Tagblatts*, dann befanden sich relativ wenig jüngere Leute im Publikum, es handelte sich gewissermaßen um eine Veranstaltung der überlebenden Mahler-Verehrer. Einen ähnlichen Eindruck vermittelt auch die Kritik der *Achten* von Fritz Deutsch im *Neuen Wiener Journal*: der Kritiker selbst zählt dabei zur jüngeren Generation – 1902 geboren, Studium bei Guido Adler, Anton Webern u. Eduard

Steuermann; er emigrierte noch im September 1936 über Einladung von Eugene Ormandy in die USA, wo er unter seinem neuen Namen Frederick Dorian vor allem als Musikwissenschaftler wirkte. In der Sprache der alten Mahler-Verehrer versucht Deutsch die Begeisterung über das endgültig Vergangene zu fassen, und es fragt sich, ob in den Formulierungen über die Mahler-Gemeinde nicht auch etwas Ironie mitschwingt:

»Es war der äußere Höhepunkt des Mahler-Gedenkens: Auf dem Podium des großen Konzerthaussaales der zyklopische Apparat der *Achten*, dem nach dem Wort seines Schöpfers die Aufgabe zugewiesen ist, das ›Weltall klingen und tönen‹ zu machen. In dem seit Tagen ausverkauften Saal eine in ihrer Liebe zum Werk gleichgeschaltete[!] Hörerschaft, deren Jubel den diesseitigen, sinnenstarken Sieg der Partitur klar ausspricht. Am Pult als Führer des musizierenden Kollektivs und Deuter der Gemeinde Gustav Mahlers: Bruno Walter, Apostel im testamentarischen Sinn, der als Auserwählter über dem Erbe seines Meisters wacht und es der Nachwelt kündet ...«[97]

In derselben Zeitung erschienen am 17. Mai auch mehrere Erinnerungsartikel, wie man sie schon aus den zwanziger Jahren kennt: »Vier aus der Glanzzeit der Staatsoper: Gustav Mahler, wie wir ihn erlebten«, »Wunderschöne gemeinsame Erfolge« von Gräfin Marie Renard-Kinsky, »Sein Vertrauen, die Hauptsache« von Kammersänger Georg Maikl, »Der erste moderne Opernregisseur« von Professor Paula Mark-Neusser, »Als Solistin in Mahlers *Vierter*« von Rita Michalek-Merlitschek.[98] Am ausführlichsten im *Neuen Wiener Journal* ist freilich der Bericht über Alma Mahler-Werfel: »Die Gefährtin Gustav Mahlers erzählt. Besuch bei Frau Alma-Mahler-Werfel«:

»Es ist, als träte man in ein Museum. In das intimste und privateste Museum freilich, das sich denken läßt. Der grünlich schimmernde Raum ist gleichsam von einer musikalischen Stille durchflutet. Mit einem Gefühl, das sich als andächtig beschreiben läßt, schreitet man über weiche Teppiche zu den großen Glasvitrinen, die in die Wände eingelassen sind: die Originale sämtlicher Werke Gustav Mahlers ruhen in ihnen, man kann sich bedächtig in die zarten Schwünge dieser kostbaren Handschriften versenken. Sie war die Gefährtin eines der größten Komponisten – sie ist heute die Gefährtin eines der bedeutendsten lebenden Dichter: Franz Werfels. Um das Blond ihres Haares liegt ein Glanz der Milde, es ist als wäre die Stille und Harmonie des Raumes ein Ausfluß ihres Wesens; wenn sie von dem ersten Großen spricht, dem sie Gefährtin war, klingt es innig versonnen, mit einem deutlichen Ausdruck der Beglücktheit. Vor der Vitrine, in der die *Achte* zu sehen ist, bleibt sie stehen: ›Sie ist mir gewidmet – das ist mein allergrößter Stolz.‹«[99]

Neben solchen seitenlangen feuilletonistischen Ergüssen, gibt es im *Neuen Wiener Journal* nur einen einzigen Artikel, der sich mit den Kompositionen Mahlers beschäftigt – und der stammt von Joseph Marx und trägt den Titel: »Was dünket Euch um Gustav Mahler?«; d. h. er betrachtet die Werke Mahlers nicht anders als der Berichterstatter im Hause Alma Mahlers die Vitrinen. Allerdings ist Marx darum bemüht, Mahler zu verkleinern – auf Albumgröße gewissermaßen – und ihn von der großen klassischen Tradition abzukoppeln: dies unter dem Vorwand, ihn dadurch populärer machen zu können:

»Es war unrichtig, da von gerader Weiterführung klassischer Art zu sprechen und die größten Namen zum Vergleich heranzuziehen. Viel anregender, Künstlers Maß aus seinem eigenen Werk zu finden und ihn daraus zu verstehen, zu werten.«[100]

Und Marx nimmt hierzu an den kleinsten, vor allem den wenig bedeutsamen und ganz frühen Werken Mahlers Maß – diese gelten ihm als die »Perlen des Meisters«, doch vergißt er nicht darauf hinzuweisen, daß auch sie nicht wirklich originell, sondern der deutschen Volkskultur oder anderen, mittelmäßigen deutschen Komponisten abgeschaut seien:

»Ich besuche nicht gern Festaufführungen. Sie sind notwendige Ergänzungen des Konzertbetriebes, bedeuten lärmende Werbetätigkeit [...] Besser ich schlage meine schönen Mahler-Bände auf [...] frühere, einfache Stücke klingen innig nach deutschem Volkslied, das neben dem alten Balladen-Löwe Pate dabei stand. ›Hans und Grete‹, ›Um schlimme Kinder artig zu machen‹ vor allem das entzückende ›Ablösung im Sommer‹ [...] Naturliebe hält seine Erfindung volkstümlich kräftig; sie rührt alle Herzen, wenn der Wald rauscht und in nächtlicher Ferne das Posthorn klingt. Echte Romantik der Wunderhorn-Dichtungen, die er liebevoll nacherlebt.«[101]

Die Lieder zieht Marx allen Symphonien, insbesondere deren kontrapunktischer Modernität, die er anerkennen muß, vor: die Lieder, »wo er sich am natürlichsten gibt, unphilosophisch in Wald und Natur lustwandelt, wie unsere großen Meister. Da sang er sich frei wie der Wind in den Bäumen, es klingt nach altem Volkslied [...] Warmströmende Musik, in blühender Natur empfangen [...].«[102] In einem Brief an Adorno charakterisierte Ernst Krenek, den »Typus« Joseph Marx als genau jene »stumpfsinnig restaurative Haltung«, für die in seinem Projekt moderner Musik kein Platz sei.[103]

Hinter der Phrasenhaftigkeit dieser Art von feuilletonistischer Mahler-Pflege, die umso öfter die Naturliebe des Komponisten beschwört, als sie Angst vor dem gesellschaftlichen Gehalt seiner Musik zu haben scheint, verbirgt sich allerdings bereits eine ideologische Konstellation, die schließlich Mahlers Werke abschaffen und seine größten Verehrer und Alma Mahler selbst mit ihrem neuen »Gefährten« aus dem Land treiben wird. Zur selben Zeit wie jene vergangenheitssüchtigen Artikel über Mahler publizierte dieselbe Zeitung allerlei zukunftsträchtige Lyrik, etwa folgende, die das Dritte Reich zur Besetzung des Saarlands und zur Eroberung Polens antreibt:

»Ein deutsches Kampflied: Ins Herz sollst du dir graben / Dies Wort als wie ein Stein: / Was wir verloren haben, Darf nicht verloren sein. Denn heilig ist die Scholle, / Darauf jahrtausendlang / Die süße, wohllautvolle, / Die deutsche Sprache klang [...] Wo tief im Schoß die Kohle. / Das schöne Saarland trägt, / Und wo an Danzigs Mole / Der Weichsel Welle schlägt – / Da schändet deine Erde / Landfremden Feindes Fuß; / Du Knecht der Freiheit erwache / Und schüttle ab die Schmach / Und sinn dem Tag der Rache / Dem Tag der Freiheit nach.«[104]

Und nur wenige Tage vor dem Beginn der Mahler-Feiern hielt etwa Staatsrat Leopold Kunschak, 1892 Gründer des christlich-sozialen Arbeitervereins und nach 1945 Präsident des Nationalrates, bei einem Appell, den der Wiener Freiheitsbund, die Wehrorganisation der christlichen Arbeiterbewegung, veranstaltete, eine Rede, in der es hieß:

»Vor einigen Wochen habe ich auf die Notwendigkeit verwiesen, mit der Vogel-Strauß-Politik in der Judenfrage zu Ende zu gelangen. Es ist von wesentlicher Bedeutung, daß die Führer der Arbeiterschaft in Abstammung und Denkart dem bodenständigen christlichen Volk angehören und daß der zersetzende Einfluß des Judentums aus dem Geistes- und Wirtschaftsleben des deutschen Volkes verdrängt werde. In dieser Frage gibt es nur zwei Möglichkeiten: Entweder löst man die Judenfrage rechtzeitig, Eingebungen der Vernunft und Menschlichkeit folgend, oder sie wird gelöst werden, wie das unvernünftige Tier seinen Feind angeht, im Toben wild gewordenen Instinktes.«[105]

Die christliche Arbeiterbewegung und insbesondere ihre Wehrorganisation bildete überhaupt so etwas wie das Einfallstor des Nationalsozialismus in den »Ständestaat«. Der Freiheitsbund lebte nicht nur von der geheimen finanziellen Unterstützung durch Nazideutschland, sondern mindestens ebenso von dem seit Jahrzehnten kultivierten Antisemitismus. Schon 1923 hieß es im »Linzer Programm der christlichen Arbeiter Österreichs«:

»Für gesunden Fortschritt auf kulturellem, politischem und wirtschaftlichem Gebiete ist es von wesentlicher Bedeutung, daß die Führer der Arbeiterschaft in Abstammung und Denkart dem bodenständigen christlichen Volke angehören und daß der zersetzende Einfluß des Judentums aus dem Geistes- und Wirtschaftsleben des deutschen Volkes verdrängt werde.«[106]

In der Wochenzeitung *Deutsches Volksblatt* wurde die Rede Kunschaks mit begeisterter Zustimmung abgedruckt – als »überaus bemerkenswerte Feststellungen zur Judenfrage, die nicht verfehlen werden, in der gesamten Öffentlichkeit ein starkes und zustimmendes Echo auszulösen. […] Staatsrat Kunschak dürfte hoffentlich vor dem Anwurf gefeit sein, sich irgendwelchen destruktiven oder gar staatsfeindlichen Gedankengängen hinzugeben. Dies festzuhalten mag vielleicht eigenartig scheinen; es ist aber nötig, weil sich verschiedene Wortführer des Judentums das probate Mittel zurechtgelegt haben, jeden, der aus seiner antisemitischen Einstellung kein Hehl macht, nazistischer Umtriebe zu zeihen …« In unmittelbarer Nachbarschaft des Artikels findet sich eine Werbeanzeige des *Deutschen Volksblattes*, in welcher zu lesen ist: »National sein heißt, für die völkische Art der Heimat kämpfen; dafür eintreten, daß Österreich das bleibt, was es immer war: Die freie deutsche Ostmark.«[107] Solcher Antisemitismus funktionierte als Trojanisches Pferd im Ständestaat – nur daß es nicht ins Land als Geschenk der feindlichen Macht geschmuggelt werden mußte, sondern eben hier selbst aufgebaut worden war. Immerhin bekundete man im *Deutschen Volksblatt* durchaus Staatstreue und bekannte sich emphatisch zur ständestaatlichen Ordnung, berief sich auf päpstliche Enzykliken etc. Nur in zwei Fragen wich man ab und übte in diesem Sinn eine Art solidarische Kritik an der aktuellen Staatsführung: die Frage der Einschätzung Hitlers und die Frage der Einschätzung der Juden. Vielleicht sollte man also sagen, daß es sich um ein gläsernes Trojanisches Pferd handelte. Inmitten des christlich-deutschen Ständestaats war hier bereits ein kleines Drittes Reich errichtet – eine Anzeige etwa fordert dazu auf: »Wählen Sie bei Ihren Einkäufen nur ein arisches Geschäft! Beachten Sie unsere Anzeigen. Wir nehmen nur Einschaltungen arischer Kaufleute an.«[108] Kennzeichnend ist, daß diese Zeitung, die einen ausführlichen Kulturteil besaß, die Feierlichkeiten zum 25. Todestag Mahlers vollkommen übergeht; stattdessen wird von Liszt, »dem Deutschen« und übers 60jährige Jubiläum von Bayreuth ausführlich berichtet.

Auch die *Reichspost* hält sich in ihren antisemitischen Äußerungen zu Mahler in diesen Monaten auffällig zurück – es ist, als ob man noch abwarten wollte, wie sich das kulturpolitische Klima im Zuge der Umstrukturierung des Staates verändern würde. Roland Tenschert etwa schrieb in dieser Zeitung im August 1936 über die Aufführung der *Dritten* bei einer Gedenkfeier für Mahler im Rahmen der Salzburger Festspiele:

»Man hat Gustav Mahler gerne einen Eklektiker genannt. Diese Bezeichnung trifft wohl am eklatantesten für die *Dritte* Symphonie des Komponisten zu, die vielleicht am wenigsten einheitlich und geschlossen ausgefallen ist. Elemente heterogenster Art sind hier zusammengeschweisst. Die Skala der stilistischen Abtönung reicht vom einfachen Volkslied, dem Militärmarsch, dem Operettenschlager über klassische Vorbilder bis zur Sinfonie Bruckners. Ein schwieriges Beginnen, so widerstreitende Faktoren zu einer zwingenden Einheit zusammenzuschweißen. Bei den ersten Sätzen mochte man wohl auch den Kopf darüber schütteln, warum gerade dieses

Werk für die Gedächtnisfeier ausersehen war. Aber von Satz zu Satz läutert und sublimiert sich der Inhalt und klingt in Nr. 6 in einem Gesang erhabenster und edelster Schönheit aus. Fast bedauert man, diesem Adagio erst am Schlusse zu begegnen und es nicht mit frischen, unverbrauchten Sinnen auf sich wirken lassen zu können.«[109] (Roland Tenschert trat übrigens zwischen 1938 und 1945 auch als Buchautor hervor – in seinem Buch über Richard Strauss wird Gustav Mahler mit keinem Wort erwähnt.[110])

Zwei Jahre zuvor, in den Monaten vor dem Putsch der Nazis gegen Dollfuß, publizierte die *Reichspost* eine Rezension der Aufführung der *Zweiten* unter Carl Schuricht, in der sich keine einzige negative Bezeichnung der Musik findet; im Gegenteil, die Musik wird in direkten Zusammenhang mit Beethovens Symphonien gestellt und dabei keineswegs herabgesetzt.[111] Das Judentum Mahlers wird mit keinem Wort erwähnt. Das Mahler-Bild dieser Kritik gleicht jenem der Besprechung von Frieds Mahler-Zyklus aus der *Reichspost* von 1920. Wenige Wochen später aber schreibt im selben Blatt Max Springer – vermutlich handelt es sich um den Komponisten und Lehrer an der Wiener Staatsakademie für Musik – anläßlich des siebenten Philharmonischen Konzerts – Bruno Walter dirigierte das *Lied von der Erde* – in ganz anderer Tönung über Mahlers Musik. So wäre es vermutlich vorschnell, aus der Mahler-Rezeption eine allgemeine kulturpolitische Tendenzwende in der *Reichspost* abzulesen – das Oszillieren des Mahler-Bildes dürfte vielmehr einfach daran liegen, daß mehr oder weniger antisemitische Musikkritiker sich fortwährend abwechselten. Max Springer beginnt seine Besprechung mit einer allgemeinen Kritik an der Programmgestaltung der Wiener Philharmoniker und am zeitgenössischen Musikleben – wobei er das im »Ständestaat« durchaus nicht paradox klingende Kunststück fertigbringt, die Forderung nach zeitgenössischer Musik mit der nach bodenständiger zu verbinden:

»Das Jahr der Dirigentengrößen in den philharmonischen Konzerten bringt die hier vorausgesagte und beklagte Enttäuschung in programmlicher Hinsicht. Man weiß ja schon, ohne Prophet zu sein, daß die der Reihe nach aufmarschierenden Stars ihre Paradestücke mitbringen und hundertmal

Gehörtes mit mehr oder weniger überzeugenden Auffassungsvarianten dem geduldigen Wiener Publikum interpretieren. Wenn schon Abwechslung in die Vortragsfolge gebracht werden soll, dann ruft man polnische, russische, italienische, französische Autoren zu Hilfe. Vom heimatlichen neuzeitlichen Schaffen hört man äußerst wenig oder überhaupt nichts. Sollte es wirklich in dem musikbegabtesten aller Völker, dem deutschen und speziell österreichischen, keine lebenden Komponisten mehr geben, deren Werke einer Aufführung würdig wären? Zum letzten achten philharmonischen Konzert wird Otto Klemperer als Dirigent geladen. Und was musiziert er uns vor? Strawinsky, Debussy und Musik zu ›Sommernachtstraum‹ von Mendelssohn. Sapienti sat!«[112]

Im Folgenden wird klar, daß der Kritiker auch Gustav Mahler nicht zu den Komponisten des »musikbegabtesten aller Völker«, des deutschen und des speziell deutschen, nämlich österreichischen zählt und daß auch Bruno Walter nicht dazugehört:

»Im siebenten Abonnementkonzert dirigierte Bruno Walter, von seiner Verehrerschar lebhaft begrüßt, Mozarts entzückende Sinfonie Es-Dur, ohne besondere innere Anteilnahme, akademisch korrekt und kühl, das Menuett etwas zu schwerblütig, das Finale überhetzt. Erst im zweiten, dem *Lied von der Erde* gewidmeten Teil des Konzertes, fand der begeisterte Mahlerapostel sein innerstes Wesen und damit die Stärke und Höhe seiner Interpretationskunst. Gustav Mahler besaß eine geradezu fanatische Liebe für deutsche Romantik, deutsches Wesen. Mit Vorliebe bewegten sich seine poetischen Vorstellungen in urdeutschen Empfindungsregionen. Daher seine Vorliebe für die Texte aus *Des Knaben Wunderhorn*, in denen er auch für sein sinfonisches Schaffen Inspiration schöpfte. Wo immer er konnte, suchte er das Naturgefühl der deutschen Seele sich künstlerisch anzueignen. Wenn ihm dies zum Teil auch gelang, so mußte doch der Versuch einer vollständigen Verschmelzung mit deutschem Geiste, eines vollständigen Aufgehens in deutscher Art aus naheliegenden Gründen mißlingen. Er liebte und suchte die deutsche Seele. Das Unvermögen aber, in ihr eine organische, lebendige Verwurzelung zu finden, war die große Tragik dieses Künstlerlebens. Mit richtigem Instinkte vertiefte er sich in den Inhalt der Natur in der Hoffnung, mit diesem eine geistig-seelische Brücke zum Deutschtum schlagen und sich so von seiner inneren Not befreien zu können. Er hielt sich ja selber für einen ›Sänger der Natur‹. Dazu fehlte ihm aber die unkomplizierte Naivität etwa eines Schubert oder Bruckner. Dieser Mangel brachte es mit sich, daß dem fanatischen Wollen Mahlers nicht ein gleichstarkes Können entsprach. Beweis hierfür ist eben das *Lied von der Erde*, wohl das stärkste Werk Mahlers, in dem die ganze Trostlosigkeit eines vergeblich um Liebe ringenden ›Freudenspenders‹ nach Ausdruck ringt. Die vorgespiegelte Sieghaftigkeit weicht der Resignation eines schweren Einsamkeitsgefühles, einer melancholischen Verlassenheit, die mit todeswundem Blick Abschied nimmt von der Welt. […] Überall aber war die ordnende, ausfeilende und befeuernde Hand Bruno Walters zu verspüren, der heute wohl der allererste und berufenste Mahlerinterpret genannt werden darf.«[113]

Hier setzte sofort die Wiener Ausgabe des nationalsozialistischen *Stürmer* dankbar an und buchstabierte die »naheliegenden Gründe« für das »Scheitern« Mahlers aus:

»Gelegentlich der Besprechung des siebenten Philharmonischen Konzertes beklagt sich die *Reichspost* bitter darüber, daß die Philharmoniker dem musikalischen Schaffen heimischer lebender Tondichter nicht das geringste Interesse entgegenbringen. Uns kann das nicht wundern, wenn man die Namen der Dirigenten liest, die nach Wien berufen werden. Das achte ›Philharmonische‹ wird beispielsweise Otto *Klemperer* [Klemperer gesperrt gedruckt! – eine bei antisemitischen Zeitungen übliche Praxis, den »jüdisch« klingenden Teil des Namens besonders hervorzuheben] anvertraut, der Strawinsky, Debussy und *Mendelssohn* [gesperrt gedruckt!] angesetzt hat.«[114]

Und im folgenden greift der *Stürmer* nun dankbar die Formulierungen aus der *Reichspost* auf und spitzt sie zu – ganz so, wie der Antisemitismus der Nationalsozialisten in allen Bereichen mit dem bereits vorhandenen Antisemitismus umgegangen ist: nur eine Drehung genügte, um von der Ausgrenzung zur Vernichtung überzugehen:

»›Gustav Mahler besaß eine geradezu fanatische Liebe für deutsche Romantik, deutsches Wesen.‹ (Diese Liebe blieb wohl einseitig). ›Mit Vorliebe bewegten sich seine poetischen Vorstellungen in urdeutschen(!) Empfindungsregionen.‹ Allerdings ist es nur bei den Vorstellungen geblieben, wie die banale Volkstümelei Mahlers beweist. ›Wo immer er konnte, suchte er das Naturgefühl der deutschen Seele sich künstlerisch anzueignen.‹ Merkwürdig, daß sich die Juden Naturgefühle fremder Seelen aneignen müssen; verfügen sie denn über kein eigenes Seelenleben? ›Der Versuch einer vollständigen Verschmelzung mit deutschem Geiste, eines vollständigen Aufgehens in deutscher Art mußte aus naheliegenden Gründen mißlingen.‹ Wie vorsichtig, diskret sich das Blatt ausdrückt! ›Er liebte und suchte die deutsche Seele‹, konnte sie jedoch niemals finden. ›Das Unvermögen aber, in ihre eine organische, lebendige Verwurzelung zu finden, war die große Tragik dieses Künstlerlebens.‹ Der Mangel an Fähigkeit, ›zum Deutschtum eine geistig-seelische Brücke zu schlagen‹, brachte es mit sich, ›daß dem fanatischen Wollen Mahlers nicht ein gleichstarkes Können entsprach‹. Was wir immer gesagt haben: ein Woller, aber Nichtkönner. Es ist wertvoll, über die Stellungnahme der *Reichspost* zu Mahler aus authentischer Quelle – der Bericht ist von Max Klinger gezeichnet – unterrichtet zu werden. Sie hat hiemit die unüberbrückbare Kluft zwischen Ariertum und Judentum offiziell zugegeben; daher wird es ihr in Hinkunft schwer möglich sein, gegen die Rassenlehre ernstliche Einwände zu erheben.«[115]

Dieser Polemik war im Wiener *Stürmer* bereits eine umfangreichere Attacke auf Mahler vorausgegangen. Am 24. Februar 1934 schrieb Alois G. Topitz anläßlich einer Radiosendung des bekannten Komponisten (und früheren Mitherausgeber des *Anbruch*) Paul Amadeus Pisk, der wenig später ins amerikanische Exil ging:

»Montag, den 12. Feber, sprach im Wiener Rundfunk ein Dr. Pisk – der Name dürfte eine Abkürzung des Namens Piskaty sein – über das Thema ›Goethes Faust in der Musik‹. In diesem Vortrag wurde eine Anzahl jüdischer Tondichter erwähnt, indem sie in das Thema hineingesetzt wurden, im Schlußsatz auch Mahler, dessen ›reines Herz‹ und ›hohes Streben‹ die Vorlesung beschloß. [...] Da nun die Juden Mahler als den ihren bei jeder Gelegenheit würdigen, soll dies auch von seiten des Wirtsvolkes ein wenig versucht werden. [...] Mahler hatte es ja als Jude leicht, sich unter Aufgebot aller gleichrassischen Beziehungen ›machen zu lassen‹.«[116]

Es folgen nun zahlreiche antisemitische Anekdoten über Mahler, wie sie offenbar von Generation zu Generation im Inneren des Wiener Musiklebens weitergereicht wurden[117]: »Es gelang ihm, bei den Bayreuther Festspielen als Orchestermitglied unterzukommen [!]«[118]; in dieser Funktion habe Mahler sich Wagner genähert, um ihm seine Oper zu zeigen (!), dieser mit den Worten »Scheußlich! – scheußlich!« zurückgewiesen habe[119].

»Als Wiener Hofoperndirektor hatte er einen Vertrag, nach welchem ihm für jede Neueinstudierung 1000 Dollar gebührten. Mahler wäre kein Jude gewesen, wenn er diese Gelegenheit nicht reichlich ausgenützt hätte. Für manche solche Geldsack-Neueinstudierungen benötigte man nur einige Tage Zeit.«[120]

Juden lassen sich in den Augen von Antisemiten vornehmlich in Dollar bezahlen, der Dollar gilt hier als Währung des Weltjudentums. Nun hat der *Stürmer*-Autor doch Schwierigkeiten, den legendären Ruf der Mahlerschen Aufführungen zu erklären (schließlich war auch Adolf Hitler in seiner Jugend ein begeisterter Anhänger der Mahlerschen Aufführungspraxis und noch in den dreißiger Jahren verehrte er Alfred Roller wegen dessen Bühnenbilder aus der Mahler-Zeit.) Der *Stürmer* erklärt es ganz aus der Perspektive des »Wirtsvolks«:

»Mahler suchte aus Sängern und Orchester das Beste herauszuholen, aber nicht, indem er seine Untergebenen mit dem heiligen Feuer seines ›reinen Herzens‹ und seines ›hohen Strebens‹ erfüllte, sondern indem er mit brutaler Gewalt das Beste herauspreßte. Wenn ein Orchestermitglied bei einer Probe einen Fehler machte, so ›flog‹ es. Dabei war ihm sein Schwager Rosé behilflich, der sich seinerzeit hatte kaufen lassen, um Mitglied der Hofburgkapelle werden zu können [...] Mit besonderem Eifer war Mahler bemüht, die Symphonien Beethovens zu ›verbessern‹ und durch zusätzliche Blechinstrumente-Stimmen mehr Effekte zu erzielen und solcherart einen Sondererfolg zu erzielen. Das wurde ihm aber doch gründlichst ausgetrieben, und zwar vom Konzertpublikum selbst. Diese und noch andere Schlaglichter habe ich von dem verstorbenen Paukisten der Oper, Professor Weber, erfahren. Vor etwa vier Jahren traf ich auf einer Reise den ebenfalls schon verstorbenen Professor Klein [...]. Dieser bestätigte mir die Richtigkeit und setzte hinzu, er könnte mir noch mehr darüber erzählen, aber es sei sogar heute noch für einen Philharmoniker nicht ratsam, sich über diese Mahler-Zeit abfällig zu äußern. Nun vielleicht könnte doch ein alter Philharmoniker noch einiges erzählen? Heute sind wir ja Gottseidank so weit, daß wir uns die ›reinen Herzen‹ und das ›hohe Streben‹ der auserwählten Gäste unseres Volkes etwas näher ansehen, um zur guten Stunde von dem Allerwelts-Hausrecht der Wirte Gebrauch zu machen.«[121]

Hierzu brachte das Blatt eine Karikatur Mahlers, bei der sich der Zeichner in gewohnter *Stürmer*-Manier bemühte, als jüdisch definierte Züge im Gesicht Mahlers einzuzeichnen (vgl. Dokumente, S. 327 u. 328).

Die Artikel im *Stürmer* und in der *Reichspost* machen deutlich, daß die antisemitische Hetze gegen Mahler die ganze Zeit der Mahler-Welle, also die frühen 20er Jahre hindurch, überlebt hat, ohne sich viel in der Öffentlichkeit zu Wort zu melden – sie überdauerte die Erste Republik gleichsam im Untergrund, im geschützten privaten Kreis, am Stammtisch der deutschnationalen Musikfreunde – um nach 1933 ihre große Wiederauferstehung in Presse, Musikbüchern und Lexika zu erleben.[122] Ein Befund, der für die Zeit nach 1945, insbesondere für die Mahler-Renaissance seit den 60er Jahren sehr skeptisch macht.

Nach dem Attentat auf Dollfuß scheint sich der Antisemitismus stärker auf Politik und Wirtschaft konzentriert zu haben – im Kulturellen hat man fast den Eindruck eines gewissen Freiraums, der wohl viele Intellektuelle zu Illusionen über den Zustand des österreichischen Staats verführen konnte. Alma Mahler-Werfel datiert zwar die zeitgeschichtlichen Ereignisse in gewohnter Sorglosigkeit völlig falsch (sie versetzt das Juliabkommen ins Jahr 1935), ihre allgemeine Einschätzung der antisemitischen Atmosphäre jener Jahre ist indessen durchaus ernst zu nehmen:

»In Österreich herrscht momentan ein gefährlicher, schleichender Antisemitismus […] Im Juli schloß Schuschnigg mit Hitler einen Vertrag ab, löste die Heimwehr auf, entließ Starhemberg und machte eine große Menge der Unzufriedenen und plötzlich ihres Brotes beraubten – eben die Heimwehr – automatisch zu Nazis. Antisemitismus wurde unter dem Tisch getrieben, und als ich unseren Unterrichtsminister Pernter deshalb interpellierte, antwortete er mir: ›Um den Nazis den Wind aus den Segeln zu nehmen.‹«[123]

Blickt man also genauer hin auf die Feierlichkeiten zum 25. Todestag Mahlers im Jahre 1936 und klammert die Umgebung, in der sie stattfinden, dabei nicht aus, so erscheint vieles bereits als Fassade: der »Ständestaat« geriet gerade in diesen Wochen in eine schwere Krise, am 16. Mai meldeten die Zeitungen, daß Schuschnigg die Vaterländische Front umorganisieren werde, Heimwehr-Führer Starhemberg zurücktrete und Italien dessen Ausscheiden aus der

Regierung bedaure. Der Ankündigung Schuschniggs folgte ein »imposanter Fackelzug von 12 000 Mann unter brausenden Heil-Schuschnigg-Rufen«.[124] Schuschnigg übernahm nun selbst das Außenministerium und die Führung der Vaterländischen Front. De facto bedeutete das Ausscheiden Starhembergs bereits eine Konzession an das Dritte Reich, denn Starhemberg hatte noch im Mai bei einer Unterredung mit Schuschnigg ein Abkommen mit Deutschland abgelehnt. Starhemberg vertraute offenbar noch immer ganz auf die Unterstützung Italiens gegenüber Nazideutschland. Andere Politiker bauten ihre Verbindungen zur deutschen Regierung weiter aus. In einem vertraulichen Bericht von Papens an Hitler vom 12. Mai 1936 heißt es hinsichtlich des Freiheitsbundes:

»Daraus ergibt sich für uns ferner die Notwendigkeit, diese Bewegung wie bisher finanziell zu unterstützen, und zwar im wesentlichen mit bezug auf Weiterführung ihres Kampfes gegen das Judentum [...] Unser Verhältnis zum Freiheitsbunde, insbesondere zu seinem Führer Staud, ist bereits so intim, daß ich gefragt worden bin, welche Persönlichkeiten bei einer Einführung von Ministern aus der nationalen Opposition in das Kabinett seitens der deutschen Regierung gewünscht würden.«[125]

Was sich bereits bei Mussolinis Abessinienfeldzug andeutete, wurde nun Gewißheit: das Bündnis zwischen Italien und Deutschland, dem die Unabhängigkeit Österreichs zum Opfer fallen mußte. Zwei Monate später – am 11. Juli – schloß Schuschnigg dann das Abkommen mit Hitler, das – freilich nur in dem nicht veröffentlichten Protokoll – die ganze Schwäche des »Ständestaats« gegenüber dem Nationalsozialismus offenbarte und die Weichen für den Anschluß stellte.

Bei genauerem Hinsehen bröckelte auch die Mahler-Fassade des »Ständestaats«: selbst wenn die fortdauernde schwierige wirtschaftliche Situation bedacht wird, die für das Musikleben im Vergleich zu den zwanziger Jahren erhebliche Einschränkungen zur Folge hatte, ist die geringe Zahl von Mahler-Aufführungen gerade im Vergleich zu den frühen zwanziger Jahren signifikant.

Fassadenhaft wirkt nicht nur das Musik- und Kulturleben des Ständestaats vor dem Hintergrund der politischen Umschichtungen, fassadenhaft erscheinen rückblickend auch viele Ereignisse innerhalb des Musiklebens selbst: etwa der Eingriff der österreichischen Bundespolizei, um den Auftritt des Dirigenten Leopold Reichwein bei einem Konzert am 29. Jänner 1936 zu verhindern.[126] Reichwein, ein aus Deutschland stammender, in den zwanziger Jahren in Wien vielbeschäftigter Kapellmeister, hat – nachdem er noch im Jahre 1929 die *Fünfte* Mahler im Wiener Konzerthaus dirigiert hatte – 1932 im *Völkischen Beobachter* über »Die Juden in der Musik« einen einschlägigen Artikel geschrieben, worin es über Mahler heißt: »Die maß- und haltlosen Übertreibungen Mahlers und die innere Hohlheit seiner Werke haben deren Kurzlebigkeit verschuldet.«[127] Reichwein gründete wenig später in Wien das Orchester des »Kampfbundes für deutsche Kultur«, also jener von Alfred Rosenberg geschaffenen Kulturorganisation der Nationalsozialisten, und dies war auch der Grund, warum die Polizei 1936 einschritt. Das Orchester selbst aber war beim Verbot der NSDAP im Jahre 1934 keineswegs aufgelöst worden: es existierte vielmehr getarnt unter der Bezeichnung »Richard-Wagner-Orchester«, und später »Wiener Tonkünstler-Orchester« fort – abwechselnd unter der Leitung von Leopold Reichwein und Friedrich Gröger – ehe ihm 1938 vom Chef der Musikabteilung des Landeskulturamts der NSDAP das Wiener Kammerorchester und das Kammerorchester der Deutschen Kunstgemeinschaft eingegliedert wurde.

Es sind gerade solche Details aus der Musikgeschichte, wodurch die Hohlheit des ›Ständestaats‹ sichtbar wird. So erscheint es wie ein Symbol für die zielgerichtete Unterwanderung, wenn bei der Aufführung der *Achten* unter Walter im Konzerthaus, also beim Höhepunkt der Mahler-Feierlichkeiten, jemand wie Franz Schütz die Orgel spielte: ein Mann, der aus seiner Sympathie für die Nationalsozialisten kein Hehl machte und diesbezüglich auch auf Franz Schmidt entscheidenden Einfluß ausgeübt haben dürfte. Charakteristisch für dieses merkwürdige Staatsgebilde ist auch, daß zwar das Mahler-Denkmal mit scheinbar großem Eifer in Angriff genommen wurde, es aber zur wirklichen Errichtung nicht kam. Noch im Juli berichteten die Zeitungen von der geplanten Aufstellung des Denkmals auf dem Grinzingerplatz, nicht weit von der Hohen Warte, wo Alma Mahler-Werfel ihr neues Haus bezogen hatte; zuvor waren als Ort die Stallburggasse und – was wohl besonders charakteristisch für die Kulturpolitik des »Ständestaats« gewesen wäre – der Strauß- und Lanner-Park im Gespräch.

Ursprünglich, noch in der Zeit der Ersten Republik, war Anton Hanak vom Denkmals-Komitee mit dem Entwurf betraut worden. Zu dieser Zeit hatte sich – wie Alma Mahler-Werfel berichtet – besonders Julius Tandler für das Mahler-Denkmal eingesetzt. Das Komitee aber konnte sich »in seiner Gesamtheit, nicht mit des Künstlers Auffassung befreunden, überdies schwankte man in der Bestimmung eines geeigneten Ortes für das Monument, und schließlich waren im Komitee andere Unstimmigkeiten entstanden, so daß die Angelegenheit verzögert wurde. Im Jänner 1934 starb Hanak […] Das Komitee sah sich nach einem anderen geeigneten Künstler um, und es beschloß, dem jungen Fritz Wotruba, einem der meistbeschäftigten Schüler des Dahingegangenen, dem sehr eignen und immer sicherer aufstrebenden Bildhauer, den Auftrag zu erteilen.«[128]

Die Neue Galerie in der Lothringerstraße zeigte im Juli 1936 zwölf plastische Entwürfe zum Gustav-Mahler-Denkmal, sowie die Entwürfe für die architektonische Anlage des Monuments auf dem Grinzingerplatz. Die Berichte in den Zeitungen über die Entwürfe zum Denkmal und wohl auch Wotrubas Entwürfe selber zeigen, wie sehr man bestrebt war, Mahler in eine romantisch-klassizistische Kunstauffassung zu integrieren:

»Die Gustav-Mahler-Verehrer, welche die herrlichen Aufführungen von Glucks ›Iphigenie in Aulis‹ im Gedächtnis bewahren, werden sich an der reinen und edlen Wirkung des Denkmals erfreuen, das von einem Abglanz antiken Geistes umschimmert ist. […] In der Mitte einer Wand ist das Bildnis Gustav Mahlers geplant, ein großer Profilkopf, vertieft in den Stein gemeißelt, ein Flachrelief, ähnlich jenen, die wir an ägyptischen Sarkophagen so sehr bewundern. Links und rechts Steinbänke und davor ein friedevoller Ruheplatz. Etwa zwölf Meter von der Mittelwand entfernt führen Stufen zu der Anlage empor und zwischen ihnen steht die Gruppe Wotrubas. Ein außerordentlicher Reiz der Anlage besteht im breit Hingelagerten der Massen; überall ist die Horizontale betont. Es würde so recht ein Ort der Entspannung, der Weihe, des stillen Gedenkens sein. Die beiden liegenden Frauengestalten scheinen, durch Klänge der Musik aus dem Schlummer erweckt, sich halb aufzurichten und zu lauschen. Der Kopf der einen ist ungefähr in derselben vertikalen Ebene wie die Füße der anderen und diese entgegengesetzte Bewegung der beiden liegenden Figuren ergibt eine Fülle von interessanten Ansichten, wenn man die Gruppe umkreist.«[129]

Doch die geplante großzügige Anlage wurde schon zur Zeit der Ausstellung konterkariert:

»Nun ist aber auf dem Grinzingerplatz eine Straßenregulierung geplant. Es käme so nur noch ein Teil des Platzes in Betracht und man müßte die Anlage verkleinern [...] Für diese kleinere Anlage wäre die Gruppe zu wuchtig.«[130]

Aus diesem Grund schuf Wotruba eine zweite Variante seiner Figuren, die auf die verkleinerte Anlage Rücksicht nimmt. Die Anlage jedoch wurde schließlich so sehr ›verkleinert‹, daß die Nazis, als sie in Wien die Macht übernahmen, überhaupt kein Mahler-Denkmal abräumen mußten. »Nach der Machtübernahme in Österreich«, berichtet Alma Mahler-Werfel, »hat Hitler sofort die Mahler-Straße in Wien umbenannt in Meistersingerstraße – und das gesamte Mahler-Denkmal-Geld eingestrichen!«[131]

Aber die schleichende Unterwanderung fand ebenso in Alma Mahlers eigenem Salon statt, ohne daß die ›Salondame‹ etwas davon zu bemerken schien. Kurz nachdem sie den »gefährlichen, schleichenden Antisemitismus« in Österreich agnosziert hatte, schrieb sie im März 1934 über Anton Rintelen: er »hat in diesen Tagen sein ganzes politisches Konzept vor uns entwickelt, eigentlich mehr ein wirtschaftliches, aber es scheint mir, daß dieses momentan Österreich mehr not täte als alles andere«.[132] Vier Monate später beteiligte sich Rintelen am Putsch der Nazis gegen Dollfuß und war als dessen Nachfolger im Gespräch. Ein Gericht, bei dem schließlich auch Alma Mahler-Werfel als Zeugin aussagen mußte, verurteilte ihn zu lebenslänglicher Haft. 1938 wurde er entlassen und bei einer Demonstration der Grazer Nationalsozialisten stürmisch begrüßt. Er wurde unter Hitler zum Reichstagsabgeordneten ernannt.

Kaum eine andere Persönlichkeit aber verkörpert die Kontinuität der antisemitischen Mahler-Rezeption in Österreich – über die ganze Mahler-Begeisterung der zwanziger Jahre und die ärarische Mahler-Kultur der dreißiger Jahre hinweg – wie Heinrich Damisch, niemand geringerer als einer der Gründerväter der Salzburger Festspiele. Damisch hatte 1916 zusammen mit Friedrich Gehmacher die Gründung einer Salzburger Festspielhaus-Gemeinde eingeleitet (ehe Max Reinhardt, Richard Strauss, Franz Schalk, Hugo von Hofmannsthal und Alfred Roller zugezogen wurden), die er dann einschließlich der Salzburger Festspiele als geschäftsführendes Direktionsmitglied bis 1925 leitete. Damisch wurde später Redakteur der *Deutsch-österreichischen Tages-Zeitung* (Dötz), eines gefürchteten Kampfblattes der Hitlerbewegung, Leiter des Salzburger Kampfbundes für deutsche Kultur, Vorstand der Wiener Mozartgemeinde und Planer der Mozart-Reichsfeier von 1941 in Wien. 1938 erschien sein Artikel über »Die Verjudung des österreichischen Musiklebens« in der Zeitschrift *Der Weltkampf*, der eine Programmatik der Vertreibung und Vernichtung der Juden entwirft. Über Mahler heißt es darin:

»Die Konzert- und Theaterunternehmer begünstigten diese Entwicklung, sodaß das Judentum in den 90er Jahren im Musikleben zum Angriff vorgehen konnte, indem über Betreiben der Familie Rothschild 1897 der in Mähren geborene, aus dem Wiener Konservatorium ›wegen Größenwahn‹ vorzeitig entfernte militante jüdische Dirigent Gustav Mahler aus Hamburg nach Wien zur Leitung der Hofoper berufen wurde. Von da an datiert die unverhüllte Machtergreifungstaktik des Judentums auf dem Gebiet der Musik.«[133]

Mahler wird als oberster Führer einer ganzen Armee jüdischer Komponisten, Musiker, Dirigenten und Journalisten phantasiert, die das deutsche und österreichische Musikleben seit der Jahrhundertwende erobert hätten. Ähnlich sieht Karl Blessinger wenig später in dem NS-Standardwerk von 1939 *Mendelssohn, Meyerbeer, Mahler – Drei Kapitel Judentum in der Musik als Schlüssel zur Musikgeschichte des 19. Jahrhunderts* Mahler als Gipfelpunkt der »Verjudung der Musik«: die »Wendung ins Parodistische« und die »fratzenhaften Züge«, »Zerissenheit« und »Zersetzung« werden als Wesensmerkmale der

Mahlerschen Symphonik bezeichnet, deren Stimmung als »aggressiv« beschrieben, da sie dem einen Zweck diene, »die angestammte Empfindungswelt des Deutschen zu zerstören« – mit Mahler sei die »endgültige Verjudung des Musikstiles eingeleitet«.[134]

Damisch konzentriert sich 1938 weniger auf die »ästhetischen« Belange der »Verjudung« als auf die organisatorischen – und hier spielt in der Phantasie des Antisemiten ebenfalls Mahler die zentrale Rolle:

»Arnold Schönberg, ein kleiner jüdischer Handelsangestellter marxistischer Richtung, entdeckte seine Berufung zum musikalischen Demolierer, nahm flüchtigen Musikunterricht bei dem ihm artverwandten Alexander von Zemlinsky, wurde von Gustav Mahler und dessen Schwager Arnold Rosé, dem Konzertmeister der Wiener Hofoper und Primarius des Rosé-Quartetts, in aufdringlicher Weise gefördert und zum Mittelpunkt einer Talmi-Lehre gemacht, die durch die Gründung einer eigenen Musikzeitschrift ›Der Merker‹ […] intensiv unterstützt wurde. […] Als Gustav Mahler nach zehnjähriger, im Dienste der Verjudung stehender Tätigkeit durch seine urjüdische Überheblichkeit, sein Vielwollen und Wenigkönnen unerträglich geworden war, wurde er vor allem durch die zähe Widerstandskraft der Wiener Philharmoniker zum Scheitern gebracht, trotzdem es ihm gelungen war, sich in diesem weltberühmten, für den hohen Stand der Wiener Tonkunst charakteristischen Orchester eine 30% starke jüdische Garde zu sammeln. Als seinen Helfer und Nachfolger hatte er schon seit langem den Berliner jüdischen Dirigenten Bruno Walter-Schlesinger an die Wiener Hofoper berufen, der aber, als Gustav Mahler Wien verließ und andere Kernpunkte – Paris und New York – der jüdischen Bewegung aufsuchte, dem Vertreter des bodenständigen Elements an der Wiener Hofoper, dem ersten Kapellmeister Franz Schalk, nicht gewachsen war und von der Wiener Judenschaft daher eine andere Wirkungsstätte, die königliche Oper in München, als Direktor zugewiesen bekam.«[135]

Die »Wiener Judenschaft«, wie sie Damisch halluziniert, agiert mittels »ihrer« Zeitungen (genannt werden u. a. *Neue Freie Presse*, *Tagblatt*, *Die Zeit*) und Agenturen, die der Autor so penibel auflistet, als wollte er bereits die »Arisierung«, »Gleichschaltung« und »Deportation« im einzelnen anweisen. Wie besessen kommt Heinrich Damisch dabei immer wieder auf Mahler zurück, auf den sich sein ganzer antisemitischer Haß konzentriert:

»Soweit nicht anerkannte, berühmte Meister der Tonkunst in den Programmen erschienen, war auch auf dem Gebiet der Konzertmusik das Vordringen des jüdischen Elements immer ungestümer und für die schaffenden arischen Tondichter der Gegenwart immer bedrohlicher, zumal die verjudete Musikkritik nur jenen ausübenden Musikern Lob zollte, die sich mit den oft zu wahren Mißgebilden ausartenden Machwerken jüdischer Komponisten befaßten. Da die ausschließlich jüdischen Konzertdirektionen, die sich in diesem Jahrhundert in Wien eingenistet hatten, wie Hugo Knepler, Leo Heller, Georg Kugel, Ernst Straßer, Paul Bechert, Arthur Hohenberg, Ernst Kanitz, Benno Lie, Ignaz Mendelssohn usw. ihre musizierenden Rassegenossen den arischen Künstlern natürlich vorzogen [...] war dem arischen Element der Weg in die Öffentlichkeit versperrt, der Lebensfaden abgeschnitten. Mit dem komponierenden, dirigierenden, die Oper regierenden Juden Gustav Mahler hatte auch die Eroberung der Konzertsäle durch das Judentum ihren Anfang genommen.«[136]

Vier Jahre später zitierte der *Wiener Figaro*, das Mitteilungsblatt der Wiener Mozartgemeinde, mit großem Stolz aus einer Besprechung der *Neunten* Mahler von Heinrich Damisch aus dem Jahre 1912 und stellte damit selbst jene Kontinuität unter Beweis, von der hier die Rede ist – Damisch hatte am 27. Juni 1912 in der *Ostdeutschen Rundschau* über die Uraufführung dieser Symphonie unter Bruno Walter mit den Wiener Philharmonikern in Wien geschrieben:

»Herr Walter, gestern Gastdirigent, behandelte Haydn, dessen C-moll-Symphonie Nr. 9 auf dem Programme stand, wie eine lästige Antiquität und führte dann einen wahren Baalspriestertanz als Dirigent der nachgelassenen *Neunten* Symphonie Gustav Mahlers aus. Welche krankhafte Verirrung eines musikalischen Geistes, diese ›Neunte‹! Wie in Gerdas Zauberspiegel, fratzenhaft und verzerrt, erscheint diese Musik, die sich in einem Hokuspokus der Instrumente erschöpft und sich hohnlachend mit Fetzen fremder Prunkgewänder behängt. [...] das Ganze ein Riesenunkraut im symphonischen Garten, davon ein neuer Balken zu dem Tempel widerlicher Unzucht gezimmert werden mag, die Krankhafte oder Verbrecher jetzt immer ungescheuter mit der Musik treiben, der einzigen Himmelsgabe, die uns die Götter in dieser Zeit nüchterndster Realistik noch gelassen haben. Und dazu johlt der Mob in Logen und auf Galerien aus Snobismus oder eingebildetem Augurentum. Vielleicht könnte vor all dieser Ungebühr beizeiten das ästhetische Schamgefühl edler Frauen uns erretten, deren Empfinden ja nahe der ewigen Natur liegt, erretten vor solcher

Kunst und Kultur des Orients, von dannen die gekommen sind, die geschäftig das Gute erniedrigen, das Böse erhöhen, das Tote schmähen und das Lebendige belügen!«[137]

»So schrieb Heinrich Damisch schon vor 30 Jahren über Bruno Walter und Gustav Mahler«, fügt die Zeitschrift von 1942 noch hinzu, und Regierungspräsident SS-Oberführer Albert Reitter würdigt zum 70. Geburtstag des Autors, daß dieser »stets mit seiner nationalsozialistischen Einstellung für die Reinhaltung deutscher Kunst«[138] eingetreten sei.

1945 mußte Heinrich Damisch, der 1932 zum Professor ernannt worden war, als Vorstand der Wiener Mozartgemeinde zurücktreten, wirkte aber »hinter den Kulissen« im Kuratorium der Internationalen Stiftung Mozarteum und wurde mit der Nicolai-Medaille der Wiener Philharmoniker, der Mozartmedaille der Mozartgemeinde Wien, der Goldenen Medaille der Mozartstadt und dem Goldenen Ehrenzeichen für Verdienste um die Republik Österreich ausgezeichnet.[139]

## Bruno Walter und das Feindbild

Fast könnte von einem Mahler-Zyklus des »Ständestaats« gesprochen werden, den man in den dreißiger Jahren den republikanischen Mahler-Traditionen – dem Zyklus Oskar Frieds und den Arbeitersymphonie-Konzerten Anton von Weberns – entgegengesetzt habe. Doch sparte man nun im Unterschied zu diesen gerade die *Sechste* und *Siebente*, also zwei schwerer zugängliche und in mancher Hinsicht avancierte Werke, aus.

Bruno Walter war der große Mahler-Dirigent dieser Jahre. Seine Nähe zum österreichischen Regime war wohl – neben dem Einfluß der Witwe Mahlers und ihres Mannes Franz Werfel auf die Kulturpolitik des Staates – eine der wesentlichen Impulse der Mahler-Pflege unter Dollfuß und Schuschnigg. Für die Wiener Philharmoniker, die im Gegensatz zum Wiener Sinfonie-Orchester in den frühen zwanziger Jahren nur wenig Mahler gespielt hatten, gewann Bruno

Walters Einsatz für diesen Komponisten ähnlich große Bedeutung wie später die Arbeit Leonard Bernsteins mit dem Orchester. In der regelmäßigen Arbeit mit den Musikern dürfte es Walter gelungen sein, das Orchester mit Mahler vertraut zu machen und die Widerstände, die hier diesem Werk von jeher entgegengesetzt wurden, zu überwinden – zumindest vorübergehend. In kaum einer der Zeitungskritiken zu den Mahler-Konzerten wird – auch nur in Andeutungen – dem Orchester vorgeworfen, mit innerem Vorbehalt oder einfach nicht genug aufmerksam zu musizieren – Vorwürfe, wie sie dann des öfteren nach 1945 – auch von Dirigenten wie Kubelik, Klemperer oder Bernstein – geäußert werden sollten. Im Gegenteil: durchwegs wird das Engagement der Orchestermusiker für Mahlers Werk lobend hervorgehoben.[140]

Daß Bruno Walter bei dieser Erziehung des Orchesters Verhaltensweisen an den Tag legte, die denen von Mahler geradezu entgegengesetzt waren – nämlich eine legendäre Sanftheit und Freundlichkeit, mag zum Erfolg beigetragen haben, vermutlich aber wirkte sich hier auch eine gewisse Entschärfung der Mahlerschen Musik aus, wie sie in vielen Konzertkritiken der dreißiger Jahre direkt oder indirekt bekundet und von historischen Aufnahmen bestätigt wird.

Bei der Aufführung der *Zweiten* wird betont, daß Walter »Schroffheiten scheinbar mildert«, den Klangstoff »delikat modelliert«:

»Die Spannungen des ersten Satzes deutet Walter weniger dramatisch als lyrisch: es sind Erruptionen des Gefühls, die wie ein Elementarereignis, ohne kämpferisches Ziel, erfolgen und nach vollzogenem Ausbruch wieder einen lyrisch kontemplativen Zustand eintreten lassen. [...] Das alles aber, musikalisch und psychologisch als Exposition, als Vorbereitung für das Auferstehungsmysterium des Finalsatzes wirken zu lassen, darin vor allem zeigen sich Stärke und Inspiriertheit der Nachschöpfung Bruno Walters. Im Finale verwandelt sich denn auch seine liebende Zärtlichkeit in lodernde Inbrunst, und seine ausdrucksvolle Deklamation steigert sich zu Pathos und Feierlichkeit.«[141]

Schroffheiten und Groteskes zu mildern und zu modellieren, das ›kämpferische‹ Moment aufzulösen, das lyrische gegenüber dem dramatischen zu betonen, die gesamte Symphonie teleologisch auf das feierliche Finale mit christlicher Auferstehung und Erlösung hin auszurichten – all das entspricht in etwa einem Mahler-Bild, mit dem auch ein christlich-deutscher »Ständestaat« relativ gut leben kann.

In einer anderen Kritik zu dieser Aufführung heißt es:

»Walters Auslegung der *Zweiten* Symphonie muß von allen, die das Werk noch unter Mahler gehört haben […], als einzig authentische anerkannt werden. Manches, was einst in der Instrumentation grell und aufreizend wirkte, erscheint jetzt schon, dank der gewachsenen Orchestervirtuosität, gemildert und geglättet. Daß auch Walter einiges dazutut, Intensität des Ausdruckes an die Stelle des Überakzentuierten in Rhythmus und Dynamik zu setzen, zeigte sich, um nur zwei Beispiele anzuführen, in der Kürzung jenes Schlagwerk-Crescendos, dessen Donnern Gräber aufspringen und Tote erwecken soll, und in dem marschartigen F-Dur-Satz (martellato), der den Aufmarsch der Bettler und Reichen, der Könige und Kärrner, der ecclesia militans und der Päpste schildern soll.«[142]

Auch manche Bemerkung, die Bruno Walter in seine Partituren der Symphonien eintrug, bestätigt diese Einschätzung. So etwa findet sich in seinem Handexemplar der *Neunten* in der plötzlich eintretenden D-Dur-Episode der Rondo Burleske (4. Satz), wo Mahler beim Motiv der ersten Violinen wiederholt »molto espressivo« und schließlich sogar »Mit großer Empfindung« als Vortragsbezeichnung vorgeschrieben hat, um die Spannung gegenüber den ersten Takten der Episode bereits wieder zu steigern, von Bruno Walter »Ruhep« daneben- oder entgegengesetzt, was offenkundig entweder »Ruhe« und »piano« oder »Ruhepunkt« bzw. »Ruhepol« heißt. Auch die Vortragsbezeichnung »weich«, die sich hier auf die Hörner beziehen dürfte, wird man bei Mahler vergeblich suchen.[143]

Auch die Ausklammerung der *Sechsten* und *Siebenten* Symphonie und die besonderere Konzentration auf die *Zweite* und *Achte* läßt eine bestimmte Einseitigkeit von Bruno Walters Mahler-Bild erkennen. Die Kritik, die Paul Stefan im Dezember 1934 an einer Tendenz der Mahler-Rezeption übte, scheint darum zum Teil auch auf die Programmgestaltung Bruno Walters und der Philharmoniker zu zielen. Stefan nahm für seine skeptischen Betrachtungen zur

Mahler-Rezeption, die auch auf die veränderte Situation nach dem Machtantritt Hitlers Bezug nehmen und die Bedeutung des Antisemitismus für die Mahler-Rezeption thematisieren, die Aufführung von Mahlers frühem Werk *Das klagende Lied* zum Anlaß – eine Aufführung die nicht in Wien sondern in Brünn stattfand (unter der Leitung von Mahlers Neffen Alfred Rosé)[144], veranstaltet vom tschechoslowakischen Rundfunk, wobei auch zum ersten Mal der von Mahler unterdrückte erste Teil des Werks erklang:

»Aber warum eigentlich Brünn und nicht Wien? Das Geltungsgebiet von Mahlers Gesamtwerk ist in den letzten Jahren sehr viel kleiner geworden. Die Kunst Mahlers hat sich ohnehin in gewissen westlichen Musikländern nicht recht durchzusetzen vermocht, obwohl gerade England und Amerika immer wieder neue Versuche machen, Werke von Mahler aufzuführen. In New York besteht seit einigen Jahren eine Bruckner Society, die es sich zur Aufgabe gemacht hat, die Werke Bruckners – und Mahlers dem amerikanischen Publikum vertraut zu machen; der auch außerhalb des Dritten Reiches nicht selten beliebte Unterschied zwischen Wesenheit und Werk der beiden Meister kommt den voraussetzungslosen Amerikanern offenbar nicht zu Bewußtsein. Weder ist der eine der Gläubige, der andere der ›ahasverische Zweifler‹, noch (und schon gar nicht) der eine der ›Arier‹, der andere der ›untragbare‹ Jude. Die Bruckner Society nimmt sich nun einmal, möge man sie dafür noch so sehr verachten, aller beider an, propagiert Mahler nicht weniger als Bruckner – und eine Betrachtung, die vom Rassischen absieht und sich nur an die Musik und ihre Metaphysik hält, wird in einigen Jahrzehnten ganz gewiß den Amerikanern Recht geben, die auf die große Verwandtschaft in den Werken beider Meister hinweisen, die übrigens viel von einander hielten [...] Wo ist also, abgesehen von den amerikanischen Schwärmern, die Kunst Mahlers heimisch? In Wien, in der Tschechoslowakei, im Gebiet des alten Österreich also, nicht zum wenigsten aber in Holland. Daß es auch in den skandinavischen Staaten, den Randstaaten und in Rußland Aufführungen von Werken Mahlers gibt, kommt für diese Betrachtungen weniger in Frage. Wie sieht es aber mit der Wiener Mahler-Pflege aus? Sie beschränkt sich in der Hauptsache auf einige Aufführungen des *Liedes von der Erde*, die kein Risiko bedeuten und jedesmal einen vollen Saal einbringen; sehr viele Proben sind nicht erforderlich, man kann das Werk sogar probenlos am Sonntag Nachmittag geben. Es läßt sich verstehen, daß Aufführungen der *Achten* Symphonie mit ihrem großen Apparat heute selten geworden sind. Aber schon die *Zweite*, ein durch und durch religiöses Werk, müßte immer wieder ihre Hörerschaft finden und findet sie auch, wenn sie einmal geboten wird; nur geschieht das sehr selten. Die Symphonien, die nur eine Singstimme erfordern oder reine Orchesterstücke sind, erscheinen um nichts weniger selten im Konzertrepertoire. Da muß Mengelberg kommen oder einer von den jüngeren Verehrern eines großen Meisters gerade einmal über ein Orchester verfügen. Wovor fürchtet man sich eigentlich? Gewiß nicht vor mangelnder Teilnahme des Publikums. Oder will man sich den lieben Nachbarn gleichschalten? Gerade die besten Musiker in Deutschland sprechen auch jetzt mit großer Hochachtung von Mahler und erklären, daß sie seine Werke je eher je lieber aufführen würden ... Für Radio Wien gelten aber ganz gewiß keine materiellen und wohl auch keine ideellen Bedenken. Es sei also der Wunsch ausgesprochen, daß ein oder das andere Werk Mahlers wenigstens aus dem Radio recht bald gesendet werde [...].«[145]

Paul Stefans Kritik erscheint aus heutiger Sicht nahezu prophetisch: sie gilt, was die Vernachlässigung bestimmter Werke betrifft, für die Rezeption der zwanziger und dreißiger Jahre fast weniger als für die der späten vierziger und fünfziger Jahre.

Das trifft selbst im Falle Bruno Walters zu, der sich erst im späteren Exil auf das *Lied von der Erde* und die *Vierte* konzentrierte, vor 1938 hingegen wenigstens ab und zu auch nicht so beliebte Werke zur Aufführung brachte, so vor allem die *Neunte*.

Die Musikkritiker außerhalb des Kreises der Mahler-Verehrer lassen kaum einen Zweifel, daß sie eine treibende Kraft bilden bei der zunehmenden Ausgrenzung bestimmter Symphonien. In der Besprechung eines Bruno Walter-Konzerts aus dem Jahr 1937 heißt es:

»In gewohntem, pietätvollem Festhalten am Mahler-Kult, dessen Künder immer seltener werden, hatte Walter den zweiten, ausgiebigeren Teil des Konzertes der *Fünften* Symphonie gewidmet, die im Grunde genommen die unpopulärste geblieben ist [...]«.

Dagegen setzt er die *Kindertotenlieder*, »in denen Mahler wohl sein Edelstes, Wertbeständigstes gegeben hat, gerade ihrer Knappheit wegen [...]«[146].

Interessant ist das Echo auf eine Aufführung der *Vierten* mit den Philharmonikern unter Mengelberg im November 1934 – da hier die Differenz zu Walters Auffassung indirekt sichtbar wird; Josef

Reitler würdigt in seiner Besprechung in der *Neuen Freien Presse* zunächst die Verdienste Mengelbergs bei der Durchsetzung Mahlers:

»Der berühmte Dirigent des Amsterdamer Concertgebouw-Orchesters ist Zeit seines Lebens ein Kämpfer gewesen. Wir wissen das aus zuverlässigen Berichten. Am zuverlässigsten freilich von Richard Strauss und Gustav Mahler selbst. In die Zeit, da es noch als Wagnis galt, Werke dieser Meister aufzuführen, fällt die sozusagen heroische Epoche Mengelbergs. Schwerlich hat Amsterdam damals ein williger mitgehendes Publikum gehabt als Wien und Berlin. Mengelberg ließ nicht locker – nicht bei seinem Orchester, nicht bei seinem Publikum und nicht bei seinen holländischen Mäzenen, die eine regelmäßige Wiederkehr ganzer Mahler-Zyklen erst ermöglichten. So hat er neben Bruno Walter unstreitig am meisten in der Welt für Mahlers Werk getan.«[147]

Doch bei aller Bewunderung übt der an Bruno Walters Mahler-Stil gewöhnte Musikreferent auch ein wenig Kritik an der Auffassung Mengelbergs: manches Rubato und Ritenuto im ersten Satz erscheint ihm »befremdend«; wobei eben auch etwas von Unstimmigkeiten zwischen Dirigenten und Orchester angedeutet wird:

»Den pedantischen Orchestererzieher verleugnet Mengelberg auch an der Spitze der Wiener Philharmoniker nicht. Mehr als die Hälfte der Zeichen, die er mit den Händen und mit den Augen gibt, sind energischer Wunsch und milder Befehl, verwunderte Frage und leiser Vorwurf. [...] Während dieser erste Satz eher kühl und akademisch geriet (auch die Philharmoniker hatten sich erst in die ungewohnte Akustik des großen Konzerthaussaales einzuleben), überraschten im folgenden manche mit Feinheit aufgedeckte tonmalerische Details.«[148]

Und schließlich kann der Kritiker der ungewohnten, Bruno Walter widersprechenden Auffassung Mengelbergs doch einiges abgewinnen:

»Im Trio des Scherzos ist Mengelberg nichts derb genug, und er versucht mit köstlicher Drastik in den Gebärden seine Auffassung durchzusetzen.«[149]

Die Verdienste Bruno Walters können mit solchen Vergleichen keineswegs gemindert werden. (Mengelberg entwertete später all seine Verdienste um Mahler, als er mit den Nazis kollaborierte.) Gelang es doch umgekehrt Walter – vor allem mit den Wiener

Philharmonikern – bestimmte Seiten der Mahlerschen Werke ganz besonders eindrucksvoll herauszuarbeiten – Seiten, die das auf Mahler projizierte Klischee vom »zerrissenen« um Einheit ringenden, allzu intellektuell veranlagten Künstlers (hinter dem das Stereotyp des »Ewigen Juden« steckt) stets verleugnen mußte: die Fragilität mancher polyphoner Passagen, denen sich Walter mit behutsamer und sachter Leidenschaft widmete; die »abgründige Zärtlichkeit« (Adorno) in der Abschiedsmusik des *Liedes von der Erde*, das er insgesamt in einer Intensität und mit einer inneren Spannung wie kein anderer zu dirigieren wußte[150]; die Momente der Entspannung – eben nicht Erlösung –, der wohligen Erschlaffung – Tod ohne Verklärung –, die sich nicht nur im *Lied von der Erde*, sondern eben auch im ersten und letzten Satz der *Neunten* finden (wovon ein Schallplattenmitschnitt einer Aufführung mit den Wiener Philharmonikern vom 16. 1. 1938 zeugt[151]).

Bruno Walters 1936 in einem Wiener Verlag erschienenes Mahler-Buch gibt von solchen interpretatorischen Leistungen nur wenig zu erkennen. Es ist vor allem ein Dokument der Verehrung und des Bekenntnisses zu seiner Musik und faßt die biographischen Erinnerungen an den Komponisten zusammen. Den Zielpunkt des Buches bilden eben nicht zufällig jene beiden Symphonien, die Walter 1936 zur Feier des 25. Todestags in Wien zur Aufführung brachte. Über die *Achte* heißt es: »Kein Werk Mahlers ist so vom Geist feurigen Jasagens erfüllt wie dieses [...].«[152] Darüber hinaus versucht Walter den Komponisten ein wenig dem Österreich-Patriotismus näherzurücken:

»Überhaupt verfällt Mahlers Musik gern in den österreichischen Dialekt. [...] Die Mahlerschen Märsche sind voll vom Laut der österreichischen Militärmusik, die er so sehr liebte. Als er zwei Jahre alt war, pflegte ihn eine Bedienerin auf einem Kasernenhof allein zu lassen, um mit ihrem Soldaten alleine zu sein – und er hörte Trommeln und Trompetensignale und sah marschierende Soldaten. Die Romantik des Militärischen macht sich, wohl als Nachwirkung dieser Kindheitseindrücke vom Kasernenhof, in seinem Schaffen vielfach bemerkbar.«[153]

Selbst in der Nacherzählung der Anekdote, mag sie nun auf einer wahren Begebenheit beruhen oder nicht, wird die Haltung Walters deutlich: nahe läge es hier, auf Angst und Einsamkeit hinzuweisen, die der zweijährige Knabe empfunden haben muß, als er von der Bedienerin alleingelassen die Militärsignale und die Marschmusik vernahm. Doch bei Walter bleibt die Romantik des Militärischen von solchen Erfahrungen des dem Militärischen ausgelieferten Individuums, wie sie Mahlers Musik vermittelt, unbeeindruckt – und das im Jahre 1936, als die Aufrüstung und Militarisierung in Deutschland auf Hochtouren lief, drei Jahre vor dem Beginn des Zweiten Weltkriegs.

Auch die Deutung der *Fünften*, die mit einem gewaltigen Kondukt anhebt, erstaunt in diesem Zusammenhang:

»Nun ist es ihm genug vom Kampf um die Weltanschauung mit den Mitteln der Musik. Er fühlt sich stark, dem Leben gewachsen, jetzt will er nur Musik als Musiker schreiben. und so entsteht die *Fünfte* Symphonie, ein Werk der Kraft, des gesunden Selbstgefühls, dem Leben zugewendet, in der Grundstimmung optimistisch. [...] Sie ist Musik, leidenschaftlich, wild, pathetisch, schwungvoll, feierlich, zart, voll aller Empfindungen des menschlichen Herzens, aber doch ›nur‹ Musik und auch aus weitester Ferne mischt sich keine metaphysische Frage in ihren rein musikalischen Verlauf.«[154]

Walter selbst ist sich aber darüber im Klaren, daß es ihm um ein subjektives Bekenntnis und nicht um eine Analyse in einem objektiven Sinn geht: »über Musik selbst vermag ich nicht zu reden«, lautet das ehrliche und paradoxe Bekenntnis. Bruno Walters Mahler-Bild enthält allerdings eine verdeckte Polemik gegen die Mahler-Verehrung der Zweiten Wiener Schule. Walter greift sie nicht direkt an, sondern indirekt indem er einer gemäßigten Moderne das Wort redet und Mahler dafür als Galionsfigur verwendet:

»Und so liegt der höchste Wert des Mahlerschen Werkes auch nicht in dem Neuen, das sich darin an interessanten, gewagten, abenteuerlichen, bizarren Wesenselementen erregend offenbart; sondern daß dieses Neue mit dem Schönen, dem Inspirierten, dem Seelenvollen verschmolzen zu Musik geworden ist; daß die Dauerwerte künstlerischer Schöpferkraft und bedeutender Menschlichkeit seinem Schaffen zugrunde liegen, hat ihm bis heute die volle Lebenskraft bewahrt und verbürgt sie für die Zukunft.«[155]

Es bleibt dabei erkennbar, daß Bruno Walter sich keineswegs pauschal gegen die Moderne wendet, sie vielmehr auf der Grundlage der Ästhetik des 19. Jahrhunderts in die Musiktradition zu integrieren trachtet. In diesem Sinn wären auch die wenigen Versuche Walters zu sehen, modernen Werken (Kurt Weills *Zweite* Symphonie, Samuel Barbers *Second Essay*) zum Durchbruch zu verhelfen: so zeichnete er noch 1938 für die Uraufführung von Egon Wellesz' *Prosperos Beschwörungen* verantwortlich.

Im neuen Vorwort für eine Neuauflage des Buches bei S. Fischer im Jahre 1957 verstärkt sich dann die antimoderne Tendenz: Bruno Walter empfindet es als tröstlich,

»daß ein Werk wie das Mahlersche, das mit all seinen Kühnheiten doch der gesunden Epoche angehört, die sich unter dem Einfluß unserer großen klassischen Musik entwickelt hat, noch im kranken Heute seine Lebenskraft bewährt. Welch erstaunliche Phänomena hat nicht die weltgeschichtliche Dauerkrise seit dem ersten großen Kriege auf kulturellem Gebiet hervorgerufen! Kontraste wie Intellektualisierung der Kunst und gleichzeitiges wucherndes Anwachsen des ›Unterhaltenden‹, künstlerisches Sensationsbedürfnis und Vergottung der Technik – in der Musik Atonalität, Zwölftonsystem, Entseelung und Experiment – in der allgemeinen Geisteshaltung Anwachsen des Materialismus und Utilitarismus – dazu der Streit der politischen Ideologie – es gehört Mut dazu, unter so chaotischen Zuständen an das Fortbestehen der Kunst überhaupt, und also auch jener Musik zu glauben, die in jedes echten Musikers Herzen lebt, und als deren kühnen Spätling wir Mahler anerkennen. Ich will, bei voller Erkenntnis der Bedrohung unserer Kultur durch die angedeutete Entwicklung, meiner Zuversicht Ausdruck geben, daß gerade die Kombination von äußerster ›Modernität‹ der Harmonik und Polyphonie mit einem tiefen, Menschliches und Göttliches umfassenden Gefühlsreichtum dem Mahlerschen Schaffen eine sichere Fortdauer verbürgt. Entscheidend für meinen Glauben an seine Lebenskraft ist, daß jene Harmonik und Polyphonie bei all ihrer kühnen Modernität sich stets im Gebiet der Tonalität halten.«[156]

Und dabei druckt Walter selbst einen an ihn gerichteten Brief Mahlers von 1896 ab, worin dieser – die Rezensenten seiner Werke spöttisch paraphrasierend – durchaus in Frage stellt, daß er einer »gesunden Epoche« angehöre, dessen Kultur sich noch nicht gegen das »wuchernde Anwachsen des ›Unterhaltenden‹« zu verteidigen habe: »das Ganze« seiner Symphonie – gemeint ist die *Dritte* – sei »leider wieder von dem schon so übel beleumundeten Geiste meines Humors angekränkelt [...] Daß es bei mir nicht ohne Trivialitäten abgehen kann, ist zur Genüge bekannt. Diesmal übersteigt es allerdings alle erlaubten Grenzen.«[157]

Es ist anzunehmen, daß Bruno Walter in seinem Vortrag von 1936 sein Mahler-Bild ganz ähnlich dargelegt hat – gewiß aber eindrucksvoller als im Buch, da er frei sprach und seine Ausführungen mit Beispielen am Klavier illustrierte. So ist charakteristisch, daß die zahlreichen Berichte von dieser Veranstaltung kaum einen Hinweis auf den Inhalt des Vortrags enthalten. Fritz Deutsch etwa schreibt im *Neuen Wiener Journal*:

»Der große Meister spricht voller Charme, mit Grazie! Gelegentlich setzt er sich ans Klavier und illustriert ein Beispiel. Gelegentlich erzählt er auch eine reizende Anekdote, die ihm echtes Erlebnis ist. Was aber der lebenslangen Gemeinschaft des Meisters Gustav Mahler und seines einzigen Schülers Bruno Walter (der längst selbst Meister ist) zugrundegelegen ist, soll Geheimnis bleiben, so viel Rührendes wir über den Ablauf der Beziehung erfahren.«[158]

In der Kritik des Vortrags wie in der der Konzerte wird das Monopol Bruno Walters auf die Interpretation Mahlerscher Werke scheinbar vollständig anerkannt. Allerdings bleibt zu fragen, ob sich im einzelnen nicht doch Differenzen ergaben. Es ist anzunehmen, daß es sich bei dem mit dem Kürzel Kr. zeichnenden Autor der üpschwenglichen Kritik der Aufführung der *Zweiten* um Heinrich Kralik handelt. Dessen zur selben Zeit erschienener Gedenkartikel zeigt allerdings ein etwas moderneres Bild von Mahlers Musik als Bruno Walters Ausführungen. Zunächst fällt auf, daß Kralik die historische Distanz, die die Gegenwart von Mahler trennt, zu reflektieren vermag:

»Fünfundzwanzig Jahre, ein Vierteljahrhundert ..., damit ist sozusagen die erste vollgültige Nachweltsetappe erreicht. Und diese erste Etappe ist gleichzeitig die interessanteste, denn sie zeigt, wie aus unmittelbaren und persönlichen Eindrücken oder Erlebnissen ein bleibender Begriff, etwas Historisches hervorgeht. Wir sind noch Zeitgenossen und Zeugen der Entstehung des Werkes und wissen uns doch auch schon von jenem trennenden Distanzgefühl ergriffen, das das Werk der persönlichen Sphäre mehr und mehr entrückt.«[159]

Dann aber hat es den Anschein, als würde es Kralik ganz wie Walter darum gehen, einen Klassiker zu konstruieren:

»Mahlers Werk: es ist zwangsläufig aufgebaut und zu Ende geführt wie nur je eine echte Künstlerleistung, bis zur letzten Note, bis zum endgültigen Schlußpunkt – trotz der nachgelassenen Skizze einer unvollendeten *Zehnten Symphonie*; ein innerlich wohlorganisierter und harmonisch gegliederter Schaffensgang, beginnend mit dem glückhaften Ausmarsch des *Fahrenden Gesellen* – ›Ging heut morgen übers Feld‹ – bis zum Abschiedsgruß aus dem *Lied von der Erde*, das den ›Freund‹ und seine Welt im hellen Dunst der Ferne, im Licht der Ewigkeit entschwinden läßt.«[160]

Im Unterschied zu Bruno Walter arbeitet Kralik im Folgenden die Brüche in der Entwicklung Mahlers heraus und nimmt seine harmonisierende Darstellung des Gesamtwerks zurück. Im Falle der *Fünften* und *Siebenten* gelangt er damit zu einer etwas anderen Interpretation:

»Unter den düsteren Trauerklängen des ›Kondukts‹ aus dem ersten Satz der *Fünften* wird jedenfalls die ›schöne Welt‹ der *Wunderhorn*-Symphonien zu Grabe getragen. Die nun folgenden symphonischen Kundgebungen darf man zum Teil als vehemente Vorstöße in das Gebiet der ›neuen Musik‹ bezeichnen, an deren Pforten die *Siebente* bereits gewaltig rüttelt. An die Stelle eines poetischen Konzepts ist ein formales getreten, Harmonie und Melodie, Kontrapunkt, Satztechnik und Instrumentation schmieden an einem neuen Stil, und eine Zeitlang verläuft Mahlers Weg parallel mit dem der jüngeren Generation. Die Übereinstimmung ist aber doch nur eine scheinbare, und trotz vielfachen Beziehungen im Geistigen und Stofflichen bleibt Mahlers Grundhaltung eine persönliche und romantische. Nicht atonaler Umsturz, sondern Bereicherung, Schärfung und erhöhte Differenzierung der eigenen Technik ist sein Ziel. Und dieses technische Ziel dient einem höheren geistigen und künstlerischen Zweck: in der *Achten* Symphonie soll noch einmal der Versuch unternommen werden, den romantischen Traum eines alle Höhen und Tiefen, alle Weite und Breiten umfassenden musikalischen Mysteriums zu verwirklichen.«[161]

Doch gerade in der Bewertung der *Achten* ist der größte Unterschied zwischen Kraliks und Walters Interpretation zu erkennen:

»Ein Mysterium, ein Hochamt, ein abschließendes musikalisches Kunstwerk – das mag ja überhaupt der Traum einer Zeit gewesen sein, die es förmlich in den Gliedern spürte, daß sie eine musikgeschichtliche Epoche zum Abschluß zu bringen hatte. Daß aber das Aufgebot eines Riesenapparats, daß eine ›Symphonie der Tausend‹, daß ein ›Massenmeeting für den lieben Gott‹ nicht ganz die Erfüllung bringen konnte, die dem Träumer vorgeschwebt haben mochte, ist zeitgeschichtlich nicht weniger begründet. Man muß sich nur die Beschaffenheit des musikalischen Stoffes, der dem angehenden zwanzigsten Jahrhundert zur Verfügung stand, vor Augen halten, um zu erkennen, daß er nicht mehr jene innere Konsistenz, jene Trieb- und Tragfähigkeit besaß, die ein organisches Auftürmen solcher Monumentalbauten ermöglicht hätten. Darum mußte zum Ausgleich in erhöhtem Ausmaß außermusikalischer Baustoff, darum mußten so viele gedankliche und philosophische Konstruktionen herangezogen werden, mit welchen sich eine wirkliche und vollkommene ästhetische Harmonie schwerlich erreichen ließ. Wesentlich ausgewogener ist das *Lied von der Erde*, das eine zweite und viel glücklichere Lösung des in der ›Achten‹ aufgestellten Problems bringt. [...] Über dem Mahlerschen Spätstil, wie er hier ausgebildet und in der *Neunten* weiter entwickelt wurde, liegt Wehmut, Resignation und Abschiedsstimmung: es ist, als fühlte der Künstler mit dem eigenen Ende auch das Ende der tonkünstlerischen Epoche ...«[162]

Durch diese historisierende Betrachtung, die sich zurückhält, Mahler gegen die Moderne auszuspielen, vermag Kralik auch das Befremdende deutlicher als Walter zu konturieren, ehe es freilich auch bei ihm im Überzeitlichen eines kategorischen Imperativs zum Verschwinden gebracht wird:

»Aber auch die Ungelöstheiten der Schöpfungen und die Spannungskräfte ihrer vielfachen Widersprüche haben der Zeit standgehalten. Die unleugbare Inkongruenz, die zwischen dem geistigen Hochflug der Gedanken und der mitunter geringen Gewähltheit des Einfalls besteht, wird heute nicht weniger empfunden; man weiß es und bewundert es, wie großartig und erhaben Idee und architektonischer Grundriß der Mahlerschen Symphonik sind, man weiß aber auch, daß die Ausfüllung dieses herrlichen Rahmens oft genug dem Zufall oder der geistreichen Laune einer Künstlerphantasie überlassen bleibt, die zwar Überirdisches und Übermenschliches erstrebt, sich bisweilen aber wieder gerade darin gefällt, daß ihr nichts Menschliches, Allzumenschliches fremd ist. Freilich, auch Zufall und Laune folgen einem künstlerischen Geheiß, und es mag sein, daß ein Künstler, der mit seiner Seele unverwandt das Land der Verklärung, das Land der Engel und Heiligen suchte, ein gewisses seelisches Gegengewicht brauchte, und daß sich der Gottsucher etwa im Sinne einer romantischen Ironie so gern mit dem Teufelswerk des Bizarren und Banalen einließ. Gleichviel, um so stärker, um so gewaltiger bekundet sich dann das Ethos seiner Musik, das über alle Anfechtung, über alle Inkongruenzen triumphiert. Und das vor allem ist es, was die fünfundzwanzig Jahre dieser ersten Nachweltetappe gelehrt haben: auch im Widerspruch den einheitlichen Charakter aller Äußerungen zu erkennen, die bestimmt und diktiert werden von einem kategorischen Imperativ, von einem unbeugsamen sittlichen Willen.«[163]

## Willi Reich, Ernst Krenek, Theodor W. Adorno, Hermann Scherchen – Mahler und die Moderne im »Ständestaat«

Im »Ständestaat« gab es indes auch eine Mahler-Rezeption aus der Perspektive der Moderne – und dies keineswegs im Untergrund oder auch nur außerhalb der Öffentlichkeit des autoritären Staats. Im offiziellen Organ der Regierung, in der *Wiener Zeitung*, schrieb Willi Reich, ein Musikschriftsteller aus dem Umkreis der Zweiten Wiener Schule – Schüler von Berg und Webern –, seine Hommage auf Gustav Mahler:

»Die Bedeutung dieses Künstlers erfährt in den historischen Darstellungen der Neuen Musik immer eingehendere Würdigung: durch sein menschliches Vorbild und durch sein kompositorisches Werk hat Mahler die jüngere Generation aufs stärkste beeinflußt und der von der sogenannten ›Wiener Schule‹ (Schönberg und sein Kreis) ausgehenden Entwicklung den Weg gewiesen.«[164]

Von dieser Position aus versäumt es Reich auch nicht, Bruno Walters Mahler-Bild ein wenig zu korrigieren. Zunächst würdigt der Kritiker freilich den Dirigenten und artikuliert die Bedeutung seines Vortrags für den österreichischen Staat:

»Der große Dirigent, dem die postumen Uraufführungen des *Liedes von der Erde* und der *Neunten* Symphonie zu danken sind, und dessen Wirken im Konzertsaal uns schon viele echte ›Mahler-Feiern‹ bereitete, hat am 25. Todestag des Meisters das Bedürfnis gefühlt, sein so oft in Tönen gestaltetes Treuebekenntnis auch in schöne, gehaltvolle Worte zu kleiden. In einer klug aufgebauten Rede führte er seine Hörerschaft, unter der sich auch die politischen und geistigen Führer unseres Staates befanden, durch Erinnerung an die äußere Erscheinung und Betrachtung des künstlerischen Schaffens zur Erkenntnis der menschlichen Persönlichkeit Mahlers.«[165]

Bei Walters Betrachtung des künstlerischen Schaffens meldet Reich nun aber leise Bedenken an:

»Da Walter für die Bewertung des Mahlerschen Schaffens die rein musikalische Betrachtung nicht als ausreichend ansieht, will er die entscheidenden Maßstäbe der Seelengeschichte des Künstlers entnehmen. Ihr galten daher seine weiteren Ausführungen. – Der Rezensent muß hier offen eingestehen, daß er diesen Standpunkt nicht teilen kann und eine Betrachtung des Mahlerschen Oeuvres von rein musikalischem Standpunkt aus für durchaus möglich und höchst wünschenswert hält. Bestärkt wird er durch eine Bemerkung Walters, der selbst auf die Formstrebsamkeit Mahlers hinwies und auf sein restloses Bemühen, jede Einzelheit dem Gesamtplan nutzbar zu machen. Gerade hier hätte meines Erachtens auch die rein musikalische Betrachtung einzusetzen und von der Erkenntnis der wunderbaren Architektonik aus das Werk im einzelnen zu erhellen.«[166]

Willi Reich war zusammen mit Ernst Krenek der Herausgeber der Wiener Musikzeitschrift *23*. Es handelte sich bei diesem 1932 gegründeten und bis 1937 erscheinenden Organ nicht nur um eine der wichtigsten Musikzeitschriften, sondern vermutlich auch um die interessanteste Zeitschrift überhaupt, die in Österreich zwischen 1934 und 1938 erschienen ist[167] – sieht man von den letzten Jahrgängen der *Fackel* ab, die aber gerade das Vorbild der *23* bildete: diese wollte die *Fackel* auf dem Gebiet der Musik sein. Doch im Unterschied zur *Fackel* bot sie einem ziemlich breiten Kreis Publikationsmöglichkeiten, einem Kreis, der durchaus über den der Wiener Schule hinausging und nach 1933 auch den aus Deutschland vertriebenen Schriftstellern, Kritikern und Komponisten ein Forum bot. Unter anderem publizierten hier Theodor W. Adorno, Joseph

Roth, Siegfried Kracauer. Mit dem »Anschluß« mußte die Zeitschrift ihr Erscheinen einstellen, die wichtigsten ihrer Autoren wurden ins Exil getrieben – darunter auch ihre Herausgeber.

Noch entschiedener vielleicht als Reich hatte Ernst Krenek einige Zeit seine politischen und kulturpolitischen Hoffnungen auf den »Ständestaat« gesetzt. Anders als sein großes Vorbild Karl Kraus, anders auch als Sigmund Freud und Moritz Schlick, Robert Musil und Joseph Roth, betrachtete er diesen Staat nicht allein als das kleinere Übel gegenüber dem Nationalsozialismus, sondern als Entwurf einer neuen zukunftsträchtigen Gesellschaftsform, ja als Alternative zu Demokratie und Kapitalismus. Faschismus nach italienischem Vorbild bedeutete für Krenek einen gangbaren Weg aus den Antinomien der entwickelten bürgerlichen Gesellschaft – Faschismus nach italienischem Vorbild, so hieß für nicht wenige noch 1936 eine Gesellschaftsordnung, in der die moderne, avantgardistische Kunst staatlich gefördert und getragen wird und in der andererseits der Antisemitismus vom Staat nicht nur nicht gefördert, sondern verhindert werden sollte. Vor allem aber sah Krenek in einem solchermaßen faschistischen Österreich – gestärkt durch Italien – die einzige wirksame Anti-Hitler-Macht.

Noch in den Schriften aus den ersten Jahren des Exils zeichnet sich diese Konzeption ab, obwohl Krenek zur gleichen Zeit im Tagebuch bereits deutlich hörbar Abschied nimmt von seinen österreichischen Illusionen.[168] Im Mai und Juni 1941 schrieb Krenek in Poughkeepsie, im Staate New York, einen großen Essay über Gustav Mahler für die amerikanische Ausgabe von Bruno Walters Mahler-Buch.[169] Der Band, der damit die zwei wichtigsten, divergierenden Positionen zu Mahler innerhalb des »Ständestaats« gleichsam nachträglich vereinigt, ist mittlerweile eine Rarität; Kreneks Aufsatz wurde nicht mehr neu aufgelegt, eine deutsche Fassung befindet sich im Archiv der Gustav Mahler Gesellschaft, Wien.[170]

Obwohl bereits im Exil verfaßt, bewegt sich Kreneks Mahler-Essay noch immer in den Kategorien der Ideologie eines Staats, der gar nicht mehr existierte. Schon der erste Satz zeigt die Perspektive:

»Es werden uns einige Eigenheiten im Leben Gustav Mahlers erst dann verständlich, wenn wir uns im Klaren sind, daß er Österreicher war. Die volle Bedeutung dieser Tatsache kommt den meisten Kritikern nicht in den Sinn, da die heutige Generation, welche noch unter dem Eindruck steht, daß es krasse Volksunterschiede gibt, den Begriff ›Österreichertum‹ beinahe vergessen hat. Im Hinblick auf diese Ansichten war Mahler entweder Deutscher, Böhme oder Jude. Aber keine dieser Kategorien kann seine Persönlichkeit erklären, noch kann sie der Eigenheit seiner Werke gerecht werden.«[171]

Die Spezifik von Kreneks ›Österreichertum‹ zeigt sich darin, daß der Komponist und Musikschriftsteller gewisse Elemente der Ideologie des »Ständestaats« und wohl auch der der seit 1936 von den Kommunisten entwickelten Volksfront-Konzeption aufgreift – um sie gegen den nationalsozialistischen Begriff der Rasse zu wenden. Ernst Krenek stand in dieser Hinsicht von Anfang an seinem Freund Joseph Roth allerdings viel näher als seinem austrofaschistischen Unterrichtsminister. Und nach 1936 begann er sich bereits allmählich auf das Ende seiner Illusionen einzustellen und auf den Beginn seines Exils vorzubereiten.

In gewisser Weise findet sich Kreneks Interpretation bereits am Ende des Ersten Weltkriegs in Hans Ferdinand Redlichs Mahler-Buch von 1919 vorweggenommen; damals schloß Redlich mit einer »als keck erscheinenden Hypothese«:

»Ich erblicke nämlich in Mahlers Gesamtschaffen das Symbol eines zukünftigen idealeren, geistigeren Österreichs. Mahlers Kunstwerke sind in geradezu beispielloser Weise von allen geistigen Elementen des gesamtösterreichischen Komplexes durchtränkt. Sie haben die Elemente der slavischen Volksmusik in sich aufgenommen und die Romantik des bajuvarischen Deutschtums verarbeitet. Sie haben den jüdischen Intellekt überwunden und sind endlich von einem romantischen Katholizismus ausgegangen. Diese Eigenschaften sind es, welche die Kunst Mahlers mit Bruckner in eine gewisse Verwandtschaft bringen. Insofern kann man die Linie Schubert, Bruckner, Hugo Wolf, Mahler als die vielleicht großartigste und überzeugendste Manifestation totalösterreichischen Geistes auffassen.«[172]

In seinem Mahler-Essay von 1941 betont nun Ernst Krenek, daß sich Mahlers Entwicklung unabhängig von nationalen oder rassischen Gesichtspunkten vollzog. Mahler orientierte sich – so Krenek – ausschließlich nach musikalischen Gesichtspunkten: Wenn die moderne Entwicklung, die fortschrittlichsten Tendenzen zur Zeit des jungen Mahler in germanisch-mythologischer Gestalt erschienen, so schloß Mahler sich ihnen auch in dieser Gestalt vorbehaltlos an:

»Rassische Erwägungen schienen ihn überhaupt nicht zu plagen. Die Titel der zwei Opern *Die Argonauten* und *Herzog Ernst von Schwaben* beweisen weiterhin, daß Mahlers Phantasie durch den anspruchsvollen Prunk mythologischer Stoffe, der typisch für den spät-romantischen Stil war und auch mit den ersten Bayreuther Festspielen in Erscheinung trat, gefangengenommen wurde. Jederzeit wird ein junger Komponist von außergewöhnlicher Begabung sich instinktiv den fortschrittlichsten Tendenzen zuwenden. In den Siebziger Jahren und noch einige Jahrzehnte später, zogen Richard Wagners Werke, die sich Zukunftsmusik nannten, junge Komponisten unwiderstehlich an.«[173]

Interessant ist dabei, daß Krenek sichtlich um eine Differenzierung zwischen Bruckner und Mahler bemüht ist – zwei Komponisten, die gerade im Sinne des Österreichertums, bzw. einer autochthon österreichischen Symphonie-Tradition, sehr nahe aneinandergerückt wurden und werden.

»Die öffentliche Meinung hat einen eigenartigen Hang, große Männer der Vergangenheit paarweise zusammenzustellen, wenn es die Umstände nur irgendwie erlauben, wie z. B. Bach und Händel, Goethe und Schiller. Sie wurden sprichwörtlich untrennbar, ganz abgesehen davon, wie verschieden sie im Leben waren. Bruckner und Mahler werden oft so verbunden und es ist wahr, daß sie einige, oberflächliche Züge gemeinsam haben. Beide waren österreichische Komponisten des späteren 19. Jahrhunderts und beide schrieben neun lange Symphonien. Darüber hinaus hatten sie wenig Ähnlichkeit.«[174]

So richtig die Kritik an der klischeehaften Vereinigung von Bruckner und Mahler ist, in der Darstellung von Bruckners Eigenart folgt Krenek selbst einigen Klischees – wenn auch auf eine vergnügliche Weise, in der sich eine gewisse ironische Distanz zu einem vulgär verstandenen Katholizismus artikuliert:

»Er stammte von deutschen, katholischen Bauern aus Ober-Österreich ab und bleibt sein ganzes Leben ein scheuer und etwas unsicherer Dorfschullehrer, der hoffnungslos in die Ereignisse der großen Welt verwickelt war […] Sein fester Glaube an Gott und Richard Wagner haben es ihm ermöglicht, trotz Widerstand, Intrigen und Spott, seine Kunst auszuüben. Seine Zufluchtsstätte war die Orgel, welche er herrlich spielte, und unter der großen Orgel des Stifts St. Florian in Ober-Österreich liegt er begraben und wartet auf den letzten Ruf seines Herrn.«[175]

Klischeehaft aber und in einiger Nähe rassistischer Vorstellungen sind auch die Spekulationen, die Krenek über die Begegnung der beiden Komponisten anfügt – und die die ganze Problematik von Kreneks Begriff des ›Österreichertums‹ zu beleuchten vermögen:

»Es wäre interessant zu wissen, mit welchen Gefühlen der ältere Musiker, der immer mit unüberwindlichen symphonischen Schwierigkeiten im Kampf war, den nervösen, gesprächigen, jüdischen Knaben aus Böhmen betrachtete. Im übrigen ist es ein charakteristisches Merkmal des schöpferischen Genies, wie immer seine Persönlichkeit geartet sei, beständige Freundschaften zu pflegen, ungeachtet der Unterschiede des Alters und der Denkungsart. Die Anziehungskraft zwischen jüdischem Intellekt und bodenständiger Ursprünglichkeit ist eine typisch österreichische Erscheinung.«[176]

Sobald sich Krenek indes konkreter mit der Eigenart der Musik Mahlers beschäftigt, vermag er wirkliche Differenzen herauszuarbeiten:

»Es ist charakteristisch für Bruckner, daß er trotz der ehrwürdigen Einfachheit seines Geistes, im Allgemeinen die offenkundigen und scheinbaren banalen Züge Mahler'scher Musik vermied, an denen viele Kritiker Anstoß nahmen. Die Musik Bruckners gibt Kunde von seiner Überzeugung, daß die Spätromantik einer unbegrenzten Entwicklung ihrer Ausdrucksmittel fähig sei, auf alle Fälle machte er sich keine Gedanken darüber, was daraus werden sollte. Die musikalische Ehrlichkeit Mahlers, welche von seinen Gegnern als lärmend und vulgär bezeichnet wird, ist eine auffallende Prophezeiung einer herannahenden intellektuellen Krise im 20. Jahrhundert, welche er mit seiner starken Empfindsamkeit voraussah. Seine Rückkehr zur primitiven musikalischen Substanz ist deutlicher und weiterreichend, als die analoge Richtung Bruckners. Beide nahmen ihren Ausgangspunkt bei Franz Schubert; während man aber den Stil Bruckners als eine organische Entwicklung der Schubert'schen Musik betrachten könnte, ist man oft erstaunt über einige Melodien von Mahler, welche sich so anhören, als ob sie von Schubert wären, nur in einer anderen und seltsamen Form. […] Beide Komponisten haben den symphonischen Geist, den Hang zur monumentalen Einfachheit grundlegender Themen und das Gefühl für Größe. Bei Bruckner ist das alles sein fester Glaube an einen beständigen Fortschritt; bei Mahler ist es ein dauerndes Verbrauchen an Willenskraft unter dem Druck der herannahenden Krise der symphonischen Form und der tonalen Sprache.«[177]

Kreneks Essay verbindet eine Darstellung der einzelnen Lebensetappen mit einer permanenten Reflexion über die Eigenart des Mahlerschen Werks. Dabei konzentriert sich Krenek immer auf die besonderen gesellschaftlichen Verhältnisse innerhalb der Habsburgermonarchie und gelangt zu bemerkenswerten musiksoziologischen Erkenntnissen. Doch bei all dem ist stets ein geschichtsphilosophischer Hintergrund erkennbar, den Krenek offenbar aus der Zeit des »Ständestaats« in die ersten Jahre des Exil hinübergerettet hat: die Monarchie erscheint ihm als Voraussetzung für den »Universalismus« der Kunst und des Denkens von Mahler, ja der gesamten symphonischen Tradition, die sich jeder nationalen Eingrenzung entziehe. In dem Kapitel über Mahlers »Odyssee durch die Provinz-Opern« heißt es etwa:

»Obwohl die intellektuellen Kreise, in welchen sich Mahler bewegte, zum Großteil der deutsch-sprechenden Oberschichte angehörten, welche sich über die ganze österreichische Monarchie verbreitete, können wir annehmen, daß sein Wirken in den verschiedenen Teilen des Reiches seinen Sinn für das Universelle noch erweiterte, was so charakteristisch für die Musik Mahlers ist, sowie für die gesamte symphonische Musik seit Beethoven. Es ist bestimmt nicht nur ein Zufall, daß der symphonische Stil sich zuerst in Wien entwickelte und so lange dort zu Hause war, als die Monarchie existierte.«[178]

Ein eigenes Kapitel widmet Krenek der Frage »Warum hat Mahler keine Opern geschrieben?« – worin er die interessante Bemerkung macht, wie sehr offenbar Mahler als Symphoniker die aufreibende Theaterarbeit benötigte:

»Es ist ganz klar, daß Mahler seine Arbeit beim Theater sehr gerne hatte, wenn er auch oft behauptete, er hasse sie. Er brauchte diese beständigen Zusammenstösse mit der Wirklichkeit für immer neue Beweise für die Beschränktheit dieser Welt, um das Gefühl für die hohe Spannung zu bewahren, welche für Mahlers Musik so charakteristisch ist.«[179]

Und so kommt Krenek zu der Erkenntnis, daß Mahler zwar kein Theaterkomponist, aber umso mehr ein dramatischer Komponist sei – was sich mitunter ausschließen könne.

Es überrascht darum ein wenig, wie nahe Krenek das Schaffen Mahlers an Richard Wagner – den größten Theaterkomponisten seiner Zeit – heranrückt, ja wie unproblematisch Krenek Wagners nationale Konzeption des Theaters und der Musik sieht – es sei denn, man hört aus der religiösen Terminologie für das Bayreuther Projekt eine innere Reserve Kreneks heraus.

»Richard Wagner [...] machte es zu seiner Lebensaufgabe, eine Schule aufzubauen, wo der vollkommene musik-dramatische Stil, wie er ihn sich vorstellte, in seiner reinsten Verkörperung gelehrt und demonstriert wurde. Um diesen Inbegriff gegen jegliche Einmischung zu schützen, machte er Bayreuth zu einem heiligen Schrein der deutschen Nation, dessen Zauber nicht nur den Gegnern Ehrfurcht abnötigte, sondern auch den erforderlichen Enthusiasmus in den Jüngern erzeugte, die als Missionare des neuen Kunstevangeliums auf der ganzen Welt tätig sein sollten. Mit unfehlbarem Verständnis der damaligen geistigen Struktur, hat Wagner genau das Richtige getan. Die Tatsache, daß binnen verhältnismäßig kurzer Zeit sein Musik-Drama ein dominierender Faktor in der Musikentwicklung wurde und bemerkenswerten Einfluß, besonders jenseits des musikalischen Feldes, ausübte, war der Anzahl geschulter Interpreten und Propagandisten zuzuschreiben, die allmählich führende Stellen an vielen wichtigen Plätzen innehatten.«[180]

Als einen solchen Missionar des Wagnerschen Kunstevangeliums sieht Krenek nun Mahler innerhalb der Habsburgermonarchie wirken. Doch dabei erblickt er in Mahler weniger einen Propagandisten als jemand, der die Wagnersche Konzeption weiterentwickelte – und dies in Richtung des Universalismus der Habsburgermonarchie: So vermerkt es Krenek als besondere Leistung, daß Mahler in seiner Zeit als Direktor der Budapester Oper darauf bestand, »alle Opern in ungarischer Sprache aufzuführen«.[181] Aber es ist merkwürdig und hängt wohl mit der unkritischen Wagner-Rezeption zusammen, daß dieser Universalismus in Kreneks Argumentation im nächsten Moment wieder in eine nationale Konzeption umschlägt:

»Wenn die Oper ein wichtiger Teil des künstlerischen Lebens einer Nation werden soll, muß sie vollkommen verständlich sein. Solange sie nur zum Vergnügen für wenige dient, wird sie nicht über die Versorgung des Geschmackes einer kleinen, heutzutage verschwindenden Minorität hinauskommen. Die auffallende Zunahme des Publikums in der Budapester Oper unter Mahler bewies die Richtigkeit seines Standpunktes. Seine Beharrlichkeit, die Opern in der Landessprache aufzuführen, hat seine Aufgabe nicht im mindesten erleichtert, da er nicht ungarisch sprach und sich nur durch Dolmetscher mit den Künstlern verständigen konnte.«[182]

Auffällig an Kreneks Darstellung ist auch, daß er dem Ressentiment gegenüber Mahler relativ wenig Bedeutung beimißt und vor allem die antisemitische Mahler-Polemik völlig ignoriert (im Gegensatz etwa zu Paul Stefan) – und das zu einer Zeit, da in Deutschland und Österreich diese Polemik zur offiziellen Musikgeschichtsschreibung geworden ist. Geradezu behutsam verfährt er mit den Mahler-Gegnern aus der Zeit der Jahrhundertwende – die Schwierigkeiten, die Brahms mit der Musik Mahlers bekundete, werden gewissermaßen als repräsentativ für die musikalische Öffentlichkeit gesehen:

»Es ist schwer, das subjektive Vorurteil und vorgefaßte Ideen, welche hinter unzähligen Streitfragen stecken, in der Musikgeschichte zu rekonstruieren, und die Tatsache, daß wir den Standpunkt, welcher vor fünfzig Jahren vertreten wurde, nicht mehr zur Gänze ausfindig machen können, sollte eine Lehre sein, doppelt vorsichtig zu sein, ein Urteil über zeitgenössische Genies zu fällen.«[183]

Kann man in dieser Bemerkung noch das Engagement für die zeitgenössische Musik heraushören, so versucht die folgende der offen rassistischen Mahler-Gegnerschaft zu begegnen:

»Aber die intensive Anspannung, welche von seiner Musik ausströmt, ist weniger der Überzeugungskraft, mit welcher diesen romantischen Stimmungen Ausdruck verliehen wird, zuzuschreiben, als der Verzweiflung, mit welcher der Komponist sich an Ideen und Gefühle klammert, die sich in ihre Bestandteile aufzulösen drohen. Beweis für diese Verzweiflung, welche der Kernpunkt der Musik Mahlers ist, ist das oft übertriebene Pathos gefühlvollen Ausdrucks, eine fast krampfhafte Art der Empfindung. Manche behaupten, daß diese überhitzte Beredtsamkeit Mahlers seine jüdische Abstammung verrät. Ohne die relative Wahrheit einer solchen Erklärung in Frage zu stellen, ist der Verfasser der Meinung, daß man auf diese Weise zu leichtfertig über einen wesentlichen geistigen Gesichtspunkt im Werke Mahlers in der Terminologie einer materialistischen Doktrine urteilt. Anstatt in den Kernpunkt des rein künstlerischen Problems einzudringen, verhindert es eine unbefangene Diskussion über das, was manche Menschen, ob mit Recht oder Unrecht, an Mahlers Musik irritiert.«[184]

Solche Stellen gehören zu den schwächsten des Essays: sie zeigen, wie sehr Krenek im »Ständestaat« sich offenbar daran gewöhnt hat, den Antisemitismus zu tolerieren, statt offen zu bekämpfen; wie tief bei ihm selbst die fetischisierenden Vorstellungen des Katholizismus eingedrungen sind (wenn er etwa rassistische Vorstellungen als materialistische Doktrin versteht). Doch schon im nächsten Absatz gelingt Krenek eine verblüffend scharfe dialektische Einsicht in Mahlers Verhältnis zur Tradition:

»So wie Mahler es vorzieht, seine Musik mit Bildern eines altertümlichen Lebenszustandes zu verbinden, so bedient er sich einer musikalischen Sprache, welche hauptsächlich vor-wagnerisch ist, d.h. eines musikalischen Materials, welches noch nicht von Wagners destruktiven Prinzipien gegen die Tonalität angegriffen wurde. Wie schon erwähnt, ist dieses scheinbare Rückkehren genau das, was Mahler zu einer treibenden Kraft in der Musikentwicklung macht. Es ist seine unbewußte Reaktion gegen Wagner. In seinen letzten Symphonien ist es ihm gelungen, Folgerungen aus dieser Reaktion zu ziehen und den Grundstein für die zukünftige Musik zu legen. Wenn man stilistische Kennzeichen oberflächlich betrachtet, müssen Mahlers frühe Symphonien merkwürdig veraltet erscheinen, sogar im Verhältnis zur Zeit ihres Ursprungs und wenn man bedenkt, daß der französische Impressionismus schon eine entschieden nach-Wagnerische Note anschlägt. Aber nur die Form der Struktur und das Material, aus welchem Mahler sie aufbaute, sind veraltet; die Sprünge in der Struktur künden die Zukunft an und sind umso klarer, da die Form und das Material traditionell sind. Der wirkliche Mahler taucht dort auf, wo die symphonische Form unter dem Druck niederbricht.«[185]

Gerade in der Problematik von Mahlers Werk, sieht Krenek das Moderne, für die Gegenwart Fruchtbare – und von hier aus, wird klar, »warum [Richard] Strauss heute klar als Figur des fernen 19. Jahrhunderts gilt, während Mahlers Testament immer neue Impulse erzeugt, deren anregende problematische Qualitäten auf keinen Fall erschöpft sind«.[186]

Das sind nun Ansichten, die Bruno Walter zeitlebens völlig fremd blieben; andererseits gelangte wieder Walter mit seinem harmonisierenden Mahler-Bild (und wohl auch aufgrund seiner eigenen jüdischen Herkunft) nicht einmal in die Nähe rassistischer Erklärungsansätze, wohin sich Krenek manchmal verirrt. Dabei stützt sich gerade Krenek explizit auf das Konzept des Universalismus, wie er es in der Habsburgermonarchie vorzufinden glaubt: ja er entwickelt seinen Begriff der Moderne – als Vereinigung des Heterogenen – geradezu aus der ideologischen Statur der Habsburgermonarchie:

»Die Lösung des Problems, wie man fremdartige Elemente vereint, wurde eher mittels der Übereinstimmung im katholischen Glauben, als durch das Prinzip des rationellen Liberalismus versucht. Wegen ihrer katholischen Einstellung wurde die österreichische Monarchie von den Liberalen auf der ganzen Welt als Bollwerk böser Reaktion und Unterdrückung verdächtigt; verglichen mit politischen Phänomenen der jüngsten Vergangenheit muß das alte Österreich als ein Paradies des Friedens und der Freiheit erscheinen, da zum Beispiel Tschechen und Polen ständige Vertreter im Kabinett und manches Mal sogar in der Regierung hatten. Wie sonst könnte, wenn Österreich das gewesen wäre, was seine Feinde behaupteten, ein böhmischer Jude zehn Jahre die absolute Machtvollkommenheit in einem ersten Kunstinstitut der Monarchie gehabt haben?«[187]

Kreneks Argumentation ist hier wiederum kurzschlüssig: Mahler konnte ja nur darum seine steile Karriere machen, weil der Liberalismus die alte Ordnung der Habsburgermonarchie bereits entsprechend ›aufgeweicht‹ hatte, die Monarchie also bereits im Verfall begriffen war. Den Verfall aber datiert Krenek ganz anders, gewissermaßen als ideologische Konstante – als Deutschnationalismus:

»Der politische Verfall der Monarchie begann mit der Ausbeutung durch

Preussen unter Friedrich II, kurz nach 1750. Er war lange durch den wunderbaren Glanz des kulturellen und besonders des musikalischen Lebens verborgen, welches schon früher begonnen hatte und sich bis zum Beginn des 20. Jahrhunderts fortsetzte. [...] Aber doch war der großartige Gedanke der Monarchie noch stark genug, eine Menge hervorragender Künstler und Denker, begeistert von der Flamme des Universalismus, hervorzubringen.«[188]

Ähnlich wie Joseph Roth folgt Krenek nicht einer historischen Analyse, sondern setzt zwei Prinzipien gegeneinander: Deutschnationalismus und (österreichischen) Universalismus – und so erscheint es fast, als wäre Mahler ein österreichischer Komponist aus dem 18. Jahrhundert, den es bloß ins 20. verschlagen hätte.

Es ist darum verständlich, daß Krenek den Übertritt Mahlers zum Katholizismus nicht als rein taktische Maßnahme auf dem Weg zum Direktorsposten der Hofoper sehen kann und darin der amerikanischen Mahler-Forschung vom ›österreichischen‹ Standpunkt aus energisch zu widersprechen sucht:

»Einige Zeit vor seiner Berufung nach Wien ließ sich Mahler taufen und trat in die katholische Kirche ein. Gabriel Engel, Mahlers amerikanischer Biograph, behauptet, daß Mahler dies aus opportunistischen Gründen tat [...] Der Verfasser dieser Behauptung hat jedoch keine Beweise dafür. Obwohl Mahler vielleicht einen Anlaß für eine so materialistische Auslegung seines Übertrittes gegeben haben mag, wurde er doch durch die innere Logik seiner Entwicklung verursacht, nämlich eine enge und beständige Beziehung zum Problem des Todes von Anfang an, welche durch die Idee der Erlösung und der persönlichen Unsterblichkeit bestimmt wurde. Manchmal haben Freidenker behauptet, daß Mahler zu ihnen gehöre, weil sie in seiner Glorifizierung der Natur den ›Pantheismus‹ sehen. Um über Mahlers ausgeprägte dualistische Philosophie hinwegzusehen, bedarf es eines Vorurteils, welches einer sich frei rühmenden Geistigkeit nicht würdig ist. Dem unvoreingenommenen Geist muß Mahlers Werk als eine ausdrucksvolle und kraftvolle Offenbarung christlicher Eschatologie erscheinen. Die Tatsache, daß die formelle Änderung seines Religionsbekenntnisses mit seiner Berufung an die Wiener Oper zusammengefallen ist, beweist nur, daß er sich bewußt mit der Idee der Monarchie abfand. Wenn ein opportunistischer Zug in seiner Entscheidung verborgen war, so war es gewiß sein Verlangen, seine letzte unvermeidliche Niederlage seinen Gegnern nicht zu leicht zu machen. Sie sollten ihn auf seinem eigenen Boden bekämpfen und nicht auf einer Seitenlinie.«[189]

So wird also Mahler von Krenek gleichsam noch einmal getauft: Mahlers eigener Boden sei der katholische Glauben und das Judentum nur mehr eine Seitenlinie, die zu diesem Glauben hinführte. Es ist kein Zufall, daß Krenek gerade in diesem Zusammenhang auch auf Karl Kraus verweist – »der der größte Satiriker der neuen deutschen Literatur und die wahre Verkörperung des schon vorher erwähnten österreichischen Paradoxons war«.[190]

Während Bruno Walter, dessen Buch Kreneks Essay ja begleiten soll, in seiner Interpretation bemüht ist, solche weltanschaulichen und ästhetischen Paradoxien eher zu mildern und in einem liberal verstandenen Begriff des Allgemein-Menschlichen aufzuheben, schlagen bei Krenek aus den Paradoxien mitunter dialektische Funken und sein verklärender Blick auf die Habsburgermonarchie springt seltsam um zum analytischen auf die Musik. Im Unterschied zu Bruno Walter, der die Gegensätze zwischen den einzelnen Werken und Phasen der Produktion Mahlers abschwächt oder ganz unterdrückt, gelingt es Krenek etwa das Unerhörte im Übergang zwischen den ersten vier Symphonien und den drei folgenden plastisch herauszuarbeiten – wobei er auch hier von biographischen Anhaltspunkten ausgeht:

»Mahlers merkwürdiges Gefühl der Verlorenheit während der Niederschrift der V. Symphonie erstand aus der Tatsache, daß er mit ihr das unbekannte Gebiet der ›Neuen Musik‹ des 20. Jahrhunderts betreten hatte, eines Stils, der sich bisher in seinem Werk in indirekter Art angezeigt hatte. Es war jedoch kein wesentlicher Wandel in dem Charakter seiner Ideen eingetreten. Immer noch hatten sie den einzigartigen Zauber des ›Zitierens‹. Aber ihre rein musikalische Behandlung wird jetzt anders. Aus ihrem ursprünglichen Zusammenhang werden sie noch ein weiteres Mal herausgenommen und zwar dadurch, daß sie weitgehend auf ihre melodischen Linien reduziert werden. Der harmonische Hintergrund dieser noch völlig tonalen Ideen wird sehr dünn und gelegentlich völlig aufgegeben. Dafür wird eine merkwürdig harte kontrapunktische Technik eingeführt. Das ist dann weder der retrospektive Kontrapunkt Max Regers, der häufig wie ein aufgeblähter Bach klingt, noch das glitzernde Gewebe von Richard

Strauss, der größtenteils belebte Harmonie ist. Es ist eine neue Art von echter Polyphonie [...] Debussy und Skriabin waren in der Zerstückelung und Transformierung des tonalen Vokabulars viel weiter gegangen als Mahler, der seiner Montage von ›Zitaten‹ treu blieb. Es ist aber wahrscheinlich gerade diese Fixierung an veraltetes thematisches Material, die ihn zur Ausarbeitung seiner neuen kontrapunktischen Methoden bewog, und diese Methoden waren derjenige Faktor, der die Richtung des fortgeschrittensten Flügels der modernen Musik bis zum heutigen Tag bestimmt hat.«[191]

Tatsächlich versucht Krenek mit einiger Bewußtheit in seinem Essay ein modernes Gegengewicht zu Bruno Walters konventionellem Mahler-Bild zu schaffen. Am deutlichsten wird dies vielleicht daran, daß er die von Walter bevorzugten Werke spürbar abwertet: über die *Achte* und das *Lied von der Erde*, die Krenek gegenüber den drei vorangegangenen Symphonien zu einer Werkgruppe eigener Art zusammenfaßt, heißt es:

»So wunderbar und wirkungsvoll diese Werke auch immer sein mögen (das eine durch das Aufgebot seiner klingenden Massen, die strategische Meisterschaft mit der das alles gebändigt ist, und den unwiderstehlichen Elan seines Enthusiasmus, das andere durch die herzbewegende Intensität seiner trauervollen Innenschau), sie kommen doch nicht der *Neunten* Symphonie gleich, Mahlers letztem vollendetem Werk, in Bezug auf die prophetische Bedeutsamkeit ihres rein musikalischen Ausdrucks. Hier stand Mahler wiederum auf der magischen Schwelle, hinter der eine neue, noch unerforschte Provinz des Königreichs der Musik liegt. Mahlers ›zitierte‹ Themen erschienen als geisterhafte Symbole, die auf ihren bloßen Umriss reduziert sind; das Gewebe ist ganz dünn, ganz wie in manchen Stellen des spätesten Beethoven; die unabhängigen melodischen Einheiten werden ganz krass gegen einen weiten und leeren Horizont geworfen und stossen sich dort in harter und unnachgiebiger Reibung. Das ist nicht nur Mahlers letzte Symphonie; die symphonische Form selbst wird gesprengt, nachdem sie bis an ihre Grenzen erprobt worden ist. Jeder, der mit unvoreingenommenem Geiste auf die Entwicklung der Musik schaut, wird zugeben müssen, daß alle weiteren Versuche, die traditionelle symphonische Form weiterzuführen, einen epigonalen Charakter tragen. Wenn diese Form weiterleben und wieder blühen soll, dann muß ein neuer Start gefunden werden. Anzeichen eines solchen neuen Beginns kann man in den verschiedenen Formen von ›Kammersymphonien‹ finden, die in den zwanziger Jahren geschrieben worden sind, nachdem Schönberg den Weg dazu mit seiner Kammersymphonie gezeigt hatte. Der übergroße orchestrale Apparat wird durch kleine Kombinationen von Solo-Instrumenten ersetzt, die übermäßig ausgedehnte Form weicht äußerst konzentrierten Strukturen. Obwohl die äußere Erscheinung dieser Werke das Gegenteil von Mahlers symphonischem Ideal zu sein scheint, so sind sie doch in ihrer Betonung der reichen kontrapunktischen Konstruktion seinen Errungenschaften sehr weitgehend verpflichtet.«[192]

Ausgehend von solchen Erkenntnissen über die Modernität der Mahlerschen Musik kommt Krenek gegen Ende seines Essay auf die Frage der Mahler-Rezeption zu sprechen – und hier schlägt er selbst die Brücke zu seinem neuen Lebenszentrum: Amerika, indem er die Rezeption Mahlers mit derjenigen Sibelius' vergleicht:

»Die erste Welle einer allgemeinen Anerkenntnis von Mahlers Kompositionen in Europa kam kurz nach dem ersten Weltkrieg und war stark durch das Mahler-Festival in Amsterdam im Jahre 1920 angeregt worden. Von da an gab es viele Jahre lang keine Konzertsaison in Wien, Berlin oder in anderen größeren Musikzentren Europas, die nicht Aufführungen mehrerer Mahlerscher Symphonien gebracht hätte. Damit war – und ist es noch – anders in Amerika, was zum Teil auf den besonderen Einfluß zurückzuführen ist, der hier von Jean Sibelius – der nur fünf Jahre jünger als Mahler ist – ausgeht. Wenn man die genaue Stellung feststellen will, die Mahlers Werk innehat, und seine Bedeutung in der gegenwärtigen Situation der Musik aushorchen will, dann verlohnt es sich, hier eine Weile anzuhalten und seine Beziehung zu Sibelius zu untersuchen. Es ist schon im Vorhergehenden darauf hingewiesen worden, daß Mahlers Symphonien auf thematischem Material aufgebaut sind, welches zum großen Teil aus ›bekanntem‹ Stoff zusammengesetzt ist. Wenn man die nur zu bekannte Haltung eines durchschnittlichen Publikums in Betracht zieht, dann sollte man annehmen, daß diese Tatsache ein Grund für eine betonte Popularität ist. Der Grund, warum das nicht so ist, ist der alarmierende Zusammenhang, in den das Bekannte gebracht ist durch die verwirrenden kontrapunktischen Kombinationen und die übergroßen Ausmaße. Die dadurch erreichte Schockwirkung ist verwandt mit jener, die durch eine Art von surrealistischen Kunstgriffen erzeugt wird, bei denen das vertraute Wohnzimmer gewissermaßen durch ein verzerrendes Vergrößerungsglas gezeigt ist und damit als eine Schreckenskammer enthüllt wird. Keinerlei derartiger verwirrender Eindruck geht von den Symphonien von Sibelius aus. Seine

Sprache ist diejenige, die manche Leute loben und andere wieder als ›gemäßigt modern‹ hinstellen, das heißt, es mangelt ihr einerseits Mahlers dialektische Beziehung zu einer verlorenen Musikwelt, und sie enthält andererseits [nicht] die vorausweisenden Schlüsse, die man aus solcher Dialektik ziehen könnte. Im Licht der Gesichtspunkte, die hier angewendet werden, erscheint Sibelius in seinem Verhältnis zu Mahler in einer Stellung ähnlich der Bruckners zu seiner Zeit. [...] Die große Achtung, die heutzutage allem Nationalen entgegengebracht wird, hat Sibelius' Popularität noch vergrößert, da man die Eigenheiten seiner Musik dahingehend auslegt, daß sie den Charakter von Finnlands Volk und Landschaft ganz besonders stark wiedergeben. Diese Art von Provinzialismus (als Gegensatz zu dem alles-umfassenden Universalismus, der die klassische Symphonie beseelt), ist folgerichtigerweise mehr aus der Begrenzung von Sibelius' musikalischen Fähigkeiten zu erklären als durch die willkürlichen Assoziation mit außermusikalischen Gegebenheiten wie Rasse, Landschaft und ähnlichem.«[193]

Hier, am Ende seines Essays, gelangt Krenek nun doch zu einer wesentlich schärferen Sicht bestimmter ideologischer Rezeptionsmechanismen, die gerade in Deutschland und Österreich die Aufnahme der Musik Mahlers kennzeichneten, und schließlich dazu führten, diese Musik vollständig auszugrenzen. Es ist, als würde Krenek nun erst die Situation des Vertriebenen ganz bewußt – und so verwundert es auch nicht, daß er in diesem Moment das Exilland zur Sprache bringt, in das er selbst gerade geflüchtet ist:

»Daß die Anzeichen der Wiedergeburt eines weltweiten Denkens und Fühlens in Amerika im Gegensatz zu den engstirnigen nationalistischen Auffassungen vorhanden sind, gibt die Hoffnung auf eine angemessenere Einschätzung Mahlers, als er bis jetzt angetroffen hat. Die Einstellung einiger jüngerer Musiker (in Amerika) verspricht vieles in dieser Richtung. So hat denn Mahlers häufige Bemerkung ›Meine Zeit ist noch nicht gekommen‹ eine ganz besondere prophetische Bedeutung, soweit dies Amerika betrifft.«[194]

Und dennoch kehrt Krenek ganz zuletzt wieder zu seiner Ausgangsposition zurück, zu der Konstruktion des Österreichertums Gustav Mahlers und es ist nicht wenig charakteristisch, daß er dabei die Eigenart seiner Musik – nachdem er sie schon getroffen hatte – wieder aus dem Blick verliert:

»Der grundlegende Charakterzug von Mahlers Musik ist der Armeemarsch, der sich durch die ganze Skala vom Triumphzug bis zu den gedämpften Tönen eines Trauergottesdienstes erstreckt. [...] Als Künstler war Mahler die personifizierte Energie und sich vollkommen des dynamischen Charakters seiner musikalischen Sendung bewußt; und er war ein Kämpfer. Kein Wunder, daß sein Hang zu bezeichnenden Symbolen ihn immer wieder nach dem martialischen Rhythmus von Horn und Trommel greifen ließ. [...] Es war Mahler erspart geblieben, das wirkliche Kanonengetöse zu hören, das so bald nach seinem Dahinscheiden in die Ohren der Menschheit dröhnen sollte. Sicher vor aller Störung ruht der große österreichische Soldat der Musik, der unerschrockene Wächter und Vorkämpfer, von seinem ruhelosen Vorwärtsmarschieren zwischen den herrlichen Weingärten von Grinzing aus, bis die Trompete des Jüngsten Gerichts, die seinem divinatorischen Gemüt so vertraut war, ihn aufrufen wird zu ewigem Heil.«[195]

Mit diesen Worten schließt der große Essay von Ernst Krenek über Gustav Mahler (und er führt Mahler damit wieder nahe an Bruckner heran, dessen Tod und Auferstehung in ganz ähnlichen, vielleicht etwas ironischeren, Worten geschildert wurden). Man mag hier die Hoffnung auf einen breiten, bewaffneten österreichischen Widerstand gegen den Nationalsozialismus heraushören – eine Hoffnung, die sich nicht erfüllte. Den Märschen der Mahlerschen Symphonien verleiht sie eine Bedeutung, die sich heute kaum noch nachvollziehen läßt. Krenek steht in diesem speziellen Fall allerdings ganz in der Traditon der alten Mahler-Interpretationen. So schrieb etwa auch Alfons Wallis 1935, der Marsch wirke bei Mahler »wie ein Gleichnis für seinen fanatischen Willen, immer auf dem Weg zu sein, nicht zu ruhen, nicht bequem zu werden, vorwärtszukommen auf dem ihm vom Genius befohlenen Pfad und auf dem Pfad zum beseelteren, vergeistigteren, humaneren Menschen«.[196]

Diese Interpretation, die dem Marsch zum positiven Symbol des Fortschritts macht, stammt offenbar noch aus der Zeit vor dem Ersten Weltkrieg. Es ist jedoch kennzeichnend für die Mahler-Rezeption der zwanziger, dreißiger und vierziger Jahre, daß diese Interpretation trotz der Erfahrung des Ersten Weltkriegs weitgehend beibehalten wurde: so mächtig war offenbar der Fortschrittsgedanken; mit der Ausnahme freilich Paul Bekkers, der bereits die

Marschrhythmen der *Sechsten* als panische Antizipation der Ereignisse des Weltkriegs deutete.[197]

Bei Alfons Wallis erscheint dies besonders paradox, da er die gewachsene Bedeutung Mahlers zurecht aus der katastrophalen Erfahrung des Ersten Weltkriegs ableitet:

»Die Propheten hatten geirrt, die der Meinung gewesen waren, mit Mahler zugleich sei auch sein Werk gestorben, denn nur durch seine Dirigentenmagie habe es gelebt. Ja, bald kam die Zeit, in der von allen neueren Komponisten nur noch Richard Strauss so häufig zu hören war wie Mahler. Man sprach von einer Mode, einer Konjunktur. Doch was erklärten diese kalten kommerziellen Worte? Tiefer muß man es deuten: Es war die aufgewühlte Seele Mahlers, die unsrer Aufgewühltheit entsprach, der Aufgewühltheit durch den Krieg, durch die aus den Fugen geratene Welt. Seltsam, daß Mahler schon 1911 gestorben war, sein Werk also durchweg einer Zeit entstammte, in der das Leben einen leichten Gang hatte, voll selbstbewußter Betriebsamkeit war und voll Behagen an Wissen und Können. Aber in Mahler war durchaus schon die Ahnung: es stimmt etwas nicht ...«[198]

Erst in der Deutung der Mahlerschen Musik, die Adorno seit 1930 entfaltete, wird eigentlich die Erfahrung des Ersten Weltkriegs in der Analyse wirksam, wird allmählich auch an den Märschen erkennbar, daß etwas nicht stimmt; daß vor allem an dem Fortschrittsbegriff etwas nicht stimmt, in dessen Namen noch Wallis und Krenek den österreichischen Soldaten Mahler ins Land der rosigen Zukunft martialisch marschieren sehen.

Bereits 1930 hatte Adorno im Anbruch sein Mahler-Bild in den ersten Grundzügen entworfen.[199] Er hatte schon damals bei dem »Chok« angesetzt, »der stets wieder von Mahler ausgeht« – und Kreneks Deutung Mahlers als Surrealisten dürfte hier ihren Ursprung haben.

Auch die Erkenntnis von Krenek, daß mit Mahler die symphonische Form endet, findet sich bereits bei Adorno im Jahre 1930. Adorno wußte allerdings, daß er damit einen Bruch in der Mahler-Interpretation forderte. Und es sollte nicht weniger als dreißig Jahre dauern – davon viele, in denen Mahlers Werk in Deutschland und Österreich nicht gespielt wurde – bis diese Forderung allmählich zur Kenntnis genommen wurde – zuletzt sogar in jenem Land, in dem Adornos Aufsatz 1930 erschien:

»Es ist die Aufgabe kommender Formanalysen und zumal kommender Aufführungen der Musik Mahlers, all dies an den Sachen herauszustellen.«[200]

Mitte der dreißiger Jahre allerdings gewann Adorno mit Ernst Krenek einen Mitstreiter in vielen Fragen der Mahler-Interpretation, vor allem einen, der imstande war, sie »an den Sachen« selbst herauszustellen. In diesen Jahren waren sich Adorno und Krenek freundschaftlich und geistig am nächsten – wenn auch Adorno den politischen Hoffnungen Kreneks nichts abgewinnen konnte: bereits im November 1934 schrieb er an ihn:

»Für ihre politischen Hoffnungen wünsche ich Ihnen nur das eine, daß sie nicht enttäuscht werden: was mir freilich unvermeidlich scheint, solange Sie beides: Freiheit und ›Legitimität‹ retten wollen; aber es ist nicht mein Recht, irgendetwas an Erfahrungen Ihnen vorwegzunehmen.«[201]

Krenek seinerseits hätte übrigens nur wenige Monate davor ähnliches an Adorno über dessen eigene Illusionen angesichts der Situation im Dritten Reich schreiben können: Adorno publizierte damals noch in der gleichgeschalteten Presse und fand lobende Worte für eine Vertonung von Gedichten Baldur v. Schirachs und berief sich dabei sogar namentlich auf Goebbels' ›romantischen Realismus‹; es ist vielleicht auch kein Zufall, daß Adorno die antisemitische Konsequenz Nazi-Deutschlands gerade im Fall Mahlers verkannte, solange er selbst an ein Auskommen in Nazi-Deutschland glaubte: in einem Artikel für die Zeitschrift *Die Musik* war er bereits 1933 an das neue Regime mit dem konstruktiven Vorschlag herangetreten, es wäre vielleicht doch wichtiger, Operetten wie die von Kálmán »auszumerzen, als von den Programmen Mahlersymphonien abzusetzen«.[202]

In Österreich jedoch publizierte Adorno für die von Krenek herausgegebene Musikzeitschrift *23*, und hier erschien – unter dem Pseudonym Hektor Rottweiler – auch der zweite große Mahler-Aufsatz Adornos: »Marginalien zu Mahler – Bei Gelegenheit des fünfundzwanzigsten Todestages«. Dabei knüpft Adorno unmittelbar an seinen Mahler-Essay von 1930 an und nimmt wiederum auf die Rezeptions-Situation bezug:

»[Mahlers] Ausbruchsversuch aus dem bürgerlichen Musikraum verwirklicht technisch sich vielmehr, indem er dem Thema als Objektivation, als musikalischem Ding gewissermaßen, die Geltung nimmt. Es wird in Trümmer geschlagen, in jene Banalitäten, an denen aller mittlere Geschmack sich ärgert [...] Mahler greift zurück auf eine musikalische Märchenwelt, als es noch keine Themen als festen Besitz gab. So kennt er selber keine fixierten; die Variante als kleine Abweichung und prosaische Unregelmäßigkeit läßt alle beweglich auseinander hervorgehen, ineinander verschwinden.«[203]

Adorno sieht in Mahlers Komposition eine »Kritik der musikalischen Verdinglichung« durchgeführt und unter diesem Gesichtspunkt greift er nun jenen Vorwurf des Banalen heraus, der Mahler immer wieder gemacht wurde:

»Erscheint ihr Banales vom Material her gesehen als Trümmer der musikalischen Dingwelt, ist es doch zugleich vom Ich produziert, dessen Drang nach unvermittelter Kundgabe, ja Reproduktion des Seienden, dessen dokumentarischer Wille aller Wahl vergißt und, der mittleren musikalischen Artikulation satt, soviel an humanem Ausdruck ihr zumutet, bis sie zerfällt und zerfallend zur banalen wird. [...] Der zweideutige Mahler: über die banalen Themen hat er manchmal ›mit Parodie‹ geschrieben und manchmal ›ohne alle Parodie‹, und der Hohe Verstand plagt sich, wo die Anweisung fehlt, mit der peinlichen Frage: hat er es ernst gemeint oder nicht; peinlich, weil er meint fürchten zu müssen, an der falschen Stelle seriös zu bleiben, während doch sein Humor dort noch deplaciert ist, wo es in der Tat etwas zu lachen gibt. Aber auf seine Frage verweigert Mahlers Musik die Antwort. Das macht: ihre Banalität ist Parodie und Ernst zugleich. Im Banalen verfällt die Dingwelt dem Lachen, die als ewig, natürlich bestätigt sich gibt und am sichtbaren Bruch doch als gemacht, schadhaft, schäbig kenntlich wird. Aber der Bruch ist wiederum ganz ernst und buchstäblich: lesbar eben als Spur des vergeblichen Menschen, der all dies gemacht hat und dem es nun zerfiel.«[204]

Im Konkreten bezieht sich Adorno weniger auf die Rezeption der Vergangenheit, als auf die der Gegenwart: d. h. weniger auf die

Jahrhundertwende als die zwanziger und dreißiger Jahre. Adorno polemisiert indirekt gegen die Phänomene der sogenannten »Gebrauchsmusik« und der Jugendmusikbewegung, wenn er schreibt:

»Ist es nicht auffällig, daß die, welchen von neuen ›Bindungen‹ der Musik an Kollektiv und Gebrauch so viel zu fabeln wissen, der Mahlerschen ihr Placet verweigern und vor ihr zu unerbittlichen Anwälten eben jenes l'art pour l'art werden, über das sie sonst so eilig zur Ordnung ihres Tages übergehen? – während doch bis heute Mahler der einzige exemplarische Komponist geblieben ist, der real außerhalb des Raumes der ästhetischen Autonomie steht und mehr noch: dessen Musik wahrhaft und von lebenden Menschen, nicht von ausgerichteten Wandervögeln gebraucht werden könnte. Sollte es nicht jenen Bindungsfreudigen mehr auf die Bindung an sich ankommen als auf die Gehalte, für die das Kollektiv mobilisiert wird; ja sind ihnen nicht Gehalte, die mehr sind als die fetischisierte Bindung selber, gründlich suspekt? Am zukünftigen Schicksal von Mahlers Musik wird manches darüber sich ablesen lassen.«[205]

Auf diesen Wegen gelangt nun Adorno am Ende seines eher kurzen Essays zu einer etwas anderen Deutung der Mahlerschen Märsche als Krenek am Ende seines langen Essays: Mahlers Musik

»bewährt als erste die Erkenntnis: daß das Schicksal der Welt nicht mehr vom Individuum abhänge; und sie bewährt sie zugleich als individuelle und in den Gefühlskategorien des einzelnen Menschen. Darum ist es so bequem, als brüchig sie zu beschimpfen. […] seiner Musik hat die gesellschaftliche Bewegung sich dargestellt an ihrem wirklichen Opfer und konkreten Maß, dem individuellen Trieb und seinen Konflikten. Dafür ist das bündige Zeugnis die Konzeption des Mahlerschen Marsches, wie sie etwa im ersten Satz der *Dritten* Symphonie zwingend schon hervortritt. Er ist gemeint fürs Kollektiv und für solidarische Bewegung: gehört jedoch aus der individuellen Perspektive. Er befiehlt nicht sowohl als daß er mitnimmt; und nimmt er alles, noch das Unterste und Verstümmelte mit, so verstümmelt er doch nicht selber; das mitgenommene Individuum wird nicht getilgt: der Verein von Liebenden wird ihm zuteil. Vermöge der Variante, der bestimmenden Asymmetrie hält der Mensch im Marsch sich durch: das macht den Mißbrauch von Mahlers Musik so ganz unmöglich. Die sonst bloß sterben mußten, wenn sie aus der Reihe fielen, der zu Straßburg auf der Schanz, die nächtliche Schildwache, der bei den schönen Trompeten Begrabene und der arme Tambourgesell: Mahler formiert sie aus Freiheit. Den Unterlegenen verspricht er den Sieg. All seine Symphonik ist eine Revelge.«[206]

Nach Auschwitz und nach dem Zweiten Weltkrieg sollte Adorno die Mahlerschen Märsche allerdings anders hören: nicht mehr als solidarische Bewegung aus individueller Perspektive, die das Individuum mitnimmt und den Unterlegenen Sieg verspricht, sondern als Evokation einer blinden Gewalt, die das Individuum verschleppt und niedertrampelt – doch die Affinität, die Adorno in der Mahlerschen Evokation des Marsches wahrnimmt, bleibt dieselbe: Mahlers Musik sympathisiert

> »mit den Asozialen, die umsonst nach dem Kollektiv die Arme ausstrekken. […] Subjektiv ist Mahlers Musik nicht als sein Ausdruck, sondern indem er sie dem Deserteur in den Mund legt […] Musik gesteht ein, daß das Schicksal der Welt nicht länger vom Individuum abhängt, aber sie weiß auch, daß dies Individuum keines Inhaltes mächtig ist, der nicht sein eigener, wie immer auch abgespaltener und ohnmächtiger wäre. Darum sind seine Brüche die Schrift von Wahrheit. In ihnen erscheint die gesellschaftliche Bewegung negativ wie an ihren Opfern. Noch die Märsche werden in diesen Symphonien von dem vernommen und reflektiert, den sie verschleppen. Die aus der Reihe Gefallenen, Niedergetretenen allein, die verlorene Feldwacht, der bei den schönen Trompeten Begrabene, der arme Tambourg'sell, die ganz Unfreien verkörpern für Mahler die Freiheit. Ohne Verheißung sind seine Symphonien Balladen des Unterliegens, denn ›Nacht ist jetzt schon bald‹.«[207]

Ernst Krenek zeigte sich von Adornos Beitrag für die *23* begeistert; er schrieb ihm:

> »Gleichfalls muß ich Ihnen sagen, wie ausgezeichnet ich Ihre Bemerkungen zu Mahler finde. Ich mußte sehr daran denken, als ich neulich die *Neunte* im Radio Wien (durch Walter vermittelt) hörte. Ihre Deutung ist so vortrefflich, weil sie die Widersprüche, über die selbst auf Mahler vereidigte Anhänger so oft die Köpfe schütteln, auflöst und doch verstehen läßt.«[208]

Dennoch bezog sich Krenek in seinem eigenen, einige Jahre später geschriebenen Essay nur sehr indirekt auf Adornos Argumentation, am ehesten noch im Falle der Schockwirkung, die von Mahlers surrealistischer Kunst ausgehe. Krenek publizierte später aus Anlaß des 100. Geburtstags im Jahre 1960 abermals einen Mahler-Essay – und zwar im Wiener *Forvm*; und hier zeigt sich, daß Krenek in seiner Sicht auf Mahler zwar von der Österreich-Ideologie Abstand genommen hat, nicht aber von der ›naiven‹ positiven, letztlich religiösen Deutung der Mahlerschen Märsche – der Vergleich mit Adornos Mahler-Monographie aus demselben Jahr läßt den Gegensatz zwischen Krenek und Adorno am schärfsten hervortreten:

»Gustav Mahlers Musik hat ganz besonders stark ausgeprägte Gerichtetheit: neben der liedhaften Aussprache des rhetorisch aktivierten Sentiments ist ihr Hauptelement der Marsch, die zielstrebig ausgerichtete, hinreißende Marschbewegung. Immer wieder brechen die symphonischen Scharen auf, und mit unerschöpflicher Phantasie und strategischer Meisterschaft weiß der Komponist immer neue Klangballungen zu entwickeln, bis die marschierenden Millionen den akustischen Horizont füllen. Wohin ziehen die unübersehbaren Phalangen? Auch das ist offenkundig: zum Jüngsten Tag, zum Ende der Welt, zum Ende der Zeit, in die Ewigkeit. Solche Marschbewegung ist nun gewiß nicht umkehrbar und darum ein schlagendes Sinnbild jener Zeit, von deren Aufhebung in der Ewigkeit der von jugendlichem Weltschmerz verzehrte Romantiker träumt.«[209]

Wenn Adorno bereits 1930 auf kommende Aufführungen setzte, die seinen Interpretationsansatz »an den Sachen« selbst herausstellen könnten, so klingt darin eine gewisse Unzufriedenheit mit den Mahler-Aufführungen der berühmten Mahler-Dirigenten der zwanziger Jahre an. Bruno Walter und Clemens Krauss galten Adorno wohl als weniger geeignet, Mahlers Modernität ins Licht zu rücken. Viel eher dürfte ein Dirigent wie Hermann Scherchen Adornos Vorstellung entsprochen haben. Darauf deutet bereits hin, daß Adorno 1926 Scherchen neben Furtwängler und Webern als bedeutenden Dirigenten porträtierte und dabei explizit auf Scherchens Mahler-Interpretation verwies.[210]

Hermann Scherchen kam 1937 nach Wien, gründete hier das Musica Viva-Orchester und begann einen vielbeachteten Mahler-Zyklus. Mit diesem Projekt kann Scherchen als der neue Gegenspieler von Bruno Walter begriffen werden, als derjenige Dirigent, der Mahler aus der Perspektive der Moderne zu interpretieren suchte. Und es ist unbezweifelbar, daß Scherchen damit neue Impulse für die Mahler-Rezeption in Österreich hätte setzen können – doch geschah es, kurz bevor diese Rezeption für ›tausend‹ Jahre verhindert werden sollte. Die *Neue Freie Presse* schrieb damals über die Bedeutung dieses Dirigenten:

»Hätte Scherchen keine anderen Verdienste als Wiedergabe des symphonischen Werkes Mahlers in meisterlich studierten Aufführungen, sein Wirken müßte in der Konzertgeschichte unserer Stadt bedeutsam bleiben, zu deren hervorragendsten Eigenschaften Dankbarkeit gegen ihre großen Söhne nun einmal nicht immer gehört. Seit Clemens Krauß' Abgang ist es um Mahlers Symphonien recht still geworden und auch in Salzburg hört man dann und wann das *Lied von der Erde* und eine der *Wunderhorn*-Symphonien. Und doch ist es kaum ein Menschenalter, seit Mahler und nach ihm Fried, Walter und Mengelberg diese Symphonien aufgeführt, Stürme der Begeisterung und des Widerspruches, vor allem aber erbitterte Meinungskämpfe ausgelöst haben. Mahler oder wenigstens die Werke seiner letzten Schaffensperiode sind mit Ausnahme des *Liedes von der Erde* noch immer nicht restlos ins Publikum gedrungen. Namentlich der *Sechsten*, *Siebenten* und *Neunten* Symphonie geht man meist aus dem Weg und bevorzugt die Symphonien der früheren und mittleren Schaffenszeit.«[211]

Die Kritiken des Mahler-Zyklus heben insbesondere die Leistung des Dirigenten hervor, weisen aber immer wieder auf gewisse technische Mängel des noch jungen Orchesters hin; bei der *Neunten*, die den Zyklus eröffnete, heißt es etwa:

»Scherchen zeigt sich in dieser mit intensivster, tiefschürfender Probenarbeit vorbereiteten Aufführung als wahrhaft Berufener und großer Dirigent. Die Aufführung, völlig erfüllt vom Geiste des genialen Werkes, hatte technische Vollkommenheit, Tiefe und einen unnachahmlichen Zug ins Überdimensionale. Mochte man vielleicht in Einzelheiten des Orchesterklanges noch Wünsche haben, etwa stärkere Besetzung und größere Fülle des Streicherkörpers, weichere Rundung des Hörnerklanges, als Gesamtleistung war diese Aufführung so schön, daß man ihrer nur mit aufrichtiger Bewunderung und Dankbarkeit gedenken kann.«[212]

Was den Rezensenten als technische Mängel erscheint, mag durchaus ein bewußter Zug der Interpretation durch Dirigent und Orchester gewesen sein, um einer allzu romantischen Auffassung des Werks vorzubeugen: in dem vorliegenden Fall also ein etwas zurückgenommener Streicherklang und schärfer klingende Hörner. Auch in der Besprechung der *Dritten* könnte man solche ›romantischen‹ Mißverständnisse vermuten:

»Scherchen wird den minutiösen Anleitungen der Partitur gerecht, ohne sich von ihnen versklaven zu lassen. Liebevoll studiert und wiedergegeben hinterließ die Aufführung auch diesmal tiefen Eindruck, ohne in Aufbau, Klang und Beseelung letzte Vollendung zu geben. Nicht zuletzt infolge der noch nicht ganz ausgeglichenen inneren Struktur des tüchtigen jungen Orchesters, dessen Streicher schön und gesangvoll klingen, während Hörner und Blech, aber auch die Holzbläser im Waldgespräch des Scherzos Härten und ungelöste, schwere Massigkeit aufweisen.«[213]

Der Kritiker argumentiert mit klassizistischen und romantischen Kategorien – und kommt so nicht auf den Gedanken, daß es eben durchaus beabsichtigt gewesen sein könnte, in Aufbau, Klang und Beseelung keine »letzte Vollendung« zu imaginieren – dem Gedanken Eduard Steuermanns von der »Barbarei der Vollendung« folgend[214]; daß die Blechbläser im deutschen Märchenwald plötzlich Härten zeigen und ungelöste, schwere Massigkeit auf die romantische Stimmung drückt.

Scherchen und das Musica Viva-Orchester brachten nach der *Neunten* und der *Dritten* noch die *Erste* Symphonie, das Adagio aus der *Zehnten* und die *Rückert-Lieder* zur Aufführung. Bereits die für den 24. Februar im Musikverein geplante Aufführung der *Zweiten* dürfte nach den Aufzeichnungen der Programm-Indizes des Archivs der Gesellschaft der Musikfreunde nicht mehr stattgefunden haben. Vermutlich hatten bereits zu viele Orchestermusiker in weiser Voraussicht das Land verlassen: so wissen wir von Eric Simon, der wesentlich am Aufbau dieses Orchesters beteiligt war und bei der *Zweiten* die Klarinette spielen sollte, daß er bereits vor der geplanten Aufführung emigrierte.[215] Fix geplant waren für das Jahr 1938 – so zeigt es ein Prospekt des Orchesters – weitere Mahler-Konzerte am 24. 3, 28. 4. und 12. 5., die alle nicht mehr stattfinden konnten, da eintraf, was Eric Simon voraussah. Scherchen und nicht wenige Musiker des Orchesters waren zusammen mit der Musik Mahlers nun auch aus Österreich vertrieben.

Möglicherweise fühlte sich Bruno Walter durch Scherchens Mahler-Zyklus herausgefordert, selbst wieder weniger beliebte Mahler-Symphonien aufs Programm zu setzen: so dirigierte er noch im Dezember 1937 die *Fünfte* und im Jänner 1938 die *Neunte* – beide mit den Wiener Philharmonikern. Letztere wurde als Konzertmitschnitt auf Schallplatte gepreßt und erlangte große Berühmtheit.[216] Kurt Blaukopf etwa erinnert sich, daß man in Palästina in den Jahren des Exils am Versöhnungstag die *Neunte* mit den Wiener Philharmonikern unter Bruno Walter im Rundfunk spielte und vermutlich handelte es sich um diesen Konzertmitschnitt vom Jänner 1938.[217]

Wer im Lande blieb, konnte trotz Ariernachweis durch die Nähe zu Gustav Mahler und seiner Musik belastet werden. Freilich war die Frage der jüdischen Herkunft auch hier das Entscheidende. Guido Adler, der emeritierte Ordinarius des Wiener musikwissenschaftlichen Instituts – Freund und Förderer Mahlers, der viel zur Erforschung seines Werks beigetragen hatte – erhielt 1938 Publikationsverbot und starb, kurz bevor er vermutlich deportiert worden wäre, 1941 in Wien; seine Bibliothek wurde ohne Entschädigung beschlagnahmt und dem einst von ihm selbst gegründeten, nunmehr ›arisierten‹ musikhistorischen Institut zugewiesen.

Alma Mahler hatte sich 1938 von ihren Verwandten in Wien, die Hitler offenkundig mit Freude entgegensahen, verabschiedet, und war mit ihrem Mann Franz Werfel ins Exil gegangen.[218] Im Exil auch gab sie ihr Erinnerungsbuch über Gustav Mahler heraus, das 1940 in Amsterdam bei de Lange erschien – in letzter Minute sozusagen, ehe die Nazis auch diese Zufluchtsstätte eroberten.

Einige jener früheren Freunde oder Anhänger Mahlers, die von den Nürnberger Gesetzen nicht betroffen waren, hatten hingegen nichts dagegen, von jenen geehrt zu werden, die Mahler, wenn er noch gelebt hätte, ebenfalls vertrieben oder ermordet hätten. So hatte Alfred Roller, einst Mahlers Bühnenbildner, bereits 1934 für Hitlers Bayreuth gearbeitet; so nahm Anna Bahr-Mildenburg, die bekannte Sängerin, Freundin Mahlers und Gattin Hermann Bahrs, 1942 zu ihrem 70. Geburtstag die ›Goethe-Medaille‹ entgegen.

Baldur v. Schirach mußte dies allerdings gegen Widerstände durchsetzen: die Verleihung war unter den Nazis umstritten, da die gefeierte Sängerin »enge persönliche Beziehungen zu Gustav Mahler« gepflogen hatte. Nach Ansicht Schirachs aber »lagen diese Vorgänge weit zurück, und die Künstlerin sei durch ihren Empfang beim Führer voll rehabilitiert.«[219]

Noch ein Jahr zuvor war Gustav Mahlers Musik in der Hauptstadt des Dritten Reichs erklungen: im Jüdischen Kulturbund Berlin fanden am 27. Februar und 1. März 1941 Aufführungen der *Zweiten Mahler* statt. Es war gewissermaßen ein Ghetto-Konzert: ausschließlich jüdische Interpreten durften hier noch einmal Mahler spielen und ein ausschließlich jüdisches Publikum noch einmal Mahler hören. Es handelte sich um geschlossene Vorstellungen: auf die Programme und Spielpläne des Jüdischen Kulturbundes durfte nicht in der Öffentlichkeit, sondern nur in speziellen jüdischen Presseorganen hingewiesen werden; öffentlicher Kartenverkauf war verboten; die Besucher der Veranstaltungen mußten sich mit einem besonderen Lichtbildausweis legitimieren.[220] Unter der Leitung von Rudolf Schwarz musizierte das Vereinigte Orchester des Jüdischen Kulturbundes, es sangen Henriette Huth und Adelheid Müller und der erweiterte Kammerchor der Jüdischen Gemeinde zu Berlin. Ein halbes Jahr später wurde der Kulturbund geschlossen, die Juden zum Tragen eines Judensterns gezwungen – und wenige Monate danach begannen auch die Deportationen.

### Mahler im Exil

Nach 1933 konnten viele Musiker jüdischer Herkunft aus Deutschland nach Österreich flüchten – darunter nicht wenige Mahler-Interpreten und -Spezialisten; Bruno Walter etwa verlor seine Arbeitsmöglichkeiten in Deutschland und verlagerte zwischen 1934 und 1938 das Hauptgewicht seiner Tätigkeit auf das Musikleben in Österreich, ehe er schließlich auch von hier vertrieben wurde und über Frankreich in die USA emigrierte. Andere – wie Oskar Fried oder Otto Klemperer – hatten bereits 1933 den deutschsprachigen Raum verlassen: Fried etwa ging in die Sowjetunion und wurde 1934 zum 1. Kapellmeister der Oper von Tiflis und dirigierte das Sinfonie-Orchester des Allunion-Radio-Komitees; er starb 1941 im Alter von 70 Jahren in Moskau; Klemperer ging in die Vereinigten Staaten und übernahm noch 1933 die Leitung des Los Angeles Philharmonic Orchestras.

Ohne Zweifel trugen die aus Österreich vertriebenen Interpreten Mahlers – seien es nun Musiker, Musikschriftsteller, Musikjournalisten oder Musikwissenschaftler – viel dazu bei, Mahlers Werk in ihren Exilländern bekannt zu machen. Nach 1945 fehlten viele von ihnen, um Mahler nun auch wieder in Österreich durchzusetzen: die einen verstarben im Exil – wie Paul Stefan[221], die anderen kehrten nicht zurück, wie Ernst Krenek oder Erwin Stein. Es ist im Rahmen dieses Buches unmöglich, den vielen verschiedenen, über die ganze Welt verstreuten Spuren der Mahler-Rezeption im Exil zu folgen. Darum seien hier nur einige Schlaglichter geworfen.

Besonders groß war die Wirkung in den USA, aber auch für Großbritannien blieb der Exodus nicht ohne Folgen. Rückblickend schrieb Paul Nettl, auch er ein Vertriebener, im *New Yorker Music Journal*:

»The intensive efforts of Bruno Walter, Dimitri Mitropoulos and a group of Austrian immigrants in New York and London were required for drawing Mahler out of the area of esoteric twilight into the spotlight of fame. Because some of the influential critics in New York and London rejected Mahler, his works remained practically unknown in the English-speaking world before about 1940. This situation has indeed improved, especially since Mahler's works are now available to music lovers on excellent recordings.«[222]

Nettl deutet an, daß die Durchsetzung Mahlers in den USA und Großbritannien doch auf erhebliche Widerstände stieß – dies jedoch aus anderen Gründen als in jenen Ländern, aus denen Mahler vertrieben worden war. Denn das Ressentiment gegenüber Mahler war hier – ähnlich übrigens wie in Frankreich – mit dem gegenüber Bruckner nahezu identisch. Anläßlich einer Aufführung der *Vierten* unter Bruno Walter in New York im Jahre 1944 schrieb

Hugo Kauder – Komponist, Musiklehrer und Journalist, auch er ein aus Österreich Vertriebener – in der *Austro American Tribune*:

»Die Aufführung von Mahler's *Vierter* Symphonie durch Bruno Walter und das Philharmonische Orchester, sowie die in der gleichen Woche geplante, leider wieder abgesetzte Bostoner Aufführung von Bruckner's *Achter* Symphonie brachten uns von neuem die oft beklagte Tatsache zum Bewußtsein, daß die beiden letzten grossen Vertreter des Symphonischen Stils noch lange nicht den ihnen gebührenden Platz im Musikleben diese Landes haben.«[223]

Es folgt eine ziemlich harsche Kritik am Geschmack des New Yorker Publikums: Dessen Musik-hören sei »mehr ein sinnlich-sentimentales Geniessen als eine geistige Tätigkeit« und darum entspreche

»seinem Geschmack am besten eine Musik, deren Gehalt vorwiegend in Gefühlsausdruck und Klangreiz besteht und daher durch ein solches Geniessen auszuschöpfen ist; vor allem also die russische und neufranzösische Musik, von der neueren deutschen Musik nur der witzige und äusserliche Richard Strauss. Soweit man nach Neuem verlangt, sucht man es nicht dort, wo es Ausdruck der Probleme, Kämpfe und Leiden des modernen Menschen ist, sondern wo es sich als virtuose und raffinierte Mache präsentiert.«[224]

Wenn Kauder aber nun den Blick zurück nach Europa wendet, gelangt er dennoch zu einer optimistischen Perspektive für die Rezeption Mahlers in den USA:

»Das alles ist in Europa kaum anders; nur gibt es dort ohne Zweifel auch jetzt noch, tief unter der verrotteten und verwüsteten Oberfläche die geheimen und dennoch wirksamen Unterströme echten geistigen Lebens. Aber die gleichen Dinge, die drüben als Verfallserscheinungen zu deuten sind, sind hier Zeichen jugendlicher Unreife, die das Organ für das geistige Wesen der Musik zu erwecken und zu bilden hat.«[225]

Als Organe dieser Art versuchten viele vertriebene Musiker und Autoren zu wirken – prominente wie Bruno Walter, Otto Klemperer, Franz Werfel[226] und Arnold Schönberg ebenso wie weniger bekannte oder jüngere wie Alfred Rosenzweig, Hugo Kauder oder Georg Knepler. Der Wiener Rosenzweig etwa hatte 1924 im Fach Musikwissenschaft bei Guido Adler promoviert und begann nun im englischen Exil an einer umfassenden Biographie Mahlers zu arbeiten und unter dem Pseudonym Alfred Mathis Aufsätze über Mahler zu publizieren.[227] Georg Knepler wiederum setzte sich an seinem Londoner Exilort, wo er die Kulturarbeit des Austrian Centres leitete, in verschiedenen Musik-Veranstaltungen für Mahler ein – wobei stets auch andere Exilanten aus Österreich und Deutschland mitwirkten. Die Mittel hierzu waren eher bescheiden – doch die Bedeutung für die versammelten Emigranten aus Österreich ist wohl kaum zu überschätzen. Im Rahmen der National Gallery Concerts etwa begleitete Knepler am 7. Januar 1943 den Bariton Ernst Urbach bei den *Kindertotenliedern*. Einen stärker programmatischen Charakter hatte indes das Gustav Mahler Memorial Concert, bei dem Knepler ebenfalls als Pianist mitwirkte, und das anläßlich des 30. Todestages am 18. Mai 1941 in der Wigmore Hall veranstaltet wurde – organisiert vom Council of Austrians in Great Britain und von der Free German League of Cultur in Great Britain. Gespielt wurden damals die *Lieder eines fahrenden Gesellen* mit der Sängerin Sabine Kalter und dem Pianisten Paul Lichtenstein, die Lieder *Der Schildwache Nachtlied, Das irdische Leben, Ich bin der Welt abhanden gekommen* und das *Rheinlegendchen* mit dem Bariton Ernst Urbach und Georg Knepler am Klavier. Danach folgte eine Lesung aus Schönbergs Mahler-Vortrag. Anschließend wurde der zweite Satz aus der *Dritten* Symphonie in einer Fassung für zwei Klaviere, von dem ebenfalls vertriebenen Komponisten Hans Gál hergestellt, gegeben: an den Klavieren wirkten Franz Osborn und Berthold Goldschmidt. Schließlich folgte das Urlicht aus der *Zweiten* Symphonie mit Sabine Kalter, *Des Antonius von Padua Fischpredigt* mit Ernst Urbach und *Wir genießen die himmlischen Freuden* aus der *Vierten* mit dem Sopran Irene Eisinger, begleitet von Franz Osborn und Berthold Goldschmidt. Diesem Memorial Konzert folgten Ende 1942 Aufführungen der *Lieder eines fahrenden Gesellen*, der *Kindertotenlieder* und des *Liedes von der Erde*. Jenö Kostmann schrieb über die Mahler-Feiern im *Zeitspiegel*, der in London erscheinenden österreichischen Exil-Zeitung, unter dem Titel »London wird Mahler-bewusst«:

»Gustav Mahler, der hierzulande neben Bruckner meist verkannte und wenig gespielte grosse österreichische Komponist, beginnt endlich den ihm gebührenden Platz zu beziehen. In einer einzigen Woche hörte man in der National Gallery von Sabine Kalter die unsterblichen *Lieder eines fahrenden Gesellen* und im Golders Green Orpheum vom erstrangigen Raymonde Orchester unter Karl Goehr die erschütternden *Kindertotenlieder*. Ernst Urbach, der junge österreichische Bariton, meisterte die Schwierigkeiten seines Parts geistig wie musikalisch mit bemerkenswerter Vollendung. Zusammen mit der Aufführung *Lied von der Erde* vor wenigen Wochen eine große Leistung des Londoner Musiklebens im Kriege.«[228]

Derselbe Autor hatte in der gleichen Zeitung auch »Philharmonische Meditationen« zum 100. Geburtstag der Wiener Philharmoniker geschrieben, der ins Kriegsjahr 1942 fiel. Kostmann geht dabei – ganz im Sinne der »Volksfront«-Taktik von der »nationalen« Bedeutung des Orchesters aus und schreibt, daß die Philharmoniker »aus einer Institution unseres Volkes zu Dienern seiner Herren und Feinde herabgedrückt wurden«. Der Frage, wie viele des Volks und des Orchesters dies allerdings als Erhöhung empfunden haben mögen, geht Kostmann lieber aus dem Weg und stellt stattdessen die Suggestivfrage:

»Wie sollten die Philharmoniker ihre nationale Mission erfüllen können, wenn sie – im Jahr ihres hundertjährigen Bestandes – aus ihrer eigenen glanzvollen Geschichte die vielleicht glänzendste Epoche streichen, ja auslöschen müssen, die Epoche Gustav Mahlers? Wenn sie auslöschen müssen den Namen des letzten Exekutors des Mahlerschen Erbes, Bruno Walter? [...] Aber noch ist das hundertste Jahr nicht um. Und vor dem Herrn der Symphonien Mahlers sind tausend Jahre eines Hitler wie ein Tag.«[229]

Überhaupt wurde Gustav Mahler im Exil von den österreichischen Kommunisten und ihrem Umkreis zu einer Leitfigur der österreichischen Nation gemacht – in dieser Hinsicht nahm man den Faden jener Ständestaatskultur auf, den schon Alma Mahler-Werfel und Schuschnigg, aber auch Ernst Krenek zu einer anti-nationalsozialistischen Kultur verweben wollten: Als Wiener Komponist mit jüdischer Herkunft, der an die symphonische Tradition Österreichs angeschlossen hatte und zugleich das anerkannte Vorbild der modernen Komponisten der Zweiten Wiener Schule war, eignete sich Mahler posthum im besonderem Maß als Integrationsfigur einer Volksfront, die darauf bedacht war, Tradition und Moderne irgendwie zu verbinden.

Die zentrale Position Mahlers innerhalb des Musiklebens der österreichischen Exilorganisationen läßt sich ebenso deutlich in Großbritannien wie in Mexiko verfolgen: Als das Comité de Ayuada a Austria im Februar 1946 ein Konzert mit österreichischer Musik im Palacio de Bellas Artes in der Hauptstadt von Mexiko veranstaltete, wurden Werke von Haydn, Mozart, Beethoven, Schubert, Wolf, Mahler und Johann Strauß zum besten gegeben. Bei dem großen, vom Heinrich Heine-Klub veranstalteten Konzert mit dem programmatischen Titel: »In Deutschland verbotene Musik«, bei dem Ernst Römer das Philharmonische Orchester Mexikos leitete, und Leo Deutsch einen Einführungsvortrag hielt, bildete Mahlers *Fünfte* das Hauptwerk, dem die *Verklärte Nacht* von Schönberg und ein Werk von Robert Fuchs, dem Lehrer von Mahler, Wolf, Schreker und Franz Schmidt, vorangingen. Der Rezensent des Konzerts hob insbesondere die »leichtbeschwingten« und »beglückenden« Melodien von Fuchs hervor, während er die schweren und düster gestimmten von Mahler überging und diesen – wohl im Hinblick auf das fugenartige Finale – zum »modernen Nachfolger von Joh. Seb. Bach« erklärte.[230] Charakteristisch für die Sicht auf Gustav Mahler aus der Perspektive der Volksfront-Taktik sind die Artikel des österreichischen Komponisten und Musikkritikers Marcel Rubin, der ebenfalls nach Mexiko ins Exil gegangen war: in seinem großen Artikel über »Gustav Mahlers musikalische Rolle« werden etwa die ›negativen‹ Symphonien – die *Fünfte, Sechste* und *Siebente* – nur als eine Art Übergang zur *Achten* gesehen; auch über die Abgründe der *Dritten* geht – oder besser: marschiert – der Interpret hinweg, wenn er schreibt, »im gewaltigen Marsch der *Dritten* Symphonie, die den Einzug des Frühlings und den Sieg des Lebens über den Tod in der Natur zum Gegenstand hat«, drücke Mahler »die zukunftssichere Geschlossenheit eines Maiaufmarsches der Arbeiter aus«.[231]

Jenseits dieser österreichpatriotischen und den historischen Fortschritt feiernden Mahler-Rezeption finden sich im Exil auch zahlreiche weniger hochtrabende, stillere Bekenntnisse zu Mahler, an denen vor allem ein selbstreflexiver Zug auffallend ist. So etwa der Briefwechsel zwischen Arnold Schönberg und Olin Downes, dem Musikredakteur der *New York Times*, vom Ende des Jahres 1948. Schönberg reagierte zunächst einigermaßen empört auf Downes' Artikel über die Aufführung von Mahlers *Siebenter* unter Mitropoulos, worin der Musikjournalist die Meinung vertrat, Mahlers Musik sei vulgär und mit dem Sprichwort schloß: »Chacun à son gout«.[232] Schönberg riet Downes, die Partitur von Mahlers Symphonie zu studieren – und fügte sicherheitshalber einige Passagen daraus in Notenschrift hinzu. Zugleich aber stellte er sein eigenes Werk in einen unmittelbaren Zusammenhang mit dem Mahlers – ja er stellte sich mit seinem Werk gleichsam schützend davor, denn Downes hatte seine *Fünf Orchesterstücke* überaus positiv besprochen, und daraus folgerte nun Schönberg:

»Ich fürchte, viele Leute, die die beiden Besprechungen lesen, über Mahler und mich, werden sagen: Einer, der grundlos so über Mahler schreibt, wird gewiß auch mit Schoenberg unrecht haben. Ich muß mich also entweder schämen, Ihnen zu gefallen, oder es wird aufhören, für mich günstig zu sein.«[233]

Nachdem Downes Schönbergs Brief in der *New York Times* publiziert und selbst eine freundliche Antwort verfaßt hatte, schrieb nun Schönberg abermals an Downes, nun ebenfalls in freundlicherem Ton. Erstaunlich an diesem Brief aber ist, daß Schönberg von der Polemik zur Selbstreflexion übergeht:

»Dann will ich gerne zugeben, daß ein anderer Grund meines Zornes der Umstand war, daß ich zwischen 1898 und 1908 in derselben Weise über Mahler gesprochen habe, wie Sie es heute tun. Das habe ich in der Folge durch Verehrung gutgemacht.«[234]

Doch Schönberg geht noch weiter und lenkt den Blick auf die unmittelbare Vergangenheit:

»Dieser Wandel entsprach meiner fortschreitenden Entwicklung während verschiedener Phasen meines Lebens, ehe ich zur Reife kam. Eine sehr charakteristische Erfahrung mag zur Illustration dienen: Zwischen 1925 und 1935 wagte ich nicht, Mahlers Musik zu lesen oder zu hören. Ich fürchtete, meine Abneigung gegen sie könnte wiederkehren. Glücklicherweise war ich so entzückt wie je, als ich eine mäßig gelungene Aufführung der *Zweiten* Symphonie in Los Angeles hörte: sie hatte nichts von ihrer Überzeugungskraft eingebüßt.«[235]

Diese Berührungsangst Schönbergs ist gewiß schwer zu deuten: Sie könnte die Differenz zwischen seiner und Mahlers Musik betreffen – genauer gesagt: zwischen verschiedenen ›Haltungen‹ im Musikalischen: die Furcht, als vulgär zu gelten, die Mahler nicht kannte, dürfte für Schönbergs Auffassung von Musik, für seine Haltung als Komponierender, doch sehr prägend gewesen sein. Vielleicht aber resultierte die seltsame Berührungsangst auch aus der unklaren Position gegenüber dem Judentum, die bei Schönberg ab Mitte der dreißiger Jahre einer gefestigten klaren Einstellung gewichen war.

Auch das Buch *The Haunting Melody* von Theodor Reik ist ein sehr persönliches Dokument des Exils, das über die Situation der Vertriebenen wie auch über die Bedeutung Mahlers für die Nachwelt mehr aussagt als alle Jubiläumsartikel der Exilpresse. Mit der Musik Mahlers dringt der bekannte psychoanalytische Autor aus dem Kreis von Sigmund Freud weit in die eigene Vergangenheit und ins eigene Unbewußte vor. Das Buch, das im deutschsprachigen Raum bis heute kaum zur Kenntnis genommen worden ist, zeigt wie kein anderes und auf unglaublich subtile Weise, welche Bedeutung Gustav Mahler für die österreichischen und deutschen Juden aus der ersten Hälfte des 20. Jahrhundert hatte – und daß diese Bedeutung in der Situation des Exils nicht nur vergrößert, sondern in ihrer gesellschaftlichen Dimension bewußt werden konnte. Reik entdeckt in seinem Mahler-Bild seine Jugend neu und die Beziehung zu seinem Vater:

»My father's high appreciation of Mahler's achievements must have contributed a good deal to my admiration of the man. Even the fact that Mahler, a Jew, had reached such a high position impressed the boy who became more and more aware of the surging waves of anti-Semitism around him.«[236]

Reik beschreibt sehr eindringlich die besondere Situation zwischen Vätern und Söhnen aus dem Judentum in der besonderen Lage zwischen Antisemitismus und Assimilation der Jahrhundertwende:

»The pattern of these fathers' pride in and ambition for their sons brought back the memory of my own father and I realized, ashamed and regretful, that he, too, had been ambitious for me, that he had hoped that I would accomplish much in life. I became aware of how little I had fulfilled his aspirations. I had become ambitious myself after my father's death and had worked hard, as if in repentance for having disappointed him, but, alas, my talent and my ego strength did not match my aspirations. Nature had not endowed me as it had Mahler, that ›man of genius‹, as Freud had called him in his letter to me, nor had it given me that singular energy and tenacity without which no man can accomplish great things in his life. [...] My interest in Mahler's work later on in life had thus an historical basis, for it was founded on those early impressions of my boyhood. The emotional aspect of my fascination with Mahler's figure is, of course, founded on the high esteem I had for the opinion of my father and on the unconscious effects his convictions had upon me as a boy. Without knowing it, I carried within myself the germs of certain ways he had of looking at life, of his Weltanschauung. He had admired and praised Mahler, and this artist whose field of work and interests were so alien to me had become an object of my preoccupation in thought. In the boy of ten or eleven there must have lived an unconscious wish likewise to accomplish much and to deserve such approval and high appreciation from his father. This wish had remained dormant through many years, and when it became conscious my father had passed away and could not even see that I worked hard and wanted to satisfy his ambition for me. My father died in 1906. I heard Mahler's *Second* Symphony for the first time the next year, and it could not be accidental that that chorale with its expression of highest aspirations stirred me so deeply. As little accidental as the strange fact that this same chorale haunted me so many days after the death of Dr. Abraham. That final movement of the *Second* Symphony had more than the character of a musical composition. It was a ›clear call for me‹.«[237]

Theodor Reik wird sich im Zuge dieser Reflexionen darüber klar, warum er solange gezögert hat, das Buch über Mahler zu schreiben, das er bereits in den zwanziger Jahren geplant hatte:

»I had different reactions to the unknown agency that prevented me from working on the book on Mahler I had planned. I was sometimes outraged at the thought that I was not master of my soul and had to bow to the forbidding power, sometime I was ready to resign myself to the inhibition and to give up the writing of the study, and finally I decided to wait until the enemy should unmask himself. This waiting time was spent in writing a number of books which had nothing to do with Mahler and with the subject of the haunting melody and in collecting biographical material for the projected study on the composer. (How right was Freud in stating that human beings are really unable to keep their thoughts secret! I had kept my friends in the dark about the plan to write a book on Mahler, but there is no book published by me since 1925 in which the name of this composer is not mentioned in some context.)«[238]

Reiks Buch über Mahler verwandelt sich in diesem letzten Kapitel in eine kleine, psychoanalytische Selbstbiographie – getragen von der Stimmung der Resignation und des Abschiednehmens. Nicht der Finalsatz der *Zweiten* klingt zuletzt an, sondern der Abschied aus dem *Lied von der Erde* und die *Neunte*:

»I am smiling at the memory of how ambitious I was when I was twenty-one, and how the waves of my aspirations have been reduced to an almost imperceptible ripple in the meantime of forty-four years. That habit of comparison with great men accompanied me for several years, and a trace of it must have continued to live, unknown to me, far into the years of mature manhood. [...] Different thoughts and emotions which had nothing to do with the job at hand accompanied my writing. As memories crowded on me, I wondered about that stranger who had been I twenty-five years ago. ›Time, you thief!‹ I thought. ›You have stolen so many fine and intense feelings from me: that burning ambition, that eagerness to achieve something remarkable, the power of love and the force of hate! What did you make of my life?‹ [...] Yet looking back I have to admit that juvenile thirst for fame, that foolish hope, was one of the leitmotifs of my life. As a melody is born from germinal phrases and foliates and develops in response to the life force within them, thus that intense drive originated in early impressions, became an organic entity whose inner power made itself felt until it receded with old age. It was not accidental that that melody from the *Second* Symphony had once haunted me. While writing this book, I heard from time to time with the inner ear themes from Mahler's songs and symphonies. They were the accompanying music to my march back into the past. [...] When I went farther back in my memories to early years and earlier aspirations, to the age when I went out into the world full of hopes and expectations to conquer it, I seem to hear some cuckoo calls and then the tune ›Ging heute morgen über's Feld‹ from the *First* Symphony. Many other tunes came to mind until as the last the wonderful first movement of the *Ninth* Symphony emerged, that stirring Kindertotenlied that the composer sang for himself. Emerging from these haunted grounds and arriving at the end of this study, I suddenly remember that I often daydreamed that it would become a ›great‹ book. It became nothing of the kind, only a fair contribution to the psychology of unconscious processes. Yet as such it presents a new kind of recording of those inner voices which otherwise remain mute. In revising this study, I have again followed its themes and counter-themes and their elaboration. I know the score. But, as Mahler used to say, the most important part of music is not in the notes.«[239]

# 4. Die erfolgreiche Abwehr: 1945–1959

»Aber ich kam nicht mehr nach Wien. Man lud mich zu der pompösen Wiedereröffnung der Staatsoper ein, aber ich lehnte ab. Das einzige, was mich in diesem Zusammenhang noch interessierte, war Rodins Mahler-Büste. Die Nazis hatten die Bronzebüste eingeschmolzen. Aber ich hatte noch eine Kopie. Diese schenkte ich der Oper, und sie wurde an passender Stelle im Foyer aufgestellt.

Alma Mahler-Werfel, *Mein Leben*[240]

»Vier ehemalige Oesterreicher, heute amerikanische Staatsbürger, Professor Otto Löwy, Frau Alma Mahler-Werfel, Professor Richard Schüller und der Dirigent Bruno Walter haben just zum Zeitpunkt, wo Oesterreich wieder einmal um seinen Staatsvertrag kämpft, einen Beschwerdebrief an den USA-Staatssekretär Dulles gerichtet. In diesem Schreiben drücken sie ihre tiefe Enttäuschung über die Haltung der österreichischen Regierung im Hinblick auf die jüdischen Wiedergutmachungsforderungen aus und stellen fest, daß – wie sie aus eigener Erfahrung bezeugen können – die Nazibewegung in Oesterreich nicht ausschließlich deutschen Ursprungs war, daß vielmehr ein Großteil der österreichischen Bevölkerung das Naziregime aktiv unterstützte und sich an gesetzwidrigen Handlungen beteiligte. Dieser Brief ist zweifellos als Dolchstoß in den Rücken Oesterreichs gedacht und stellt ein typisches ›Emigrantenstück‹ dar, wie wir deren schon zahlreiche zu spüren bekommen haben. Es würde uns nur interessieren, ob Mr. Dulles weiß, wie der Nationalsozialismus in Oesterreich entstanden ist. Ob ihm bekannt ist, daß zum großen Teil auch Juden daran Schuld trugen, die als marxistische Politiker, als Presse- und Kulturleute das Gefühl für Religion, Staat, Vaterland und Tradition in der österreichischen Bevölkerung herabsetzten und verspotteten und das bodenständige Leben des Volkes zu ersetzen suchten; Leute, die lange bevor sie, in die Emigration gingen, nach ihrem Wesen und ihrer Handlungsweise das waren, was wir heute unter dem Begriff ›Emigrant‹ uns vorzustellen gelernt haben.«[241]

*Wiener Montag*, 15. 2. 1954

**Der zaghafte Beginn**

Der Beginn der Zweiten Republik setzte auch für die Rezeption Gustav Mahlers einen zwiespältigen Anfang. In den letzten philharmonischen Konzerten des Dritten Reich kam unter Clemens Krauss noch das Werk des NS-Parteigängers und Philharmonikers Wilhelm Jerger, *Hymnen an den Herrn – ein Volksoratorium nach Texten deutscher Mystiker*, zur Aufführung, derselbe Dirigent leitete dann auch das erste Philharmonische nach 1945 – bezeichnenderweise mit den österreichischen Klassikern Schubert und Beethoven und – als Reverenz gegenüber der sowjetischen Besatzungsmacht – Tschaikowskis *Fünfter* Symphonie.[242]

Mahlers Musik wurde nun ebenfalls aus politischen Gründen gebraucht. Am 3. Juni 1945 dirigierte Robert Fanta Mahlers *Erste* Symphonie mit den wendigen Wiener Philharmonikern; Staatssekretär Ernst Fischer von der Kommunistischen Partei Österreichs sprach aus diesem Anlaß über die Bedeutung des Komponisten und seinen Zusammenhang mit dem »Österreichischen«, und Maria Eis gab in einem Prolog von Herta Staub ein deutlich verklärtes Porträt der Persönlichkeit des Komponisten. Der Komponist und Dirigent Robert Fanta gehörte wie Josef Krips zu jenen Musikern, die unter den Nationalsozialisten Berufsverbot hatten, da sie nach den Nürnberger Rassegesetzen keine reinen »Arier« waren, und nun nach der Befreiung wieder öffentlich auftreten durften. Fanta, am 26. 3. 1901 in Wien geboren, Schüler von Ferdinand Löwe, Clemens Krauss und Joseph Marx, war bis 1935 erster Kapellmeister und Opernchef an der Schilleroper in Hamburg. Nach der Befreiung wurde Fanta Hauptmusikreferent der Stadt Wien und war als solcher am »musikalischen Wiederaufbau« Österreichs beteiligt. 1945/46 übernahm er die Kapellmeisterschule am Konservatorium der Stadt Wien; 1947/48 unterrichtete er Partiturspiel und Instrumentation an der Wiener Musikakademie. Als Komponist hat der heute völlig vergessene Fanta u. a. eine Oper, eine Symphonie, eine Anzahl Kammermusikwerke und Lieder hinterlassen. Bei dem Preisausschreiben für eine neue österreichische Bundeshymne erhielt er unter den 1800 Einsendungen den zweiten Preis – nach Mozart!

Die *Erste Mahler*, die Fanta gewissermaßen als Konzert der Befreiung dirigierte – eine Symphonie, die zumeist einfaches, aus der Volksmusik entnommenes Themenmaterial in durchsichtiger, klarer Weise verarbeitet – bot sich für ein der Mahlerschen Symphonik entwöhntes Orchester geradezu an. In der Tageszeitung *Neues Österreich* schreibt Peter Lafite unter dem Titel »Der wiedergewonnene Gustav Mahler« nicht nur eine Eloge an den österreichischen Komponisten, er macht auch deutlich, daß das Konzert mit dieser Symphonie programmatisch für das neue demokratische Österreich stehen sollte und rechtfertigt ungewollt das NS-Regime, dem man den »nötigen Abstand« zu Mahler verdanke:

»In einem außerordentlichen Konzert öffneten die Philharmoniker zum erstenmal wieder die Grenzen in die Welt Gustav Mahlers. Es war ein denkwürdiges Ereignis im Kunstleben Wiens; denn symbolhaft bedeutete das Wiedererklingen Mahlerscher Tonsprache den endgültigen Schlußstrich unter eine wahrhaft beschämende Epoche von Unkultur, die das Werk dieses bedeutenden österreichischen Künstlers und Menschen, auch aus seiner engsten Heimat verbannen wollte … Und dann traten wir in die Tonwelt Gustav Mahlers ein – nach jahrelanger gewaltsamer Absperrung, so daß wir heute den nötigen Abstand gewonnen haben, sie gleichsam unbeeinflußt von den hitzigen Kämpfen, von den leidenschaftlichen Für und Wider, die einstmals das Werk dieses ›Sängers der Natur‹ umbrandeten, neu zu erleben. In Mahlers Herzen zehrte die große Sehnsucht eines im Weltgetümmel stehenden, vom Meteor der Arbeit ruhelos getriebenen Menschen nach der Natur, nach dem Lieblichen, Einfachen, Unkomplizierten. Auf der anderen Seite: welch monumentales Aufgebot eines virtuos beherrschten Orchesterapparates! So ist Mahlers Melodik zwar nicht von der innigen Naivität seiner großen Vorbilder Schubert und Bruckner beseelt, doch im Grunde durchaus leicht zugänglich. Der volksliedhafte Ausdruck seiner Themen sucht die Allgemeinheit zu gewinnen, seine österreichisch empfundenen Tanzrhythmen streben nach herber, bisweilen sogar derber Charakteristik.«[243]

Angemerkt wird in der Rezension des Konzertes, wie schwer die Aufgabe für den Dirigenten war, »das erste Mal vor einem solchen

Forum zu stehen«[244], vermieden jedoch die Frage, warum man auf Fanta zurückgegriffen hatte. Clemens Krauss war vorerst mit Dirigierverbot belegt: als ein ehemals engagierter Mahler-Dirigent hatte er sich in der NS-Ära als willfähriger, dem System dienender Künstler entpuppt (er sei, wie er selbst sagt, als »österreichischer Dirigent« 1934 in seinem Heimatland nicht akzeptiert und daher »von seinem Brudervolk zu sich gerufen«[245] worden). Ob Krauss nun, wenn das Berufsverbot ihn nicht gehindert hätte, überhaupt bereit gewesen wäre, Mahler zu dirigieren, darf bezweifelt werden, da er nach 1945 das Interesse an den Werken dieses Komponisten offenkundig weitgehend verloren hatte.[246] In Wien dirigierte er nur mehr ein einziges Mahler-Konzert.

1945 wurden noch die *Zweite* und die *Dritte* sowie das *Lied von der Erde* geboten. Mit dieser kleinen Aufführungsserie war ein eindeutiges Signal des demokratischen Österreich an das Ausland verbunden; ebenso mit kleineren offiziellen Feierlichkeiten, wie der Enthüllung der Gustav-Mahler-Gedenktafel am Wiener Konzerthaus oder der (Wieder-)Aufstellung der Mahler-Büste im Jahre 1948. Die Diskussion über den Komponisten Gustav Mahler kam damit im Inland erneut in Gang – man glaubte nun endlich vorbehaltlos und offen über Mahler diskutieren zu können, da doch die Verbannung seiner Werke beendet war, die antisemitischen Attacken abgewehrt und die Antisemiten selbst ausgeschaltet waren. So meinte etwa Friedrich Wildgans – Komponist in der Tradition der Zweiten Wiener Schule und als Widerstandskämpfer von den Nazis verfolgt und verurteilt –, daß Mahler »als Komponist zu seiner Zeit ebenso über- wie unterschätzt worden ist und auch heute noch wird«.[247] Mahler wird »die unbedingte Konzessionslosigkeit, die Unkonventionalität«[248], die ihn bereits als Leiter des Wiener Opernhauses einerseits zum Schrecken nicht weniger Künstler und Orchestermusiker, andererseits aber auch zum kompromißlosen Verfechter der Werktreue werden ließ, zugesprochen, Attribute, die auch – nach Wildgans – für den Komponisten Mahler gelten:

»Dieselbe Lauterkeit und Sauberkeit seiner Auffassung des Künstlerberufes manifestiert sich in Mahlers Kompositionen, vor allem in seiner glasklaren, duftigen und durchsichtigen Instrumentationsweise, die das polyphone Stimmengefüge nachzeichnet, ohne koloristische Verunreinigung der linearen Struktur, die der Komponist in allen seinen Werken deutlich nachstrebt. Schon darin liegt eine Distanzierung von der zu seiner Zeit noch vorherrschenden Tendenz der Nachromantik, einen Schleier über jede formale und lineare Deutlichkeit zu ziehen zugunsten eines ›programmatischen Inhaltes‹, der sowohl ein Erbstück der Wagnerschen und nachwagnerschen Ära darstellte und von seinem großen Antipoden Richard Strauss bis zur letzten Möglichkeit ausgeschöpft wurde.«[249]

In der Betrachtungsweise seines symphonischen Schaffens wird in den weniger sachkundigen Kritiken jedoch gerade der Bezug zu Schubert und Bruckner aber auch der Hang zum Metaphysischen hervorgehoben, so etwa wenn behauptet wird:

»Hatte Schubert die Fackel seiner Kunst noch an der Klassik Beethovens entzündet, so gab er dieses Licht an Bruckner weiter, in dessen Werk auch Schubertsche Züge aufleuchten. Gustav Mahler hat beiden manches zu danken, er wandelt es jedoch nach dem Gesetz, nach dem er angetreten. Bruckner hatte den bergversetzenden Glauben, Mahler erschüttert durch den inbrünstigen Wunsch nach solchem Glauben. Er hat in der *Zweiten* Symphonie danach gerungen, er strebt auch in der *Dritten* auf anderen Weg nach ihm. Möge die ästhetische Seite seines Werkes noch so reich sein, sie tritt zurück gegen den ethischen, prophetischen Gehalt.«[250]

Natürlich durfte auch der Bezug zur Gegenwart nicht fehlen, denn:

»In einer Zeit unzulänglicher Wirklichkeit, ja materieller Not, wie es die gegenwärtige ist, wird das metaphysische Bedürfnis gesteigert. Um den Alltag zu vergessen, sucht man den vertrauenden Blick zu höheren Sphären, und dabei ist gerade Mahler ein richtiger Begleiter.«[251]

Die Rezension bezog sich auf das Konzert der Wiener Symphoniker mit der *Dritten* von Mahler, für die erneut der Dirigent Robert Fanta engagiert wurde.[252] Mahler diente also für kurze Zeit als österreichisches Pendant zu den nun häufig gespielten russischen bzw. sowjetischen Komponisten, deren Aufführung jahrelang – seit dem Ende des Hitler-Stalin-Paktes – so gut wie unmöglich gewesen war (Schostakowitsch, Prokofjew, …), aber auch zur gemäßigten Moderne, die nun zaghaft dem Wiener Musikpublikum wieder vorgestellt wurde. Waren mit den ersten drei Symphonien Werke, die zum Kreis der *Wunderhorn*-Lieder gehörten und also die frühe Epoche Mahlers repräsentierten, aufgeführt worden, gab man im ersten Gesellschaftskonzert der Gesellschaft der Musikfreunde im Großen Musikvereinssaal *Das Lied von der Erde* – also ein Spätwerk – unter Josef Krips mit den Wiener Symphonikern und den Solisten Rosette Anday und Anton Dermota.

Aus Anlaß der Enthüllung der Gustav-Mahler-Gedenktafel am Wiener Konzerthaus, die auf die siebenjährige Verbannung der Musik Mahlers hinwies, schrieb Luis Fürnberg im *Österreichischen Tagebuch* einen umfangreichen Essay, in dem er die offizielle staatskommunistische Sicht vertrat: Mahlers Eigenstes sei immer schon das gewesen, »was Ernst Fischer später einmal mit dem Wort vom – österreichischen Volkscharakter umschrieb.«[253] Erstaunlich ist, wieviel von der eigenen politischen Konzeption Fürnberg in Person und Weltanschauung Mahlers hineinzulegen gewillt ist:

»Seine Liebe zu Österreichs Volk und Land führte ihn dazu, den Zerfall des habsburgischen Nationalitäten-Konglomerats nicht zu bedauern [...] Weil Gustav Mahler Österreich liebte, weil er es nicht in den Salons eines reichgewordenen Bürgertums oder eines verdummten Adels suchte, erkannte er klar, daß sich ein neues wahres Österreich erst aus den Trümmern des Habsburger-Kolosses erheben würde, der es erstickte. [...] Diese, die Arbeiter sind es, für die er komponiert! Erst sie werden ihn einmal verstehen.«[254]

Andererseits übt Fürnberg eine durchaus sachliche und berechtigte Kritik an der halbherzigen Rückkehr Mahlers nach Österreich; ausgehend davon, daß Mahlers Volkstümlichkeit verkannt würde, schreibt er über die Rezeption des Werks:

»Man lasse es nur einmal ins Orchester eingehen, statt es sporadisch aufzuführen, wie um das schlechte Gewissen besserwissender Dirigenten und Konzertveranstalter zu beruhigen. Hat man seit Bruno Walters oder Zemlinskys Muster- und Meisteraufführungen jemals eine am Kontinent erlebt, die werkgetreu gewesen wäre, statt improvisiert? Und war die Wirkung der mittelmäßigsten Aufführung nicht überraschend stark, so stark, daß sich die verrosteten und in der Konvention erstarrten Kritiker den

Kopf zerbrachen über die – ›Problematik‹ des Mahlerschen Werks. Weiß man am Ende nicht, welche Hürden und Hindernisse die sogenannte Tradition und der sogenannte Konservativismus aufrichten, um ihr ›Gesichertes‹ und ›Altbewährtes‹ zu erhalten?«[255]

Doch auch der in den eigenen Reihen und von Fürnberg selbst gepflegte Volks- und Volkstümlichkeits-Begriff zählte in gewisser Weise zu jenen Hürden und Hindernissen: mit seiner Hilfe jedenfalls konnte Mahler zum Hindernis für die Rezeption der Zweiten Wiener Schule gemacht werden. So ergreift etwa Marcel Rubin in einer Glosse anläßlich der (Wieder-)Aufstellung der Mahler-Büste im Jahre 1948 die Gelegenheit, um gegen Schönberg zu polemisieren:

»Die Zwölftonmusik ist die letzte, verbissen ausgebaute Verteidigungsstellung der in die Isolierung getriebenen bürgerlichen Komponisten des 20. Jahrhunderts. Mahler aber hat keine Verteidigungsstellung bezogen. Er hat nicht nur sich selbst gesehen, nicht nur von sich und für sich geschrieben. […] Nicht wer aus der Absonderung eine Tugend macht, sondern wer sie überwindet, wird bleibende künstlerische Werte schaffen können.«[256]

In Salzburg dirigierte im August 1947 Otto Klemperer die Wiener Philharmoniker mit Werken von Purcell, Harris und der *Vierten Mahler*. Hilde Güden wirkte als Sopransolistin mit.[257] Dieses Konzert löste keinen Mahler-Boom in Salzburg aus, da sichtlich weder die Festspielleitung noch die Dirigenten ein Interesse daran hatten. Erst zwei Jahre später wurde ein weiteres Mahler-Konzert mit Bruno Walter, den Wiener Philharmonikern und den Solisten Kathleen Ferrier (Alt) und Julius Patzak (Tenor) geboten. Auf dem Programm stand neben der g-moll Symphonie von Mozart *Das Lied von der Erde*.[258] In Wien wurde der politisch unbelastete Krips nun für die Mahler-Pflege maßgebend. Im dritten Philharmonischen dirigierte er Anfang 1948 neben der *Achten Bruckner* Mahlers *Kindertotenlieder* mit Elisabeth Höngen als Solistin. Der *Neue Kurier* schrieb über die Aufführung:

»Diese erschütternden Dokumente einer einsamen und doch so von Liebe erfüllten Seele sind von einer Eigenart, die äußerlich vielleicht einfach anmutet, aber, soll sie wirklich in ihrem ganzen Reichtum enträtselt werden, viel Menschlichkeit und Zartheit voraussetzt. Geist und Sinnlichkeit des

Klanges, Wissen und hemmungsloses Gefühl sind in Mahlers Persönlichkeit zu einer Einheit gebunden, in der sich sogar Widersprüche harmonisch lösen – mit einer intuitiven Sicherheit, die aus einem begnadeten Ahnungsvermögen kommt, trifft Elisabeth Höngen den Stil dieser Lieder, Singstimme und Instrumente sind innig miteinander verflochten, in diesem Gewege findet nur Musikalität, die von einer Klugheit des Herzens kontrolliert sein muß, den richtigen Weg.«[259]

Wie diese Rezension beherrscht auch jene des Pro-Arte-Konzertes der Gesellschaft der Musikfreunde in Wien, das von den Wiener Symphonikern, Rosette Anday und Irmgard Seefried unter der Leitung von Josef Krips mit der *Zweiten* gestaltet wurde, ein sentimentaler Ton, er verhindert eine wirkliche Auseinandersetzung und erinnert darin an das Juste milieu der Musikkritik der späten zwanziger Jahre:

»Ersann Gustav Mahler seine *Erste* Symphonie als ›Sänger der Natur‹, dem der Lufthunger des Großstadtmenschen Ohr und Herz für die tausendfältigen Stimmen der Landschaft geschärft hatte, so ist sein zweites symphonisches Werk ein Spiegelbild philosophischer Gedanken vom Werden, Vergehen und Auferstehen. Heute, wo wir das riesenhafte Gesamtwerk Mahlers wieder mit der nötigen Distanz und der durch die Entfernung von hitlerischem Ungeist wiedergekehrten Objektivität und Unvoreingenommenheit betrachten können, sieht auch diese Symphonie mit ihrer bunt aneinandergereihten Szenenfolge in ihrer ganzen zwiespältigen Zerrissenheit vor uns: Hart im Raume stoßen sich einfachstes volksliedhaftes Empfinden und komplizierteste kontrapunktische Architektonik. Wertvolles und Banales, Gefühlsgesättigtes und Gekünsteltes greifen gleichsam ineinander: die Seele dieses Spätromantikers, der geradezu mit Verbissenheit nach neuen Ausdruckswerten sucht, sehnt sich zurück zur Kindheit und will zugleich die letzten Rätsel des Universums entschleiern.«[260]

Bruno Walter – Dirigentenkollege Karl Böhm bezeichnet ihn noch in den siebziger Jahren als einen »übersensiblen Juden«, der »etwas an Gustav Mahler erinnerte«[261] – kommt zum erstenmal im Mai 1948 wieder nach Österreich, vorerst ohne Mahler. In einem Konzert mit den Wiener Philharmonikern dirigiert er das *Te Deum* von Anton Bruckner und Beethovens *Neunte* und löst damit Ovationen aus. Ein gesellschaftliches Ereignis hatte stattgefunden, ein Emigrant kehrte für kurze Zeit zurück ins heimische Musikleben. In vielen Reaktionen wird Walters Auftritt geradezu zwanghaft in eine Art Absolution umgedeutet:

»Es ist, als ob sich eine Wunde geschlossen hätte, eine Wunde, an der Wien und seine Musik mehr als zehn Jahre leiden mußten: Bruno Walter, der große Künstler und große Mensch, Jahrzehnte hindurch der erste Priester auf dem Altar des österreichischen Musiklebens, stand wieder am Pult unserer Philharmoniker! Die Wiederbegegnung löste Ergriffenheit aus, bei ihm, der das zur Wahlheimat gewordene Wien trotz allem mit Brahmsscher Treue liebt, bei dem Orchester, das der hohen ethischen Reife dieses Dirigenten Welterfolge verdankt und bei all denjenigen, die den Musikvereinssaal in Erinnerung unvergeßlicher Walter-Konzerte früherer Zeiten bis zum Bersten füllten. Als Sensation begann es – mit Eintrittspreisen, Autoauffahrt und gesellschaftlicher Beteiligung, wie sie das neue Österreich bisher noch nicht erlebte – und ist ein Fest geworden, ein Fest der inneren Läuterung, der Besinnung auf die seelischen Werte der Musik, ein Fest pro foro interno. Vielleicht war es darum besonders schön, weil an diesem Abend lang ersehnter Wiedergutmachung (sic!) gleichsam der Schlußstrich unter eine erschreckende Bilanz barbarischen Ungeistes gezogen wurde.«[262]

Das zweite philharmonische Konzert war dann Mahlers *Zweiter* Symphonie gewidmet. Vorher fand im Foyer des Theater an der Wien die Enthüllung der Gustav Mahler-Büste Rodins statt, die Alma Mahler-Werfel, zum zweiten Mal (!) der Staatsoper schenkte. Führende Repräsentanten des öffentlichen Lebens und der Bürokratie waren anwesend. So wohnten der Feier Bundeskanzler Leopold Figl, Ministerialrat Egon Hilbert und Staatsoperndirektor Franz Salmhofer bei, die in ihren Ansprachen die Persönlichkeit Gustav Mahlers und seine Verdienste um die Wiener Staatsoper würdigten – der Komponist und sein Schaffen kamen nicht vor. Danach dirigierte Bruno Walter. Wieder zeigte sich in den Reaktionen die Wahrnehmung von Bruno Walters Interpretationskunst signifikant reduziert: er wird als ein Dirigent gefeiert, der, was an Mahlers Werk befremdet, so darzubieten wisse, daß es assimilierbar wäre:

»Der große Mahler-Apostel folgte dem nach Amerika gedrungenen Ruf und erfüllte mit seiner – schlechthin unübertrefflichen – Interpretation der *Zweiten* Symphonie den tieferen Sinn des Fests: der neuen Generation mit ihrem Streben nach Anti-Monumentalität, nach Einfachheit und Wahrheit des Ausdruckes, die große tragische Gestalt Gustav Mahlers, des Riesen der Jahrhundertwende, den unseren Tonraum sprengenden Klangfanatiker wieder näher zu bringen. Und es war fast so wie einst: Werk und Wiedergabe, in ihrer visionären Bildersprache von zwingender Kraft, lösten Ergriffenheit aus. Bruno Walter gelang es, die ferne liegende Welt Gustav Mahlers wieder in unsere seelische Nähe zu rücken. Der große Mahler-Dirigent kündigt sich allein schon in dem unglaublichen Kontrastreichtum der wild aufschäumenden Einleitungsfiguren der tiefen Streicher mit der darauffolgenden lyrischen E-Dur-Romantik an. Walters Expressivo trägt wie milde Sonnenstrahlen Wärme in die Herzen der Musiker. Einfach bezaubernd spielten die Philharmoniker unter solcher Leitung das Andante. Wir wissen, daß es von hier ebensoweit zu bodenständigem Heimatton wie zur überzuckerten Pseudovolkstümlichkeit ist: allein, Walter kennt die österreichische Seele wie kein zweiter und veredelt den graziösen Ländler bis in die geistige Nähe Franz Schuberts! ... Nach mehr als einem Jahrzehnt haben wir Gustav Mahlers Hauptwerk wieder einmal vollkommen gehört. Wir danken dies Bruno Walter, dem ersten Priester der Mahler-Kirche, der stürmisch gefeiert wurde.«[263]

Im Herbst 1948 unternahmen die Wiener Philharmoniker eine Tournee nach London. Wilhelm Furtwängler dirigierte einen kompletten Beethoven-Zyklus, Krips zwei Konzerte mit Mozarts *Kleiner Nachtmusik*, Mahlers *Lieder eines fahrenden Gesellen* mit Elisabeth Höngen als Solistin und Schuberts Großer C-Dur-Symphonie. Mahler war also bei diesem offiziellen Gastspiel mit repräsentativem Charakter, wenn auch nur sozusagen in zweiter Reihe, vertreten. Nach den Konzerten wurde Krips vom österreichischen Gesandten in England, Heinrich Schmid, gebeten, die Totenmaske Gustav Mahlers – die von seiner Tochter Anna Mahler gestaltet und vor den Nationalsozialisten gerettet worden war – nach Wien mitzunehmen. Bezeichnend ist, das die Überstellung nicht auf offiziellem Wege vorgenommen wurde. Wiens Bürgermeister Theodor Körner bedankte sich dann auch bei Josef Krips für die Mühe:

»Sie haben in liebenswürdiger Weise sich der Mühe unterzogen, von einer Konzerttournee aus London zurückkommend, die Totenmaske und das Totenhemd des berühmten Wiener Komponisten und Operndirektors Gustav Mahler nach Wien mitzubringen. Dadurch haben Sie die Möglichkeit geschaffen, daß diese wertvollen Reliquien, die als Widmung der Tochter Gustav Mahlers, Frau Anna Mahler-Fistoulari, den Wiener Städtischen Sammlungen zugedacht waren, auf kürzestem Wege in ihren Besitz kamen.«[264]

## Die Causa Krips

Josef Krips war ähnlich wie Robert Fanta unter dem nationalsozialistischen Regime diskriminiert worden und war dadurch prädestiniert, nach der Befreiung von diesem Regime eine wesentliche Rolle im Musikleben zu übernehmen. Als junger Kapellmeister hatte er bereits in den zwanziger Jahren in Deutschland die *Zweite, Dritte, Fünfte* und *Neunte Mahler*, das *Lied von der Erde*, die *Lieder eines fahrenden Gesellen* und die *Kindertotenlieder* dirigiert.[265] Während Josef Hadraba nach 1945 zum Orchestervorstand-Stellvertreter der Wiener Philharmoniker wurde (er gehörte auch der Entnazifizierungskommission des Orchesters an[266]), weil er die NS-Zeit hindurch mit einer Jüdin verheiratet war und mit den Kommunisten sympathisierte, öffneten sich nun auch für Krips gewisse Möglichkeiten einer Karriere. Dies sollte ihm aber später wiederum schaden, war er doch nur eine zeitlich begrenzte Leitfigur des österreichischen Musiklebens, solange nämlich, bis die »Entnazifizierten« Karl Böhm[267] und Herbert von Karajan wieder die musikalische Bühne eroberten.

Bereits im Winter 1946 wurde in Erwiderung eines Gastspiels sowjetischer Künstler eine Einladung vom Missionschef der Sowjetunion, Kisseljow, an den betont vorsichtig agierenden Krips sowie Staatsoperndirektor Franz Salmhofer ausgesprochen, in der Sowjetunion ein Gastspiel zu geben, die Krips mit der Begründung ablehnte: »Es ist eine große Ehre und wir wissen das zu schätzen, aber wie Sie sehen, bin ich fast jeden Tag am Dirigentenpult, ich kann unter keinen Umständen von Wien weg«.[268] Vierzehn Tage später wurde ihm von der Operndirektion telefonisch mitgeteilt, daß Bundeskanzler Leopold Figl angerufen und gesagt habe, »der Krips muß nach Rußland fahren und dirigieren. Es kommt jetzt der erste österreichische Gesandte nach Rußland und in sechs Wochen ist die erste Staatsvertragsverhandlung. Es ist sehr wichtig, daß man da vorher den Boden günstig macht mit Wiener Musik.«[269] Krips dirigierte als musikalischer Botschafter Österreichs sieben Konzerte mit fünf Programmen in der sowjetischen Hauptstadt, die unter breiter Anteilnahme des musikalischen Lebens Moskaus erfolgten. Auf den Programmen standen Symphonien von Beethoven und Bruckner, Werke von Johann Strauß und solche sowjetischer Komponisten, die ihr Interesse durch ihre Anwesenheit – beispielsweise Aram Chatschaturjan – oder brieflich – Dmitri Schostakowitsch[270] – bekundeten. Besonders das Johann Strauß-Konzert wurde heftig akklamiert. Drei Konzerte mit den Leningrader Philharmonikern beschlossen das UdSSR-Gastspiel, das seinen offiziellen Abschluß in einem festlichen Empfang fand, an dem führende Persönlichkeiten des sowjetischen Musiklebens, Vertreter des Außenministeriums und der Gesandte in Moskau, Norbert Bischoff, teilnahmen. Nicht umsonst stellte Krips fest:

»Meine Rußland-Tournee bedeutete nicht nur einen künstlerischen und persönlichen, sondern vor allem einen österreichischen Erfolg. Ich wurde in Moskau wie in Leningrad mit großen Ehren empfangen, über alle Erwartungen gefeiert und als Repräsentant österreichischer Geistigkeit immer wieder in den Mittelpunkt kultureller Anlässe gestellt. Eine Leningrader Zeitung begrüßte mich als ›erste Schwalbe‹ eines kommenden Frühlings der Völkerverständigung. Diese ganze Tour hatte den Sinn erfüllt, die erste Staatsvertragsverhandlung vorzubereiten.«[271]

Allein, diese Mission für Österreich wurde Krips in bestimmten Kreisen negativ ausgelegt – er wurde als der Kommunistischen Partei Österreichs zugehörig denunziert. Bei einer Aufführung von *Othello* im Theater an der Wien, die Krips im November 1946 leitete, kam es nicht nur zu antisowjetischen, sondern auch antisemitischen Kundgebungen gegen Krips, die sich anläßlich einer Staatsopernaufführung – »Auf nach Moskau! Auf nach Jerusalem!«[272] – wiederholten. Dabei war es gerade Krips gewesen, der sich – wie er selbst bekennt – für »eine loyale, tolerante Haltung gegenüber den Nazimitgliedern der Philharmoniker eingesetzt hat. Das ist der Lohn!«[273]

In einem philharmonischen Abonnementkonzert dirigierte Krips die – wahrscheinlich ›politisch‹ erwünschte – österreichische Erstaufführung der *Fünften* von Schostakowitsch, dem nun gerne eine Affinität zu Mahlers Symphonik nachgesagt wurde – »jener derbe Volkston (Alegretto), dessen Heimat auch jenseits unserer Ennsbrücke gesucht werden kann, erinnert bisweilen an Gustav Mahlersche Eigenart«[274]. Bereits einige Jahre später ist der Dirigent im Wiener Musikleben de facto von Karajan und Böhm ausgebootet – und auch der Mahler-Aufschwung hat ein Ende. Die Normalität ist scheinbar sehr rasch wieder in Wiens Musikleben eingekehrt.

Krips, der mittlerweile international reüssiert hat, begibt sich auf eine Konzertreise, die ihn zu Dirigaten mit dem Chicago Symphony Orchestra – das erste Auftreten eines österreichischen Dirigenten in den USA nach dem Zweiten Weltkrieg – führen. Er erhält das obligate amerikanische Visum in Wien[275], wird aber am Flughafen in New York an der Einreise in die USA gehindert, inhaftiert und nach Ellis Island gebracht:

»Wie Verbrecher wurden wir nach Ellis Island gebracht. Ich mußte in einem Raum zusammen mit sechzig anderen Männern schlafen; meine Frau mit vier anderen Damen in einem Zimmer. Das Besteck war am Tisch angekettet, Messer gab es gar keine, wie in einem richtigen Gefängnis.«[276]

Am nächsten Morgen fliegt er gezwungenermaßen aus der amerikanischen Metropole ab. Für Krips »gab es nur eine Erklärung: meine seinerzeitige Tournee nach Rußland«[277] – womit er nicht falsch lag. Auch für die Salzburger *Volkszeitung* lagen die Gründe auf der Hand:

»Krips hat die Philharmoniker auf Tourneen nach ganz Westeuropa gebracht. Er ist in England sehr populär, seine Schallplatten sind hier wohlbekannt. Er hat in Rußland 1947 unter den Auspizien der österreichischen Regierung dirigiert. Mangels einer Erklärung der Einwanderungsbehörden muß man annehmen, daß dies das Hindernis gegen seine Zulassung war.«[278]

Die Affäre nahm nun eine unangenehme Wendung. Die Tageszeitung *Die Presse*, der eine Regierungsnähe nachgesagt wurde, vermeldete am 21. Juli:

»Zu der Behauptung Prof. Krips', er sei 1947 im Auftrage des Bundeskanzlers auf Konzertreise nach Rußland gegangen, wird von zuständiger Seite erklärt, daß dies nicht der Fall war, der Kanzler habe bloß seine Zustimmung gegeben. Im Zusammenhang mit der ganzen Affäre ist erwähnenswert, daß Krips die Resolution des kommunistischen Friedensrates unterzeichnet hat, was vielleicht in der Angelegenheit eine gewisse Rolle gespielt haben mag.«[279]

Nachdem *Die Presse* diese Meldung gebracht hatte, erschien in der *Kleinen Chronik* dieser Tageszeitung Monate später, am 8. September, die Mitteilung, daß Krips entgegen mehrfach verbreiteten Behauptungen niemals einen der kommunistischen Friedensappelle unterzeichnet hatte. Mittlerweile ging Krips in die Offensive und richtete einen Brief an den amerikanischen Präsidenten Truman, in dem er den Sachverhalt darstellte und übersandte eine Abschrift des Appells an Figl. Dieser empfing zwar Krips zu einem Gespräch, reagierte allerdings allergisch in der Causa. In Krips' Erinnerung entwickelte sich nachfolgender Dialog zwischen ihm und Figl:

»›Aber Herr Kanzler, ich wollte doch die Einladung nach Rußland gar nicht annehmen und bin nur auf Ihren ausdrücklichen Wunsch hingefahren.‹ Daraufhin erwiderte Figl: ›Damals waren ganz andere Zeiten.‹ Ich fragte: ›Auf meinem Rücken, Herr Kanzler?‹ Er aber sagte: ›Ich werde jedenfalls dem Präsidenten Truman ein Telegramm senden, daß Ihre Angaben nicht auf Wahrheit beruhen.‹ Worauf ich nur mehr sagte: ›Herr Kanzler, darf ich mich jetzt zurückziehen?‹ Und er: ›Ich will nichts mehr von dieser Sache hören. Sie dirigieren jetzt alle Ihre Aufführungen, als wenn nichts gewesen wäre.‹«[280]

Für Krips war damit konsequenterweise ein Schlußstrich zu ziehen:

»In dem Moment wußte ich aber, daß ich die Wiener Oper und Österreich verlassen werde. Ich war härter getroffen als durch die bösesten Erfahrungen der Zeit von 1938 bis 1945.«[281]

Tatsache ist, daß aufgrund von als streng vertraulich klassifizierten Akten des Bundeskanzleramtes (Auswärtige Angelegenheiten) der Schluß zulässig ist, daß von Figl falsch gespielt wurde. Eine vorbereitete Protestnote der österreichischen Gesandtschaft wurde zurückgezogen und durch ein Aide Memoire zu Krips' Brief an Truman ersetzt. Der Grund: Wie vermutet, war es das von Figl gewünschte Gastspiel in der Sowjetunion, wodurch Krips sowohl in Washington als auch in Wien als kommunistischer Sympathisant denunziert wurde.[282]

Unbeschadet dessen setzte sich Krips als eine Art Kulturbotschafter Österreichs auch weiterhin und unaufgefordert für Mahler im Ausland ein[283] – so bei einem Konzert mit der *Zweiten* im Jahre 1952, das die UNESCO zu Ehren der Internationalen Menschenrechtsdeklaration veranstaltete.[284] Krips focht schließlich, als er 1974 in Genf starb, auch seinen Todeskampf mit Mahler aus, wie Harriette Krips berichtet:

»In der Früh kam er nochmals zu Bewußtsein und sah der Arztvisite wortlos mit düsterem Blick nach. Dann verlangte er nach Mahlers *Auferstehungs-Symphonie*, konnte aber den ersten Satz nicht ertragen: ›Ich höre den Tod marschieren‹ … Dann wieder mit aufgehelltem Gesicht: ›Bitte, spiel‹ mir den zweiten Satz, der ist so wienerisch.‹«[285]

In der folgenden Nacht starb Krips.

## Der ausbleibende Erfolg

Was aus verschiedenen Gründen als zaghafte Rezeption des Mahlerschen Werkes nach 1945 begann, entwickelte sich in der Folge nicht zu einer wirklichen Mahler-Renaissance. Willem Mengelberg soll während der Jahre 1938–1945 bei Proben mit den Wiener Philharmonikern gesagt haben: »Sie werden noch oft Mahler spielen«[286] – allein die Prophezeiung trat erst viele Jahrzehnte später ein. Sowohl die Konzertagenturen wie die Medien übten noch immer Zurückhaltung, die kulturpolitische Notwendigkeit, Mahler aufzuführen, wechselte, wie der Fall Krips zeigt. Das Publikum, von dem die Rezeption Mahlerscher Musik in den zwanziger und dreißiger Jahren getragen worden war, hatte zu keinem geringen Teil aus Menschen jüdischer Herkunft bestanden – sie wurden nach 1938 vernichtet oder vertrieben. Nur wenige kehrten nach 1945 zurück. Das Konzertpublikum aber, das aus dem Dritten Reich hervorgegangen war, stand den Symphonien Mahlers nach wie vor ablehnend oder zumindest reserviert gegenüber. Die Schallplattenindustrie förderte Mahler ebenfalls nicht – für sie bedeuteten zu diesem Zeitpunkt Produktionen seines symphonischen Werkes ein erhebliches finanzielles Risiko, das sie nicht bereit war, einzugehen. So war 1951 bloß eine Symphonie im Schallplattenhandel erhältlich, drei weitere konnten nur direkt über die Schallplattenfirmen bezogen werden, erst 1956 konnte jede Symphonie auf Tonträger käuflich erworben werden.[287] Auch die Dirigenten der philharmonischen Konzerte, deren Vorschläge in der Regel vom Orchester übernommen werden, hatten sichtlich an Mahler wenig Interesse. Zudem zeigt die Durchsicht der aufgeführten Symphonien, daß in den ersten Jahren nach 1945 vorwiegend das Frühwerk gespielt wurde. Wenn das spätere Werk überhaupt Eingang fand, stieß es – mit Ausnahme des *Liedes von der Erde* und der *Achten* – meist auf Ablehnung.[288]

Im Juni 1949 dirigierte der Exilant Karl Rankl ein Werk des Exilanten Egon Wellesz – *Zweite* Symphonie Es-dur, op. 65 – und als Hauptwerk *Das Lied von der Erde*, wobei in den Kritiken Analogien zwischen den aufgeführten Werken hergestellt wurden. Dem dritten Satz der Symphonie von Wellesz attestierte man etwas entschieden »Mahlerisches« ebenso wie dem das Finale beherrschenden plastischen Motivwechsel zwischen Streichern und Bläsern.[289] Im April 1950 wurde Paul Kletzki eingeladen, eine Mahler-Symphonie – die *Erste* – mit den Wiener Symphonikern zu realisieren. Kletzki hatte es sich zur Aufgabe gesetzt, für ihn wichtige Komponisten an Orten durchzusetzen, wo sie noch auf Ablehnung stießen, und darum auch zahlreiche Ur- und Erstaufführungen dirigiert;[290] nun versuchte er dies offenkundig in Wien mit Mahler.[291]

Etwas skurril mutet die Tatsache an, daß man 1950 den 68. Geburtstag von Joseph Marx mit einem eigenen außerordentlichen Festkonzert feierte, bei dem ihm zu Ehren der Liederzyklus für Singstimme und Orchester *Verklärtes Jahr* erklang. Das Hauptwerk war allerdings Mahlers *Lied von der Erde* – von Josef Krips und den Wiener Symphonikern gestaltet. »Das Publikum zeigte volles Verständnis für dieses einmalige Ereignis und feierte zugleich mit den Interpreten den Nestor der heimischen Tonkunst.«[292] Die Mahler-Interpretation von Krips wurde nebstbei als »eine großartige, hochbefriedigende Darstellung«[293] gewürdigt:

»Krips ist in der Befolgung originaler dynamischer Angaben und Tempovorschriften weniger orthodox als die Mehrzahl seiner Kollegen: er überschreitet jedoch nie das dem Interpreten gesetzte Limit und sorgt für eine nicht dem Buchstaben, sondern dem Sinn nach getreue Wiedergabe. Was aber seine Mahler-Interpretation so lebendig, so natürlich erscheinen läßt, ist sein intensives Nachzeichnen der melodischen Phrase. Man spürt, daß er innerlich mitsingt, daß jede Nuance des Vortrages in seinem Innern geboren wird und organisch ausschwingt.«[294]

Im April 1951 erklang endlich Mahlers monumentalstes Werk, die »DeMille-artige«[295] *Achte*, interpretiert von Hermann Scherchen, ebenfalls einem Exilanten, und den Wiener Symphonikern. Das Konzert fand eineinhalb Jahrzehnte nach der letzten Aufführung dieser Symphonie in Wien statt. Begleitet wurde das Orchester durch einen Verband von fünf Wiener Chorvereinigungen (Singakademie, Kammerchor, Volksoper, Schubertbund, Sängerknaben), Rosette Anday und Julius Patzak, bereits Mahler-erprobt, sangen zusammen mit Elsa Maria Mathei und Hilde Zadek (Sopran), Georgine Milinkovic (Alt), Hans Braun (Bariton) und Oskar Czerwenka (Baß), Franz Scholz saß an der Orgel. Kurt Blaukopf, aus dem Exil in Palästina zurückgekehrt, sprach in seiner Rezension des Konzertes schließlich mehr als berechtigte Forderungen aus, von denen die meisten nicht erfüllt wurden:

»Es wäre zu wünschen, daß […] die Konzerthausgesellschaft sich um eine Wiederholung aus diesem Anlaß bemüht; die Veranstalter der Wiener Festwochen sich dieser Symphonie annehmen; die Gesellschaft der Musikfreunde sich zum Mahler-Jubiläum der übrigen neun Symphonien erinnert; die Bundestheaterverwaltung und die Operndirektion das 1948 bei der Aufstellung der Mahler-Büste in Gegenwart Bruno Walters gegebene Versprechen einlösen und eine großangelegte Wiener Mahler-Feier ermöglichen.«[296]

Peter Lafite hingegen gab in seiner Kritik wohl der vorherrschenden Meinung die Stimme, wenn er meinte:

»Die unerreichte artistische Verfeinerung in Mahlers Handschrift, deren Tragik darin liegt, daß ihre klar und allzu plane diatonische Grundhaltung nach einer Inspiration von höherer ethischer Kraft verlangen würde, erregt nach wie vor Bewunderung. Jedoch darf nicht übersehen werden, daß sich die Diskrepanz zwischen dem ungeheuren Apparat der Symphonie der Tausend und ihrer menschlich-künstlerischen Erlebniswirkung um Entscheidendes vergrößert hat. Denn erst in seinem schmerzlichen Abgesang dem *Lied von der Erde* hat Mahler wirklich jene echten ergreifenden, von jeder materialistischen Übersteigerung abgewandten Töne gefunden, die über Zeit und Raum reichen werden.«[297]

Im Mai 1951 wurde eine Feier zum 40. Todestag Gustav Mahlers veranstaltet – getragen von einer New Yorker Schallplattenfirma, den Wiener Symphonikern und einem Gastdirigenten. Nichts dazu beigetragen hatte, die Bundestheaterverwaltung und die Wiener Staatsoper, deren Direktor Gustav Mahler immerhin einmal gewesen war, das Unterrichtsministerium und das Kulturamt der Stadt Wien. Otto Klemperer, Mahler-Enthusiast seit Jugendtagen, dirigierte das Konzert, zu dem Kurt Blaukopf meinte:

»Das ist nachschaffende Kunst im echten Sinn des Wortes. Jeder Ziegel zum Monumentalbau des ersten Satzes ist im Feuer der Leidenschaft gebrannt und fügt sich nach dem Meisterplan zum Ganzen. Das Anmutige, das Skurrile, das Romantisch-Naive der Mittelsätze ist so volksliedhaft echt dargestellt, daß auch die ewigen Skeptiker für Mahler gewonnen werden. Im letzten Satz gelingt es Klemperer, das Erblühen des Lebens aus dem Tod, die Auferstehung des Chors aus der Resignation des Orchesters so vollendet zu gestalten, daß wir an einen Vergleich mit Bruno Walters meisterlicher Interpretation gar nicht denken. Klemperer ist in seiner härteren, körnigen, elementaren Art neben Walter ein durchaus gleichberechtigter Apostel des Mahler-Glaubens.«[298]

Auch bei den Salzburger Festspielen wurde Mahler in diesem kleinen Gedenkjahr gespielt: Wilhelm Furtwängler persönlich leitete eine Aufführung der *Lieder eines fahrenden Gesellen*, Dietrich Fischer-Dieskau sang. Das Hauptwerk war allerdings die *Fünfte Bruckner*.[299] Furtwängler dirigierte jenes Mahler-Werk auch ein Jahr später in Wien – diesmal umschlossen von Beethovens *Erster* und *Dritter*.[300]

Manche Dirigenten kamen nun geradezu periodisch mit einem

Mahler-Gastspiel nach Wien. Zu ihnen gehörte der bereits erwähnte Paul Kletzki, der im Mai und Dezember 1951 Aufführungen der *Vierten* und des *Liedes von der Erde* leitete,[301] aber auch Bruno Walter, der im Mai 1952 eine Aufführung des *Liedes von der Erde* dirigierte, die vom Wiener Publikum begeistert aufgenommen wurde. Der Rezensent Rudolf Klein vermeldete:

»Im hellen Jubel der Begeisterung, die Bruno Walter und seinen Künstlern entgegenschlug, ist der zartere Nachklang erlebter Schönheit nicht untergegangen, der noch lange Zeit unser Fühlen und Denken, selbst unser Handeln und Wollen bestimmen wird. Dieses stille Glück, das uns dauerhafter als das Erlebnis selbst erhalten blieb, ist es nicht Ziel und Zweck jeder Kunst? Vielleicht ist gerade Mahlers *Lied von der Erde* wie kein zweites Werk geeignet, uns am Anfang festlicher Wochen, in deren Rahmen Musik der verschiedensten Epochen der verschiedensten Länder erklingen wird, als Motto zu dienen: nicht auf die Sprache kommt es an, in der zu uns gesprochen wird, sondern darauf, was man uns zu sagen hat.«[302]

Am entschiedensten und kontinuierlichsten setzte sich in diesen Jahren vermutlich Rafael Kubelik in Wien für Mahler ein. Im August 1952 dirigierte er – der sich nach den Worten von Otto Strasser »mit einer an Leidenschaft grenzenden Hingabe der Musik Gustav Mahlers«[303] widmete – die *Fünfte* in Salzburg und bewies damit sein Engagement für Mahler fernab der üblichen Präferenz für die beliebten Symphonien, zu denen die *Fünfte* eben nicht zählte.[304] 1955 wählte er für ein Philharmonisches Konzert Mahlers *Erste* aus. Die Kritik schrieb:

»Und das Finale ist musikalischer Ausdruck seelischer Zerissenheit, ein symphonisches Seelendrama. In diese mannigfaltigen Abläufe, die von romantisch-naturhafter Empfindung bis zu expressionistisch-aufwühlender Tragik reichen, vertiefte sich Kubelik, dem wir es danken, daß er uns aufs neue Vertrauen in die Kunst Mahlers eingeflößt hat. Er musiziert und musiziert, freudig und leidbewegt, unproblematisch und doch tief erfassend. Und wie von fern klingt der Rhythmus der neuen Zeit in dieser Interpretation schon mit Kubelik, unter dessen Leitung die Wiener Philharmoniker ihr Bestes geben, trägt das Erbe der Großen vor ihm weiter. Wir erwarten aber von ihm auch immer mehr Neues. Vielleicht wird er Tradition und Gegenwart fruchtbringend auf philharmonischer Basis zusammenführen.«[305]

Die Philharmoniker jedoch waren nicht durchwegs bereit, für Mahler ihr Bestes zu geben. Dies mußte Kubelik bei den Proben gerade zur *Ersten* erfahren. Manche unter ihnen waren, wie Ernst Scheit, damals ein junges Mitglied des Orchesters, bekundet, »nicht sehr eingenommen für Mahler. Es hat sich so geäußert, daß sie abfällig gesprochen haben: Das sei eine gestohlene, abgeschriebene, teilweise abgeschriebene Musik. Mich hat es immer gewundert, z. B. bei der *Ersten Mahler*, daß sie so dagegen waren. Mir hat es gefallen – und den jüngeren Kollegen auch.«[306] Kubelik hatte »das Gefühl, das Orchester war nicht ganz bei der Sache […] Soweit ich mich erinnern kann, im ersten Satz, bei einer Geigenstelle. Kubelik hat sogar geschimpft, er sagte ungefähr: die Wiener Philharmoniker werden noch einmal froh sein, wenn sie Mahler spielen können. […] Vielleicht ist das auch politisch bedingt gewesen […] Sie wollten diese Musik nicht. Wie schon erwähnt, es wurde gesagt, Mahler habe von jedem etwas abgeschrieben, einige Takte.«[307] Und bei der Frage: »Hat man auch gesagt, daß die Musik ›übertrieben‹ sei?«, erinnert sich Ernst Scheit: »Ja, übertrieben und typisch jüdisch.«[308]

In der offiziellen ›Philharmoniker-Literatur‹ lautet das Urteil über die Zusammenarbeit mit Kubelik natürlich anders. Otto Strasser, ehemaliger Vorstand des Orchesters:

»Kubelik, ein grundgütiger und für den Musikerstand vielleicht zu gütiger Idealist [sic!], hatte zugleich etwas vom Wesen Bruno Walters und Wilhelm Furtwänglers in sich. Er versuchte, uns, gleich Walter, durch Überzeugung und niemals durch Autorität zu lenken, und schon seine Dirigiergebärde hatte etwas Verbindliches, niemals schroff Befehlendes an sich. Er sprach uns in den Proben mit ›liebe Freunde‹ an, und oft meinte ich, daß etwas mehr Strenge uns allen gut getan hätte. Ich hielt ihn für einen besonders empfindsamen Künstler, der in seiner Musik weniger der Brillanz als der Verinnerlichung und dem Ausdruck zustrebte. Wir sind in den folgenden Jahren oft mit ihm gereist, waren in Deutschland, der Schweiz, Holland, England und Irland, anläßlich der Wiedereröffnung der Staatsoper dirigierte er Aida, und ich wüßte eigentlich keinen Grund anzugeben, weshalb sich unsere einst so enge Bindung wieder lockerte. Zumindest als Mahler-Dirigent [sic!] müßte er uns in Wien willkommen sein.«[309]

In der umfangreichsten und gewissermaßen offiziellen Darstellung der Geschichte der Wiener Philharmoniker von Clemens Hellsberg findet sich hingegen der Name Rafael Kubelik überhaupt nur in einer Tabelle, aus der hervorgeht, daß er in den Jahren 1954-1971 11 philharmonische Abonnementkonzerte geleitet hat.[310] Der neuesten Geschichte der Wiener Philharmoniker ist dieser Dirigent, der sich zwischen Bruno Walter und Leonard Bernstein am meisten für Mahler eingesetzt hatte, keine Überlegung mehr wert.

Rafael Kubelik leitete viel später eine von der Kritik äußerst positiv aufgenommene Gesamteinspielung der Mahler-Symphonien – allerdings nicht mit den Wiener Philharmonikern, sondern mit dem Sinfonieorchester des Bayerischen Rundfunks. Seine Gedanken zu dieser Aufnahme zeigen, daß Kubeliks Mahler-Bild in vieler Hinsicht dem von Bruno Walter nahekommt:

»Mahlers Zeit ist gekommen. Es brauchte zwei Weltkriege, soziale Revolutionen und Evolutionen und daraus folgend einen noch tieferen Einblick in die Probleme der Menschen, um Mahlers Musik in ihrer ganzen philosophischen Tiefe auch breiteren Kreisen verständlich zu machen. Das Streben nach seelischen Ebenen durch Leiden ist einer der Komplexe des Musikers Gustav Mahler. Seine prophetischen Visionen, welche er uns durch seine Musik vermachte, sollen uns wie ein Strahl aus höheren Regionen in unserer Tagesarbeit helfen. Wer wird es leugnen, daß sich die heutige Stufe in der Evolution der Musik in einer bedauernswerten Unsicherheit befindet? Die Gefahr, in eine noch tiefere Stufe des Primitivismus zu sinken, ist eminent. Improvisieren scheint heute eine der großen Ausreden zu sein, ebenso wie aus dem künstlerischen Suchen, welches bei Mahler ein Credo war, eine Koketterie mit Avantgardismen geworden ist und das Amusische im Musikalischen eine Reaktion auf das natürliche Sentiment, über das man sich nicht viel Wissen zutraut, wogegen die Schreckensbedürfnisse des Nervensystems beim Konsumenten ein Imperativ für schöpferische Potenz sein soll! Als ob Mahler diese Zeit vorgeahnt hätte, schreibt er eine Musik, die uns sagen soll, wie wir unsere guten Triebe finden könnten. Alle Reize des kultivierten Klanges, aber auch das Nervenzermürbende, in die Musik integriertes Empfinden und Erleben des Menschen sind bei Mahlers Musik in Klarheit des musischen Verhältnisses zum Ego positiv erkämpft. Und da er uns zum positiven Ende führt, an das er trotz allen Leidens glaubt, und weil er so viel Liebe an die Menschheit schenkte, ist seine Zeit gekommen. Kein Wunder, daß sich die großen Grammophon-Gesellschaften endlich entschlossen haben, sein Lebenswerk auf Schallplatten aufzunehmen. Das Stereosystem macht den Komplex der Mahlerschen Musik klarer, als es bis jetzt möglich war. Die verschiedenen Ebenen seiner kontrapunktischen Instrumentation können überzeugender klingen und die Homogenität wird sogar leichter erzielt als im Konzertsaal, wo noch immer eventuelle akustisch unbefriedigende Verhältnisse im Bild verschiedenster interpostierter Klangflächen gefährliche Einbußen verursachen können. Darüber, daß ich glücklich bin, in der Zusammenarbeit mit der DGG und dem Sinfonieorchester des Bayerischen Rundfunks einen Mahlerzyklus aufbauen zu dürfen, brauche ich keine Worte zu verlieren.«[311]

1955 dirigierte Otto Klemperer erneut die Wiener Symphoniker – wieder mit dem Schwerpunkt Mahler, diesmal mit der *Vierten*. Diese Symphonie mit Sopransolo und Worten aus *Des Knaben Wunderhorn* ist eine der populärsten des Komponisten. Ihre Aufführung erfordert weniger Aufwand als die der anderen Symphonien. Joseph Marx, der nun für die *Wiener Zeitung* schrieb und dem heute noch eine »beispielgebende Einstellung als Kritiker«[312] zuerkannt wird, beweist in seiner Kritik dieser Aufführung abermals, wie eng sein Musikverstand disponiert ist:

»Beinahe könnte man Mahler einen Klassiker nennen, trotz der Unausgeglichenheit seines Werkes, der grotesken Gegensätze und allzu freien Form, der Seltsamkeit und stellenweise mangelnden Selbständigkeit der Erfindung, allzu persönlichem Gebrauch sämtlicher künstlerischen Mittel. Ein hohes Lob, das ihn neben Klassiker stellt, gilt seiner Ehrlichkeit, Reinheit der Gesinnung, seinem Ideenflug, seinem ernsten Streben nach Gipfelleistungen auch seiner hochentwickelten Kompositions- und Instrumentationstechnik, die ihn nie dazu verleitet, damit zu prunken, durch besondere Effekte, Farbmischungen, kontrapunktische Kuriosa zu verblüffen. Man wird in seinen Stücken vergeblich nach Stellen suchen, wo er den Hörer blenden, Neues um jeden Preis machen will. Im Gegenteil! Wenn es seiner Absicht entspricht, verwendet er Volkstümliches, Allzuvolkstümliches, übertreibt sentimental im Ausdruck, spielt mit Gegensätzen, wie wir sie nur in der Oper kennen und lieben dürfen. In der *Vierten* ist sozusagen der ganze Mahler beisammen, wie er leibt und lebt, wie es eine irgendwie absonderliche Begabung beschert: exotisches Figurenwerk mit Schlagzeug, etwas Kinderlied, blökende Holzbläser, geistreiche Stimmigkeit, Orgel- und

Himmelsklang im Orchester, Lied und skurile Episoden, in denen der Tod aufzuspielen scheint. Ein Dirigent findet in dem seltsamen Durcheinander von Stilen, Absichten, Phantastereien dankbare Aufgaben.«[313]

Wie in seinen Rezensionen aus den zwanziger Jahren ist Marx darum bemüht, Mahlers symphonisches Schaffen abzuwerten, indem er das Liedschaffen – einschließlich des *Liedes von der Erde* – aufwertet. 1956 schreibt er etwa über eine Aufführung des *Liedes von der Erde*:

»Wer das *Lied von der Erde* besitzt und versteht, hat den besten Mahler. Man möchte Früheres, die Symphonien, Lieder für Studien, Präludien zu dem seltsam ergreifenden Werk halten, dessen Eindruck sich seit der sensationellen Uraufführung durch Bruno Walter nicht wesentlich verändert hat. Persönliches hat eben Bestand: eine Gefühlswelt, die sich ebenso ins Ekstatische steigert wie den schlichten Volkston aufsucht, lieblich kommt und fratzenhaft, hohe helle grelle Klänge liebt und gleich wieder Poetisches in Tönen nachdichtet. Was immer wieder fesselt: der leidende Mensch, der sein Leben erzählt. Drei Hauptteile des *Liedes von der Erde*: der erste die Tragik des Daseins kündend, der graziös kokette Musikpavillon, Pentatonik spielerisch verwendet, und der tief ergreifende letzte Satz mit einem Abschiedsgruß an die schöne Erde, an Tiefe der Empfindung mit dem dritten Satz von Bruckners *Neunter* vergleichbar.«[314]

Die Wiener Kritikerszene war in Sachen Mahler weiterhin in zwei Lager geteilt und damit ergab sich eine ähnliche Situation wie in der Ersten Republik, allerdings war das Lager der bedingungslosen Mahler-Verehrer nun wesentlich kleiner geworden, während die Mahler-Gegner bedeutenden Zulauf bekommen hatten.[315] War bei einem Teil der Rezensenten wenigstens das Bemühen vorhanden, dem Mahlerschen Werk durch eine einigermaßen sachkundige Kritik zu entsprechen, kann dies von Joseph Marx und Norbert Tschulik kaum gesagt werden. 1955 gastierte erneut Bruno Walter in einem Philharmonischen mit Mozarts *Prager Symphonie* und einem Mahler-Schwerpunkt: *Drei Gesängen* aus der letzten Schaffensperiode und der *Vierten*. Tschulik schreibt:

»Leider waren die weiteren Programmpunkte, Gustav Mahlers ›Drei Gesänge aus der letzten Schaffensperiode‹ und seine Vierte Symphonie, infolge ihrer banalen Volkstümlichkeit nicht in der Lage, von sich aus etwas zum Erfolg beizutragen. Bruno Walter widmet sich der Musik Mahlers, deren ernsthaft zu nehmendes Streben und kompositionstechnische Bedeutsamkeit nicht geleugnet werden soll, mit viel Liebe, mit seiner ganzen gestalterischen Kraft, das bewirkt viel, kann aber doch nicht alles bewirken. Und so zeigt es sich aufs neue, daß nicht nur rassische Vorurteile, sondern auch noch andere Dinge im Schicksal des Werkes Mahlers mitspielen. Dies hatte man ja auch bald nach 1945 feststellen können, als die freudig begrüßte Mahler-Renaissance ohne Erfolg blieb. Das *Lied von der Erde*, die *Lieder eines fahrenden Gesellen* und die *Kindertotenlieder* werden wohl bleiben, aber nicht mehr.«[316]

Bemerkenswert erscheint der Versuch, die Interpreten, die mit Mahler durch zahlreiche Aufführungen verbunden waren, gleichsam gegen den Komponisten auszuspielen:

»Der Interpretin Hilde Güdens reiner Sopran war ein Genuß zu hören. Ihr und Bruno Walters weiser Künstlerschaft galt der stürmische Dank des Publikums. Was uns aber der Dirigent an diesem Tage des Programms wegen nicht geben konnte, das erwarten wir uns für kommenden Sonntag mit Beethovens *Neunter* und Bruckners *Te Deum* in der Staatsoper.«[317]

Die Probleme Tschuliks mit Mahler kommen ebenso – wenn auch etwas gemildert – in seiner Beurteilung der *Zweiten* mit Josef Krips und den Wiener Symphonikern zum Tragen:

»Mahlers in gewaltigen Dimensionen angelegtes Werk ist ein tönendes Selbstporträt, achtunggebietend in seiner Gesamtheit. Die Tragik, die Dominante im Wesen, Leben und Wirken dieses sich in stetem Ringen, im Sturm künstlerischer Leidenschaft verzehrenden Meisters, stellt auch in der *Zweiten* die eigentliche inspirative Kraft dar. Wo sie regiert, herrscht eine fesselnde geistige Spannung, die dem großartig instrumentierten, in eine feste Form gegossenen Werk alle Merkmale eines Ereignisses aufprägt. Hingegen kommt die Entspannung, die Flucht aus dem Leid in die Fröhlichkeit, die ungebrochene lyrische Harmonie nicht aus dem Innersten, aus der Überzeugung.«[318]

Zunehmend erkannten jedoch zumindest einige von Tschuliks Kritikerkollegen, daß Mahler eine gewisse Bedeutung als Komponist nicht abzusprechen war. Nur zehn Tage nach Tschuliks Rezension erschien eine Besprechung von Mahlers *Vierter* unter Gustav

Koslik[319] mit dem Niederösterreichischen Tonkünstlerorchester in der *Wiener* Zeitung, die sogar die Aufführung der selten gespielten späten Symphonien Mahlers einforderte:

»Man spürte deutlich, wie sehr der Dirigent mit dem beachtenswerten symphonischen Oeuvre dieses ›philosophischen Meisters‹ vertraut ist, dessen *Siebente* oder *Neunte* – beide Symphonien wurden unseres Wissens seit 1945 nicht mehr gespielt – bei Dr. Koslik in guter Hut (sic!) wären.«[320]

Eine Durchsicht etwa der Konzertprogramme des Musikvereins der fünfziger Jahre zeigt, daß die Werke von Franz Schmidt, aber auch von Joseph Marx bedeutend öfter gespielt wurden als Mahlers Symphonien. Diese Komponisten stellten offenbar die ›Moderne‹ dar, wie man sie in den konservativen Kreisen des Publikums hören wollte. Mahler jedoch und mit ihm natürlich die Vertreter der Zweiten Wiener Schule ebenso wie Franz Schreker oder Alexander Zemlinsky, die so gut wie überhaupt nicht aufgeführt wurden, hatten in dieser Moderne keinen Platz. Andererseits galt Mahler in jenen Schichten des Publikums, die sich nach dem Ende des Dritten Reichs der europäischen Moderne zuwandten, und die weniger im Musikverein als im Konzerthaus beheimatet waren, als veraltet und überholt: hier galt entweder Strawinsky als Inbegriff der Avantgarde, oder eine Musik, die zwar an die Zweite Wiener Schule anknüpfte, diese jedoch gleichsam von allen spätromantischen und expressionistischen Schlacken gereinigt wissen wollte; die Musik Weberns und nicht jene Schönbergs, Bergs oder Mahlers war in dieser Hinsicht maßgebend.

Die Ignoranz gegenüber Mahler gilt insbesondere auch für die nunmehr vom österreichischen Staat und seinen Institutionen betriebene Musikpolitik: Wurde etwa ein Festkonzert für die Erhaltung des Stephansdoms gegeben wie am 30. März 1954 im Musikverein unter dem Ehrenschutz von Erzbischof Innitzer und Außenminister Figl, dann wurde Richard Wagner gespielt – ein Komponist, der im Dritten Reich geradezu vergöttert worden war; veranstaltete das Bildungsreferat des Österreichischen Gewerkschaftsbundes Konzerte, so kam Hans Pfitzners *Von deutscher Seele* (12. 3. 1954) oder

Franz Schmidts Oratorium *Das Buch mit den sieben Siegeln* (22. 10. 1954), eines der meist gespielten Werke der fünfziger Jahre, zur Aufführung.

In einem Brief an den ersten Präsidenten der 1956 in Wien gegründeten Gustav Mahler Gesellschaft, Erwin Ratz, verleiht der Verlag Bote & Bock dem in der kleinen Mahler-Gemeinde offenbar vorherrschenden Optimismus einen Dämpfer – vor allem auch in Hinblick auf Deutschland:

»Ihren Optimismus, daß es ohne Schwierigkeiten gelingen dürfte, die Musik von Gustav Mahler so populär zu machen wie bei den Sinfonien von Bruckner, muß ich nach wie vor auf das stärkste bezweifeln. Es mag sein, daß in Österreich, dem Heimatland des Komponisten, eine besondere Vorliebe besteht bzw. wiedererweckt werden kann. In Deutschland haben die vereinzelten Aufführungen der Mahler-Sinfonien bewiesen, daß es wahrscheinlich nicht gelingen dürfte, zu demselben Resultat zu kommen wie in Österreich.«[321]

Dabei war das Resultat in Österreich traurig genug.

## Erwin Ratz und die Gründung der Internationalen Gustav Mahler Gesellschaft

Es erstaunt, daß es – nach offizieller Darstellung – die Wiener Philharmoniker waren, die im Mai 1954 an Bruno Walter mit der Bitte herantraten, die Ehrenpräsidentschaft für eine zu gründende Gustav Mahler Gesellschaft zu übernehmen. Vermutlich ist die eigentliche Initiative aber von dem Schönberg-Schüler Erwin Ratz ausgegangen, der ähnlich wie Webern und Berg Mahler tief verehrte. Schon nach dem Ersten Weltkrieg war Ratz mit der Organisation von Schönbergs Verein für Privataufführungen betraut, seit den dreißiger Jahren unterstützte er die Verfolgten des Naziregimes – so trieb er etwa für seinen Freund und Schönberg-›Mitschüler‹ Hanns Eisler das Geld für die Überfahrt nach Amerika auf. Dessen Sohn, der Maler Georg Eisler, hat in wenigen Worten die geistige Physiognomie von Erwin Ratz skizziert:

»Dieser Prophet des Weltuntergangs rettete in der Zeit des Tausendjährigen Reiches nicht nur Menschenleben, er versteckte auch die Partituren und Manuskripte Hanns Eislers (was ebenfalls sehr gefährlich war) unter den immer weniger werdenden Mehlsäcken in seiner Bäckerei; denn Ratz war nicht nur Schönbergschüler und Musikwissenschaftler, sondern auch Bäkker.«[322]

Es ist wohl kein Zufall, daß sich gerade dieser Mann nach 1945 in Österreich für Mahlers Musik einsetzte – und daß er in seinem Engagement entweder allein blieb oder mit ehemaligen SS-Männern wie Helmut Wobisch, dem Vorstand der Wiener Philharmoniker, zusammenarbeiten mußte.

Nach einem für Österreich kurzen Zeitraum – nämlich eineinhalb Jahren – gelang es, die konstituierende Sitzung der Mahler-Gesellschaft abzuhalten. Walter nahm die Funktion des Ehrenpräsidenten an, Ratz wurde zum Präsidenten und wissenschaftlichen Leiter gewählt. Die beiden Vorstände der Wiener Philharmoniker, Hermann Obermeyer und Helmut Wobisch, wurden als Abgesandte des Orchesters in das Präsidium der Gesellschaft gewählt, Alma Mahler zum Ehrenmitglied ernannt. Was als Unterstützung der Wiener Philharmoniker erscheint, kann indes auch als eine Art Alibi-Handlung gesehen werden. Die großangekündigte Gesellschaft existierte in Wahrheit als wissenschaftlicher Ein-Mann-Betrieb in der Person von Erwin Ratz, der die ersten Jahre auch in dessen Privatwohnung seine Heimstatt gefunden hatte und aus Studienbibliothek und Arbeitsraum bestand. Ratz legte sein Hauptaugenmerk auf die Erarbeitung des musikalischen Werkes und nicht der Biographik – so entstand die Kritische Gesamtausgabe der Werke. Damit verbunden war die Aufgabe, Gustav Mahler einer breiteren Öffentlichkeit zu erschließen, und eine umfassende Dokumentation der Quellen und Literatur zu ermöglichen. Sektionen entstanden im Ausland, denen mitunter aus Geldmangel nur ein kurzes Leben beschieden war.[323]

Mahler-Konzerte im Wiener Musikleben waren Mitte der fünfziger Jahre nach wie vor eine Rarität. Noch 1956 erschien die folgende Betrachtung über die Rezeption des Mahlerschen Werkes, der nichts hinzuzufügen ist:

»Das Adagio aus Mahlers unvollendeter *Zehnter* Symphonie, dem musikliebenden Publikum bisher fast nur von Plattenaufnahmen bekannt, gelangte vor ausverkauftem Saal erstmalig im Rahmen eines Symphoniekonzertes zur Aufführung. Des Komponisten *Achte* Symphonie wurde unter der Leitung von Klaus Pringsheim ein sensationell-triumphaler Erfolg zuteil. Achthundert Sänger wirkten als Chor mit. Um jedem Irrtum vorzubeugen: Diese Konzerte fanden nicht etwa in Wien statt, sondern in London bzw. in Tokio. Wien hat ja schließlich durch Gewährung eines Ehrengrabes seiner Dankespflicht Mahler gegenüber Genüge geleistet – wozu noch dessen Symphonien aufführen? Im Ernst gesprochen: Die neu gegründete Gustav-Mahler-Gesellschaft wird ganze Arbeit leisten müssen, um ihren Zweck voll erfüllen zu können. Es ist zu beschämend, daß man, um Mahler zu hören, nach Berlin, Amsterdam, London und Tokio reisen müßte, während in Wien mit Ausnahme des *Liedes von der Erde* und der *Vierten* Symphonie – sie ist nicht die bedeutendste des Komponisten – das Oeuvre dieses großen Symphonikers aus den Konzertsälen verbannt ist und nur mehr in der Erinnerung der älteren Generation weiterlebt.«[324]

Die angesprochene Gesellschaft leistete auch ›ganze Arbeit‹ – allein die marginal vorhandenen Mittel gestatteten nur eine beschränkte Entwicklung. Trotzdem konnte im Tätigkeitsbericht 1957 vermerkt werden, daß 70 Tonbänder und 36 Schallplatten archiviert, 1.500 Titel bibliographisch erfaßt und 4.500 Seiten von Manuskripten beziehungsweise von Mahler korrigierten Partituren reproduziert wurden.[325]

### Exkurs: Gösta Neuwirth und das Studium der Musikwissenschaft in Wien

Kein größerer Gegensatz ist denkbar als der zwischen den Bedingungen musikwissenschaftlicher Forschung unter Guido Adler in den zwanziger Jahren und unter Erich Schenk in den fünfziger und sechziger Jahren. Schenk, 1902 in Salzburg geboren, war selbst einmal Schüler von Adler gewesen; seit 1940 war er Professor am Institut für Musikwissenschaft der Universität Wien, und in dieser Zeit wurde er auch Mitarbeiter Alfred Rosenbergs. Als er um Mithilfe für das berüchtigte *Lexikon der Juden in der Musik* gebeten wurde – nichts anderes als eine Deportationsliste des Musiklebens –, gab Schenk prompt und bereitwillig Auskunft über die fraglichen Absolventen jüdischer Herkunft an seinem Institut. Der Herausgeber bedankte sich herzlich bei dem Denunzianten und ermunterte ihn mit den Worten: »Eine genaue Durchsicht der Wiener Promoventen [!] würde wahrscheinlich noch manchen fetten Juden zu Tage fördern.«[326] Die Erfahrungen, die Gösta Neuwirth machen mußte, als er bei Schenk Musikwissenschaft studierte, sind für die kulturelle Situation nach 1945 bezeichnender als alle Publikationen aus dieser Zeit. »Es gab eine Vorgeschichte, die mich hätte warnen können – wenn ich nicht so jung gewesen wäre«, erzählt Neuwirth aus heutiger Perspektive:

»Ich erinnere mich, daß Schenk in den Einführungsvorlesungen für die ersten Semester bei den Literaturangaben für das Theoriestudium sagte, für die Formenlehre sollen wir [Karl] Blessinger lesen. Nun ist Blessinger wirklich eine der finstersten Figuren aus der Zeit der NS-Wissenschaft. Für Schenk war das offenbar überhaupt kein Problem. Ich wußte zunächst natürlich auch nichts von Blessinger. Einige Zeit darauf war ich bei Bekannten auf Besuch, sie wußten, daß ich Musikwissenschaft studierte, und drückten mir etwas verschämt ein Buch in die Hand: und zwar das Buch von Blessinger: *Das Judentum in der Musik*. Im Jahr 1955 Erstsemestrigen Blessinger als Einführungslektüre anzugeben … das ist schon bemerkenswert.«[327]

Das meiste der von Schenk damals empfohlenen Literatur, so berichtet Neuwirth, stammte

»aus der Zeit vor 1933. Der nächste Punkt, der mich skeptisch werden ließ und der mich zugleich auch verdächtig machen mußte, war folgende Geschichte: Wir Studenten mußten damals alle ›Spartieren‹ – d. h. Werke aus dem 18. Jahrhundert, die nur in einzelnen Stimmen vorhanden waren, in Form von Partituren schreiben. Und ich machte bei meiner Arbeit die Taktziffern wie in der Wiener Schule üblich – über mehrere Systeme hinunter – wie man es auch von den UE-Noten her kennt. Und ich weiß nur, als ich meine Partitur dann abgab, sagte Schenk zu mir: ›Dieses Schönberg-Zeugs mit diesen Taktziffern machen Sie bei mir nicht!‹ Ein Partiturbild, das ihn an die Schönberg-Partituren der UE erinnerte, war also unerwünscht […] Und dann gab es noch eine andere Geschichte, die sich damals ereignete. Am Institute saß jemand in der Bibliothek und laß ein Buch heimlich: d. h. er verdeckte es mit einem anderen. Ich fragte ihn, warum er das denn tue, und er sagte zu mir: ›Wenn der Laborant sieht, daß ich hier Heinrich Schenker lese, kann ich mein Studium aufgeben‹. Der Laborant war nach der Auffassung dieses Mitstudenten derjenige, der über den Assistenten bis zum ›Chef‹ weitergab, daß er das Buch eines Juden lese – und dann hätte Schenk gewußt, da ist jemand, der das Buch vom Schenker liest. Da habe ich mir dann schon gedacht, auf so eine Gestapo-Atmosphäre lasse ich mich nicht ein.«[328]

Von Erwin Ratz, seinem Lehrer an der Musikakademie, erfährt Neuwirth zudem, Schenk habe »verhindert, daß Egon Wellesz zurück nach Österreich kommen konnte. Ich konnte damals nicht richtig abschätzen, welche Bedeutung das hatte.«[329]

Neuwirth war als junger Komponist 1954 von Graz nach Wien übersiedelt. Der Grazer Landesmusikdirektor Erich Marckhl hatte ihm geraten, er solle doch nach Wien zu dem Komponisten Schiske gehen, denn mit seinen Kompositionen hätte er in Graz keine besonderen Chancen.

»Das habe ich auch gemacht und Schiske hat mich akzeptiert und hat mir auch erlaubt, mehrere Jahrgänge auf einmal zu absolvieren. Ich habe dann ein Doppelstudium begonnen – Komposition an der Musikakademie und Musikwissenschaft, Theaterwissenschaft und Musikethnologie an der Universität Wien. 1956 entschied ich mich für ein bestimmtes Dissertationsthema und zwar war das Anton Webern – aber Schenk reagierte darauf mit der Bemerkung: ›Das geht nicht‹. Ohne weiteren Kommentar. [...] Er ist – pointiert gesprochen – vor Schreck mit seinem Stuhl einen Meter weit zurückgerückt. Das war nicht möglich, mit ihm darüber zu diskutieren. Aber es kam ziemlich bald der Vorschlag von ihm: ›Schreiben Sie doch was über den *Fernen Klang* von Schreker‹. In dieser Hinsicht war zunächst kein Konflikt erkennbar, außer daß ich von mir aus merkte, daß dieses Terrain ziemlich schwierig war, da fast keine Literatur über Schreker existierte, die über das Jahr 1920 hinausreichte. Es gab auch keine Terminologie in analytischer Hinsicht für diese Art von Musik. Ich mußte mir grundsätzliche methodische Überlegungen machen, wie diese Musik am Ende der Tonalität und vor ihrer späteren Systematisierung zu analysieren sei. Ich fuhr dann im Herbst 1956 nach Berlin, um den Nachlaß Schrekers zu studieren und war überhaupt der erste, der sich um diesen Nachlaß kümmerte. Die Adresse der Witwe Schrekers, bei der sich der Nachlaß befand, erhielt ich von Walter Gmeindl, der einer der ältesten Schüler Schrekers war und zu der Zeit noch an der Musikakademie Partiturstudium unterrichtete. Ich habe dann in den darauffolgenden zwei Jahren eine Studie über Schreker geschrieben, die dann 1959 publiziert wurde. In ihr ging es darum, überhaupt einen ersten Überblick über Werk und Leben Schrekers zusammenhängend zu geben ... Dann habe ich im Winter 1961 eine Rohfassung von 100 Seiten der Dissertation abgegeben. Vorher hatte ich schon ein ausführliches Referat gehalten und da schon bemerkt, daß die Grundtendenz, die ich aus meinen analytischen Befunden entwickelt hatte – daß nämlich Schreker von seinem musikalischen Material her auf jeden Fall zur Musikgeschichte der neuen Musik gehört – daß diese Auffassung im Dissertantenseminar auf Unverständnis von Seiten Schenks und seiner Assistenten stieß. Schon der terminologische Ansatz wurde sozusagen niedergemacht: nämlich, daß Schrekers Musik zu den modalen Techniken Bartoks in Beziehung gesetzt werden könne und man mit dem traditionellen Dur-Moll, tonalfunktionalen Bezeichnungssystem an diese Musik nicht herankommt, sondern ein anderes Analysebesteck braucht. Da merkte ich dann deutlich, daß hier niemand über diese Möglichkeiten, wie man eine nicht-tonale Musik analysieren kann, Bescheid wußte. Natürlich habe ich noch etwas anderes gemacht, was schlecht ankam: ich habe eine Hypothese entwickelt, daß Schreker aus der Freudschen Traumtechnik Formkategorien für die Musik entwickelt hat; bestimmte formale Prozesse von Schreker sind dann zu verstehen, wenn man die Freudsche Traumtechnik kennt: also z. B. Bildverdoppelungen, Überblendungen, das ganze Arsenal Freuds. Das war so weit außerhalb des Horizontes dessen, was man dort verstehen konnte, daß alle überfordert waren im Dissertantenseminar. Es gab aber keinerlei Diskussion darüber. Als es dann unmittelbar um den Vortragstermin der Dissertation ging, sagte mir Schenk unter vier Augen: ›Über einen Juden können Sie bei mir nicht promovieren‹, und er fügte hinzu, daß ich nunmehr überhaupt keine Möglichkeit mehr habe, hier zu dissertieren.«[330]

Schenk hatte also zwiespältig reagiert:

»Er wollte mir etwas entgegenkommen – da ich ihm doch Webern vorgeschlagen hatte. Also er hat mich nicht ins Barock geschickt. Auf der anderen Seite gab es eine Tendenz, das merkte ich in den nächsten Jahren, Schreker als einen zu betrachten, der noch gegen die Wiener Schule ausgespielt werden konnte, der die tonalen Grundlagen während der Moderne noch aufrechterhalten hätte – Schreker also als ein etwas schlechterer Joseph Marx.«[331]

In diesem Fall hat das Judentum offenkundig keine Rolle gespielt: Schreker wurde als bloßes Mittel angesehen, um die Wiener Schule weiterhin verdrängen zu können. Hier ergibt sich eine deutliche Parallele zur Mahler-Rezeption jener Jahre. Für Neuwirth hatte der Konflikt mit Schenk unmittelbare Folgen:

»Er hat mir dann auch die Unterschrift im Studienbuch verweigert, die bestätigt, daß ich bei ihm Doktorand bin, wodurch ich automatisch beim Militär eingezogen werden konnte, da der Aufschub des Präsenzdienstes damit nicht mehr möglich war. Ich ging damals in meiner Verstörung auch zu Professor [Margret] Dietrich und sie hat versucht, sich mir gegenüber anständig zu verhalten und hat mir gesagt, sie können bei mir dissertieren – allerdings nicht über Schreker. Das war für mich eine moralisch nicht akzeptable Alternative. Es ging doch schließlich darum, daß ein Komponist, den die Nazis in den Tod gejagt haben, 1962 nicht als ›würdiger‹ Gegenstand der Forschung anerkannt wurde. Es hat damals niemand begriffen, daß es mir nicht um den Doktor ging, sondern um den Schreker.«[332]

Gösta Neuwirth ›emigrierte‹ nach Berlin und dissertierte schließlich an der Freien Universität über Schreker.

Auch über das Mahler-Verständnis seines anderen Lehrers, Erwin Ratz, kann Neuwirth einige signifikante biographische Details berichten:

»Ja, es war ein eigentümliches Verhältnis. Es gab ja bis 1960 nur wenige Mahler-Aufführungen in Wien. Ich habe da eine deutliche Erinnerung an eine Episode. Damals gab es von der *Neunten* Symphonie meines Wissens nur eine gekürzte Aufnahme von Paul Kletzki. Ratz bekam damals diese Aufnahme gerade bei einer Unterrichtsstunde in die Hand, eine Aufnahme, die er bis damals nicht kannte, und er war so neugierig, daß er sie unmittelbar nach der Unterrichtsstunde – wir Studenten hatten den Raum noch gar nicht verlassen – auf den Plattenteller legte. Gleichzeitig macht er so etwas wie eine Geste, daß er das für sich allein haben wollte. Es bedurfte also eines besonderen Anstoßes von mir, daß ich mich da auch noch hinzustellen konnte. Das heißt, Ratz war nicht darauf aus, Proselyten zu machen und zu sagen: ›Hört's ihr, da ist endlich eine Aufnahme der *Neunten* Mahler.‹ Sondern zunächst war da eine sehr privat zurücknehmende Reaktion. Das fand ich sehr bemerkenswert, wie er hier einen privaten, fast sakralen Raum herstellt. Ich weiß nicht, wie er mit Füssl umgegangen ist, der ja um nicht ganz 10 Jahre älter ist [als ich]. Aber ich war 40 Jahre jünger als Ratz und zu einer intensiven Auseinandersetzung zwischen uns ist es kaum gekommen. Ich habe natürlich von Ratz außerordentlich viel gelernt. Zugleich habe ich bemerkt – und das war typisch für diese Vertreter der Wiener Schule –, daß sie uns Zwanzigjährige, die ihre Ohren Richtung Darmstadt richteten, etwas mißtrauisch betrachteten. Ratz hat über den späten Webern nicht gesprochen und er hatte, glaube ich, zu den ästhetischen Problemen, die Webern nach der *Symphonie op. 21* stellt, keine wirklich Beziehung. [...] Aber für mich, der ich am stärksten historisch interessiert war, war die Auseinandersetzung mit Ratz außerordentlich produktiv, weil man bei ihm so etwas wie analytische Verantwortlichkeit lernen konnte. Ich habe ihn dann noch einmal Mitte der siebziger Jahre beim Mahler-Kongreß in Graz getroffen und wir hatten eine interessante Diskussion. Ich habe darauf hingewiesen, daß es bei Mahler schon in den *Liedern eines fahrenden Gesellen* musikalische Formulierungen gibt, wo der Verstoß gegen die traditionellen Satzregeln umgedeutet wird in neue formale und ästhetische Kategorien, d. h. wo Mahler bewußt Akzente oder Vorhalte auf den falschen Taktteil setzt, und damit auf einer Ebene so etwas wie einen Fehler macht – und gleichzeitig auf der anderen Ebene wird das zu einer Ausdruckskategorie. Und da hat Ratz gesagt – das ist ein schöner Satz, den habe ich mir gemerkt: ›Mahler macht keine Fehler.‹ Also diese Art von Dialektik war ihm fremd. Der Satz ist für ihn außerordentlich aufschlußreich.«[333]

Die Frontstellung Schreker/Wiener Schule, nochtonale/atonale Musik hat nach Neuwirth auch damit zu tun,

»daß sich einige der Schüler Schrekers irgendwie mit den Nazis sozusagen durchgemogelt haben, und da spielten solche Argumentationen vermutlich eine Rolle, daß eben Schreker adaptierbar wäre. Andererseits war meine Auffassung damals schon, daß sich in der Schrekerschen Musik und in den Schrekerschen Opern Elemente finden, die in einer bürgerlichen Musikauffassung sehr viel schwerer zu adaptieren sind als bestimmte Aspekte der Wiener Schule. Das heißt: bei Schreker gibt es Momente, worin der konservative Zug der Wiener Schule zum durchorganisierten und vollkommen in sich zusammenhängenden Werk aufgesprengt wird durch Montage, durch das Nebeneinander ...«[334]

Was die Frage provoziert, ob das auch für Mahler gelte, die Neuwirth bestimmt beantwortet:

»Ja, ja. Es gibt eine Linie, die von Mahler zu Schreker führt.«[335]

In Wien über einen Komponisten wie Franz Schreker ( im *Lexikon der Juden in der Musik* als »Halbjude« und Darsteller »sexueller Verirrungen« gekennzeichnet) zu dissertieren, war jedenfalls so gut wie unmöglich – es sei denn man wäre bereit gewesen, ihn gegen die Neue Musik auszuspielen.

## Mahler und die Musikgeschichte des Abendlandes

In seiner *Kleinen Wiener Musikgeschichte* aus dem Jahre 1946 beschäftigte sich Erich Schenk nur peripher mit Mahler – um schließlich ausführlich Joseph Marx zu würdigen. Schenk liefert eine Kurzeinschätzung Mahlers:

»Dem klassischen Erbe verpflichtet, was Formstrenge und Ideenvermittlung als letztes Schaffensziel anbelangt, wie durch seine Neigung zu Kontrast in Kunst und Leben, in seiner literarisch-historisierenden und dem Volkstümlichen aufgeschlossenen Haltung, in seiner extatischen Ausdruckssteigerung, vor allem auch das Gefühlsmoment gegenüber dem Verstand stärkstens betonenden Kunstgesinnung echter Romantiker, schuf Mahler einen Symphonietypus, der in Einzelheiten wohl auf bestimmte Vorbilder zurückführbar, als Ganzheit aber eine sehr persönliche Lösung des nach Wagner immer noch umstrittenen Problems der szenisch nicht gebundenen Musik bildet. Die Zentralstellung des Formalen und sein seit der *Fünften* zunehmend polyphon orientierter Stilwelle haben sich vornehmlich als zukunftsweisend bewährt wie auch Mahlers im Thematischen geradlinig unbekümmerte Musiziergesinnung.«[336]

Dabei stellt Schenk auch eine Affinität Mahlers zu Franz Schreker aber auch zu Julius Bittner fest, und ist merklich vorsichtig in seiner Bewertung:

»Bittner wurde unter Mahlers Auspizien einem unfruchtbaren Wagner-Epigonentum abgewonnen ...«[337]

So betont wohlwollend Mahler auch dargestellt wird, es fehlt in dieser flüchtigen Würdigung notwendig, was Schenk an Joseph Marx so sehr zu schätzen weiß: Treue zur Heimat.

»Mit einem imponierenden Liedwerk [...] hatte sich Marx innerhalb des vorausgehenden Halbjahrzehnts die unbestrittene Rangstellung eines berufenen Nachfolgers von Hugo Wolf errungen. [...] So repräsentiert heute Joseph Marx den österreichischen Komponistentyp der Treue gegenüber Heimat und Überlieferung und eines hohen Idealismus in Wirken und Wollen. Als der erste Weltkrieg beendigt und damit Wiens Stellung als Hauptstadt eines großen Nationalitätenstaates verlorengegangen war, erwiesen sich die ererbten Kultur- und besonders Musikwerte als wesentlicher Faktor im Besitzstand der ersten Republik. Man hat dies sofort richtig erkannt und zu nützen gewußt.«[338]

Auch in der zweiten Publikation Erich Schenks von 1946 unter dem Titel *950 Jahre Musik in Österreich* wird Mahler nur wenig Platz eingeräumt, die Charakterisierung stimmt fast wortwörtlich mit der der *Kleinen Wiener Musikgeschichte* überein.[339] Im Vergleich zu Mahler fällt die Würdigung von Joseph Marx erneut ebenso umfangreich wie unkritisch aus, wird sogar ins Emphatische gesteigert:

»1882 aber wurde zu Graz jene große Musikerpersönlichkeit geboren, die heute unbestritten an erster Stelle steht und als Lehrer im umfassenden Sinne berufen ist, der österreichischen Musik ihren Weg in eine bessere Zukunft zu weisen.[...] Hier also aufgewachsen, zuerst von der Barockwelt entflammt, eine Begeisterung, die noch durch die persönliche Begegnung mit Max Reger 1905 vertieft wurde, von den Neuromantikern Wagner-Liszt, vor allem aber von dem großen Landsmann Wolf nicht minder inspiriert wie von den Jungrussen und dem französischen Impressionismus, fand Marx nach frühen Orgel- und Orchesterschöpfungen im Lied seine von mittelmeerischer Geistesklarheit und österreichischer Gemütstiefe aufs glücklichste bestimmten Form [...] So repräsentiert heute Marx den österreichischen Komponistentypus, der bedachtsam und mit instinktsicherem Wertigkeitssinn begabt, gleichzeitig die große Überlieferung wahrt und evolutionistisch in neue Ausdrucksbezirke hinüberführt, die der Zukunft gehören.«[340]

1947 erscheint in der Reihe »Große Österreicher« der »Revag Bücherei« ein Porträt über Gustav Mahler von Helmut A. Fiechtner, das bei allem Jargon der Eigentlichkeit ein entschieden differenziertes Bild entwirft:

»Wir blicken heute, da unser Gefühl zu unterscheiden gelernt hat und unser inneres Ohr geschärft ist für das Echte und Wertvolle, aus dem Abstand einer Generation auf das Werk und die menschliche Person Gustav Mahlers. Sein Werk – zehn gewaltige Symphonien und eine große Zahl eigenartiger und schöner Lieder – war sieben Jahre lang verboten und sollte für immer ausgelöscht sein. Dies Werk gilt es, indem wir es wieder hören, als unverlierbaren Besitz zu erwerben. [...] Ein Künstlerleben, ein Musikerleben: nicht gerade arm, aber auch nicht reich an Zügen und Einzelheiten für eine Künstlerbiographie, trotz des steilen Aufstiegs des kleinen Kaufmannssohnes aus einem böhmischen Nest zum allmächtigen Opernchef und in den Glanz und Reichtum, den die Neue Welt einem Künstler von Weltruhm anbot [...] Die deutschen und böhmischen Volkslieder seiner Heimat, die Signale und Marschrhythmen, die vom nahen Exerzierplatz der Garnison seines Heimatortes herübertönten, erstehen verwandelt und veredelt in seinen Liedern und in den erhabenen Trauermärschen seiner gewaltigen Symphonien. Und er, der anspruchsvolle Kulturmensch, hat diese ersten Eindrücke seiner Kindheit in rührender Treue bewahrt. Von den *Liedern eines fahrenden Gesellen*, deren Text er sich selbst schrieb, und der *Ersten* Symphonie, die er mit 22 Jahren entwarf und im 28. Lebensjahr vollendete, bis in seine letzte Werke tauchen diese Motive in Mahlers Musik auf; ja sie bilden geradezu einen Grundbestandteil seines Schaffens. Von allen übrigen Einflüssen – solchen der klassischen Werke der Vergangenheit und der mitstrebenden Zeitgenossen – ist Mahlers Musik fast frei. Denn es ging Mahler nicht um die Fortsetzung einer bestimmten Tradition und die Erneuerung alter Formen. Ihm war Musik nicht tönend bewegte Form, sondern Spiegelung des Ich, der Welt und des Alls. Was wir in Mahlers Musik erleben, ist immer ein Stück seelischer Autobiographie, ›Bruchstück einer großen Konfession‹, die Auseinandersetzung einer eigenwilligen Individualität mit den letzten Dingen: Gott und Welt, Tod und Unsterblichkeit, Geist und Natur. Dieses titanische Streben, diese höchste Prätention seiner Kunst führte Mahler zwangsläufig auch zu neuen Formen und Ausdrucksmitteln [...] Seine Symphonien und einzelne seiner symphonischen Sätze nehmen gewaltige Ausmaße an. Der Orchesterklang wirkt äußerst differenziert und der Aufführungsapparat wächst ins Gigantische. Die instrumentalen Ausdrucksmittel allein wollen nicht mehr genügen; die menschliche Stimme wird zur Bereicherung des seelischen Ausdrucks herangezogen, das Wort soll den Inhalt und die künstlerischen Absichten verdeutlichen helfen.«[341]

Fritz Högler geht in seiner Geschichte der Musik *(Von der Wiener Klassik bis zur Gegenwart)* aus dem Jahre 1949 auf Mahler – im Unterschied zu Strauss und Pfitzner – nur kurz ein. Die errungene Position Mahlers im Konzertleben wird dabei vor allem der Propagandatätigkeit seiner Anhänger zugeschrieben, »die in einem umfangreichen und geistvollen Schrifttum für die Kunst Mahlers geworben haben«.[342] Die Musik selbst wird nach kunstgeschichtlichen Begriffen schubladisiert:

»Mahler, der in seinen Frühwerken, den *Liedern eines fahrenden Gesellen* und den *Wunderhornliedern*, den Anschluß an die Hochromantik eines Brahms oder H[ugo] Wolf gesucht hat, kam mit der fortschreitenden Entwicklung seiner Kunst immer stärker in das Lager der Impressionisten, um schließlich in seinem *Lied von der Erde* die Grenzen des Impressionismus zu überschreiten und die zukunftsweisenden Bezirke des Expressionismus zu berühren.«[343]

Ganz der romantischen Tradition verhaftet ist auch das Mahler-Bild von Erhard Preussner in dessen *Musikgeschichte des Abendlandes* von 1951. Es enthält alle nur denkbaren Klischees der Romantik-Rezeption, wenngleich eine positive Tendenz in der Beurteilung des Schaffens Mahlers nicht zu verkennen ist:

»Gustav Mahler ist im selben Jahr wie Hugo Wolf geboren, und auch er huldigt im Abschiednehmen von dieser schönen Welt der sterbenden Romantik. Wehmut befällt den, der nur an Gustav Mahlers *Lied von der Erde*, an seine Lieder und seine Symphonien, geboren und zum Leben berufen durch *Des Knaben Wunderhorn*, denkt. Es ist aber eine Wehmut, die zugleich sänftigt und tröstet. Mahler faßt noch einmal alle romantischen Wesenszüge zusammen, als gälte es, von ihnen Abschied zu nehmen. Er ist in seinen neun Symphonien – eine zehnte blieb unvollendet – ein wundersamer Erzähler, ein Epiker von edelster Form, der Lyrisches und Akzentuiertes in eine große abgeklärte symphonische Form zu setzen versteht. Das Landschaftliche ist bei ihm das Österreichische, oder wenn es verlassen wird, das Lied, das romantische Lied vom Weltschmerz und der ungestillten Sehnsucht [...] Die Virtuosität der Romantik bezieht Mahler in feinsinniger

Weise nicht auf den Inhalt, sondern nur auf das farbenprächtige Gewand der Instrumentation. Als Instrumentationskünstler ist Mahler ein Genie. Eine Partitur von ihm zu sehen, bereitet schon Genuß. Diese Klarheit der Linien, diese prachtvolle Variation in den Farbgruppen, dieser elegante Einsatz der Instrumente als Charaktere ist Meisterwerk. Vielleicht ist auch dies ein ›zu schön‹, als daß es sich als neuer Kraftquell durchsetzen könnte.«[344]

Aus der Sicht von Preussner, der, wie viele andere auch, den Dirigenten Mahler gegen den Komponisten ausspielt, verbindet Mahler in der Romantik das Virtuose und das Lyrische; aber ein

»Neuerer der Form, wie Bruckner, war er nicht [...] ein entzückender Erzähler von Geschichten und Bildern, traurigen wie heiteren, phantastischen, erregenden, ja oft skurrilen, ist er, einer der liebenswürdigsten Tänzer in der Symphonik, wo es voll melodischer Schönheit blüht, und ein Formgewandter ist er, der eine Linearität seiner polyphonen Stimmen zu schreiben versteht, die uns dennoch des harmonischen Grundgefühles nicht beraubt. Man darf Mahler nicht einen Epigonen nennen, dazu ist er viel zu selbständig in seiner Klangwelt; und dazu war er ein viel zu gebildeter Musiker, ein Musiker-Philosoph.«[345]

Alfred Orel wiederum stellt 1953 in seinem Buch *Musikstadt Wien* dezidiert fest, daß »Mahler aber trotz allem ›Neuen‹ in seinem Werk als weit mehr der Wiener musikalischen Vergangenheit (Bruckner) verbunden sei, die er in mancher Hinsicht übersteigern zu wollen schien«[346].

1953 publizierte Max Graf sein *Geschichte und Geist der modernen Musik* betiteltes Werk, in dem Mahler als »der zerissene, unerlöste Mann«[347] charakterisiert wird:

»Gustav Mahler ist der neue, auf sich selbst gestellte romantische Mensch des 19. Jahrhunderts. Das Ich ist der Mittelpunkt der Symphoniehandlung. Zwischen diesem Ich und dem All ist eine Kluft. Diese Kluft ist von Beethoven und Lord Byron angefangen bis zu Dostojewskij, Strindberg und Gustav Mahler immer breiter und tiefer geworden. Bei Beethoven und Lord Byron war sie mit Trauer und Einsamkeitsgefühlen gefüllt; bei Dostojewskij, Strindberg und Mahler mit Verzweiflung und Seelenqual. Aus diesem Abgrund heraus erhebt sich die Seele Mahlers zum Licht des ewigen Seins: ein Gotteskämpfer, der nicht wie Anton Bruckner durch den religiösen Glauben gestärkt wird, sondern einsam mit den teuflischen Mächten des Lebens ringt. Gustav Mahlers Lieder und Symphonien setzen die Mystik der großen jüdischen Mystiker des Mittelalters fort; die Visionen und Engelsschilderungen Kalirs, die Männer der Hechalot-Literatur, welche verzückt die himmlischen Hallen, die Vorgänge um Gott und die Engelsscharen schilderten und die Gebete Isaak Lurjas, welche die Seele des Mystikers zu Gott erhoben haben.«[348]

Auch Graf argumentiert ganz im Banne des 19. Jahrhunderts, doch ist bei ihm erkennbar, daß er die Ästhetik der Vergangenheit anders als die zitierten musikgeschichtlichen Darstellungen durchaus als dynamische Entwicklung mit offenem Ende begreift und nicht als geschlossenes ewiggültiges System. Damit hängt nicht zuletzt die ungleich größere Bedeutung zusammen, die Graf der Musik Mahlers beimißt. Interessanterweise vergleicht Graf dabei Mahler mit Alexander Skrjabin:

»Wie Gustav Mahler mit dem Geist der jüdischen Kabbala erfüllt war, war Skrjabin mit dem Messianismus jener russischen Sekten erfüllt, welche in einer Ekstase Erotik und Gottesgefühl in einem Brand verschmolzen haben, in dem Geist und Sinnlichkeit zu einer Flamme wurden.«[349]

Ein Jahr zuvor ist auch die *Musikgeschichte des Abendlandes* von Hans Joachim Moser erschienen. Moser war ein Antisemit der ersten Stunde in der deutschen Musikwissenschaft und während des Dritten Reichs Mitarbeiter des SS-»Ahnenerbes«.[350] Vor diesem Hintergrund erscheint die bemühte Ausgewogenheit in Sachen Mahler auf den ersten Blick fast erstaunlich.

»Mahlers Stil hat bereits 1924, ja 1910 kaum Rätsel aufgegeben, sondern war ungewöhnlich leicht durchschaubar, war geradezu (höchstens mit Ausnahme des *Liedes von der Erde*) um Volkstümlichkeit bemüht. Das Problem liegt anderswo: stehen Wert und Musikgehalt im Verhältnis zum Raumaufwand? Rechtfertigen sie jene höchste Einstufung, die ihre Bewunderer (zumal in Amsterdam und New York) stürmisch fordern? Oder sind sie gar so völlig wertlos, wie grimme Gegner behaupten? Bei mir hat vieljähriger praktischer Umgang mit ihnen zunächst freudige Bejahung ausgelöst, dann aber ist eine Ernüchterung eingetreten, die zwar dem Liedschaffen eher positiv zugetan blieb, bei der Sinfonik jedoch sich wesentlich zur Skepsis gezwungen sieht. Schon daß hier so weite Urteilswidersprüche möglich sind, lockt und verpflichtet zu wiederholter kritischer Nachprüfung.«[351]

Moser sieht in Mahler wie in Mendelssohn und Joachim einen »glühend Deutschgewillten der Romantik – aber gewiß kein Genie, was allein berechtigen würde, ihn nach Paul Bekker als gleichgewichtigen *Dritten* der Sinfonieentwicklung über Schubert und Bruckner hinaus zu betrachten«.[352] Wie viele zeitgenössische Musikkritiker meint Moser, daß der Komponist es bei den ersten vier Symphonien besser hätte bleiben lassen sollen, denn dann »wäre kein Widerspruch erfolgt«[353].

»Bei den folgenden, rein instrumentalen Großwerken (1904–1910) – parallel zu den *Rückert-Liedern* – meldet sich die Problematik vor allem in der immer häufigeren Banalität marschartiger Gebilde, die merkwürdigen Mangel an Selbstkritik zeigen. Schnörkelige Sequenzfolgen breiten sich ermüdend aus, die meisterlich klare Instrumentation wird manchmal zum Tschingdara einer Militärkapelle, die Kantabilität plattet sich ab, wird billig, gefallsüchtig. Selbst Mahlers Bewunderer Max Brod, der Zionist, spricht von endlosen ›Nomadenmärschen‹, ähnlich deuten P. Bekker und W. Friedland auf Stammesatavismen.«[354]

Hans Joachim Mosers Buch ist der vielleicht deutlichste Ausdruck für den Versuch der fünfziger Jahre, an das Mahler-Bild des Nationalsozialismus unmittelbar anzuknüpfen und dabei nur einige inzwischen kompromittierte Begriffe wie »Rasse« oder »Entartung« gegen andere, weniger eindeutige auszutauschen, in denen jedoch eine kundige antisemitische Leserschaft ohne Schwierigkeiten die alten Bedeutungen wiedererkennen kann.

»Obwohl einer der erfolgreichsten und einflußreichsten Musiker seiner Zeit, gewährt Mahler doch ein tragisches Bild: Israelit, der sich gegen die Lemberger Ostjuden entsetzt verschloß, scheint er doch äußerstem Fernstil eher wesensverwandt als jenem ›Innerdeutschland‹ dem er gleichwohl von früher Brahms- und Brucknerschwärmerei an lebenslang gerade dort, wo es am spitzwegigsten erscheint, mit rührender Inbrunst zugestrebt hat. Als er schließlich immer deutlicher spürte, daß ihm diese Einschmelzung von Grund auf nicht gegeben sei, trieb ihn die schmerzliche Erkenntnis ins Exotische. Mehr Ethiker als Ästhet, stürzte ihn diese Flucht in hoffnungsleere Heimatlosigkeit, in skeptischen Pessimismus. Er wollte Romantiker sein und war ungewollt ein viel größerer Rabbi der Kabbala – an dieser unvereinbaren Zweiheit ist Mahler zerbrochen.«[355]

Im äußersten Gegensatz dazu erarbeitet Egon Wellesz anläßlich des 110. niederrheinischen Musikfestes im Jahre 1956 eine klare und unprätentiöse Darstellung Mahlers für die Nachwelt und beschreibt vor allem das ›Neue‹ und ›Verstörende‹ an seiner Musik:

»Als Gustav Mahler am 18. Mai 1911 starb, schien es uns, als habe mit ihm die schöpferische Epoche der Sinfonie ein Ende genommen. Er schrieb seine ersten Sinfonien zu einer Zeit, in der die Tondichtung zur vollsten Blüte gelangte, und seine letzten Sinfonien entstanden in jenen Jahren des Umbruchs, in denen sich das Kommen einer neuen Phase der Musik, vor allem in den Werken Schönbergs, ankündigte. Andrerseits, verglichen mit den Sinfonien seiner Vorgänger Bruckner und Brahms, hatten seine Sinfonien, in ihrer höchst persönlichen Aussprache, mit der Einfügung von Singstimmen in der *Zweiten*, *Dritten*, *Vierten* und *Achten* Sinfonie, etwas Befremdendes. Dazu kam die Neuheit seines Orchesterklanges. Denn mit seinen ungedeckten, ungemischten Klängen gab er seiner Linienführung eine Eindringlichkeit und Prägnanz, die alles Gehörte übertraf. Er stand von Anfang an allein und gegen seine Zeit. Aber die Intensität seiner Musik, seine Gestaltungskraft war so groß und überzeugend, daß gerade in dem Kreis um Schönberg Mahlers erste, ihm geradezu fanatisch anhängende Gefolgschaft erwuchs. Denn wir erkannten, daß Mahler in seiner Melodik aus den gleichen Quellen wie Haydn, Schubert und Bruckner schöpfte, dieses Material aber in einer unerhört neuen und kühnen Weise zu gewaltigen Sätzen formte, wie kein Sinfoniker vor ihm es getan hatte, daß er die Sinfonie zum zentralen musikalischen Kunstwerk seiner Zeit erhob.«[356]

Das neu entstandene Standardwerk *Musik in Geschichte und Gegenwart* brachte auch einen Artikel über Mahler von Hans Ferdinand Redlich.[357] Erwin Ratz erwartete, daß dieser Artikel die zahlreichen Legenden und Verzerrungen in der Mahler-Rezeption widerlegen würde. Redlich setzte in seinem Artikel Mahler vor allem in Bezug zu Schubert und der klassisch-romantischen österreichischen Musikkultur – einschließlich dem symphonischen Werk Bruckners; und diese auf das 19. Jahrhundert konzentrierte Sicht mußte Ratz schließlich enttäuschen, der sich eine Positionierung Mahlers in der Moderne des 20. Jahrhunderts erhofft hatte – so wie er selbst sie in seinem Mahler-Essay vornahm.[358]

Ein Jahr später findet sich im Tätigkeitsbericht der Gustav Mahler Gesellschaft die lakonische Bemerkung über den Lexikonbeitrag von Redlich:

»Der nunmehr dort erschienene Artikel wurde ohne unser Wissen angefertigt und entspricht in keiner Weise unseren Forderungen.«[359]

### Die späten fünfziger Jahre

Als singuläres Ereignis erwies sich die Aufführung von Mahlers *Neunter* Anfang März 1957 unter Rafael Kubelik im sechsten Philharmonischen. 45 Jahre nach der Uraufführung in Wien durch Bruno Walter stieß das Werk hier offenkundig immer noch – oder besser: von neuem – auf Unverständnis. Herbert Schneiber beschreibt die beschämende Situation:

»Die Abonnenten, die gekommen waren, hatten nichts zu bereuen. Die jedoch Karten hatten und sie vor dem Konzert wieder zurückgaben – und das waren laut Aussage der hiefür zuständigen Kanzlei nicht eben wenige –, dürfen sich getrost und in aller Öffentlichkeit ein wenig schämen. Es besteht nämlich keinerlei Grund, sich den Meisterwerken dieses Jahrhunderts zu verschließen, weil es ihr Schöpfer in Wien schon zu Lebzeiten nicht leicht hatte. Und man darf Überängstliche im Stammpublikum der Philharmonikerkonzerte ruhigen Gewissens von der Vermutung befreien, sie könnten, etwa eines Bekenntnisses zu Mahler wegen, des Radikalismus oder einer zu progressiven Gesinnung geziehen werden. Von dieser betrüblichen Ignoranz, die sich auch am Samstag durch Lücken im Parkett bemerkbar machte, abgesehen, bedeutete das Konzert einen ungetrübten Genuß. Eine wahrhaft große Musik, die auch dort, wo ihre formale Konzeption Längen nicht ausschließt, durch die persönliche Kraft der Aussage, durch die menschliche Intensität der Mitteilung packt und fesselt, hatte einen großen Interpreten gefunden. Rafael Kubelik, dessen künstlerischer Stern durch eine Reihe farbloser Klassiker-Interpretationen in Wien nach einem raschen Aufgehen einem ebenso schnellen Verlöschen anheimzufallen schien, konnte sich mit dieser Interpretation (wie schon vor Jahren in

Salzburg) als legitimer Mahler-Dirigent ausweisen. Er hatte die Spannung für die großen Bogen in dieser Musik und das Empfinden für die dunkle, von Trauer, Ratlosigkeit und Todesahnung erfüllte Stimmung, die Mahler über die ganze Partitur – auch über die mit heiteren Bezeichnungen überschriebenen Sätze – gebreitet hat.«[360]

Ähnlich argumentiert die Zeitung der Kommunistischen Partei Österreichs, die *Volksstimme*, wenngleich hier der politische Bezug verstärkt zum Tragen kommt und manches im Sinne der KPÖ-Ideologie instrumentalisiert wird:

»Auf Wiedergutmachung aber wartet noch der bisher größte Symphoniker unseres Jahrhunderts, Gustav Mahler. In der Ersten Republik verstrich kein Jahr, ohne daß die populärsten Symphonien Mahlers erklungen wären. Dann kam mit der Annexion Oesterreichs, verfügt von den Machthabern des Faschismus, das Verbot Mahlers. Nun darf dieser überragende Künstler im freien Oesterreich wieder gespielt werden. Aber er wird nur ›ausnahmsweise‹ gespielt. Daß dies nicht am Publikum liegt, beweist der Erfolg jeder einzelnen Aufführung. Die Musik Mahlers ist ein Opfer der Verarmung im Wiener Konzertrepertoire geworden, das auch die Orchesterwerke Bachs und Händels, die Symphonien Haydns und Mendelssohns nur noch ›ausnahmsweise‹ enthält … Diese Symphonie – die letzte vollendete des Komponisten – faßt wie in einem Brennspiegel alle Strahlen zusammen, mit denen das Genie Mahler eine dunkle, kalte Umwelt erleuchtete und erwärmte. Wie ein Volkslied beginnt und endet der langsame erste Satz. Der Volkston ist immer die musikalische Zuflucht Mahlers gewesen, wenn er der Unmenschlichkeit der ihn umgebenden Gesellschaft entrinnen wollte. Aber er hat dieser Gesellschaft auch gerade in die Augen gesehen, er hat sie geschildert, wie sie ist. Er hat immer wieder ihren Totentanz komponiert, zu einer Zeit – Mahler starb 1911 – als sie sich noch nicht durch eine Welt des Sozialismus bedroht fühlte. Ein solcher mit machtvollem Pinsel hingeworfener Totentanz ist die Burleske des dritten Satzes. Aber auch in ihr schweigt nicht – in musikalischen Episoden von stiller Einfachheit – die Stimme des Volkes der Menschlichkeit. Und dann das Finale, der erschütternd vertrauende, in der Ferne verklingende Abgesang eines Menschen, der angesichts des Todes hier so wie im *Lied von der Erde* verkündet: ›Die liebe Erde allüberall blüht auf im Lenz und grünt aufs neu, allüberall und ewig!‹ Mit ergriffenem Schweigen – der Dirigent wehrte den Beifall ab – dankte das Publikum den Philharmonikern und Kubelik für ein Konzert, das zum Erlebnis geworden war.«[361]

Die konservative Tageszeitung *Die Presse* begrüßt das Konzert ebenfalls und bezeichnete Kubelik, der auswendig dirigierte, »als einen der mit den stilistischen Eigenheiten und Voraussetzungen dieser Musik, mit ihren ästhetischen Riten, möchte man sagen, aufs innigste vertraut ist«.[362] Aber auch hier wird festgestellt:

»Es gehört ja heute wieder Mut dazu, unserem Konzertpublikum Mahler vorzuführen. Der Zugang zu seiner Musik ist vielfach verschüttet. Ihn wieder frei zu machen, erfordert eine erhebliche geistige Bemühung. Die Auseinandersetzung mit Mahler ist ein geistiges Problem, ein geistiges Abenteuer, eines der faszinierendsten, das eben auch eine gewisse ästhetische Abenteuerlust voraussetzt und an die Bereitschaft gebunden ist, sich über viele gebräuchliche Schulregeln und Vorurteile hinwegzusetzen. Rein musikalisch lassen sich die Dinge nicht ganz erfassen. Wenn man sich gegen die Mahlersche Musikwelt versperrt, so liegt der Grund dafür in tieferer Seelenschicht. Und um das versperrte Schloß aufzuriegeln, bedarf es eines beinahe moralischen Willensaktes. Ein solcher kann nicht besser gefördert werden als durch so vorbildliche Aufführungen, wie sie Kubelik und die Philharmoniker eben als Muster aufgestellt haben.«[363]

In dieser Rezension wird besonders der Klang des philharmonischen Horns von Gottfried Freiberg hervorgehoben; Freiberg ist auch in der Autobiographie von Josef Krips ein kleines Denkmal gesetzt: in seiner Karlsruher Zeit bekam Krips vom damaligen Direktor der Wiener Staatsoper einen jungen Hornisten empfohlen – eben jenen Freiberg, der später Philharmoniker wurde:

»Er spielte auch seine erste Mahler-Symphonie bei uns und wirkte wie eine Revolution, sowohl auf die ersten Hornisten wie auf das ganze Orchester. Diesen Wiener Hornton kannte man in Deutschland nicht.«[364]

Unverständnis gegenüber der späten Symphonik Mahlers zeigte sich auch, als im April 1957 der Torso der *Zehnten* gegeben wurde. Herbert Schneiber schrieb darüber:

»Eher in ein Musikseminar als in den genannten Zyklus paßte das Adagio aus Mahlers *Zehnter* Symphonie. Ein Meisterwerk, das nur aus einem Satz besteht – aber, aber! Oder wurde das Fragment gewählt, weil die Aufführung einer der viel zu selten gespielten, zahlreichen vollständigen Symphonien Mahlers mehr Arbeit gemacht hätte? Nun: es war meisterliche Musik, in der Gefühlsspannung, im Kontrast der Ausdruckswelten, in der Kühnheit der Harmonik. Aber kein Werk für ein Konzert-Entree. Das Publikum reagiert lau.«[365]

Die Kritiker sehen sich offensichtlich immer wieder veranlaßt, das Publikum in Schutz zu nehmen und für das Desinteresse Gründe in der Aufführungspraxis zu suchen. Fritz Skorzeny hatte allerdings recht, als er anläßlich der Aufführung der *Dritten* unter Hans Swarowsky schrieb:

»Allem vorangeschickt: Es war eine denkenswerte Tat der Konzerthausgesellschaft, dieses so lange vergessene Werk Gustav Mahlers in eindrucksvoller Aufführung wieder vorgestellt zu haben. Wir stehen damit vor einem besonderen Fall. Eine Auseinandersetzung mit dem Werk, die mit Rücksicht darauf, daß es einem Großteil des jüngeren Publikums so gut wie unbekannt ist, einer Auseinandersetzung mit unserer Zeit gleichkäme, ist im Rahmen einer Konzertbesprechung leider unmöglich. Ähnlich steht es im Hinblick auf die Wiedergabe. Brahms- oder Beethoven-Symphonien hören wir täglich; wir haben hundert Vergleichsmöglichkeiten und das Ohr ist scharf dafür geworden. In der Mahler-Tradition aber ist ein Bruch eingetreten, seit die großen Apostel Walter, Mengelberg oder Fried – von Furtwängler ist eine grandiose Aufführung der *Dritten* in den zwanziger Jahren in Erinnerung – schweigen. Hier muß also gleichsam neu begonnen werden.«[366]

Diese Zeilen sind Mitte 1957 verfaßt worden. Und auch Marcel Rubin, der sich seit 1945 vehementest für Mahler eingesetzt hat, stellt anläßlich seiner Besprechung derselben Aufführung fest:

»So seltsam es klingt – wir stehen heute, zwölf Jahre nach der Wiederstehung Österreichs erst am Beginn der Wiederentdeckung des größten Symphonikers, den unser Land (und wohl auch die Welt) in diesem Jahrhundert bisher hervorgebracht hat. Mit Absicht sage ich: in diesem Jahrhundert, obgleich die ersten drei Symphonien noch im letzten Jahrzehnt des 19. Jahrhunderts entstanden sind. Denn von unserer Zeit sind nicht nur die Ausdrucksmittel dieser Musik, die mit einer Kühnheit sondergleichen in die Zukunft weisen, sondern ganz besonders die Stellung und die Lösung der menschlichen Probleme, denen Mahler sein Leben und sein Schaffen gewidmet hat. Es ist die Problematik des einsamen Menschen in der zur Unmenschlichkeit herabgesunkenen bürgerlichen Gesellschaft, die erschütternd und erhebend hier zu Musik geworden ist. Und weil es die Problematik nicht eines einzelnen, sondern von Millionen Menschen ist, wurde diese Musik allgemeingültig, typisch, geniale realistische Kunst ihrer Zeit und damit in allen Zeiten wirksam.«[367]

Es wäre allerdings nicht Marcel Rubin, der in der *Volksstimme* publizierte, wenn das Mahlersche Werk nicht im selben Atemzug für den »Sozialismus« reklamiert würde:

»Wie Mahler den Weg der Millionen einzelnen aus ihrer Vereinsamung sah, bezeugt charakteristisch eines seiner Hauptwerke, die *Dritte* Symphonie, die nun – zum erstenmal seit zwanzig Jahren! – in Wien wieder öffentlich gespielt wurde. Er sah nicht mit dem Bewußtsein eines Sozialisten den Weg der Arbeiterklasse, die im ersten Jahrzehnt unseres Jahrhunderts, dem letzten seines Lebens, Kämpfe von welthistorischer Tragweite führte. Aber der Weg, den er zeigte, mündet, wenn man ihn zu Ende geht, in die breite Straße des Sozialismus. Es ist der Weg der Rückkehr – nein: des Fortschritts zur Natur und zum Volk. Die musikalische Schilderung der Natur mit Themen von so bezwingender Volkstümlichkeit, wie sie die österreichische Musik seit Schubert nicht mehr gekannt hat, bringt das Licht in Mahlers Symphonik, die in ihren dunklen Teilen so gespenstisch den Totentanz einer zum Untergang verurteilten Gesellschaft malt. Doch dem Musiker Mahler war das ewige Sterben und Werden der Natur kein von den Menschen isolierter Vorgang sondern ein Gleichnis für das immerwährende Dasein einer sich ständig erneuernden Menschheit. So kommt es, daß es für den ungeheuren ersten Satz der *Dritten* Symphonie mit seinem grollenden, von grellen Blitzen durchzuckten Ursprung und seinem lebensfrohen, siegessicher voranschreitenden Marschteil zwei Deutungen gibt, die beide auf Aeußerungen des Komponisten zurückgehen und trotz ihrer scheinbaren Verschiedenheit dasselbe aussagen: den Einzug des Sommers und einen Maiaufmarsch der Wiener Arbeiter. Man könnte beide Deutungen auf ihren gemeinsamen Nenner bringend, auch sagen: diese Musik bedeutet den Einbruch der Wärme in eine kalte Welt.«[368]

1957 schien es vor allem dank der Arbeit der Gustav Mahler Gesellschaft zu gelingen, sozusagen eine Bresche in die Phalanx der Mahler-Gegner zu schlagen. Die Zyklen der Wiener Musikgesellschaften kündigten mehrere Werke an, die über das bisher Aufgeführte (*Zweite*, *Vierte*, *Das Lied von der Erde*, *Kindertotenlieder*, Klavierlieder) hinausgingen. So dirigierte Dimitri Mitropoulos in einem Philharmonischen die *Sechste*, die aber nicht nur vom Publikum, sondern auch von der Kritik zwiespältig aufgenommen wurde – obwohl Mitropoulos als Konzession an Publikum und Kritik Striche machte und Erwin Ratz einen einführenden Vortrag zur Symphonie hielt. Erwin Ratz selbst und der Dirigent Ernst Märzendorfer berichteten darüber später in einer Diskussion:

»Märzendorfer: Ich erinnere mich, wie Dmitri Mitropoulos mit dieser Sinfonie zum ersten Mal nach Wien kam und Sprünge machen wollte und mußte.
Ratz: Ich war dabei und habe ihn beschworen, keine Sprünge durchzuführen. Da zeigte sich seine Größe: in der Probe die Striche aufzumachen und die Sinfonie komplett zu spielen.
Märzendorfer: Mitropoulos sinngemäß: Wissen Sie, ich tue das nur, um diese Mahler-Sinfonie durchzusetzen. Aber wenn die Leute nur verständen, daß das hilft.«[369]

Es half nicht. So schreibt Herbert Schneiber im *Neuen Kurier*:

»Beim ebenfalls selten gespielten Mahler-Opus scheint es eher umgekehrt zu sein. Hier überwuchern Gedanken und Empfindungen, Erlebniswerte und Ausdrucksgewalt die Form nicht selten beträchtlich. Eine Riesenform, die sicher mit Bedacht gewählt wurde – Mahler komponierte immer mit bedeutender Zielsetzung. Aber seine *Sechste* ist wohl ein Bekenntniswerk geblieben, in dem die überzeugende Objektivierung der unerläßlich subjektiven Substanz nicht jene Stufe erreicht hat, die dem nicht analytisch präparierten Hörer einen Zugang zum Werk zu erschließen vermag. Die respekt- und liebevolle Einführung, die Prof. Ratz der Symphonie des von ihm so verehrten Meisters gegeben hat, kann diesen Eindruck eher verstärken. Genug Interessantes schenkt das Riesenopus dennoch: Zeugnis von Mahlers aufwühlender Intensität und seiner qualvollen Zerrissenheit, Beweise für die Kühnheit seines musikalischen Denkens und Handelns als einer Brücke zur Atonalität und die Demonstration der Beherrschung eines riesigen Orchesterapparates, in dem, der Naivität des Intellektuellen entsprechend, inmitten der individuellsten Aussage die Kuhglocken läuten.«[370]

Alexander Witeschnik geht in seiner Kritik wesentlich weiter:

»Nach der Pause erklang – nach Jahren wieder – Gustav Mahlers Sechste Symphonie, die der Komponist selbst seine Tragische genannt hat und die wie Brahms' *Pörtschacher* am lieblichen Wörther See entstanden ist, freilich ohne dessen seelenlösende Landschaft wiederzuspiegeln. Aus innerem Zwiespalt und seelischer Zerissenheit ringt hier ein fanatisch Suchender mit großzügig dimensionierten, vielfach auch überdimensionierten und allzu realistischen Mitteln (Herdenglockengeläute als Symbol letzter Verlassenheit, Hammerschläge als Sinnbild des vernichtenden Schicksals) um Erkenntnis und Erlösung. Das herrische Marschthema des ersten Satzes, die skurille Diabolik des Scherzos zeigen das scharfe Profil des Pessimisten, das weitausgesponnene Andante läßt echtes Ethos erkennen. Das Riesenfinale, das allein eine halbe Stunde dauert, übertrifft beinahe noch die Ausmaße der Brucknerschen Finali, freilich ohne zu deren Gehalt, Tiefe und erlösende Glaubenskraft zu finden … Die Philharmoniker, die im Gegensatz zu den Hörern ohne Ermüdung durchhielten, leisteten Bewundernswertes. Der Beifall für sie und Mitropoulos war groß.«[371]

Ähnlich wie bei anderen Aufführungen Mahlerscher Werke werden auch hier die Interpreten gegen den Komponisten ausgespielt. Mitropoulus jedenfalls wußte ziemlich genau, mit welchem Publikum und welcher Kritik er es in Wien zu tun hatte. Als er dasselbe Werk zwei Jahre später, am 31. 8. 1959, in Köln mit dem Symphonieorchester des Westdeutschen Rundfunks aufführte, verzichtete er auf die Kürzungen, strich lediglich die Wiederholung der Exposition im ersten Satz.[372] In seinem Buch über *Alban Berg und seine Idole* berichtet übrigens Soma Morgenstern über das Mitropoulos-Konzert, gibt aber irrtümlich an, es sei die *Dritte Mahler* am Programm gestanden. Dennoch dürften seine Erinnerungen im übrigen authentisch sein – bei dem Professor, den er im Folgenden erwähnt, handelt es sich natürlich um Erwin Ratz:

»Es betrübte mich sehr, befürchten zu müssen, daß ich leider etwas zu spät angekommen war, denn das Konzert fand schon am nächsten Mittag statt. Aber von der mir einstens so wohl wie übel bekannten Sphäre auf der Stelle angeheimelt, ermunterte mich ein Gedanke, daß in dieser Stadt, wo durch Beziehungen alles und ohne diese nichts zu erreichen war, sogar ich vielleicht noch irgendeine alte, zufällig von den Nazis nicht ermordete Beziehung in dem Telephonbuch finden könnte. Kaum den Koffer ausgepackt, nach einer kurzen Beratung mit dem Telephonbuch fand ich eine. Der Angerufene war nicht nur nicht ermordet, sondern nach dem Krieg befördert worden. Er hatte sogar den Titel: Professor, vor seinem Namen. Er freute sich auf ein Wiedersehen und es ist ihm leicht gelungen, meine

Sorge wegen eines Konzertbillets zu verscheuchen. Er versicherte mir, daß ich nicht eine, sondern zwei und mehr Karten kriegen könne, ohne Schwierigkeiten und auf normalsten Weg: in einem Konzertbüro. Ich mußte mich sehr wundern. Am nächsten Tag? Zu einem Konzert im Musikvereinssaal? Mit Mitropoulos am Pult? Bin ich in Wien? Freilich, meinte mein Freund, ein Musiker, ein Professor an der Musikakademie, ein treuer Freund meines Freundes Hanns Eisler, jetzt Präsident des Mahler-Vereins in Wien. Schau, erklärte er mir, wenn es auf Mahler ankommt, ist es bei den Abonnementkonzerten der Wiener Philharmoniker genauso, wie es schon immer war: du weißt doch, wenn auf dem Programm eine Symphonie von Mahler stand, schickten manche Abonennten ihre Karten zurück. Daran hat sich nichts geändert. Da hilft auch kein Mitropoulos. Hast schon vergessen? Ja, ich hatte vergessen. Aber es kostete mich keine zu große Anstrengung, mich zu entsinnen.«[373]

Das *Linzer Tagblatt* schrieb 1958, »ein Groß-Österreicher – zugleich ein großer Österreicher« habe »noch um sein Heimatrecht in den Konzertsälen zu kämpfen: Gustav Mahler«[374]. Dieses Heimatrecht wurde ihm allerdings in den Bundesländern am längsten bestritten. Wenn in Dornbirn etwa im selben Jahr die *Kindertotenlieder* mit dem Vorarlberger Funkorchester unter Hans Moltkau[375] erklangen, so war dies eine der wenigen Ausnahmen. Nach Jahrzehnten (!) konnte zur selben Zeit auch in Graz wieder eine Mahler-Symphonie gehört werden, die *Zweite*, mit dem Grazer Philharmonischen Orchester und dem Domchor unter Max Kojetinsky. Harald Kaufmann stellte dazu fest:

»Die heute Dreißigjährigen und Zwanzigjährigen in aller Welt haben eine überraschend große Beziehung zum Werk Mahlers. Das drückte auch die psychologisch interessante Zusammensetzung des Grazer Publikums aus, in dem (neben den zahlreichen Honoratioren) ein merkwürdiger Zusammenschluß von betagten und sehr jungen Konzertbesuchern stattgefunden hat; solchen, denen Mahler großes Erlebnis der Jugend war, und solchen, denen er es heute wieder zu werden scheint, wie der außergewöhnlich starke Publikumserfolg bestätigte. An sich gehört es zu den Unbegreiflichkeiten des Grazer Musiklebens, daß bei einer ersten Mahler-Aufführung nach so langer Pause (und zu solchem Anlaß) der Stephaniensaal nicht bis zum letzten Platz voll war.«[376]

Auch bei den Salzburger Festspielen blieb Mahler die Ausnahme. Als im März 1958 anläßlich einer Pressekonferenz mit Präsidiumsmitglied Bernhard Paumgartner ein Wiener Journalist forderte, daß die Festspiele Mahler kontinuierlich spielen sollten, erklärte ein Münchner Kollege, »daß ihm die bloße Vorstellung von der Aufführung der zehn Mahler-Symphonien ein ›inneres Grausen‹ verursache«.[377]

Den Mahler-Höhepunkt des Jahres 1958 bildete die Aufführung der *Achten* anläßlich des Europäischen Chorfestes mit den Wiener Symphonikern unter Hans Swarowsky. Die Interpretation wurde relativ positiv von der Kritik aufgenommen; vor allem erfreute man sich wie seit je an dem kollossalen Äußeren des Werks:

»Ein gigantisches Werk, diese Symphonie für 120 Musiker, zwei gemischte Chöre, einen Knabenchor und acht Gesangsolisten, und vor allem ein provokantes Werk, provokant im Anspruch (gleich immer, an wen), in der Zielsetzung und im Aufwand. Mahler, glühender Verfechter der Disziplin und glutender Ekstatiker in einem, hat hier mit vollen Händen ins Orgiastische gegriffen, in einen brodelnden Kessel von Klang und Rhythmus, unter den Berlioz das nicht zu verachtende Feuer stellte. Gewaltig ist der ideelle Anlaß zu dieser tönenden Generalmobilmachung: ein frühmittelalterlicher Pfingsthymnus, im ersten Teil, der Schluß von Goethes *Faust II* im zweiten. Und gewaltig ist auch das Vorhaben, das bewundernswürdig bleibt, selbst wenn es nur zu Teilen gelingt – gelingen kann. Im Hymnus Veni creator spiritus wirft Mahler den also angerufenen Geist, der ihn zu solchem Tun inspirierte, bald wieder bei der Partitur hinaus, wenn sich vokaler und orchestraler Klang so dicht schichten und so fest reiben, daß das Wort unverständlich und die Tongestalt unerkennbar wird. Möglich, daß die von Swarowsky mit Bedacht ausgelösten Evolutionen in einem größeren Raum besser, unüberhörbarer zur Geltung gekommen wären. Wo dies dennoch geschah, war freilich eine schöpferische Kraft spürbar, die den Sinn des Textes aus dem Geist der Musik neu erstehen ließ.«[378]

In der Zeitung *Die Presse* knüpft Heinrich Kralik bei dieser Gelegenheit unmittelbar an seine Mahler-Kritiken der zwanziger und dreißiger Jahre an. Die Besprechung der Aufführung gibt zu erkennen, daß sich an seinem Mahler-Bild über die vergangenen Jahrzehnte hinweg und ungeachtet der nationalsozialistischen Barbarei kaum etwas verändert hat:

»Die ›Symphonie der Tausend‹, ein ›Massenmeeting für den lieben Gott‹, so nannte man Mahlers *Achte* Symphonie, die in trunkener Umarmung Himmel und Erde umschlingt und dabei den Stil und die künstlerische Eigenart des Komponisten einer gewaltigen Kulmination zuführt. Jene Kennzeichnungen zielten in erster Linie auf die äußere Beschaffenheit der Symphonie, auf den geforderten Riesenapparat, auf das Massenaufgebot an Chorstimmen, Instrumentalisten und Solisten. Der Anspruch ist in der Tat enorm. Aber man darf sich von der Fülle und der Vielfalt der Kunstmittel den Blick für den inneren Wert und die innere Bedeutung der Schöpfung nicht trüben lassen und aus dem äußerlichen Überschwang nicht auf ein innerliches Manko schließen wollen. Denn wahrhaftig: jeder Takt dieser Symphonie ist ›innerlich‹, ist echt, ist ein Bekenntnis, das aus der Tiefe des Empfindens und des Glaubens kommt. Nicht das Verhältnis zwischen Geist und Stoff bildet das ästhetische Problem der *Achten* Mahler-Symphonie, sondern etwa die Frage, wie weit ein so überdimensionales und allumfassendes Konzept musikalisch-künstlerisch realisierbar ist. Mahlers Lösung hat jedenfalls erstaunlich viel davon realisiert. Was ungelöst geblieben ist, läßt uns die Komposition immerhin erahnen und im Geiste erschauen.«[379]

In der *Arbeiter-Zeitung* tritt hingegen bei derselben Gelegenheit die Differenz zum sozialdemokratischen Mahler-Verständnis der zwanziger Jahre ganz deutlich hervor: Mahler wird nicht mehr als Messias der Arbeiterbewegung verehrt, sondern als bürgerlicher und »allgemeinmenschlicher« Künstler, der unbedankt viel für Österreich, dessen Institutionen und Ansehen im Ausland, getan habe:

»Gustav Mahlers *Achte* Symphonie ist das Aufstreben des Menschen aus dem irdischen Jammertale zu jenen Höhen, wo ›wir Sieger über alles Böse‹ werden, wie es aus dem ersten Teil dieses Gigantenwerkes, dem Hymnus Veni creator spiritus (Komm Schöpfer Geist) singt: und sie ist der Griff des Künstlers nach den Sternen, über denen ›Alles Vergängliche ist nur ein Gleichnis‹ wie der Chorus Mysticus zum Ende des zweiten Teiles, der Vertonung der Schlußszene des zweiten Teiles von Goethes Faust, verkündet. [...] ›Es ist das Größte, was ich bis jetzt gemacht habe‹, schreibt Mahler selbst in einem Brief über sein Werk, das er ›ein Geschenk an die Nation‹ nennt. Nun der Dank, den er dafür von ihr erhielt, war ein ›Dank vom Hause Österreich‹. Als das 1906 bis 1907 geschriebene Werk mit dessen

Komposition Mahler vor dem Kesseltreiben gegen ihn in reinere Sphären floh, 1909 [sic! Die Uraufführung fand 1910 statt] unter seiner Leitung mit triumphalem Erfolg uraufgeführt wurde, erklang dieses Gipfelwerk eines großen österreichischen Musikers nicht etwa in Wien, sondern in München, denn in Wien war sein Schöpfer bereits, förmlich über Nacht, aus dem Hause gejagt worden, das er zu bisher unbekannten künstlerischen Höhen und zum Weltruhm geführt hatte.«[380]

Die *Achte* hatte in Österreich stets eine gewisse Vorzugsstellung unter den Mahlerschen Werken inne: mit der *Faust*-Vertonung bedient diese Symphonie ein bildungsbürgerliches Interesse, zugleich besitzt sie eine relativ ausgeprägte katholische Perspektive, und nicht zuletzt befriedigt sie das Bedürfnis nach Massenspektakeln. Selbst Norbert Tschulik findet angesichts der *Achten* scheinbar zu einer milderen Einschätzung der Mahlerschen Musik, die freilich dennoch zuletzt ihre innerste Abneigung kundtut:

»Gustav Mahlers *Achte* Symphonie, die der Komponist im Hinblick auf ihre vokale Anlage als Kantate hätte bezeichnen müssen, wird wegen ihres großen Aufwandes an Mitwirkenden (acht Gesangsolisten, Knabenchor, zwei gemischte Chöre, ganz großes Orchester) die ›Symphonie der Tausend‹ genannt. Der lateinische Pfingsthymnus Veni creator spiritus und die Schlußszene des zweiten Teiles von Goethes Faust bilden die textliche Grundlage für dieses Monsterwerk, dessen Problematik nicht allein im aufführungstechnischen Bereich, sondern auch in der erschütternden Zwiespältigkeit der künstlerischen Erscheinung Mahlers liegt. Im ersten Abschnitt dieser Vokalsymphonie entlädt sich der leidvolle Schrei eines von der Tragik des Irdischen aufgewühlten sensiblen Künstlers, der in seinem maßlosen fanatischen Streben nach erlösenden Höhen seine brennenden, echten, großen Empfindungen und Ideen bisweilen ins Unerträgliche übersteigert. Und kühn greift Mahler, selbst eine Abart der Faustgestalt, nach einem der höchsten Gipfel der Dichtung – aber auch hier bleibt der Aufwand größer als der Gehalt; von den Höhen der Inspiration taumelt Mahler immer wieder hinab in Banalitäten und Äußerlichkeiten.«[381]

Im Jahr 1958 fanden weiters Aufführungen der *Zweiten*, *Vierten*, *Zehnten*, der *Kindertotenlieder*, des *Liedes der Erde* und der *Lieder eines fahrenden Gesellen* statt. Wenngleich damit nicht von einer wesentlichen Auseinandersetzung mit dem Mahlerschen Werk gesprochen werden kann, so ist immerhin für dieses eine Jahr eine gewisse Kontinuität festzustellen. Karl Löbl sah den endgültigen Durchbruch zumindest des *Liedes von der Erde* in Wien gekommen, als im Oktober dieses Jahres Michael Gielen für Paul Kletzki einsprang:

»Ein prominenter Dirigent erkrankt bei heiklem Programm. Man holt einen jungen Wiener, der sich schon mehrfach bewährt hat, und er löst seine Aufgabe ausgezeichnet. So war's vor drei Jahren bei Sanzogno in der ›Großen Symphonie‹. Ein Komponist überläßt die Uraufführung seines Chorwerks jenem Musiker, der die Einstudierung übernommen hat. Die Uraufführung wird ein Publikumserfolg. So war's vor einem Jahr bei Uhl in der ›Großen Symphonie‹. Ein prominenter Dirigent ... usw., siehe oben. So war's gestern in der ›Großen Symphonie‹. Der – noch immer – junge Mann, der bei seinen Einspringen noch keine grauen Haare gekriegt hat (da gälte er aber wohl mehr), ist Michael Gielen. Seit sechs Jahren in Wien zur Stelle, wann man ihn braucht. Denn ist's halt' bei uns so Sitte, daß man dem Nachwuchs (nicht nur bei den Dirigenten) mit Vorliebe das persönliche Risiko zumutet, dem die Prominenz gern aus dem Weg geht.«[382]

Der Kritiker der *Volksstimme* kommt zu ähnlichen Schlüssen:

»Der junge Michael Gielen, der für einen verhinderten Kollegen vor das Dirigentenpult trat, hat damit sein Meisterstück vollbracht. Wer so wie er, eines der schwierigsten Werke der Musikliteratur sauber und ausdrucksstark, überzeugt und überzeugend nachzuschaffen vermag, hat sich das Recht erworben, auch ohne ›einzuspringen‹ bei bedeutenden Anlässen aufzutreten.«[383]

Bei dieser Besprechung in der *Volkstimme* wird erneut deutlich, daß die österreichischen Staatskommunisten gewillt waren, das Erbe der sozialdemokratischen Mahler-Pflege der zwanziger Jahre anzutreten:

»Mahler hat diese Musik sich selbst und Millionen Menschen, die den Weg zur Arbeiterklasse nicht fanden und in der Eiseskälte der verfallenden Bürgerwelt einsam zugrunde gingen, aus dem Herzen geschrieben. Darum ergreift sie, als ein Gipfelwerk der humanistischen Kunst, so stark auch die Herzen derer, die eine neue humanistische, die sozialistische Welt bauen. Es ist kein Zufall, daß Schostakowitsch viel von Gustav Mahler gelernt hat.«[384]

Der Hinweis auf die Sowjetunion und ihr Musikleben, der dem Erbe hier hinzugefügt wird, macht sichtbar, wie sehr die Auffassung der Musik innerhalb der Arbeiterbewegung sich dennoch gewandelt hat – von der Verkündigung einer Hoffnung auf eine andere Welt zur Legitmiation einer bestehenden staatlichen Ordnung.

Das Jahr 1958 brachte noch einen weiteren ›Durchbruch‹ eines jungen Dirigenten in Wien: Der 28jährige Lorin Maazel leitete die *Zweite* mit den Wiener Symphonikern, der Wiener Singakademie und den Solistinnen Christa Ludwig und Mimi Cortse – erntete Lobeshymnen und wurde für drei weitere Konzerte in der nächsten Saison engagiert.[385] Das Interesse bei all diesen Konzerten galt mehr den Interpreten als der Musik – obwohl diese eben dem Publikum kaum vertrauter war als die Newcomer unter den Dirigenten. Und nur wenige der Musikkritiker waren überhaupt imstande, über diesen Umstand zu staunen wie jener, der anläßlich der Aufführung der *Zweiten* schrieb:

»Und doch sind die ersten vier, die *Wunderhorn*-Symphonien, leicht verständlich, und selbst die *Fünfte* und *Neunte*, ernst in Mitteln und Zielen, oft herb und kühn in einer Neuland erschließenden, aber stets tonalen Harmonik, zugänglich für jeden, den ›der Genius nicht verlässt‹, und sicher nicht unverständlicher als Werke von Petrassi, Henze, Hartmann oder Alban Berg. Selbst die schwierigen *Sechste* und *Siebente* würden, öfter aufgeführt, Freunde und Bewunderer finden. Der sieben Jahre auf Mahlers Schaffen ruhende Bann hat ihn der Jugend entfremdet und ihr Verhältnis zu einem der größten Symphoniker des 20. Jahrhunderts ist noch achtungsvoll-kühl. Gewiß, seine Musik ist großräumig, überreich an oft bizarren Einfällen, ihre Linien voller Schnörkel und Voluten, voll gemalter Perspektiven, wie Barockkirchen des Settecento, aber immer voll glühender Ekstase und gewaltigen Schwunges. Oft sprengt das – allem Ableugnen zum Trotz – immer wieder hervorbrechende poetische Konzept die Form, sodaß ihre Trümmer gewaltig umherliegen, wie im ›Großen Appell‹ des Finales.«[386]

In der *Österreichischen Neuen Tageszeitung* finden sich ebenfalls Versuche, die Rezeption von Mahlers Musik in Österreich zu reflektieren: bei Gelegenheit einer Aufführung des *Liedes von der Erde* im Jahre 1959 heißt es:

»Je größer der Zeitraum wird, der uns vom Leben Gustav Mahlers trennt, desto umfassender wird die Beurteilung seines Werkes, desto mehr treten Bekennertum und Bedeutung dieses Schaffens hervor, ohne dem tonale und atonale Moderne nicht denkbar wären. Mit und durch Mahler teilte sich der bis dahin einheitliche Strom der Entwicklung in zwei Flüsse. Nicht mit Unrecht können sich Nachfolgende, die ihr Schaffen nach der intellektuellen Seite hin entwickelten, auf Mahlers *Neunte* oder seine unvollendete *Zehnte* berufen. Wer sich aber zur humanistischen Musik und zur Tonalität bekennt, verehrt im *Lied von der Erde* eines der Werke, mit dem ein empfindsames Herz und ein ragender Kunstverstand in voller Ausgewogenheit der Menschlichkeit ein Denkmal errichtete.«[387]

*Das Lied von der Erde* kann mit großem Abstand als das bevorzugte Mahler-Werk der fünfziger Jahre gelten. Beim letzten Konzert der Salzburger Festspiele von 1959 setzte es auch Rafael Kubelik aufs Programm. Kubelik wird nunmehr ausdrücklich als Mahler-Apostel bezeichnet, der die Stellung von Bruno Walter einnehme.[388] Heinrich Kralik, der alte große Verehrer von Gustav Mahler, schreibt:

»Die Aufführung leitete Rafael Kubelik, der unter den Dirigenten seiner Generation weitaus am meisten Herz und Sinn hat für Mahlers Musik und dem es darum auch am besten gelingt, ihre Eigenarten und Wesenheiten zu erkennen.«[389]

Und wie in seinen Besprechungen der einstigen Aufführungen unter Walter betont Kralik auch jetzt das ausgleichende Moment in der Interpretation, das einzig der Musik entpreche:

»Mahlers Musik entspringt der nervösen Zeit der Jahrhundertwende. Aber was sie bewegt, antreibt und durchzuckt, ist nichts weniger als Nervosität in einer krankhaften Bedeutung; es ist vielmehr eine gesteigerte Nervenempfindlichkeit, die die Sinne schärft, den Geist hellsichtig, hellhörig macht und in einen Zustand wunderbarer Gespanntheit versetzt. Indem Rafael Kubelik in seiner Darstellung eben diese Gespanntheit spürbar werden läßt, ordnet sich ihm alles übrige wie von selbst, die Schärfe und Präzision der Akzentuierung, der improvisierende Schwung im Rhythmus und in der Temponahme, die bei aller scheinbaren Freiheit, strengen Gesetzen und Vorschriften zu folgen hat, das Licht- und Schattenspiel im Ausdruck oder die explosive Bereitschaft der Dynamik. Seine Auffassung zielt aufs Große und Ganze und trifft gleichzeitig das Nahe und Einzelne, das Zarte und Besondere. Dabei wird nichts übertrieben und nichts geht verloren. Eine jede von den bunten und vielgestaltigen Tonerscheinungen steht an ihrem Platz.«[390]

Charakteristisch für Kraliks Mahler-Bild ist darüber hinaus, daß er, wo er Bezüge zur Musik der Gegenwart herstellen möchte, keineswegs auf die Zweite Wiener Schule, sondern auf Einem, Bernstein und Schostakowitsch zu sprechen kommt:

»Wie lebendig Mahlers Musik auch heute noch ist, haben gerade die Konzerte dieses Sommers – wenn auch auf indirektem Wege – dargetan. Drei charakteristische Werke von jüngeren Autoren trugen sehr deutlich den Stempel ihrer Herkunft aus der Mahler-Welt oder doch ihrer engen Verbindung mit dieser Welt. Gottfried von Einems ›Szenen für Orchester‹ machen aus ihrer Beziehung zur *Ersten* Mahler-Symphonie kein Geheimnis, die Symphonie von Leonard Bernstein folgt im Finale unmittelbar dem Vorbild der *Dritten* Mahler-Symphonie, und das Scherzo der *Fünften* Symphonie von Schostakowitsch nimmt sich das der *Zweiten* Symphonie von Mahler zu Modell.«[391]

In der Kritik des *Salzburger Volksblatts* wird allerdings deutlich, daß es Kubelik trotz langjähriger Bemühungen offenbar nicht gelungen ist, das Orchester der Wiener Philharmoniker für die Musik Mahlers zu gewinnen:

»In den Begleitworten auf dem Programmzettel war zu lesen: ›In höherem Sinne sind Schubert und Mahler Geistesverwandte; sie eröffnen und beenden den typisch österreichischen Beitrag zur Romantik; sie tun das voller menschlicher Resignation […]‹ Das mit der ›Geistesverwandschaft‹ und mit dem ›typisch österreichischen Beitrag‹ könnte wohl manchem widerlegt werden, das mit der Resignation stimmte leider nur zu gut. Man hat unsere hochgeschätzten Wiener selten so lieblos musizieren gehört wie in dieser Abschiedsveranstaltung, nicht wenige Pulte waren anders besetzt als gewohnt, wer noch ›Dienst‹ hatte, dachte offenbar an die gepackten Koffer. Das tut einem so leid und ist ein Zeichen für die Gehetztheit unserer Künstler, über die in Wien sofort wieder eine Fülle neuer Verpflichtungen hereinbricht.«[392]

Man vergißt auch nicht, am Ende der Salzburger Festspiele von 1959 auf das kommende Mahler-Jahr hinzuweisen – und dabei zeigt sich, wie bescheiden die Ansprüche geworden sind, wie sehr man sich auf Seiten der wenigen Mahler-Freunde – seien es nun die alten Überlebenden oder die spärlich neu Hinzugekommenen – mit den ideologischen Maßstäben und kunstpolitischen Bedingungen des Musiklebens in der Zweiten Republik abgefunden hat:

»Dieses Schlußkonzert hätte mit dem *Lied von der Erde* seine schönste Bedeutung, wenn es als Vorspiel zu den Orchesterkonzerten der nächsten Festspielsaison angesprochen werden könnte. Das kommende Jahr bringt den hundertsten Geburtstag Gustav Mahlers, und dieses Datum vermöchte den Salzburger Konzertprogrammen, deren notorische Planlosigkeit ein Moment steter und sehr berechtigter Klage bildet, immerhin einen gewissen Rückhalt zu geben. Es muß ja kein vollständiger Mahler-Zyklus sein – ein solcher verlangte ein übermenschliches Maß von Mut und Entschlossenheit –, aber je ein repäsentatives Werk aus den verschiedenen Stil- und Schaffensperioden vorzuführen, wäre wahrhaftig Pflicht des repräsentativen österreichischen Festspielunternehmens.«[393]

Aber das Interesse von Staat und Gesellschaft an Mahler hatte sich seit der Zeit unmittelbar nach 1945 beträchtlich gewandelt. Wohl wurde in Festkonzerten zum »Tag der Fahne« – in späteren Jahren der Nationalfeiertag – mitunter auch eine Komposition von Mahler aufgeführt – das Hauptwerk jedoch blieb immer anderen Komponisten wie etwa Bruckner vorbehalten.[394] Statt Fanta und Krips waren überdies nunmehr die Dirigenten des Dritten Reichs an die Spitze der Orchester und Opernhäuser zurückgekehrt. Die Welttournee der Wiener Philharmoniker unter Herbert von Karajan im Jahre 1959, bei der in den einzelnen Konzerten elf Symphonien, fünf Ouvertüren, zwei Orchestersuiten der Komponisten Haydn, Mozart, Beethoven, Weber, Schubert, Wagner, Brahms, Bruckner und Richard Strauss sowie zwanzig Werke der Strauß-Dynastie zur Auswahl standen, stieß dabei auf eine bemerkenswerte Kritik in Bombay: der dortige Rezensent war durchaus nicht mit der Programmauswahl – *Euryanthe*-Ouvertüre, *Pastoralsymphonie*, *Till Eulenspiegel* – einverstanden, da »man doch lieber gerade von diesen authentischen Interpreten einmal einen Bruckner oder Mahler, ferner zeitgenössische Musik gehört hätte«.[395]

Im September 1959 fand die feierliche Enthüllung einer Gustav-Mahler-Gedenktafel in Steinbach am Attersee statt – an jenem Gasthaus, in dem Mahler einst logierte und in dessen Nähe er das Komponierhäuschen bauen ließ. Ein Beamter des Unterrichtsministeriums nahm die Enthüllung vor. Während der Präsident der Gustav Mahler Gesellschaft, Erwin Ratz, Leben und Werk Mahlers würdigte, kündigte der Beamte namens Kleinwächter für das Jahr 1960 größere Mahler-Veranstaltungen an.[396] Und zum Jahreswechsel äußerte Karl Löbl, Rezensent der Tageszeitung *Express*, unter dem programmatischen Titel »Der Amerikaner Mahler« einen Wunsch, der wie die meisten Wünsche zum Jahreswechsel nicht ganz in Erfüllung gehen sollte:

»Der aus der alten Monarchie gebürtige Komponist Gustav Mahler wird im kommenden Jahr, in dem sich sein Geburtstag zum hundertsten Male jährt, von den New Yorker Philharmonikern durch die Aufführungen mehrerer seiner Werke geehrt. Am Silvesterabend dirigiert Mitropoulos seine *Fünfte* Symphonie und später, im Frühjahr, die *Erste*, *Neunte* und *Zehnte*; Leonard Bernstein, Chefdirigent der New Yorker Philharmoniker leitet Aufführungen der *Zweiten* und *Vierten* Symphonie sowie der *Kindertotenlieder*. In der zweiten Aprilhälfte dirigiert dann Bruno Walter an vier Tagen das *Lied von der Erde*. Da Gustav Mahler außer seiner dreijährigen Tätigkeit in New York nebenbei auch zehn Jahre lang Direktor der Wiener Hofoper und Dirigent der Wiener Philharmonischen Konzerte war, wird man bei uns das Beispiel des New Yorker Orchesters hoffentlich nicht nur in der Gesellschaft der Musikfreunde und in einer Festwochen-Ausstellung nachahmen.«[397]

# 5. Rückzugsgefechte: 1960–1988

## Die Mahler-Gedenkjahre 1960/1961: Intermezzo oder Neubeginn?

Wie es um Mahler stand, als sein 100. Geburtstag gefeiert werden sollte, wurde bereits im Januar 1960 deutlich: Unter dem Titel »Juden unerwünscht« wiesen Theodor W. Adorno, Wolfgang Beutin, Georg Borchardt und Klaus Paulmann in der Hamburger *Zeit* vom 29. 1. 1960 darauf hin, daß der Verband Deutscher Tonkünstler und Musiklehrer in seinem alljährlich erscheinenden Kalender wieder einmal das Jubiläum eines jüdischen Komponisten übergangen hatte. (Im Münchner *Vorwärts* erschien dieselbe Erklärung unter dem ebenfalls treffenden Titel »Verband deutscher Totschweiger«.) 1959 war bereits der 150. Geburtstag von Mendelssohn ›vergessen worden‹, nun der 100. von Mahler. Otto Klemperer reagierte mit einem Brief im *Observer*, dessen deutsches Original ebenfalls in der *Zeit* erschien:

»Wir Emigranten, Juden, Katholiken, Protestanten wissen sehr wohl, woher das alles kommt: Nicht von den Kommunisten, sondern von den Faschisten, die in Deutschland immer noch die leitenden Stellungen innehaben.«[398]

Die Aktivitäten, die in Wien zur Feier des Gedenkjahres unternommen wurden, sind vor diesem Hintergrund zu betrachten. Die Festwochen standen nur scheinbar im Zeichen des 100. Geburtstags: man fühlte sich verpflichtet, Mahler zu Ehren – aber Mahler selbst kam dabei zu kurz. Zum Beispiel wurden in diesem Jahr im Wiener Musikverein 7 Konzerte mit Mahler, aber 22 mit Brahms veranstaltet. In der deutschen Presse wurde darum in einer Art Bilanz der Wiener Feierlichkeiten kritisiert,

»daß selbst im Jahr des 100. Geburtstages die Werke Mahlers nur einen bescheidenen Raum in dem überreichen Gesamtprogramm einnehmen konnten. Es hing wohl mit finanziellen Erwägungen zusammen, daß zwar das symphonische Gesamtwerk Beethovens (unter Otto Klemperer, einem der größten Mahler-Interpreten!!), nicht aber dasjenige Mahlers aufgeführt wurde. Von ihm gab es die *Zweite*, die liebenswürdige *Vierte*, die *Fünfte*, die monumentale *Achte*, die *Neunte*, das *Lied von der Erde* sowie ausgewählte Lieder und Liederzyklen. Das *Lied von der Erde* […] wurde im Karajan-Zyklus des Musikvereins mit den Wiener Philharmonikern zweimal aufgeführt, außerdem ein drittes Mal in der gleichen Besetzung als ›Gustav-Mahler-Gedenkfeier der Wiener Staatsoper‹. Die schlichte, aber eindrucksvolle Gedenkrede hielt der 74jährige Musikwissenschaftler und Komponist Egon Wellesz. Leider war diese, unseres Wissens einzige, offizielle Mahlerfeier trotz des Magneten Karajans nicht besonders gut besucht.«[399]

Charakteristisch auch, daß diese »offizielle« Feier, wie Heinrich Kralik in der *Presse* treffend schrieb, »inoffziell« blieb:

»Das offizielle Österreich unserer Tage hielt sich jedoch von der Feier dieses großen Österreichers geflissentlich fern. Auffallend karg war ferner das äußere Arrangement der Feier. Es gab keine Blumen, kein Blattgrün, keine Mahler-Büste. Nicht einmal Programme gab es. Sie seien, so hieß es, im komplizierten Instanzenzug zwischen den Behörden entgleist oder steckengeblieben. War tatsächlich nur die Tücke des Objektes schuld? Oder wurde der Tücke subjektiv ein wenig nachgeholfen?«[400]

Die Festrede, die Egon Wellesz in der Wiener Staatsoper hielt, erschien übrigens nicht in einer österreichischen Zeitschrift, sondern in der *Neuen Deutschen Rundschau*.[401]

Kennzeichnend für die inhaltlichen Vorstellungen, die im Mahler-Jahr kultiviert werden sollten, ist die Konzeption der Festwochen-Ausstellung (in den Räumen der Sezession), ihres Kataloges und der sie begleitenden Sonderausgabe der *Österreichischen Musikzeitschrift*. Bruno Walters Mahler-Bild wird gleichsam als eine Art Aushängeschild verwendet – es soll aufmerksam machen auf den hierzulande sieben Jahre lang Verfemten, den es einzugliedern gilt in die Kulturgeschichte Österreichs; es soll aber auch signalisieren, daß man in Wien keineswegs geneigt ist, mit Mahler der musikalischen Moderne Tür und Tor zu öffnen:

»Das nur Gewagte, vorwiegend auf Neuheit und Kühnheit Gestellte muß dem schnelleren Veralten erliegen – erst die Verbindung mit tieferen und beständigeren Werten kann ihm zu längerdauernder Wirkung verhelfen. Daß die Werke der Meister prometheischer Abkunft in die Unsterblichkeit eingingen, verdanken sie ihrem Gehalt an Schöpferkraft, Gefühlstiefe und vor allem an Schönheit, die ihrem Wesen nach unsterblich ist und die ihr verbundenen sterblicheren Reize des ›Interessanten‹ vor dem Welken schützt. – Und so liegt der höchste Wert des Mahlerschen Werkes auch nicht in dem neuen, das sich darin an interessanten, gewagten, abenteuerlichen, bizarren Wesenselementen erregend offenbart; sondern daß dieses Neue mit dem Schönen, dem Inspirierten, dem Seelenvollen verschmolzen zu Musik geworden ist, daß die Dauerwerte künstlerischer Schöpferkraft und bedeutender Menschlichkeit seinem Schaffen zugrunde liegen, hat ihm bis heute die volle Lebenskraft bewahrt und verbürgt.«[402]

Im Unterschied zu Bruno Walter weiß der Schönberg-Schüler Erwin Ratz in seinem werk- und lebensgeschichtlichen Essay etwas von der krisenhaften Situation, in der Mahlers Musik entstand:

»Der radikale Wandel der musikalischen Sprache zu Beginn unseres Jahrhunderts, der mit innerer Notwendigkeit zur Preisgabe der Tonalität führen mußte, war die unvermeidliche Konsequenz unseres Eintrittes in das Zeitalter der äußersten moralischen und physischen Gefährdung. Obwohl Mahler in der Wahl seiner Ausdrucksmittel auf die vorwagnerische Zeit zurückgriff und bis zuletzt an der Tonalität festhielt, trug er dennoch zu dieser Entwicklung Entscheidendes bei. Die Transparenz seiner Instrumentation, die auf alles schmückende Beiwerk verzichtet und nur der Deutlichkeit der musikalischen Konstruktion dienen will, die Konzentration der Darstellung, die Härte mancher Linienführung bildeten die Voraussetzungen für die Entwicklung der ›Wiener Schule‹ [...] Die Sprache, in der die großen Meister der Vergangenheit ihre Inhalte gestaltet hatten, war nicht mehr imstande, dem Neuen, das gesagt werden mußte, Ausdruck zu verleihen. Sie mußte schärfer werden, sollte sie das Innere des Menschen treffen.«[403]

Die Größe Mahlers sieht Ratz nicht so sehr in dem Austragen der Krise als in deren Lösung – die mit dem Rückbezug auf Religion und Volkslied dingfest gemacht wird:

»Mahler, der glühende Idealist, war selbst oft von seinen Visionen auf tiefste betroffen und er versuchte von Anbeginn dem Bedrohenden das Heilsame entgegenzusetzen. So in seiner *Zweiten* und dann vor allem in der *Achten* Symphonie. Es war Mahlers unvergängliches Verdienst, den alten christlichen Pfingsthymnus Veni creator Spiritus in eine innere geistige Verbindung zur Schlußszene von Goethes Faust gesetzt zu haben, dieses hehrsten Vermächtnisses Goethes an das deutsche Volk. [...] Die künstlerische Gestaltung tiefster mystischer Erlebnisse, innige Naturverbundenheit, kompromißlose Wahrhaftigkeit und tiefe Religiosität sind die wesentlichen Merkmale der Persönlichkeit Gustav Mahlers und seines Werkes. Schärfstes kritisches Denken verbindet sich bei Mahler mit einer wunderbaren Naivität im höchsten Sinne, die ihn mit instinktiver Sicherheit den richtigen Ausdruck für die darzustellenden Inhalte finden ließ [...] Es war ihm wie kaum einem anderen deutschen Meister unserer Zeit gegeben, sich dem Wesen des Volksliedes so stark zu verbinden, daß er nicht nur Lieder schreiben konnte, die zwar ganz seine persönliche Note tragen, aber dennoch wie ursprüngliche Volkslieder wirken; er war überdies in der Lage, dieses Element in organischer Weise seiner symphonischen Musik einzugliedern.«[404]

Auch in der Besprechung der *Ersten* betont Ratz eher das ausgleichende, harmonisierende Moment – ohne das Unausgeglichen-Disparate genauer zu bestimmen: eines der *Lieder des fahrenden Gesellen* bilde »in seiner Wehmut den ausgleichenden Mittelteil des von Schmerz zerrissenen und in seiner Düsterkeit und bittern Ironie erschütternden dritten Satzes. Das Finale stellt sich in mutiger Entschlossenheit den feindlichen Gewalten entgegen und führt zu ihrer Überwindung.«[405] In der *Zweiten* findet Ratz die *Fischpredigt des Antonius von Padua* symphonisch ausgeweitet »zum Symbol der scheinbaren Sinnlosigkeit des menschlichen Lebens«[406]. Als scheinbare erscheint sie dem Interpreten, weil sie aus der Perspektive des Finales interpretiert wird:

»In dem Schlußchor [...] gewinnt die Gewißheit von der Unvergänglichkeit der menschlichen Seele ergreifenden Ausdruck.«[407]

Mit dieser harmonisierenden Perspektive der Analyse, die sich an einer anthroposophischen Auffassung von »Ganzheitlichkeit« orientieren dürfte, hängt in vermittelter Weise vielleicht auch zusammen, daß Erwin Ratz in seiner biographischen Darstellung kein Wort von den antisemitischen Attacken bei der Berufung des Operndirektors Gustav Mahler schreibt: solche kunstfremden, gesellschaftlichen Faktoren würden in seiner Auffassung wohl das Bild eines Genies nur stören.

Eingesponnen in ein solches »ganzheitliches« Kunstverständnis bietet Ratz allerdings eine sachkundige Analyse, die im damaligen Österreich ihresgleichen sucht: er weist entschieden auf die Entwicklung von Mahlers Kontrapunktik ab der *Fünften* hin – die er freilich als Entfaltung einer klassische Formkategorie versteht: Mahler handhabe in der *Neunten* die Polyphonie »in einer Natürlichkeit und Selbstverständlichkeit [...], daß sie uns kaum mehr zum Bewußtsein kommt«.[408] Wird bei Mahler nicht vielmehr das Kontrapunktische als traditionelle Kategorie reflektiert und gebrochen? Ebenso ist erstaunlich, wie Ratz die *Siebente* versteht: »vielleicht das positivste Werk Mahlers innerhalb seiner Instrumentalsymphonien« – »Die deutsche Romantik, wie sie uns etwa in Eichendorff entgegentritt, hat – wenn wir vom Liede absehen und nur die Instrumentalmusik ins Auge fassen – kaum einen so ebenbürtigen Ausdruck gefunden wie gerade in gewissen Symphoniesätzen Gustav Mahlers, insbesondere in den drei Mittelsätzen der *Siebenten* Symphonie, die von zarter und zauberhafter Poesie erfüllt sind.«[409] Ganz anders und ungleich prägnanter die Betrachtung der *Neunten*, deren Gehalt Ratz auf bemerkenswerte Weise zum Ausdruck bringt:

»Wir empfinden die Ecksätze wie ein von Trauer und Mitleid erfülltes Abschiednehmen von einer Welt, die dem Taumel des materiellen Lebens hingegeben (zweiter Satz) und in selbstzerstörerischen Kampf (in der Rondo-Burleske) sich ihrer wahren Ziele nicht bewußt zu werden vermag.«[410]

Der Vergleich mit den anderen Beiträgen des Kataloges zeigt jedenfalls sehr anschaulich, daß es sich bei Erwin Ratz um einen der wichtigsten, kenntnisreichsten und mit Mahlers Musik vertrautesten aller in Österreich über Musik Schreibenden und Lehrenden handelt; Ratz weigert sich vor allem auch prinzipiell, Mahler gegen die musikalische Moderne auszuspielen. Und gerade dieses Manöver scheint die gesamte Mahler-Rezeption in Österreich beherrscht zu haben, soweit sie dem Komponisten überhaupt wohlgesonnen war.

In unnachahmlicher Drastik hat schon damals Franz Endler formuliert, was andere in kultivierter Weise ausdrückten: Mahlers Musik habe zu ihrer Zeit einen Weg gezeigt, der »von einer Unzahl von Halbmenschen zu einer bequemen, asphaltierten Straße ausgebaut und daher uninteressant gemacht wurde (es stimmt schon: wir meinen die meisten Mitglieder der ÖGZM [Österreichische Gesellschaft für Zeitgenössische Musik]).«[411]

Auf einem anderen sprachlichen und moralischen Niveau, aber in die gleiche Richtung zielend, verwendet Hermann Ullrich ganz bewußt das Lob für Gustav Mahler als Waffe gegen die Moderne – und buchstabiert in diesem Sinn die salbungsvollen Worte Bruno Walters aus; wobei er sich gleichzeitig wundern muß, warum Mahlers Symphonien noch immer nicht anerkannt sind, wenn sie sich doch von Strauss und Pfitzner nicht unterscheiden – Ullrich erwähnt ausdrücklich deren Anerkennung Mahlers Musik; Pfitzner und Strauss erscheinen geradezu als die Gewährsmänner von musikalischer Qualität im 20. Jahrhundert:

»Immer noch erheben sich Stimmen des Widerspruchs, und so groß immer der Publikumserfolg der – viel zu seltenen – Aufführungen Mahlerscher Sinfonien ist, man kann sich doch des Eindruckes nicht erwehren, daß Mahler nicht ›zieht‹, und vor allem die Jugend kein rechtes Verhältnis zu ihm besitzt. […] An Mahlers einst gefürchteter ›Modernität‹ kann das wohl nicht liegen, denn die Jugend ist durch die wilden Experimente unserer Zeit hindurchgegangen und hat gelernt, Konstruktives, Unechtes, am Reißbrett bei Neonbeleuchtung Errechnetes von echtem künstlerischen Empfinden, sei es auch noch so gewagt und neu, zu unterscheiden. Versucht man auch immer wieder sie für die ›Neumusik‹ einzuspannen, sie lehnt mit sicherem Empfinden Zerebrales, Kitschiges und Unechtes ab, möge es sich nun seriell, tachistisch oder als ›konkrete‹ Musik verkleiden. Mahler wollte bei aller Kühnheit seiner Tonsprache […] niemals das Experiment um des Experimentes willen. Ihm war es nur um Wahrheit des Ausdruckes, um restlose, ungehemmte Wiedergabe seelischer Komplexe und Ideen zu tun, um eine Wahrheit in seiner Auseinandersetzung mit Natur und Gottheit, die oft grausam, häßlich und erbarmungslos, aber nie gekünstelt war. Und die so oft getadelte Banalität gewisser Einfälle bedeutet eben ›Musik des Alltags, ins Ewige gerückt‹ (Paul Stefan). […] Damit aber zog er eine klare Grenzlinie zwischen seiner Kunst und der eben entstandenen ›neuen‹ Musik, der Atonalität, die Schönheit als unwesentlich, ja verwerflich, Melodie als nebensächlich und die ästhetische Vorstellung des Kunstgenusses als leichtfertige, ja unerlaubte Geisteshaltung ansah.«[412]

Dennoch bleibt Mahler auch für Ullrich problematisch:

»Dieser prägnante Einfluß des hellwachen Intellekts auf Mahlers Schaffen, der in den langsamen Sätzen seiner Sinfonien wieder von echtem, voll ausströmendem Gefühl zurückgedrängt wird, führt dann zu jenem Zwiespalt, jener Unausgeglichenheit und Zerrissenheit, zu jähen Stimmungsumschwüngen, die von Anfang an jene befremdeten und abstießen, die an Brahms ruhige, klassische Strenge oder an Bruckners tiefe, religiöse Gläubigkeit gewohnt, sich mit dem nervösen, aggressiven Wesen Mahlerscher Tonsprache nicht befreunden konnten.«[413]

Mahlers Kunst aber, so die Conclusio, lasse sich nicht vom rein Musikalischen, sondern nur vom Weltanschaulichen her verstehen:

»sie birgt geistige, philosophische, weltanschauliche Probleme, verkörpert […] seine tiefe, wenn auch nicht konfessionell gebundene Religiosität, seinen Kampf gegen das Gemeine [!] […] seinen Glauben an die Unverlierbarkeit des Seelischen und die Ewigkeit alles Lebens, wie er im Schlußsatz der Zweiten seinen erhabensten Ausdruck gefunden hat.«[414]

In derselben Weise wurde offenbar auch die Sonderausstellung gestaltet, folgt man jedenfalls Dolf Lindner, der sie im selben Schwerpunkt-Heft der *Österreichischen Musikzeitschrift* bespricht: Mahler wird in die Romantik eingebettet – als ihr letzter Vertreter, ihr Epigone – und sein Bezug zur Moderne abgeschnitten:

»Den Übergang, gleichsam als Pylon, zum Komponisten Mahler, dem Raum III gewidmet ist, bilden zwei Weggefährten: Richard Strauss und Hans Pfitzner. Die Stadt München lieh dafür die autographe Partitur von Feuersnot, die Familie Strauss die der Salome und Briefe, die über dieses Werk sowie über Guntram gewechselt wurden. Die Persönlichkeit Pfitzners wird durch Briefe und Partitur der *Rose vom Liebesgarten* repräsentiert.«[415]

Im ganzen Heft wird hingegen weder erwähnt, daß Mahler hier in Wien antisemitischen Attacken ausgesetzt war, noch daß er Jude war.

Der Katalog der Festwochenausstellung läßt diese Tendenzen noch stärker hervortreten. Im Vorwort des Bürgermeisters Franz Jonas ist vom »Österreicher Gustav Mahler« die Rede, deutlich die Absicht einer gewissen Instrumentalisierung: mit Mahler wolle man die Kultur der Jahrhundertwende präsentieren, Mahler also als Mittel, die Renaissance von Secession und Jugendstil zu befördern – und dies wiederum aus Gründen, die mit entwaffnender Offenheit im Ausland verortet werden: der Bürgermeister registriert lebhaftes Interesse für diese Periode »nicht so sehr in Wien als in anderen Metropolen, wie Paris und Rom«.[416]

Die Ausstellung hätte statt ›Gustav Mahler und seine Zeit‹ wohl besser ›Seine Zeit und Gustav Mahler‹ heißen sollen. In den »Epilegomena« zum Wiener Mahler-Gedenkjahr, die im *Forum* erschienen sind, deutet Adorno eine solche Kritik des Ausstellungskonzeptes vorsichtig an:

»Gegen die Wiener Säkularausstellung 1960 mochte man einwenden, sie habe durch das Programm ›Mahler und seine Zeit‹ den Horizont zu weit abgesteckt, das Spezifische Mahlers in der Allgemeinheit der Periode verschwimmen lassen, wenn anders die Ausstellung von Visuellem davon überhaupt etwas erreichen kann«.[417]

Doch der gewiegte Dialektiker weiß sogar aus diesem Nachteil philosophischen Gewinn zu schlagen: »Aber gerade an der Beziehungslosigkeit des Ausgestellten zu dem Gefeierten ließ über diesen Erhebliches sich lernen.«[418] Und in Hinblick auf die Rezeption Mahlers in Österreich könnte hinzugefügt werden: auch aus der Beziehungslosigkeit der ganzen Feierlichkeiten zu ihrem eigentlichen Gegenstand, läßt sich über den Gefeierten Erhebliches lernen.

Schon im Vorwort des Ausstellungskataloges wird auf Einwände gegen Mahler in einer Art vorauseilendem Gehorsam reagiert, die auf Widerstände gegen eine Renaissance des zwischen 1938 und 1945 Verfemten schließen läßt:

»Damit soll aber nicht eine Wertung gegenüber den anderen Genies, wie Hugo Wolf, Richard Strauss u. a. ausgesprochen werden, sondern es sollen die jeweiligen Beziehungen zwischen Gustav Mahler und jenen großen Geistern dargestellt werden, wodurch eben die ganze Kulturstruktur dieser Zeit deutlich wird.«[419]

Dennoch: »Möge sich vor allem die junge Generation an den Schöpfungen Mahlers erbauen, jenes Mannes, der für alle Zeiten zu den erlauchten Geistern unserer Stadt gehört.«[420] In der Darstellung des Operndirektors heißt es im Katalog: »Die Kritik der Zeit war ihm zunächst günstig gesinnt, hat ihm aber später vielfach unrecht getan.«[421] Als Grund für den Rücktritt Mahlers wird die resignierte Feststellung angegeben, daß »die Erfüllung idealer Forderung doch nie zu erreichen« sei.[422] Kein Wort von antisemitischen Angriffen, wie sie insbesondere vor dem Antritt und nach dem Abtritt Mahlers erfolgten. Seine jüdische Abstammung wird hingegen zur näheren Charakterisierung des Komponisten erwähnt – und zwar in Zusammenhang gebracht mit den »Anzeichen des Unruhigen, Fahrigen [...] jenes nervösen Gehabens«.[423] Dieses wird zunächst mit seinen vielfältigen Tätigkeiten erklärt, dann aber heißt es:

»Zu diesen zum Teil von äußeren Umständen aufgezwungenen Verhältnissen treten innere. Mahlers jüdische Abstammung, sein Hinneigen zum deutschen Volkslied, zur katholischen Mystik zeigen weitere Abgründe auf, die zu überbrücken der Künstler Mahler allzeit bestrebt war. Es ist darüber schon viel geschrieben worden, manches in tendenziöser Absicht [...] über jedem Für und Wider, das man Mahler gegenüber zur Geltung bringen könnte, steht die eine unumstößliche Tatsache: er war ein ehrlich Suchender, ein fanatisch Ringender, der in allen seinen Werken sich selbst gab in rücksichtsloser, geradezu begeisternder Hingabe. Kein Geringerer als Hans Pfitzner sagte von Mahler: ›Es ist Liebe in ihm.‹«[424]

Und mit diesem Zitat eines späterhin vom Nationalsozialismus Überzeugten wird die Darstellung des Komponisten beschlossen.
Einzig die Einleitung des Katalogs von Heinrich Kralik, dem Musikkritiker der *Presse*, der sich schon in der Ersten Republik mit besonderem Nachdruck für Mahler publizistisch eingesetzt hatte und nach 1945 einen Mahler-Zyklus im österreichischen Rundfunk durchsetzen konnte, ist frei von solchen Anklängen. Kralik versucht aber Mahler umso mehr zum Christen zu bekehren:

»Als Mahler den katholischen Glauben annahm [...] tat er diesen Schritt gewiß nicht aus Opportunismus oder im Sinne banaler Anpassungstendenzen, sondern es geschah in Konsequenz aus seinem Denken und

Schaffen, das unmißverständlich bezeugt, wie tief in seiner Seele ihn die christlichen und deutsch-volksliedhaften Elemente berührten.«[425]

Nichts durfte in Verbindung mit Musik banal sein, nicht einmal die banale Notwendigkeit, sich taufen zu lassen, um in Wien Operndirektor werden zu können – eine Notwendigkeit, deren Banalität Mahler selbst allerdings sehr bewußt war.

Im Unterschied zu dieser Sichtweise weiß Georg Knepler in seinem Artikel zum 100. Geburtstag[426] zu betonen, daß sich Mahler gegen den Widerstand »einer mehr oder minder offen geführten antisemitischen Kampagne«[427] durchsetzen mußte und daß er »als Jude aus einer kleinen tschechischen Provinzstadt«[428] in der Metropole der Habsburgermonarchie in besonderer Weise unter »Einsamkeit, Fremdheit und Unverstandensein«[429] zu leiden hatte. Allerdings ist auch in Kneplers Artikel eine gewisse Instrumentalisierung Mahlers sichtbar, soweit es darum geht, den Gegensatz zu Schönberg herauszustellen:

»Zwischen Mahler und Schönberg liegt eine ganze Welt, nicht in erster Linie deshalb, weil die technisch-musikalischen Mittel Schönbergs von denen Mahlers so verschieden waren. Die entscheidenden Unterschiede liegen tiefer. Wenn Mahler, wie vor ihm Beethoven, ›die Millionen‹ zu ›umschlingen‹ sucht, so zieht sich Schönberg bewußt in die Exklusivität eines kleinen Kreises zurück. Wenn Mahler seine musikalische Sprache so eindringlich und deutlich wie nur möglich zu machen sucht, so verschanzt sich Schönberg hinter seiner ausgeklügelten, von der Musik der Massen durch unüberbrückbare Abgründe getrennten Musiksprache. Wenn Mahler Gut und Böse, Freude und Schmerz in scharf kontrastierenden musikalischen Bildern vor uns hinstellt, so kennen Schönbergs musikalische Ausdrucksmittel überhaupt keinen prinzipiellen Unterschied zwischen diesen beiden Ausdruckssphären. Für ihn ist alles böse. [...] Mahler vertritt die humanistische Tradition des Bürgertums, Schönberg die Aufgabe, die ›Zurücknahme‹ dieser humanistischen Ideale. Für die Richtung, die Schönberg vertritt, ist nicht in erster Linie die viel angepriesene Zwölftontechnik charakteristisch, sondern vielmehr die Hinnahme und Verklärung jener Übel der Einsamkeit und Isolierung, die Mahler so heftig anklagte. Die Dekadenz, deren typischer Vertreter in der Musik Schönberg ist, zeichnet sich vor allem dadurch aus, daß sie aus der Not des bürgerlichen Künstlers, aus seiner Isolierung, eine Tugend zu machen sucht. [...] Ganz anders Mahler. Die Loslösung des Künstlers vom Volk konnte er, ein einzelner, natürlich nicht überwinden. Aber er ahnte, wo er nicht wissen konnte, daß hier der zentrale Punkt, seines ›Leides‹ lag. Um diesen zentralen Punkt bewegte sich seine Musik. So ist also Mahler nicht bloß in seiner Melodik und in manchen Zügen des formalen Aufbaus ein Bewahrer der großen symphonischen Traditionen, die Beethoven in Österreich gegründet hatte. Er ist es vor allem auch darin, daß er die symphonische Form mit dem Inhalt großer Menschheitsprobleme füllt, also mit neuen Mitteln und auf neue Weise die klassische Tradition für seine Zeit rettet. In diesem Sinn ist er der letzte von den großen bürgerlichen Symphonikern Österreichs und einer der letzten großen bürgerlichen Komponisten überhaupt. Wenn heute das Mahlersche Werk neues Interesse findet, so darf man darin ein Symptom erblicken: Der bürgerliche Avantgardismus hat sich, trotz aller Propaganda, nicht durchgesetzt. Eine Besinnung auf die humanistischen Traditionen ist auch unter bürgerlichen Komponisten unausbleiblich. Es ist sehr charakteristisch, daß die bedeutendsten Symphoniker unserer Zeit, Prokofjew und Schostakowitsch, eben, weil sie Sozialisten sind, an gewisse Züge der Mahlerschen Symphonik anknüpfen konnten.«[430]

Auch das damalige Mahler-Bild Georg Kneplers orientierte sich in bestimmter Hinsicht an den ästhetischen Vorstellungen des 19. Jahrhunderts, wobei jedoch zugleich am Begriff des Fortschritts geschichtsphilosophisch festgehalten wird: so erwähnt Knepler die von Alma Mahler überlieferte Anekdote, wonach Mahler im Jahre 1905 auf dem Heimweg von der Oper dem Mai-Aufmarsch der Wiener Arbeiterschaft begegnet, eine Zeitlang mit ihm mitgewandert sei, und danach erklärt habe: das eben seien seine Brüder, diese Menschen seien die Zukunft. Soweit Mahler aber in die bürgerliche Tradition integriert wird, droht der mögliche innere, über die bloße Anekdote hinausgehenden Bezug Mahlers zu plebejischen Traditionen verloren zu gehen. Diese figurieren dann bloß als Aufnahme des »Volkstons«, wie er bereits aus Beethoven und Bruckner spreche. Das spezifisch Moderne und durchaus Unromantische in Mahlers Umgang mit den kulturell degradierten Momenten der Musik: die bewußte Aufnahme banaler, ›abgedroschener‹, vernutzter Motive, von ›Phrasen‹ im doppelten, musikalischen und stilkritischen

Sinn, und damit in Zusammenhang die besondere Bedeutung der Polyphonie, um das heterogene Material zu artikulieren – dieses einzigartige Moderne der Mahlerschen Musik wird in einem starren Dualismus von sozialem Fortschritt und humanistischer Tradition notwendig verfehlt. In späteren Büchern und Aufsätzen Georg Kneplers sollte sich ein anderes Mahler-Bild abzeichnen, das jenen Dualismus hinter sich ließ.[431]

Unter all den Musikprofessoren, -schriftstellern und -journalisten aus Österreich sind es nur ganz wenige, die im Jahre 1960 der Bedeutung Mahlers für die Moderne gerecht zu werden vermögen. Noch im Januar des Gedenkjahres war in der österreichischen Zeitung *Heute* ein ausführlicher Artikel des jungen Lothar Knessl unter dem programmatisch gesetzten Titel: »Die Zerreißprobe der Musik – Dem Wegbereiter Gustav Mahler gebührt volle Aufmerksamkeit« erschienen. Anläßlich der Aufführung der *Ersten* durch die Wiener Symphoniker unter Josef Krips rückt er Mahler entschieden in den Blickpunkt der Moderne und durchbricht den Schein der Romantik, der Mahlers Werk umgibt:

»Ländlerische, älplerische, terzensatte und unbekümmert heitere Volksweisen werden aperiodisch abrupt unterbrochen. Sie sind von fluktuierenden Kontrastelementen zerrissen. [...] Phrasen werden plötzlich unterbrochen, da fährt ein grelles Blechgeschmetter dazwischen, dort profilieren Naturrufe und Signale den im Hintergrund flimmernden Orchesterklang. Dieser kurze, jähe Stimmungswechsel sollte bald darnach zum musikalischen Expressionismus führen. Melodik, Harmonik und eventuelles Programm mögen sich romantisch gebärden. Aber diese Haltung legt sich nicht fest. Sofort schneiden Parodie und Skurrilität den vermeintlichen Honigkuchen in Stücke [...] Oft in extremen Lagen verwendete Instrumente verzerren den lieblichen und glatten Spiegel eines romantischen Weihers. Vorhaltsbildungen dehnen sich bis zur unerträglichen Spannung, um schließlich unerwartet weitergeführt zu werden. Das Notenbild ist mit Anweisungen übersät. Minutiös genau trug Mahler jede auch noch so geringe dynamische oder agogische Veränderung ein, jeder Punkt, jeder Zäsurstrich muß genau befolgt werden. (Derartig exakte Bezeichnungen wachsen innerhalb der Wiener Schule zum System.) Ritardandi werden häufig nicht vorgeschrieben, sondern im präzis fixierten Tempo auskomponiert, damit der Dirigent nicht willkürlich das Maß der Verzögerung beeinflussen könne. Eine Vielzahl musikalisch neuartiger Details, die bis dahin höchstens fallweise oder zufällig auftreten, bei Mahler hingegen zum bewußten kompositorischen Vorgang avancieren. Und darum sollte man sich von einigen friedlich ausgebreiteten oder lustig hüpfenden ›Gstanzeln‹ nicht verleiten lassen, hier die Wurzel Mahlerscher Tonkunst zu suchen.«[432]

Die Darstellung Knessls bleibt strikt musikimmanent und verzichtet auf gesellschaftliche Bezüge. Hinzu kommt, daß Knessl Mahlers Werk auf der Grundlage eines gleichsam linear gedachten musikalischen Fortschritts würdigt. Dennoch handelt es sich ohne Zweifel um eines der bedeutendsten Dokumente der Mahler-Rezeption in Österreich um 1960.

Bei der Betrachtung der Rezeption Mahlers im Jahr 1960 darf freilich nicht vergessen werden, wieviel offener Widerstand in Publikum und Kritik dieser Musik nach wie vor entgegengebracht wurde. Als herausragendes Beispiel hierfür seien die Kritiken von Franz Tassié im *Express* genannt. Über die *Fünfte* schrieb dieser Journalist (anläßlich der Aufführung der Prager Philharmoniker unter Karel Sejna):

»Ein Thema kann nicht empfindvoll genug sein, also wird es banal, eine Erschütterung kann nicht groß genug sein, also wird sie zu tobendem Lärm. Mahlers Musik hat einen stark literarischen Einschlag, was ihren Genuß sehr herabsetzt. Man ist dauernd mit dem Kopf dabei. Unentwegt tauchen ›Neuigkeiten‹ auf. Es soll alles so bedeutend sein, ist es aber nicht. […] Der gequälte Hinweis auf sein Werk macht die Tragik einer Seele deutlich, die wohl von Stimmen und Gesichtern umgeben zu sein scheint, aber nicht auserwählt war. Und was davon in Mahlers Musik zum Ausdruck kommt, ist am stärksten.«[433]

Über die *Sechste* äußerte derselbe Journalist noch Jahre später:

»Musikalisch kann diese Symphonie zu einer der ägyptischen Plagen gezählt werden. Sie nimmt und nimmt kein Ende, und sie ist und ist nicht anzuhören. […] Mit dieser Symphonie ist Mahler der Ahnherr der Modernen. Er demonstriert mit höllischer Meisterschaft, wie sich Musik anhört, die möglicherweise einen literarischen Inhalt besitzt, den ihr Literaten zu geben vermögen, aber musikalisch nichts zu bieten hat als Qual und Pein. Das ist, ernsthaft genommen, daran wirklich tragisch.«[434]

Mit der »Hellsicht der Ranküne« (Adorno) erkennt Tassié allerdings schärfer den Zusammenhang Mahlers mit der Moderne als viele der so hingebungsvollen Mahler-Verehrer.

Über eine Aufführung der *Siebenten* mit den Wiener Philharmonikern unter Rafael Kubelik schreibt Tassié am 21. 11. 1960 unter der Überschrift »Mehr als problematischer Symphoniegigant«: die *Siebente* sei ein Werk,

> »das mit Effekten aller Art vollgepropft ist und eine teils höchst reizvolle, teils ziemlich allgemeine Verwirrung anrichtet. [...] Seine Symphonien sind Stückwerk, denen es einfach an ästhetischer Ökonomie ermangelt. Ein Thema kann nicht beliebig abgewandelt werden, weil es sonst malträtiert wird. Ein Thema hat nur eine bestimmte dynamische Kraft und Schwingungszahl. Wird diese überdreht, so wird ihre Wirkung aufgehoben. Wie bei Säuren, denen man Basen zusetzt. All das tut Mahler bis zur Selbstqual, bis zum Masochismus, und wenn er dann in Tränen ausbricht, muß man sich abwenden, weil wohl der Schmerz echt ist, die Züge sich aber zur Grimasse verzerren. Es ist vieles tragisch in diesem Werk. Die Tragik ist aber keine schöpferische Tragik, sondern eine Tragik, die wie eine Krankheit über dem Werk liegt.«[435]

Wie in den meisten positiven Darstellungen der Mahlerschen Musik wird in dieser negativen von Mahlers jüdischer Herkunft kein Wort gesprochen. Und dennoch folgt die ganze Kritik einer antisemitischen Argumentationslinie, wie sie zum ersten Mal Richard Wagner in seiner Schrift über *Das Judentum in der Musik* gegenüber Felix Mendelssohn Bartholdy entwickelt hat: Juden seien unfähig zum schöpferischen Komponieren von Musik – im besten Fall reiche es bei ihnen zur tragischen Einsicht in die eigene künstlerische Impotenz. Die Mahler-Kritiken von Tassié stellen in dieser Konsequenz allerdings eine Ausnahme in der Wiener Presselandschaft des Jahres 1960 dar. Ein Protest der *Volksstimme* ließ zum Glück nicht lange auf sich warten: Hier heißt es über Tassiés Kritik der *Fünften*: »Diese Rezension hätte ohne weiteres in der Goebbels-Zeit erscheinen können und stammt ›geistig‹ wohl auch aus dieser Zeit.«[436] Tatsächlich legte Alfred Rosenberg in seinem Machwerk *Der Mythos des 20. Jahrhunderts* Wert auf einen inneren, ›tragischen‹ Zwiespalt Mahlers und schrieb von dem »entschiedenen Anlauf zum Hohen nehmenden Mahler, der doch schließlich ›jüdeln‹ mußte [...] und von einem tausendstimmigen Orchester das Letzte erwartete«.[437]

Ein zweiter Musikkritiker des *Express*, der junge Karl Löbl, bemühte sich damals offenbar um eine gewisse Anpassung an das Mahler-Bild des Kollegen: so schrieb Löbl über die *Neunte* (anläßlich der Aufführung der Wiener Philharmoniker unter Dimitri Mitropoulos): »Mahlers Monstersymphonie«[438] schließe mit einem »Adagio, das man in –zehn oder –zig Jahren wahrscheinlich losgelöst vom angeschwollenen Rumpf der übrigen drei Sätze gern hören wird. (Warum auch nicht loslösen?) Vorher gibt es einen fast parodistisch derben Ländler, ein burleskes Rondo von gewaltiger Ausdehnung, vor allem aber ein schier endloses Andante als Einleitung. Lauter gewiß stark empfundene, bedeutende, kühn konzipierte Musik. Nur so schrecklich langatmig daß dieser Atem dem Hörer oft genug wegbleibt.«[439] Im genauen Gegensatz zu dieser selbstgefälligen Ignoranz steht die sachkundige Kritik derselben Aufführung von Helmut A. Fiechtner in der *Furche*, die es versteht die innere Beziehung zwischen den einzelnen Sätzen transparent zu machen:

»Der 1. Satz, ein Andante von 450 Takten, mit seinen thematischen Trauermarschrhythmen, hat eine symmetrische Entsprechung in dem an Bruckner anklingenden Schlußadagio, über das Theodor W. Adorno in seinem soeben erschienenen Mahler-Buch geschrieben hat: ›Die Abschied nehmende Musik kommt nicht los. Vom Unwiederbringlichen vermag das Subjekt die anschauende Liebe nicht abzuziehen.‹ – Zwischen diesen monumentalen Ecksätzen stehen ein aus Ländler, Walzer und Zeitlupenländler montierter Scherzosatz und ein Rondo-Burleske betiteltes virtuoses Allegro, in welchem der Künstler selbst in den Lebensstrom hineingerissen erscheint. – Das schwierige Siebzigminutenwerk wurde von Dimitri Mitropoulos groß, wie es ist, gesehen und hinreißend interpretiert. Man hörte so viele Details wie vielleicht noch nie zuvor und empfing trotzdem den denkbar stärksten Gesamteindruck.«[440]

Bemerkenswerterweise waren es immer wieder die Instrumentalsymphonien – damals insbesondere die *Siebente* und die *Neunte* –, die den größten Widerstand hervorriefen. Im *Kleinen Volksblatt* etwa ist von einem »bunten, Wertvolles und Unbedeutendes mischenden Inhalt«[441] der *Siebente*n die Rede. Auch Franz Endler, der sich sichtlich um eine wohlmeinende Haltung zu Mahler bemüht, nimmt gerade an diesem Werk Anstoß:

»Seine *Siebente*, in der er einmal alle freundlichen Regungen zusammenfassen wollte, ist deshalb bei allem kompositorischen Können ein Werk, das mehr durch Ehrlichkeit als durch Vollkommenheit besticht […] Ein freudig erregter Leidensmann, ein lächelnder Melancholiker, das kann nicht gut ausgehen.«[442]

Wieder einmal ist das entscheidende Moment Mahlerscher Musik verfehlt – das Ineinander des Heterogenen, die Faßlichkeit des Befremdenden – und abermals ist der Standpunkt benannt, von dem aus Mahler am leichtesten mißverstanden wird: der, daß alles gut ausgehen möge.

Eine der ganz wenigen verständnisvollen Kritiken der Aufführung der *Siebenten* durch Kubelik und die Wiener Philharmoniker findet sich in der *Arbeiter-Zeitung* – nicht zufällig in bewußter Auseinandersetzung mit den Mahler-Gegnern. Mit Bezug auf den Vorwurf des Banalen und Sentimentalen in der Mahlerschen Musik heißt es:

»Wie unfair nun von seinen Widersachern, zum Gegenbeweis einzelne Wendungen aus der Partitur herauszuklauben, die entweder ironisch gemeint sind oder sich in ihrem kompositorischen Zusammenhang oder ihrer Fortführung als durchaus eigenständig-bedeutsam legitimieren. Anderseits, was für ein souveränes Können birgt sich in dem Wagnis, all die tondichterischen Vorstellungen und phantastischen Spukgestalten, die diese geniale Schöpferstirn bedrängten, in eine grandiose symphonische Form zu bannen, mit überlegener Nutzung der entlegensten orchestralen Möglichkeiten bis zum tonpoetischen Geräusch etwa, wie in der *Siebenten*, von Kuhglocken …«[443]

Der Kritiker der *Arbeiter-Zeitung* geht in der Folge auch auf die Interpretation durch Kubelik und die Philharmoniker ein – nicht ohne weitere Facetten des Werks dabei hervorzuheben:

»Da flüsterte die phantastische Nacht und schwirrte Kapellmeister-Kreisler-Spuk durch den Musikvereinssaal, da klangen im ersten Satz die schönen

Trompeten wie aus dem Traumland der Kindheitserinnerungen, aber wie auch manch knirschender Kontrapunkt in die Zukunft musikalischen Neulands.«[444]

Die Besprechung schließt mit einem verhaltenen Appell an das Orchester, sich seines einstigen Chefdirigenten anzunehmen:

»Die Philharmoniker aber bewiesen, daß sie, ganz abgesehen von ihren historischen Bindungen zu ihrem einstigen Dirigenten, schon als Klangkörper berufen wären, eine klingende Mahler-Tradition zu gründen, ähnlich ihrer Bruckner-Tradition, die sich ja bekanntlich auch nicht gleich von selbst und ohne anfängliches Widerstreben ergeben hat ...«[445]

Für die Presse aus den Bundesländern indessen kann Tassiés verdeckter Antisemitismus durchwegs als Leitlinie bis tief in die sechziger Jahre hinein gelten. So heißt es in einem Artikel der Klagenfurter *Neuen Zeit* zum 100. Geburtstag:

»Mahlers strebendes Künstlertum war nicht imstande, die Erscheinungsbilder seiner Zeit zu einer höheren Form zusammenzufassen, so wie ein Brennglas die Strahlen sammelt, um sie in einem erhabenen Strahl zu konzentrieren. Auch in seinem Werk ist eine Überladung festzustellen, ein Hantieren mit allem Möglichen – doch keine Einheitlichkeit, keine Einheit. [...] Seine bewundernswerte Instrumentierungskunst, seine ausgezeichnete Technik der Polyphonie, der meist von ihm verwendete Riesenapparat, der selbst den eines Richard Strauss übertrifft, können ihre Eigenschaft, Fassade zu sein, nicht verleugnen. Sein Werk erreicht nie zuchtvolle Selbstverständlichkeit eines Bruckner – der sein Lehrer war – oder Beethovens [...] Zu viel bewegte Mahlers Gemüt, zu viel Widerspruchvolles, Aktuelles von flüchtigem Wert, Zeitgeschehen von untergeordneter Bedeutung. Mahler ist der hochintellektuelle Universalmensch der Moderne, der irgendwie Dilettant bleibt, bleiben muß [...].«[446]

Freilich nutzt der Publizist die Gelegenheit, um für sein Land im Sinne des Fremdenverkehrs ausgiebig die Werbetrommel zu rühren und streicht besonders heraus, daß Mahler mit Kärnten, mit dem Wörtherseegebiet eine ganz besondere Neigung verband, so daß sich als Schlußfolgerung ergibt: das Beste an Mahler sei eben der Ort, an dem er lebte und komponierte.

**Adorno in Wien**

Solcher Ranküne – die sich in Wien oft bedeckt hielt[447] – nicht offen entgegenzutreten, sondern ihr auszuweichen, scheint das Bestreben nahezu aller öffentlicher Aktivitäten zur Förderung Mahlers gewesen zu sein. Mit einer Ausnahme – und das war die Einladung Theodor W. Adornos zu einem Vortrag nach Wien. Adorno sprach am 21. Juni 1960 im Mozart-Saal des Konzerthauses – und wie die Presse übereinstimmend berichtet, war der Saal leer.[448] Die Rede erschien schließlich auch nicht in einer österreichischen Zeitung oder Zeitschrift, sondern in der *Neuen Zürcher Zeitung* im Juli 1960 und in den *Neuen Deutschen Heften* 1961, Heft 79. Einzig der Zusatz der Epilegomena wurde im *Forum*, September 1961, abgedruckt. Dabei machte sich Adorno in seiner Rede durchaus Mühe, dem Wiener Publikum, das gar nicht erschien, zu schmeicheln: »Wer aus Deutschland nach Wien kommt, um zu Gustav Mahlers hundertstem Geburtstag zu sprechen, muß fürchten, Eulen nach Athen zu tragen«[449] – mit diesem Kompliment eröffnete Adorno seine Rede, und konnte doch mit Händen greifen, daß für solche Furcht keinerlei Anlaß bestand und die Eulen – antike Symbole der Erkenntnis – hierorts bereits zu den ausgestorbenen Tierarten zählten.

Die versuchte Anpassung des Musikphilosophen ans Wiener Publikum und dessen Geschmack beschränkte sich allerdings nur auf den Beginn des Vortrags: hier bemühte sich Adorno typisch Österreichisches bei Mahler zu benennen. Im Gegensatz zu seiner im selben Jahr erschienenen großen Mahler-Monographie betonte er – dem österreichischen Gusto nachspürend – die Nähe zu Bruckner, und er hob die *Zweite* Mahler besonders hervor, die wiederum in der Monographie besonders kritisch betrachtet wird: »Österreichisch ist die lange Ländlermelodie des Andantes der *Zweiten* Symphonie, die wohl jeden, der Mahler liebt, ursprünglich zu ihm führte.«[450] Der Nebensatz jedoch könnte freilich auch als ein sanfter Überredungsversuch gelesen werden – eine Einladung, Mahler kennenzulernen und dessen Werk über den Ländler der *Zweiten* sich anzueignen.

Aber im nächsten Moment bereits läßt Adorno die Katze aus dem Sack und folgt nun den Grundthesen seines Mahler-Bildes, wie er es im Prinzip bereits in den dreißiger Jahren entworfen hatte und in der Monographie von 1960 ausgestaltete. Seine Wiener Rede kann in dieser Hinsicht als kompakteste Zusammenfassung gelten. So ist nach den einleitenden Verbeugungen vor der Österreich-Ideologie auch schon Schluß mit dem Antichambrieren – und spätestens hier hätten wohl einige der Zuhörer den Saal verlassen, wenn sie überhaupt gekommen wären:

»Die Heimat von Mahlers Musik ist nicht ganz ihre eigene. Stets befremdet ihr Vertrautes. Die traditionelle Sprache, die sie mehr respektierte als irgendeine andere der gleichen Ära, wird ihr uneigentlich, verstört und verstörend. An Mahlers Ruhm haftet Ärgernis, der Beigeschmack des Berüchtigten. Über ihn wird die Nase gerümpft, als frevelte er allzu menschlich gegen ein Tabu der Zivilisation. Voll des Ausdrucks, ohne Scham über die eigene Emotion, schockiert seine Musik doppelt, weil sie, weithin diatonisch, Vokabeln benutzt, die solchen unstilisierten Ausdrucks entwöhnt sind und unter seiner Anspannung zu zerreißen drohen. Darum wird Mahler abgewiesen, als Spätromantiker, als einer zwischen den Zeiten, als allzu subjektivistisch und als allzu monumental, kurz mit sämtlichen Formeln, die dem schlechten Gewissen der Versiertheit sich darbieten. Die mittlere, von Geschmack und gemäßigtem Fortschritt gezähmte Musikkultur, reaktionär auch gesellschaftlich, verdrängt Mahler.«[451]

Und in der Folge buchstabiert Adorno vollends aus, warum Mahler wenig geeignet scheint, den Fremdenverkehr zu beleben:

»Uneigentlich an ihm sind nicht nur die Bezüge auf die musikalische Volkssprache von Österreich und Böhmen, an denen man je nachdem entwurzelte Ironie oder schwächliche Sentimentalität bemängelt hat. Seine musikalische Sprache selber ist durch und durch gebrochen. […] Kaum ein Thema, geschweige ein Satz von ihm, der buchstäblich als das genommen werden könnte, als was er auftritt […] Musikalische Unmittelbarkeit und Natur wird von dem angeblich so naturseligen Komponisten bis in die Zellen der Erfindung hinein in Frage gestellt.«[452]

Im Unterschied zu der Darstellung von Mahlers Musik bei Erwin Ratz oder Lothar Knessl nimmt Adorno in seiner Interpretation explizit auf gesellschaftliche Fragen Bezug, durchbricht die falsche

Autonomie des Ästhetischen, ohne das Ästhetische mit dem Gesellschaftlichen einfach zu identifizieren. Erst durch den gesellschaftlichen Bezug vermag er sowohl die Grenzen der Ästhetik des 19. Jahrhunderts als auch den Fortschrittsbegriff des 20. zu übersteigen. Adornos negative Dialektik ermöglichte ein völlig neues Mahler-Bild – aber ebensogut könnte gesagt werden, daß Mahlers Musik Adorno erst die negative Dialektik eröffnet hat:

»Mahlers Musik ist kritisch, Kritik am ästhetischen Schein, Kritik auch an der Kultur, in der sie sich bewegt und aus deren bereits vernutzten Elementen sie sich fügt. […] Mahler hat die Folgerung aus etwas gezogen, was heute erst ganz offenbar wird: daß die abendländische Idee einheitlicher, in sich geschlossener, gewissermaßen systematischer Musik, deren Zusammenschluß zur Einheit identisch sein soll mit dem Sinn, nicht mehr trägt. Sie ist unvereinbar geworden mit einem Zustand der Menschen, die keiner verpflichtenden Erfahrung solchen positiven Sinnes ihrer Existenz mehr mächtig sind; unvereinbar mit einer Welt, die ihnen keine Kategorien glücklicher Einheit mehr beistellt, sondern bloß noch die standardisierten Zwanges.«[453]

Dabei versucht Adorno – soweit dies im Rahmen eines Vortrags überhaupt möglich ist – auch auf die innersten Strukturen der Musik einzugehen:

»Die Charaktere sind gegenüber dem Ganzen zu selbständig, zu sehr Seiendes im Werden, um nach dem Gesetz traditioneller thematischer Arbeit sich aufzuspalten und bruchlos im Ganzen zu verschmelzen. In der Variante werden die einzelnen Charaktere wiedererkennbar festgehalten, die Struktur von Themen und Gestalten wird bewahrt. In Einzelzügen aber ändern sie sich; der Kunstmusik wird jenes Prinzip der mündlichen Tradition und des Volkslieds zugeführt, das in der Wiederholung der ursprünglichen Melodie Finten, kleine Unterschiede einlegt, das Identische zum Nichtidentischen macht; bis in die Technik hinein ist Mahler der Komponist der Abweichung.«[454]

Adorno weicht der Ranküne der Mahler-Gegner nicht einfach aus, sondern sucht den Konflikt mit ihren Argumenten, ebenso wie er auf der anderen Seite Mahlers Differenz zur Zweiten Wiener Schule festhält und sie nicht als bloße Stufe betrachtet, über die der musikalische Fortschritt voran und nach oben strebe:

»Daß er [...] mit gewohntem Vokabular das wahrhaft Unerhörte aussprach, macht das Skandalon aus. Heute, da die Musik für solche Erfahrungen ein adäquates Material gefunden hat, ist man versucht zur Erwägung, ob durch solche Angemessenheit nicht die unsäglichen Erfahrungen abgeschwächt und harmonisiert werden, die Mahlers Musik durchzucken und die viel später erst real werden. Seine Banalitäten aber, Petrefakte des Überlieferten, heben dessen Unversöhnlichkeit mit dem Subjekt erst recht hervor. Unentbehrlich sind sie einem Bewußtsein, das rückhaltlos der geschichtlich heraufdämmernden Negativität sich überantwortet. Sie sind zugleich Allegorien des Unteren, Erniedrigten, gesellschaftlich Verstümmelten.«[455]

Nicht als positive Gestalten und potentielle Erlöser, sondern als Verdichtung des Negativen, worin das Subjekt sich seiner Ohnmacht bewußt wird, erscheinen die sozialen Charaktere der Erniedrigten und Beleidigten in Mahlers Musik – und erst durch die Erfahrung solcher Negativität hindurch läßt sich der Widerstand gegen die Gesellschaft denken. Adorno hat sich nicht gescheut, Mahler mit den Ausgebeuteten zu assoziieren – die Formierung zum Kollektiv jedoch sieht er im Gegensatz zu seiner Mahler-Deutung aus den dreißiger Jahren nur als Negation des Individuums.

»Zeit seines Lebens hat seine Musik es mit denen gehalten, die aus dem Kollektiv herausfallen und zugrunde gehen, mit dem armen Tambourg'sell, der verlorenen Feldwacht, dem Soldaten, der als Toter weiter die Trommel schlagen muß. Ihm war der Tod selbst die Fortsetzung irdischen, blindwütig verstrickten Unheils. Die großen Symphonien aber, die Märsche, die durch sein gesamtes Werk hindurchdröhnen, schränken das selbstherrliche Individuums ein, das Glanz und Leben denen im Dunklen verdankt. In Mahlers Musik wird die beginnende Ohnmacht des Individuum ihrer selbst bewußt. In seinem Mißverhältnis zur Übermacht der Gesellschaft erwacht es zu seiner eignen Nichtigkeit.«[456]

Vermutlich war der Vortragende über das mangelnde Interesse und die Unfähigkeit, seinen Ausführungen zu folgen, irritiert – so jedenfalls legt es der Zeitungsbericht nahe:

»Ein leerer Saal, ein in absoluter Rekordzeit verlesenes Manuskript, kurzer Applaus und fluchtartige Räumung des ›Lokals‹ – Konkursversammlung des Vereins zur Bekämpfung der Gefahr des Gefahrlosen? Nein – es war der Gustav-Mahler-Festvortrag von Prof. Dr. Theodor W. Adorno.«[457]

Die Art und Weise, wie in der Presse selbst der Vortrag rezipiert wurde, läßt auf allgemeines Unverständnis schließen; das »peinliche Bild offensichtlicher Interesselosigkeit«[458] wird ergänzt durch das nicht minder peinliche journalistischer Ignoranz:

»Als ob er die kollektive Ablehnung eines Festwochenpublikums in bezug auf Gustav-Mahler-Vorträge geahnt hätte, negiert Adorno in Anlage und Aufbau seines Referats genau das, was allgemein zum Wesen einer ›Jubiläumsrede‹ (eine solche sollte es doch sein, im Mozart-Saal, am Vorabend des Festkonzertes?) gehört: große, einem Höhepunkt zustrebende Gliederung, Betonung eines aus subjektivster Anschauung gewonnenen, nicht alltäglichen Blickwinkels der Betrachtung, ein klein wenig Rhetorik, ein Gran (der Gelehrte möge uns verzeihen) Poesie – wo es doch um einen Musiker geht. [...] Adornos bekannte Schatzkammer kluger und klügster Gedanken in Verbindung mit gängigen Feststellungen zu Mahler, freudlos ausgesprochen angesichts eines leeren Saales – das blieb der Haupteindruck. Vom ›Affirmativen‹, vom ›Konformismus‹, von der ›Welt, die keine Kategorien der Einheit mehr kennt‹, bis zur ›Neurose‹, zur ›Zwielichtigkeit‹, zum ›Schmerz der entfremdeten Seele‹, zum ›Platzhalter der absoluten Dissonanz‹ war alles da, war mit für gewöhnlich unbenütztem Vokabular das schon Gehörte ausgesprochen. Und man hätte doch so gerne das Unerhörte, Ungehörte vernommen! Zu Beginn sprach der illustre Gast aus Frankfurt von ›Eulen nach Athen tragen‹ ... Wir hätten nicht gedacht, daß er recht haben sollte (– oder wollte?).«[459]

In den Tageszeitungen *Die Presse* und *Kronen Zeitung* finden sich kaum aufmerksamere Kritiken des Vortrags. Überall zeigt sich eine eigenartige Ironie, die als typisch gelten kann für das deutsch-österreichische Verhältnis: man erklärt sich nicht zuständig für jene »geistigen Höhenregionen«[460], worin der intellektuelle Deutsche zu Hause sei und richtet sich in der eigenen Seichtigkeit bequem ein. Konflikten, wie sie Adorno in Deutschland provozierte, wird ausgewichen, wenn die Frankfurter Schule einfach als unösterreichisches Phänomen bestaunt und ein wenig belächelt wird.

Adorno nahm 1960 auch an den Europa-Gesprächen teil, die anläßlich der Festwochen jedes Jahr in Wien stattfanden, – es ging diesmal um die Entfremdung zwischen Künstler und Publikum. Der Kommentar, den die *Vorarlberger Nachrichten* dazu lieferten, zeigt eine andere Seite des Ressentiments gegenüber der intellektuellen Arbeit:

»Prof. Wiesengrund Adorno, der bekannte deutsche Musikphilosoph, nahm dazu Stellung, indem er meinte, daß nicht die Schuld die Künstler träfe, sondern es handle sich um einen soziologischen Prozeß der Abkapselung einer neuen Konsumgesellschaft gegenüber aller echten Kunst. Auf diese geschraubte Thematik verzichten wir allerdings. Wir wollen wieder saubere Kunst, die auf dem Boden eines gesunden Volkstums wächst und keiner spekulativen Geistigkeit zugetan ist.«[461]

Die Adorno-Rezeption sollte in Österreich auch weiterhin – trotz Studentenbewegung und einer gewissen Öffnung des intellektuellen Lebens – auf wenige Ausnahmen beschränkt bleiben. Eine dieser Ausnahmen ist Harald Kaufmann, der auch eine sachkundige, dabei durchaus kritische Besprechung von Adornos Wiener Gedenkrede schrieb – anläßlich deren Publikation in dem Sammelband *Quasi una fantasia*:

»Um Theodor W. Adorno kommen Freund und Feind nicht mehr herum. Wer auf Kenntnis seiner Schriften verzichtet, ist nicht mehr auf der Höhe der Situation. Der Standard des Denkens über Musik, den Adorno geprägt hat, ist unverzichtbar geworden. Er erstellt sich aus der intimen Analyse der musiktechnologischen Details am Werk einerseits und der souveränen Beherrschung der philosophischen Mittel andererseits, vor allem ihrer komplexesten Ausprägung in der dialektischen Methode. Adornos Königsidee, die musikalische Zelle so zu analysieren, daß sie das Allgemeine des gesellschaftlichen Vorganges offenbart, wird als Spurlinie aus keiner späteren theoretischen Beschäftigung mit Musik mehr zu tilgen sein.«[462]

Darin scheint Kaufmanns Prognose – zumindest was Österreich betrifft – zu optimistisch. Die Abwehr von Adornos Musikphilosophie und -soziologie in Wien schlägt sich paradoxerweise sogar in dem Buch über *Adorno in Wien* nieder: Heinz Steinert schiebt darin ein eigenes Kapitel über Mahler in Wien ein, mit spezieller Berücksichtigung der Rezeption – und ignoriert seinerseits den Mahler-Vortrag, den Adorno in Wien hielt.[463]

Hätte Adorno tatsächlich einen größeren Einfluß auf das österreichische Musikleben gewonnen, so wäre es gewiß auch um die Rezeption von Mahlers Werk besser gestanden. Man denke etwa nur daran, daß Georg Solti, einer der wichtigsten Mahler-Dirigenten unserer Zeit, erst durch die Begegnung mit Adorno in Frankfurt mit Mahlers Musik überhaupt vertraut wurde.[464] Adorno nahm seit den fünfziger Jahren eine einzigartige Vermittlerposition innerhalb der Neuen Musik ein: zum einen wurde er zu einer Leitfigur der seriellen Musik nach 1945; zum anderen war er in diesen Kreisen der einzige, der Mahler als einen Referenzpunkt der Moderne begriff. So ist auch Pierre Boulez' intensive Auseinandersetzung mit Mahler ohne den Einfluß Adornos kaum vorstellbar.

### Der kurze Atem des Gedenkjahres

Die Mahler-Renaissance des Jahres 1960 hatte nur kurzen Atem. Dies zeigte sich schon im nächsten Jahr, das ebenfalls ein Mahler-Jahr hätte sein können: 1961 war der 50. Todestag des Komponisten. Heinrich Kralik zog in der Tageszeitung *Die Presse* eine ernüchternde Bilanz, den Bogen von Mahlers Tod bis zur Gegenwart spannend:

»Die Tatsache, daß wir im vorigen Jahr Gustav Mahler zu seinem 100. Geburtstag gefeiert haben, enthebt uns nicht der Verpflichtung, daran zu denken, daß er am 18. Mai vor fünfzig Jahren gestorben ist, und daß wir uns das traurige Ende zu vergegenwärtigen haben, als der unterhöhlte und überanstrengte Körper des Künstlers in New York zusammenbrach, als man ihn todkrank nach Wien transportierte […] Am Herzleiden, das ihm in den letzten Jahren ständig Sorge bereitete, waren gewiß auch Wiener Nörgelsucht und Besserwisserei schuld, und den Quell seiner Krankheit bildeten zum Teil wenigstens, die Kränkungen, die ihm so reichlich zugefügt wurden.«[465]

Kralik verweist zunächst auf die zwanziger Jahre, in denen sich »eine lebhafte, ernste und vielseitige Mahler-Pflege in Wien«[466] entwickelt habe – an ihr hatte bekanntlich Kralik selbst bereits Anteil genommen.

»Aber dann kam der Augenblick, da Mahler als ›unerwünscht‹ in Acht und Bann getan wurde. Seine Musik verschwand von den Konzertprogrammen und – leider auch – aus den Herzen des Wiener Publikums. Die geistige Zerstörung erfolgte mit solcher Gründlichkeit, daß nach dem Krieg eine Wiederanknüpfung nur in seltenen Fällen und mit großer Mühe zustande kam. Auch die Mahler-Besinnung im vorigen Jahr – Ausstellung, Aufführungen, ästhetische Wertung und künstlerische Betrachtungen – war, so scheint es, nicht Herzens-, sondern Lippenbekenntnis. Nichts davon ist haftengeblieben. Nach wie vor verschließen wir uns der Mahler-Welt und lassen uns das Wunderbare, Faszinierende und Geistig-Abenteuerliche seiner Symphonien glatt entgehen. So stehen wir heut [sic!] vor der beschämenden Situation, daß sich zu seinem 50. Todestag keine Hand rührt und daß in diesem Gedenkjahr keine Note von ihm erklingt, weder in unserem Konzertalltag, noch bei unseren üppigen Musikfesten.«[467]

Die letzte Bemerkung Kraliks übertreibt zwar ein wenig – im Januar hatten die Niederösterreichischen Tonkünstler die *Fünfte* aufgeführt, im März Christa Ludwig mit den Symphonikern unter Fricsay die *Kindertotenlieder* gesungen, und im Juni sollte schließlich die *Erste* mit den Symphonikern unter Swarowsky folgen – doch ist der Kontrast zwischen den beiden Gedenkjahren auch so eklatant genug: blickt man auf Wien, stehen den drei Konzerten von 1961 (zu denen noch die Aufführung zweier *Wunderhornlieder* hinzugezählt werden könnte) 19 im Jahr 1960 gegenüber. Ähnlich kritisch lautete der Kommentar zu den beiden Mahler-Jahren im *Neuen Österreich*:

»Die fünfzigste Wiederkehr eines Todestages, die hundertste eines Geburtstages erinnern uns an kulturelle Verpflichtungen, die wir eilig und mit ein wenig schlechtem Gewissen einlösen. So wurde Gustav Mahlers 100. Geburtstag mit einer schönen Gedenkausstellung in der Sezession gefeiert, doch zu einer Aufführung des symphonischen Gesamtwerks reichte es weder 1960 noch auch 1961.«[468]

Auch Viktor Matejka kritisierte die mangelnde Öffentlichkeit der Mahler-Feiern, namentlich der Ausstellung in der Secession:

»Was die Ausstellung ›Gustav Mahler und seine Zeit‹ anlangt, die in der Secession in vier Wochen des heurigen Jahres nicht einmal 4000 Besucher hatte, so muß sie im Nachhinein als optisches Manöver deklariert werden. So aufschlußreich sie wirkte, so mühsam die Beschaffung der Materialien war, so hoch der Betrag, der aus öffentlichen Mitteln dafür bereitgestellt wurde, 500 000 Schilling, so wenig oder so gar nicht wurde von seiten der öffentlichen Verwalter Mahlers daran gedacht, daß Mahler nicht nur den Wienern gehört. Zum mindesten hätte die Ausstellung in die eine oder andere Landeshauptstadt transferiert werden können. Für alle Österreicher hat Mahler sein Werk geschrieben. ›275 Jahre Wiener Kaffeehaus‹ zogen 1959 140 000 Besucher an. Freilich in der Volkshalle im Rathaus. Warum war Mahler nicht in der Volkshalle? Er hätte dort mehr Leute angesprochen. Und die Secession hätte in ihrem Haus mit Eigenbau aufwarten können …«[469]

Für die Mahler-Feiern in den Vereinigten Staaten indessen konnte damals eine andere Bilanz gezogen werden. Die *Neue Zürcher Zeitung* schrieb darüber:

»Der 100. Geburtstag des Komponisten wurde von allen führenden Orchestern des Landes zum Anlaß genommen, seine Symphonien und Liederzyklen aufs Programm zu setzen. Dabei muß in Betracht gezogen werden, daß Mahler in den Vereinigten Staaten nicht zu den populären Tonsetzern gehört. Die überwältigende Ehrung, die heute seinem Werk zuteil wird, entspricht […] in erster Linie künstlerischer Notwendigkeit und nicht publizistischer Effekthascherei. Auch entsprang der Gedanke, Mahler-Zyklen und -Gedenkprogramme anzusetzen, keiner zentralen Organisationsstelle […] Unumwunden muß eingestanden werden, daß die Darbietungen Mahlerscher Werke […] für die verantwortlichen Orchesterverbände ein künstlerisches und auch ein finanzielles Risiko bedeuteten; ein künstlerisches, weil sie Gefahr laufen mußten, von der zünftigen Kritik einer ›berechnenden Idolatrie‹ geziehen zu werden, ein finanzielles, weil sich keines der nichtsubventionierten Orchester die Blöße geben konnte, vor halbleeren Sälen zu spielen. Indessen sind alle Befürchtungen unbegründet geblieben: das Werk Mahlers hat sich heute, fast fünfzig Jahre nach dem Tod des Komponisten, in einer beispiellosen und von keiner ›Publicity‹ und Reklame unterstützten Weise einen zweifellos dauernden Platz im Musikleben der Neuen Welt erobert. Wo immer es erklang, in Boston unter Charles Münch, in Philadelphia unter Eugene Ormandy, in Chicago unter Fritz Reiner – bis zu den weniger bedeutungsvollen und kleineren Vermittlern seiner gedankentiefen und bewegenden Sprache –, erweckte es dankbares Echo der Anerkennung und Begeisterung.«[470]

In dem Artikel der *Neuen Zürcher Zeitung* wird – ohne besondere Absicht – ein wahres Gegenbild zu den Mahler-Feiern in Wien ausgemalt. Den halbherzigen Unternehmungen der Wiener Philharmoniker, deren Dirigent Mahler einmal gewesen war, kontrastiert die Hingabe des New York Philharmonic Orchestras, das einst ebenfalls unter Mahler gespielt hatte:

»Die New Yorker Philharmoniker, welchem Orchester Mahler aufs engste, wenn auch nur für kurze Spanne verbunden war, gingen der Zentenarfeier mit dem umfassendsten Programm tonangebend voran; das von ihnen abgehaltene ›Mahler-Festival‹ umfaßt nicht weniger als neun, je viermal zur Aufführung kommende Veranstaltungen, von denen jeweils das dritte Konzert eine das ganze Land erfassende Rundfunkübertragung aus der Carnegie Hall erfährt. Dimitri Mitropoulos leitete den Zyklus mit Aufführungen der *Fünften, Ersten, Neunten* ein; Leonard Bernstein setzte ihn mit der Darbietung der *Zweiten* und *Vierten* Symphonie fort und hat außerdem eine Gruppe von Liedern mit Orchestern sowie die *Kindertotenlieder* […] angesetzt […] Im Mai wird Bruno Walter diesen monumentalen, wenn auch nicht vollständigen Zyklus mit dem *Lied von der Erde* […] abschließen – und während es nicht auffällig erscheint, daß diese vier Abende seit über drei Monaten ausverkauft sind, muß die Tatsache, daß sämtliche Mahler-Konzerte dieses Zyklus dasselbe Interesse hervorgerufen haben, doch als überraschend bezeichnet werden. Noch vor zwölf Jahren sah sich Arnold Schönberg veranlaßt, dem damaligen Musikkritiker der New York Times, Olin Downes, anläßlich dessen abfälliger Besprechung von Mahlers *Siebenter* Symphonie den Kampf anzusagen. Er würde sich wundern, könnte er die heutigen kritischen Urteile […] lesen; mehr noch: hätte er Gelegenheit gehabt, die Wirkung der Mahlerschen Symphonien auf das Publikum unserer Tage zu erleben.«[471]

Schönberg hätte sich gewiß nicht gewundert, hätte er im Vergleich dazu die Wiener Aufführungen Mahlers im Gedenkjahr 1960 erleben können: den 36 Konzerten der New Yorker Philharmoniker stehen in Österreich sieben der Wiener Philharmoniker gegenüber.

Von den USA gingen in der Folge auch die entscheidenden Impulse für die Mahler-Renaissance in Europa und insbesondere in Österreich aus. Vielleicht lagen sie bereits dem schlechten Gewissen zugrunde, das sich im Umkreis des Wiener Konzerthauses artikulierte:

»Die Gedenktafel für Mahler an der Front des Konzerthauses wurde blank geputzt, und Peter Weiser, der Generalsekretär der Konzerthausgesellschaft, kündigte für die ›Jubiläums-Saison‹ des Konzerthauses (5x10 Jahre!) einen Zyklus ›Bruckner-Mahler-Schubert‹ an, der *Das Lied von der Erde*, Liedzyklen und alle Symphonien Mahlers (ausgenommen die *Sechste* und die unvollendete *Zehnte*) bringen wird. Das Unternehmen stellt eine ›Co-Produktion‹ mit dem Österreichischen Rundfunk dar.«[472]

Ein wirklicher Zyklus wurde schließlich 1967 realisiert – hier konnte sogar das Gesamtwerk Mahlers zur Aufführung gebracht werden. Und im März 1964 wird von einer Pressekonferenz der Salzburger Festspiele berichtet, bei der ein Redner, »der Vertreter des Landestheaters«, der nicht beim Namen genannt wird, die Frage stellte, »warum Gustav Mahlers Werke bei den Festspielen sowenig, richtiger gesagt überhaupt nicht aufgeführt werden. Es wäre an der Zeit, diesem großen österreichischen Musiker endlich seinen Platz bei den Salzburger Festspielen einzuräumen.«[473]

In der österreichischen Presse konnte sich das Ressentiment gegenüber Mahler die beiden Gedenkjahre hindurch relativ ungebrochen behaupten. Besonders affektgeladen war die Lage weiterhin in den Zeitungen der Bundesländer. Die *Salzburger Nachrichten* schrieben 1960 über die *Fünfte* (mit der Tschechischen Philharmonie unter Karel Sejna in der Diesterwegschule Linz):

»In die Versenkung, aus der sie zu unrecht geholt wurden, gehören Suks langatmige Streicherserenade und Mahlers *Fünfte*, eine bombastische, unorganisch aufgebaute, monströse Symphonie von stellenweise erschreckender Banalität und oft maßlosem Lärm.«[474]

Petra Krafft schrieb in den *Salzburger Nachrichten* vom 8. Mai 1961 anläßlich einer Aufführung der *Ersten* in Linz unter Vaclav Neumann von »banal klingenden Naturbildern, die manchmal als Parodien durch die Partitur tänzeln, bisweilen sich gigantisch steigern möchten, um in ihrer wirren Form dem Zuhörer in das chaotische Dunkel einer Musik zu weisen, deren Signum eklektischer Übergang ist«.[475] Der offenbar tiefsitzenden, geradezu obsessiven Ablehnung Mahlers, mit der hier ein Nebensatz auf den anderen geschichtet wird, wie um sich zu verbarrikadieren, setzt die Kritikerin die Verehrung für Anton Bruckner entgegen.

Wenn jedoch Franz Tassié im *Express* seine Mahler-Exegese fortsetzt, mischt sich in die alte Polemik eine merkwürdige Unsicherheit – fast als könnte selbst ihn eine Aufführung wie die unter Karel Ancerl mit den Prager Philharmonikern auch einmal mitreißen:

»Bei Mahler geschieht es im allgemeinen, daß seine Bagatellthemen bagatellisiert und sein Pathos in mystischen Wagner-Dampf verwandelt wird. Beides macht Mahler unerträglich, weil es seine Musik sinnlos macht. Und nun kommt Ancerl und findet hier einen Nenner, der Mahler in seiner ganzen genialen Absicht erkennen und genießen läßt. Das ist auch Bruno Walter, dem Mahler-Apostel nicht gelungen, denn auch er hat Mahler primär auf Bedeutung hin zelebriert und ihm damit alles Ursprüngliche genommen, das er als Mensch und Künstler ersten und letzten Endes ja in sein Werk getragen hat.«[476]

Auch Tassié ist – ähnlich wie Gottfried Kraus – offenbar nunmehr bemüht, in Mahler so etwas wie einen Vertreter einer Art ›absurden Musik‹ zu sehen und in dieser Rolle zu tolerieren.

In den Kritiken über die Aufführung der *Dritten* mit den Symphonikern unter Swarowsky im März wird jedoch deutlich, wie wenig sich die Maßstäbe der Mahler-Rezeption im Grunde geändert haben. Die *Kronen Zeitung* schreibt unter dem Titel »Zyklopenhafte ›Pastorale‹«:

»Der *Dritten* Symphonie, deren übersteigerte orchestrale Lyrik in einer naturnahen Sphäre angesiedelt, den Zuhörer geradezu zu skeptischer Distanzierung herausfordert, sind musikalische Qualitäten nicht abzusprechen. Mahler überzeugt. Aber jenes immer neue Ringen um die Überzeugung verwehrt Mahler den Rang zweifelsfreier Genialität.«[477]

Nach wie vor betrachtet man Mahler als großen Komponisten nur dort, wo er sich Bruckner annähert:

»Im zweiten Teil dringt dann das Seelenhafte stärker vor, vor allem im blumenhaften Menuett und im ›Waldweben‹ des Scherzo, das von dem fatalen Posthornsolo freilich skurril unterbrochen wird, mag man welche der vielen Auslegungen immer akzeptieren. Wenn die Postkutsche mit ihrem sentimental blasenden ›Schwager‹ vorübergezogen ist, setzte das tiefsinnige Vokalsolo des ›trunkenen Lieds‹ und, in scharfem Kontrast, die etwas künstliche Naivität des Engelchor aus des *Knaben Wunderhorn* ein, auch sie nicht ganz überzeugend. Der große geniale Musiker Mahler kommt erst im hymnischen D-dur-Adagio zu Wort, einem Satz von so herrlichem Einfall und übermächtiger Schönheit, choralartig (hier denkt man wieder an Bruckner) gesteigert bis zu Himmelshöhen.«[478]

Eine Kritik, wie die der *Dritten* von Herbert Schneiber, die gerade in der Differenz zu Bruckner Mahlers Bedeutung erkennt, blieb eher die Ausnahme:

»Triviales steht dicht bei Kollossalem, Liebliches nahe bei Bizarrem, Harmloses neben Gespenstischem. Den Traum von der romantischen Idylle bedroht mehr als das Jugendstilornament. Die Welt ist im Aufbruch zum Zerfall. Die orgiastische Musik verheimlicht es nicht. Es gärt in dieser Partitur Jahrzehnte voraus. Und alles, was die Instrumente in Sanftmut oder Leidenschaft zu singen haben, Verzückung oder Verzweiflung, ist echtester Mahler, persönlichste Aussage, ureigenstes Erlebnis.«[479]

Im übrigen jedoch wurden die Lieder[480] (die wie schon früher immer wieder gerne zur ›Auffüllung‹ der Konzerte herangezogen wurden), das *Lied von der Erde* (etwa die Aufführung in Salzburg – aber nicht zu den Festspielen! – unter Bernhard Paumgartner[481]), die *Zweite* (mit den Symphonikern unter Reinhard Peters[482]) und die *Achte* (letztere wurde 1964 von Josef Krips zur Festwocheneröffnung gegeben[483]) weiterhin eindeutig bevorzugt, da sich hier wenigstens Anlässe zu bieten schienen, die Nähe zu Bruckner zu strapazieren. Was man indessen von den avanciertesten Werken des Komponisten wie etwa der *Neunten* hielt, bringt sehr deutlich Gottfried Kraus zum Ausdruck: Von den Schallplatteneinspielungen Bruno Walters fühlte sich der Musikjournalist zu einem Vergleich der vier letzten Symphonien von Beethoven, Schubert, Bruckner und Mahler inspiriert – der für den letzteren vernichtend ausfällt; subkutan zeichnet sich erneut die seit Wagner gepflegte Argumentationslinie ab, die nunmehr darauf verzichtet, das Judentum des Komponisten beim Namen zu nennen: es bleibt anonym, wie in der gesamten Polemik gegen Mahler, die nach 1945 in Österreich in der Öffentlichkeit geübt wurde:

»Von unbändig menschlicher Leidenschaftlichkeit erfüllt, von einem quälenden Wissen um das Leid, die Freudlosigkeit und das Elend der Welt, fehlt Mahler die Kraft der Überzeugung. Er hat auch in dieser letzten Symphonie keinen Frieden, keine Lösung gefunden. Er hat, wie Bruno Walter an seinem 80. Geburtstag sagt, ›sein Leben lang nach dem Gott gesucht, den Bruckner gefunden‹ hatte. Dies mag der Grund sein [!], warum uns Mahler in all seiner aufwühlenden Intensität irgendwie nicht anspricht, warum seine menschliche und geistige Kraft ohne echtes Echo bleibt. Denn, was die anderen *Neunten* ausmacht, die Lösung, die sie finden, ist Mahler schuldig geblieben. Und ohne Lösung bleibt das Werk des Künstlers streng genommen ›Sinn‹los.«[484]

Auch hier wäre eine Ausnahme von der Regel zu nennen: Marcel Rubins Besprechung der *Siebenten* anläßlich einer Aufführung des Niederösterreichischen Tonkünstlerorchesters unter Gustav Koslik.[485] Dabei ist zu sagen, daß diesem ›Ensemble‹ – dem Orchester der Tonkünstler und seinem Dirigenten Koslik wie auch dem Musikkritiker der *Volksstimme*, dem von den Nazis vertriebenen Komponisten Marcel Rubin – ein seit den fünfziger Jahren kontinuierliches Engagement für Mahler zu danken ist – so bescheiden der Wirkungskreis dieser Unternehmungen auch war.

Was für die professionelle Musikkritik gilt, dürfte umso mehr für das Konzertpublikum gelten: die Mahler-Jahre brachten nicht den Durchbruch. Bei einer Aufführung der *Dritten* unter Swarowsky wurde über »schlechten Besuch« geklagt, es sei »kein Zeichen von Enthusiasmus«, daß »der Saal Lücken aufwies, vor allem aber, daß das Stehparterre völlig leer war«.[486] Als Kubelik im Juni 1964 neben der *Achten* Symphonie von Karl Amadeus Hartmann die *Vierte Mahler* im Musikverein aufführen wollte, mußte das Konzert wegen mangelnder Publikumsnachfrage abgesagt werden. Wie der *Kurier* berichtete, konnten nur 240 Sitzplätze und 60 Stehplätze verkauft werden. »Als Gründe für das katastrophale geringe Interesse werden das unpopuläre Programm, die Angebotsfülle und die Tatsache angegeben, daß Kubelik drei Konzerte hintereinander in Wien ›nicht zieht‹.«[487] Zunächst hatte man versucht, das Konzert in den wesentlich kleiner dimensionierten Sendesaal des Wiener Funkhauses zu verlegen, bis schließlich offiziell erklärt wurde:

»Aus akustik- und programmbedingten Gründen und wegen der zeitlich nicht mehr durchzuführenden Rückverlegung in den Musikverein muß das für heute in der Ravag angesetzte Konzert des Symphonieorchesters des Bayerischen Rundfunks unter Rafael Kubelik entfallen.«[488]

Das *Volksblatt* berichtete über die peinliche Affäre folgendermaßen:

»Nachdem das erste Konzert des Bayerischen Rundfunk-Symphonieorchesters, auf dessen Programm neben der *Achten* Symphonie von K. A. Hartmann die große *Vierten* Symphonie von Gustav Mahler stand, aus unerfindlichen Gründen aus dem Großen Musikvereinssaal in den für diese Werke völlig ungeeigneten Großen Rundfunksaal verlegt worden war, hat das Gastorchester aus dieser wenig höflichen Manipulation die einzige richtige Konsequenz gezogen und das Konzert, das gestern hätte stattfinden sollen, abgesagt. Peinlich, sich von ausländischen Gästen sagen lassen zu müssen, daß man in Wien für Werke, die wenigstens der Partitur nach bekannt sein sollten, nicht einen akustisch geeigneten Saal auszuwählen versteht.«[489]

Daß die Wahl des Saals auch mit dem katastrophalen Publikumsinteresse zu tun hat, bleibt hier unerwähnt. Die Probleme mit Mahler werden ausschließlich als Probleme der offiziellen Veranstalter dargestellt.[490]

Charakteristisch für diese Art Mahler-Renaissance ist in bestimmter Hinsicht auch das Gespräch mit dem Komponisten Joseph Marx über Mahler, das in der Zeitschrift *Der Fremdenverkehr* im Juni 1962 publiziert wurde: das bürokratisch-formale Musikverständnis, wie es Marx hier zeigt, verbittet sich zwar jeden Impuls von außen, sucht sich aber dennoch mit der Absicht anzufreunden, Mahler als Mittel des Fremdenverkehrs einzusetzen. Die Beschreibung des Journalisten läßt den Komponisten Marx und seine Behausung geradezu als Allegorie des österreichischen Musiklebens erscheinen:

»Ich sitze Hofrat Prof.Dr. Joseph Marx in seinem Arbeitszimmer in der Traungasse gegenüber – jener Wohnung, die ihm anno 1915 Anton Wildgans gesucht hat […] Verwirrt blicke ich mich um, denn hier, in diesem Raum, scheint die Zeit für Jahrzehnte stillgestanden zu sein […] ›Sehen Sie‹, erläutert mir Joseph Marx, ›heute wird es immer klarer, wie sehr man irrte, als man Mahlers Werk als die ›logische Fortsetzung‹ der Linie Beethoven-Schubert-Bruckner auffaßte [...] Gerade diese unrichtige Beurteilung Mahlers als klassizistischen Symphoniker aber hat all die Kämpfe heraufbeschworen, die auch heute noch in manchen Gegensätzen aufleben, nur hat man ihm insofern unrecht getan, als man nach der Feststellung allzu freier und daher ästhetisch nicht restlos zu billigender symphonischer Haltung einen völlig ablehnenden Standpunkt bezog.«« [491]

Joseph Marx, der in der Nachkriegszeit in Österreich offiziell meist als der bedeutendste lebende Vertreter der zeitgenössischen Musik gehandelt wurde, versucht nach dieser Benotung Mahlers, die man bereits aus den zwanziger Jahren kennt, die Aufmerksamkeit vor allem auf das eigene, heute vergessene Schaffen zu lenken, und unter diesem Gesichtspunkt fällt auch manchmal ein gutes Wort für Mahler ab. Vielleicht nicht ganz zufällig wendet der Berichterstatter darum gleichzeitig die Aufmerksamkeit auf den Katzenliebhaber Marx – wobei wieder ein, vermutlich unfreiwilliger, satirischer Eindruck oder zumindest ein Bild im Stile Herzmanovsky-Orlandos entsteht:

»Die massive Gestalt des Hofrates streckt sich quer über das kleine Biedermeier-Sofa – in der für ihn charakteristischen Schräglage – und mit lässiger Gebärde wirft er einer seiner vier Katzen – dem Lieblingskater Schnurli – Apportel. Auf diesen Dressurakt ist der Künstler besonders stolz. Und wie so oft bei ähnlichem Besuch, bringt er wieder das Gespräch auf seine Heimatstadt Graz, wo er die ersten Jahrzehnte seines Lebens verbrachte und in die es immer wieder hinzieht, wenn alte liebe Erinnerungen wach werden.« [492]

Doch da besinnt sich der Berichterstatter auf seinen Auftraggeber – das Blatt *Der Femdenverkehr* – und will nun doch etwas in dessen Sinn über Mahler zu berichten wissen: »auch mir«, so protokolliert er den Hofrat, »scheint Mahler am eigensten dort, wo er sich mit seiner Muse in freier Natur befindet, zum Beispiel im zweiten Teil der *Dritten* [...] Das ›Blumen-Menuetto‹ spielt nach seinen eigenen Worten auf einer blumigen Wiese, eine äußerst liebliche Episode, die noch vom nächsten Satz übertroffen wird, der mit einem Kuckuckslied beginnt und gleich in die freie Natur führt. Der Wald rauscht, man hört Vogelrufe und in der Ferne ein Posthorn mit einer sentimentalen Melodie [...]«[493] – und der österreichische Gastwirt tritt mit strahlendem Gesicht aus seiner Herberge und begrüßt seine ausländischen Gäste. In Steinbach am Attersee diente zu dieser Zeit übrigens das Komponierhäuschen, in dem Mahler einst seine *Zweite* und *Dritte* schrieb, als Toilettenanlage des dortigen Campingplatzes, während eine Gedenktafel auf Mahlers Aufenthalt in Steinbach hinwies.[494]

In einem Artikel mit dem beziehungsreichen Titel »Das klagende Lied« hat Lothar Knessl im Oktober 1961 die Misere des österreichischen Musiklebens mit Bezug auf die Rezeption Mahlers und Bergs treffend charakterisiert:

»Achtzehn Jahre nach Mahlers Tod findet in der Wiener Staatsoper ein Gedenkkonzert zu Ehren des verstorbenen Komponisten und Operndirektors statt. *Das klagende Lied* und die *Zweite* Symphonie stehen auf dem Programm. Achtzehn Jahre nach dem Tod des großen Österreichers hat man sich entschlossen, ein Mahler-Denkmal errichten zu lassen. Es sollte unter anderem aus dem Reingewinn des Gedenkkonzerts finanziert werden. Das Geld ist später beschlagnahmt und anderen Zwecken zugeführt worden ... [...] Solche Situationen sind charakteristisch für Wien, das eher eine Stadt der Halbheiten und der Tradition als eine Stadt der Musik zu sein scheint. Hier, wo angeblich der Himmel voller Geigen hängt, hat man für schöpferische Musensöhne – vor allem für die landeseigenen! – nie viel übrig gehabt. Schon gar nicht, wenn diese Musensöhne geistige Erneuerer oder, wie mit kaltem Schauder kolportiert wird, sogenannte ›Revolutionäre‹ waren beziehungsweise sind. Jene Geigen, die so zahlreich den Himmel über Wien bevölkern, werden nur dann zum Klingen gebracht, wenn Noten von Strauß und Strauss die Pulte beladen oder wenn es gilt, Lehár-Denkmäler einzuweihen und die Eröffnung einer Kálmán-Ausstellung würdig zu rahmen.«[495]

Leider jedoch erzählt Knessl in seinem pointierten Artikel die Geschichte des Mahler-Denkmals nicht etwas genauer: dies hätte dazu beitragen können, seine Kritik an der Kultur-Misere Wiens zu konkretisieren, die Fixierung auf die Tradition als Resultat einer historischen Entwicklung zu durchschauen. So waren es die Nationalsozialisten, die in Österreich das Geld für das Mahler-Denkmal beschlagnahmten und anderen Zwecken zuführten. Im Mahler-Jahr

1960 indessen konstituierte sich erneut ein Komitee zur Schaffung eines Denkmals: auf der Liste der Mitglieder und Proponenten finden sich unter den Körperschaften die Internationale Gustav Mahler Gesellschaft, die Gesellschaft der Musikfreunde, die Wiener Konzerthausgesellschaft, die Wiener Philharmoniker, der Verein Wiener Symphoniker, der Österreichische Rundfunk, der Singverein der Gesellschaft der Musikfreunde, die Wiener Singakademie, die Universal Edition, die Musikalische Jugend Österreichs; unter den Personen und Persönlichkeiten: Bruno Walter, Herbert von Karajan, Wilhelm Waldstein, Karl Haertl, Egon Hilbert, Hofrat Franz Salmhofer, Hofrat Leopold Nowak, Erwin Weiss, Franz Glück, Josef Neubauer, Rudolf Kalmar, Wilhelm Rohm, Jean Egon Kieffer, Heinrich Kralik, Erik H. Wickenburg, Theodor Berger, Gottfried von Einem, Gottfried Kassowitz, Josef Polnauer, Karl Schiske, Hans Swarowsky, Helene Berg.[496] Die Mitglieder und Proponenten umfassen nahezu das gesamte Wiener Musikleben der Zeit – und dennoch kam das Denkmal abermals nicht zustande. Der für das Denkmal erforderliche Betrag konnte nicht aufgebracht werden.[497] Bis heute gibt es also kein Mahler-Denkmal in Wien. Dies wirft ein eigenartiges Licht auf die Denkmals-Initiative – oder genauer: auf einige der Proponenten und Mitglieder. Es finden sich darunter Körperschaften und Persönlichkeiten wie etwa die Wiener Philharmoniker und Herbert von Karajan, die sich in ihrer Arbeit als Musiker für Mahler weiterhin nur sehr wenig einsetzten und die Teilnahme an der Initiative in gewisser Weise vermutlich als ihr Alibi betrachteten. Ähnliches galt wohl auch schon für die Initiative der Wiener Philharmoniker und ihres Vorstands zur Gründung der Gustav Mahler Gesellschaft.

Das ändert natürlich nichts an der Bedeutung des Engagements jener, die die Förderung Mahlers nicht als Alibi betrachteten, sondern als eine der wichtigsten Aufgaben im Musikleben Österreichs – und hier ist natürlich in erster Linie Erwin Ratz zu nennen. Es erklärt allerdings, warum der Arbeit der Gustav Mahler Gesellschaft und der Initiative zur Schaffung eines Mahler-Denkmals keine größeren Erfolge zuteil wurden. Hätte etwa Karajan, statt die Denkmals-Initiative zu unterschreiben, jedes Jahr Mahler-Konzerte gegeben, das Denkmal wäre gewiß eher zustande gekommen. Doch noch 1967, als der damalige Konzerthaus-Chef Peter Weiser ihm einen Mahler-Zyklus anbot, lehnte Karajan ab.[498] Nur als das Gedenkjahr 1960 es förmlich erzwang, sah sich Karajan veranlaßt, Mahler zu dirigieren, und er wählte das *Lied von der Erde*. Ein Jahrzehnt später sollten Zwänge anderer Art Karajan erneut mit Mahler bekannt machen.

Bereits 1960 scheint Viktor Matejka – der frühere Wiener Kulturstadtrat – etwas von dem Desaster oder vielleicht besser: der Burleske des Denkmal-Projekts, das offenbar mehr der Selbstdarstellung einiger seiner Proponenten als der Darstellung Mahlers diente, geahnt zu haben, so ironisch berichtet er im *Wiener Tagebuch* vom halbherzigen Engagement Herbert von Karajans in dieser Angelegenheit. Dabei baut Matejka Mahler zu einer Gegenfigur des Kulturbetriebs der Gegenwart auf, eines Betriebs, der nach Matejka mehr der Logik des Geldes als den Gesetzen der Kunst folge, und zu diesem Zweck greift er auch zurück auf die seit den zwanziger Jahren bekannte Verherrlichung Mahlers als ›Erlöser‹ der Musik – als Christusfigur; bei Matejka vertreibt er sogar die Wechsler aus dem Tempel der Kunst:

»Es mußten die heurigen Wiener Festwochen, die im Zeichen des hundertsten Geburtstags Gustav Mahlers standen, vergehen, es mußten, genau genommen, neununddreißig Jahre seit dem Tod jenes musikalischen Genies vergehen, das in seltener Harmonie urschöpferische Kunst und selbstlose Hingabe an die Reproduktion vereinigte. Erst im Hochsommer konstituierte sich in Wien, von wo der Ruhm des größten Direktors und Dirigenten der Wiener Staatsoper schon lang genug in die ganze Welt ausstrahlt, ein Proponentenkomitee zur Errichtung eines Gustav Mahler-Denkmales. Es gehören ihm prominente Persönlichkeiten des musikalischen Lebens und führende musikalische Vereinigungen der Stadt an. Ihre Namen wurden der Reihe nach aufgezählt. Wohl kein einziger davon wird je die Größe, die Selbstlosigkeit und die bleibende Bedeutung erreichen, wie sie Mahler längst zukommen, der die Wiener Staatsoper von 1897 bis 1907 leitete, bis er genug hatte: ›Ich gehe, weil ich das Gesindel nicht mehr aushalten kann‹. Freilich war ihm das erste Theater eine Kunststätte, aus der er die Wechsler vertreiben wollte, bis er selbst ins Ausland vertrieben wurde. Auch für die kaiserliche Zensur der *Salome* von Richard Strauss hatte er kein Verständnis. Keiner der hohen Herren Reproduzenten hatte bisher Zeit zu veranlassen, daß nach so langer Verzögerung das Nötige zur Denkmalserrichtung wenigstens sofort veranlaßt werde. Erst für den Herbst wurde die Gründung eines Vereines in Aussicht gestellt, der sich mit der bei solchen Anlässen üblichen Bettelei auch an die vielzitierte, oft mißbrauchte Öffentlichkeit wenden soll. Indessen könnte der eine oder andere der Proponenten den ganzen Rummel kurz und schmerzlos erledigen. Er braucht auf den Tisch bloß einen ausgiebigen Heller legen von seinem Batzen, der in die schweren Millionen geht. Nicht zuletzt auch, um so zu dokumentieren, daß seit Haydn, Beethoven, Mozart, Bruckner, Brahms, Mahler […] nicht wenig verdient wird von Reproduzenten, an die jene Produzenten, was die Einkünfte anlangt, nicht im geringsten heranreichten. Der liechtensteinsche Staatsbürger Österreichs, der zwischen seinem Vor- und Zunamen immer ein ›von‹ braucht, um auch noch seinen Beziehungsreichtum anzudeuten, braucht nur auf einen Bruchteil seiner jährlichen Staatsoperngage, im Vergleich zu der Mahlers Einkommen nur ein bescheidener Bruchteil war, verzichten, und das Denkmal wäre finanziert. Der so von sich und seinen Millionen Eingenommene verdient nämlich noch mit seinen Gastspielen in aller Welt vom Wiener Sprungbrett aus so ungeheuerlich viel, daß sich ohnehin jeder vernünftige Wiener schon längst fragen müßte, mit was für gigantogenialischen Maßstäben da gemessen wird. Also könnte Herbert Karajan jetzt ein kleines Opfer für den großen Mahler bringen, der an der Wiener Staatsoper ungleich mehr geleistet, wenn auch ungleich weniger verdient hat als ein Star von heute. […] Karajan, trennen Sie sich von einer Million, und für Mahler steht mehr als ein Denkmalssockel! Sorgen Sie dafür, daß die ›Götterdämmerung‹ auch einmal bei Ihnen beginnt! Führen Sie selbst dabei Regie!«[499]

## Druck von außen: Leonard Bernstein, die neuen Mahler-Dirigenten und die zivilisatorische Leistung des internationalen Musikbetriebs

Wenn Mahler in Österreich gespielt wurde, so geschah dies – mit wenigen Ausnahmen, zu denen vor allem Hans Swarowsky gehört[500] – auf Initiative ausländischer und nichtdeutscher Dirigenten, von

Dirigenten jedenfalls, die nicht im Dritten Reich oder in einem seiner Nachfolgestaaten groß geworden waren. Seit den vierziger und fünfziger Jahren waren es neben dem Tschechen Rafael Kubelik vor allem jene Orchesterleiter, die ursprünglich aus Österreich und Deutschland stammten bzw. in diesen Ländern als Musiker gewirkt hatten und ab 1933 bzw. 1938 vertrieben oder verfolgt und diskriminiert wurden: Otto Klemperer, Paul Kletzki, Josef Krips, Karl Rankl, Hermann Scherchen, William Steinberg, Bruno Walter. In den sechziger und siebziger Jahren kam eine neue Generation ausländischer Mahler-Dirigenten hinzu: Claudio Abbado, Leonard Bernstein, Pierre Boulez, James Levine, Lorin Maazel, Zubin Mehta, Georg Solti. (Claudio Abbado und Zubin Mehta waren übrigens Schüler von Hans Swarowsky, und vielleicht hat dies ihre Auseinandersetzung mit Mahler gefördert.) Sie verliehen Mahler gewissermaßen ein neues Image: galt er zuvor als ein Komponist, an den vor allem die älteren Emigranten hingen und den man gewissermaßen ihnen zuliebe aufführen und mit einer Gesellschaft und einem Denkmal (das ohnehin nicht zustandekam) ehren ließ, so erschien Mahler nun als der Vertreter eines modernen international geprägten Musiklebens, das vor allem auch von der Schallplattenindustrie mitbestimmt wurde.

So ist es kein Zufall, daß es die Schallplatten waren, die Leonard Bernstein den Weg nach Europa und Österreich ebneten. Die merkwürdige Mischung aus Faszination und Ressentiment, auf die Bernstein mit Mahler hierzulande stieß und die bis in die siebziger Jahre vorherrschte, schlägt sich bereits in einer Schallplattenkritik aus dem Jahre 1963 nieder:

»Eine Bernstein-Welle zeichnet sich mehr und mehr in der Fülle von ›Schlagern‹ ab, die Österreichs ›Amadeo‹ als Treuhänder der amerikanischen CBS zu bieten hat. Leonard Bernstein, Amerikas Musikphänomen Nr.1, ist ja leider so selten in Europa zu Gast, daß man ihn fast nur von Platten kennt, und selbst die waren bis vor kurzem rar. Um so begieriger holt man jetzt nach. Sicher wäre es nicht uninteressant, auf diesem Wege auch einmal den Bernstein-Interpreten Bernstein, also den Dirigenten eigener Kompositionen und ›musikalischen Conférencier‹ kennenzulernen, um den sich

Amerikas Fernsehstationen reißen – einstweilen aber mag es genügen, ihn ›nur‹ in seiner Eigenschaft als Chefdirigent der New Yorker Philharmoniker auf dem Plattenteller zu haben. Mit diesem schlagkräftigen Instrument hat er unter anderem Mahlers *Dritte* Symphonie aufgenommen [...] und es ist ihm gelungen, die chaotischste Symphonie Mahlers als ein ganz natürliches Szenarium wechselnder Stimmungen genießbar zu machen. Vielleicht sind ein paar österreichische Untertöne verlorengegangen, doch die musikdramaturgische oder –architektonische Klarheit dieser Wiedergabe ist bewunderungswürdig. In ihrem Rahmen nimmt man sogar das knabenwunderhörnige ›Bimbam‹ des fünften Satzes gelassen hin.«[501]

Mahler genießbar zu machen – in dieser Formulierung ist die musikalische Mission treffend charakterisiert, die man Bernstein hier in Österreich zugestand. Wie sich zeigen wird, verlief sie allerdings nicht ohne Reibungen.

Als Heinrich Kralik im Jahre 1965 erneut einen Artikel über die Mahler-Rezeption verfaßte (anläßlich der Aufführung der *Fünften* mit den Symphonikern unter dem jungen Christoph von Dohnanyi) – vier Jahre nach seiner ernüchternden Bilanz der Gedenkjahre – konnte er schon etwas optimistischer in die Zukunft blicken, nicht zuletzt durch die Impulse, die von außen gekommen waren:

»Mahlers Musik ist ja immer noch Streitobjekt, wie sie es vom ersten Augenblick ihres Auftretens war. [...] Die Zeit hat keine Klärung, keine allseits akzeptierte Erkenntnis herbeigeführt: Mahlers Symphonien genießen weder allgemeine und unwidersprochene Anerkennung, noch sind sie in Vergessenheit geraten. Kurz, der Prozeß ist noch immer im Gang. Wohl mehren sich die Anzeichen, daß das Verständnis wächst, da zumal in Amerika eine intensive Pflege der Symphonik eingesetzt hat, aber das enthebt uns nicht, weiter zu werben und weiter aufzuklären.«[502]

In diesem Sinn fügt Kralik einige erhellende Bemerkungen über Mahlers Stellung gegenüber Bruckner und Strauss an – angeregt durch die eigenartigen Rezeptionsbedingungen der Mahlerschen Musik in Österreich:

»Mahlers Musik schließt sich mit aller Entschiedenheit von ihrer Umgebung ab. Dadurch gewinnt sie ihre Konsequenz und gelangt zu ihrer erstaunlichen Konzentration. Andererseits erschwert diese Absonderung die

Einbürgerung in die musikalische Umwelt. Das vor allem ist's, was sie so vielen willigen Zuhörern fremd erscheinen läßt, das ist's, was dem allgemeinen Verständnis immer wieder im Wege steht.«[503]

Daß Mahlers Musik darin aber geheime Verbindungen zur musikalischen Avantgarde der Zweiten Wiener Schule unterhält – dieser Erkenntnis weicht der konservativ gesonnene Mahler-Verehrer nun doch lieber aus. Dennoch versteht es Kralik, die Besonderheit der *Fünften* herauszuarbeiten – und die Interpretation dieser Symphonie, wie auch der *Sechsten*, *Siebenten* und *Neunten* kann gewiß als Prüfstein jeder Mahler-Rezeption gelten:

»Mahler befindet sich hier an einem Wendepunkt, seine Musik tritt gleichsam aus dem Märchen in die Wirklichkeit, aus dem Traum in die Wachheit, in die Welt. Er schreibt keine traumdichtenden Mysterien mehr, sondern der Welt zugewandte, wache Musikstücke, Instrumentalsymphonien, die aus absolut musikalischen Impulsen hervorgehen und nicht von lyrischen oder poetischen Vorstellungen in Bewegung gesetzt werden.«[504]

Der optimistische Geist des Artikels wird noch durch den Schlußsatz unterstrichen, in dem Kralik fast beschwörend feststellt, daß der Applaus bei der Voraufführung des Werks für die Jeunesse Musicales »vielleicht doch um einen Grad lebhafter« ausfiel als bei der eigentlichen Aufführung – »was mit besonderer Genugtuung vermerkt werden soll«.[505]

Ehe Bernstein in Österreich mit Mahler debütierte, kam Claudio Abbado: seine Aufführung der *Zweiten* bei den Salzburger Festspielen rief allgemeine Begeisterung hervor und legte den Grundstein zu seiner Karriere. Die Begeisterung jedoch galt mehr dem jungen Dirigenten, auf dessen zukünftige Karriere man spekulierte, als dem Werk, das nach wie vor mit den üblichen Maßstäben abgewertet wurde. So schrieb etwa Karl Löbl, daß es sich Abbado wahrhaft nicht leicht gemacht habe: Viele der jungen Dirigenten hätten »zu Mahlers Welt, die eine Summierung theatralischer Emotionen, rückhaltlos geäußerter Gefühle, fast exhibitionistischer Religiosität und gut gespielter Naivität ist, keine rechte Beziehung mehr«.[506] Im folgenden gelingt es Löbl vor dem Hintergrund der solchermaßen abgewerteten Musik den jungen Dirigenten aufzuwerten. Freilich erweist sich Löbls Mahler-Bild als modernisierbar – im Gegensatz zu dem des anderen Kritiker des *Express*, Franz Tassié. Den Wandlungen des Zeitgeistes und den Karrieren der Stars auf den Fersen entwickelte sich Löbl sogar allmählich zum Propagandisten des Mahlerschen Werks.

Bei Hugo Huppert, der die Aufführung der *Zweiten* für die *Volksstimme* besprach, setzt sich die Instrumentalisierung Mahlers im Sinne der Volksfront-Politik der kommunistischen Parteien fort: Mahler wird als Gegengift zur Avantgarde betrachtet:

»Heute erscheint diese Zweite geradezu als das positive, anti-existentialistische Kredo des modernen Menschen – denn nach der *Neunten* von Beethoven sind Problem und Programm des menschlichen Ringens mit den Schicksalsmächten, Angstbedrängnissen, apokalyptischen Todesvisionen kaum jemals mit solcher Wucht zum schönen Götterfunken der freudigen Hoffnung emporgesungen worden wie hier in Mahlers *Zweiter*! [...] Diesem raum-zeitlich ausgreifenden Werk seinen Platz im Festspiel-Ganzen angewiesen zu haben, ist als Verdienst der Programmplaner zu loben. Es fördert unbedingt den österreichischen Nationalcharakter des salzburgischen Kunstsommers als Institution.«[507]

(Dabei allerdings passiert dem Autor, der soviel Wert legt auf den Nationalcharakter, ein kleiner Faux-pas, wenn er von dem »jungen spanischen Dirigenten Claudio Abbado«[508] spricht.) Von größerer Aussagekraft als die Beschwörung der Nation ist die subjektive Erfahrung, die Huppert am Ende seiner Kritik mitteilt:

»Freilich konnte Claudio Abbado, bei aller Beachtlichkeit seines Talents, auch in Kulminationspunkten nicht die ›Inständigkeit‹ jener geistig-expressiven Höhenlage erschwingen, die uns von den schon sagenhaften Mahler-Zyklen Bruno Walters und Oskar Frieds her erinnerlich und in Schallplatten zum Teil auch zugänglich bleibt.«[509]

In vielen Fällen allerdings behauptete sich das Ressentiment, das man dem Komponisten entgegenbringt, gegenüber dem Erfolg, den Abbado mit ihm feiern konnte: Man lobte die Aufführung und die Dirigierkunst Abbados über alle Maßen, begriff aber die Partitur gewissermaßen nur als Vorlage zur Virtuosität, über deren Mängel, als reine Musik aufgefaßt, weiterhin kaum Zweifel bestand. So schrieb die Musikkritikerin der *Oberösterreichischen Nachrichten*:

»Die Partituren tragen zumeist das starke Signum eklektischen Überganges, die Form wird als ein sehr freies Prinzip der Schreibweise behandelt, die Thematik gibt sich unprägnant [...] Auch die angeblich zukunftsweisenden Elemente übten nicht in erwünschtem Maß Wirkung auf die folgende Komponistengeneration, sonst erschiene es nicht unerklärlich, daß weder bei Richard Strauss [!], Hans Pfitzner [!!] oder Arnold Schönberg [!!!], um nur drei große Namen zu nennen, die mit Mahler in Berührung kamen, keinerlei Parallelen und von diesem abgeleitete Entwicklungsmerkmale sich andeuteten.«[510]

Die Kritikerin äußert Bedenken, daß der

»unerfahrene Kontrapunktiker sich in den Irrwegen und Wirrgängen seines Schaffensdranges nicht zurechtfand. Schon die sonderbare Einteilung dieser Symphonie [...] in drei reine Instrumentalsätze, von denen der düstere erste die Todesvision schildert, der zweite sich in heiteren Träumen vom Leben ergeht, der dritte aber in ein primitives, fast grotesk gefärbtes Scherzo mit volkstümlichen Anklängen [...] überleitet, um in den zwei letzten Abschnitten mit vokalem Raffinement [...] Steigerungseffekte zu erzielen, enthüllt Mahlers Unsicherheit in formellen Belangen. [...] Wie tröstlich man jedoch die Mängel eines so mittelmäßigen Werkes empfinden kann, bewies die bis ins Letzte ausgefeilte Wiedergabe durch die Wiener Philharmoniker, die unter der Führung des jungen Italieners Claudio Abbado eine solche Hingabe zeigten, als wollten sie alle Kränkungen und Mißverständnisse, auf die bekanntlich Mahler einst in Wien stoßen mußte, wieder gutmachen.«[511]

Im Vergleich zu Abbado engagierte sich Leonard Bernstein mit größerem persönlichen Einsatz für die Durchsetzung Mahlers: nicht nur als Dirigent, auch als Musikschriftsteller und -pädagoge – im Hinblick auf die Wiener Philharmoniker geradezu als Orchestererzieher. Im April 1966 debütierte er bei den Philharmonischen Konzerten mit dem *Lied von der Erde* (zur selben Zeit leitete er die *Falstaff*-Aufführung der Staatsoper, deren Inszenierung Luchino Visconti besorgte). Der Erfolg war wie erwartet groß – doch Bernstein hatte zwiespältige Gefühle, wie aus einem Gespräch mit Walter Strauss in der *Stuttgarter Zeitung* hervorgeht:

»Er sprach sich mir gegenüber in höchsten Worten der Anerkennung über die Wiener Philharmoniker aus und bewunderte besonders die ungeheure Arbeitsleistung des Orchesters, das ja gleichzeitig das Orchester der Wiener Staatsoper ist. Nur glaube er, daß die Musiker die Werke des früher in Wien so viel gespielten Gustav Mahler wieder neu lernen müßten; er habe dann nach vielen Proben allerdings (mit Fischer-Dieskau) eine ganz besonders schöne Aufführung zustande gebracht, die erfreulicherweise auch auf Schallplatten aufgenommen worden sei. Trotz des außergewöhnlichen Beifalls und der engen persönlichen Beziehungen zu den Philharmonikern, die ihn wie die New Yorker Musiker ›Lenny‹ nannten, habe er aber doch als Jude in dieser von Juden so gut wie ganz verlassenen Stadt oft unheimliche Gefühle gehabt.«[512]

Diese zwiespältigen Gefühle sollten Bernstein in seinen Begegnungen mit Wien bis zu seinem Tod begleiten.

Im Grunde finden sich in Bernsteins Mahler-Deutung sehr ähnliche Argumentationslinien wie bei Adorno – wenn auch in manchmal trivialer Ausdrucksweise und vereinfacht: Bernstein betont die Widersprüche in Mahlers Werk – statt Versöhnung und Harmonie. Mahler Musik handle

»vom Konflikt. Man denke: Mahler, der Schöpfer, stand gegen Mahler, den Interpreten; der Jude gegen den Christen; der Gläubige gegen den Zweifelnden; der Naive gegen den Sophisten; der Böhme aus der Provinz gegen den Wiener ›homme du monde‹; der faustische Philosoph gegen den orientalischen Mystiker; der opernhafte Symphoniker, der nie eine Oper schrieb.«[513]

Aber auch Bernstein abstrahiert von diesen relativ konkreten Konflikten im Namen des Geistes:

»Doch hauptsächlich entbrennt der Kampf zwischen dem abendländischen Menschen der Jahrhundertwende und der Existenz des Geistes [...] die ganze Skala von Yang und Yin [...].«[514]

Solange Bernstein jedoch einigermaßen konkret bleibt, vermag er wirkliche Widersprüche zu erkennen:

»Es war einerseits die Vision seiner Welt, die unter der glatten Oberfläche in Fäulnis zerfällt, widerlich, heuchlerisch, blühend, ihrer irdischen Unsterblichkeit sicher, jedoch ihres Glaubens an die Unsterblichkeit des Geistes beraubt. Diese Musik ist geradezu grausam in ihren Offenbarungen; sie gleicht einer Filmkamera, die die westliche Gesellschaft im Augenblick ihres Zerfalls erfaßt. Aber Mahlers Zuhörer nahmen nichts davon wahr: sie lehnten es ab (oder waren unfähig) in diesen wunderlich-phantastischen Sinfonien ihr Spiegelbild zu erblicken. Sie hörten nur Übertreibung, Extravaganz, Schwulst, quälende Länge – und waren nicht in der Lage, darin die Symptome ihres eigenen Abstiegs und Untergangs zu erkennen. Was sie hörten, schien wie die Geschichte der deutsch-österreichischen Musik, rekapituliert auf ironische oder entstellende Weise – und sie nannten es schmählich Eklektizismus. Sie hörten endlose brutale und wahnsinnige Märsche – und waren nicht in der Lage, auf den Uniformen der Marschierenden die kaiserlichen Insignien, das Hakenkreuz [...] zu sehen. [...] Nötig waren dazu fünfzig, sechzig, ja siebzig Jahre weltweiter Katastrophen, des demokratischen Fortschritts, verbunden mit unserer Unfähigkeit, Krieg zu verhindern, der Verherrlichung nationalen Dünkels [...] – erst nachdem wir all dies erfahren haben, durch die rauchenden Öfen von Auschwitz, die zerbombten Dschungel Vietnams, durch Ungarn, Suez [...]«[515]

– und es folgt eine Aufzählung aller nur irgendwie bekannten Katastrophen des Jahrhunderts –

»jetzt erst, nachdem wir all dies erlebt haben, können wir Mahlers Musik hören und verstehen, daß sie all dies voraussagt. [...] so kommt es zu der merkwürdigen Erscheinung, daß von jeder Eigenschaft, die in Mahlers Musik erfahrbar und definierbar ist, das diametrale Gegenteil genauso in ihr erfahrbar und definierbar ist. Von welchem anderen Komponisten könnte man das sagen? [...] Mahler als einziger ist all dies: grobschlächtig und zart, subtil und lärmend, verfeinert, roh, objektiv, rührselig, dreist, schüchtern, grandios, sich selbst verleugnend, vertrauensvoll, unsicher, abhängig und zugleich das Gegenteil von allem. [...] Alle Versuche, Experimente und Vorstöße Mahlers geschahen auf den Wegen der Vergangenheit. Das Aufsprengen der Rhythmen, das nachwagnersche Ausweiten der Tonalität bis zu ihren äußersten Grenzen (aber nicht darüber hinaus!), die Versuche einer Ausdünnung des klanglichen Gewebes, einer rein linearen Bewegung, einer transparenten musikalischen Orchesterbehandlung – all dies deutete bereits an, was dann im zwanzigsten Jahrhundert allgemeiner Brauch wurde, aber Mahlers Versuche kommen alle von der Musik des 19. Jahrhunderts her, die er so sehr liebte. Gleiches widerfährt ihm bei seinem Streben nach neuen musikalischen Formen: Er schafft eine Sinfonie in zwei Sätzen (Nr. 8), eine Sinfonie in sechs Sätzen (Nr. 3), Sinfonien, die nicht nur in den Schlußsätzen Gesang haben (Nr. 3, 8, *Das Lied von der Erde*), Sätze, die Zwischenspiele, Einschübe sind durch willkürliche Verkürzungen, quälende Wiederholungen oder durch fragmentarischen Charakter – doch all diese Versuche, zu neuen Strukturen zu gelangen, verbleiben im Schatten von Beethovens *Neunter* Sinfonie, den letzten Klaviersonaten und Streichquartetten. Sogar die gelegentlich verwinkelte melodische Linienführung, die überraschenden Intervalle, die überaus weiten Sprünge, das Suchen nach der unendlichen Melodie, die harmonische Mehrdeutigkeit – all diese Eigenschaften, die viele Komponisten des 20. Jahrhunderts entscheidend beeinflußten – sie alle sind nichtsdestoweniger zuletzt auf Beethoven und Wagner zurückzuführen. Hier liegt für mein Gefühl wohl auch der Grund, weshalb ich daran zweifele, jemals mit der sogenannten *Zehnten* Sinfonie zurechtzukommen. Ich war noch nie von den rhythmischen Experimenten im Scherzo überzeugt, von dem Kokettieren mit der Atonalität. Ich frage mich oft, was geschehen wäre, wäre Mahler nicht so jung gestorben. Hätte er diese *Zehnte* Sinfonie so vollendet, wie es die augenblicklichen Versionen zeigen? Oder hätte er sie verworfen? Gab es Anzeichen, daß er im Begriff war, den Graben zu überqueren und ins Lager Schönbergs überzuwechseln? Es ist dies eins der faszinierendsten ›Wenns‹ der Musikgeschichte. In gewisser Weise glaube ich, war er gar nicht fähig, diese Krise zu überleben, da es für ihn keine Lösung gab; er mußte sterben, ohne diese Sinfonie vollendet zu haben. [...] Mahlers Schicksal war es, die Entwicklung der großen deutschen Sinfonik zu vollenden und zu sterben, ohne daß es ihm erlaubt war, am Anfang einer neuen Entwicklung zu stehen. [...] Er war ein gequälter, zerrissener Mensch, die Augen auf die Zukunft gerichtet, das Herz in der Vergangenheit verankert. Doch das Schicksal gewährte ihm, Schönheit zu schenken und einen einzigartigen Platz in der Musikgeschichte einzunehmen. In dieser Stellung sprach er das ›Amen‹ über die symphonische Musik, indem er übertrieb und verzerrte, indem er die letzten Tropfen aus dieser herrlichen Frucht preßte, indem er verzweifelt und beharrlich an die Neuprüfung und Neuwertung des Materials ging, indem er tonale Musik bis zur äußersten Grenze führte, und so erlangte er die Gnade, das letzte Wort zu sprechen, den letzten Seufzer auszuhauchen, die letzte Träne zu weinen, das letzte ›Lebewohl‹ zu sagen. Wem? Dem Leben, so wie er es kannte und in Erinnerung behalten wollte, der reinen Natur, dem Glauben an die Erlösung; aber auch der Musik, wie er sie kannte und im Gedächtnis behielt, der ungetrübten Schönheit der Tonalität, dem Glauben an ihre Zukunft – ein Lebewohl all diesem! Der letzte C-Dur-Akkord des ›Liedes von der Erde‹ war für ihn die letzte Lösung alles faustischen Ringens. – Für ihn?«[516]

Mit Bernstein kommt ein neuartiger Überschwang in die Mahler-Interpretation, der – im Unterschied zur intellektuellen Anstrengung Adornos – auch in Wien ein Echo fand. Am deutlichsten vielleicht in dem *Presse*-Feuilleton von Peter Weiser, dem Generalsekretär der Konzerthausvereinigung, der im Jahre 1967 den geplanten Mahler-Zyklus realisierte – es war die erste vollständige Aufführung des Gesamtwerks von Mahler. Der Artikel von Weiser liest sich wie eine Programmatik, die dem Zyklus zugrundegelegt werden soll:

»Wir machen einen Mahler-Zyklus. Wir haben zwar weder die Möglichkeiten noch die Mittel dazu aber wir machen einen Mahler Zyklus. […] Mahler liegt in der Luft. Man rede mit denen die brennen mit Mehta und Abbado mit Maderna und Bernstein: Mahler ist fällig geworden. Auch die Unbrennbaren Maazel und Boulez spüren es schon selbst Karajan die gefrorene Flamme: Mahler ist fällig geworden. Die Welt weiß das seit langem. Ehe es sich auch nach Wien herumspricht machen wir aus ihm einen Zyklus. Avantgarde? Nein. Aventür.«[517]

So verdienstvoll der praktische Einsatz Weisers für Mahler ist, so dürftig die intellektuelle Anstrengung, die ihn begleitet. Weiser reiht Klischee an Klischee, und verzichtet auf Beistriche, wohl um den phrasenhaften Gedankengängen wenigstens Schwung zu verleihen. Es ist eine hilflose Bannrede gegen die heimischen Antisemiten, die sich auf Nietzsche beruft und Mahler in dessen Sinn zu einem wahrhaften Übermenschen stilisiert. Jeder gesellschaftliche Gehalt seines Werks geht in der Attitüde des Auserwählten unter:

»Wer sich zu Mahler bekennt bekennt sich zum Primat des Geistes über den Rest. Wer sich zu Mahler bekennt bekennt sich dazu daß Hochdeutsch gesprochen wird denn Sprache ist geformter Gedanke und nur wer edel spricht hat vorher edel gedacht. Wer sich zu Mahler bekennt bekennt sich zur Aristarchie das heißt zur Herrschaft der Besten […] Wer sich zu Mahler bekennt liest Novalis und Nietzsche und nicht die *National- und Soldaten-Zeitung* und nur beim Zahnarzt den *Spiegel*. […] Mahler. Schwer durchzusetzen in einer Stadt die sich selbst zur Weltstadt ernannt hat und dies im Augenblick ihrer tiefsten Erniedrigung als sie nämlich unter den Trümmern der Großstadt die sie einmal war die Fundamente einer Provinzstadt auszuheben begann für Gemeindebauten die nur noch von Eigentumswohnungen untertroffen werden für soziales Grün verklärt von Peitschenleuchten für tägliche Schändungsversuche begangen an den verbliebenen Baudenkmälern dieser herrlichen Stadt die längst keine Weltstadt mehr ist sondern immer öfter ein schizophren gewordenes Linz bevölkert von Generaldirektoren in Steireranzügen Steirern in Cutaways Gelehrten mit Streckenkarten und Bedienerinnen mit Limousinen. Mahler. Schwer durchzusetzen in dieser Stadt.«[518]

Wie hilflos dieser Kampf gegen den Antisemitismus ist, zeigt sich allein darin, daß Weiser den Augenblick der tiefsten Erniedrigung Wiens offenbar nicht im Nationalsozialismus, sondern in der Befreiung erkennen möchte. Das verleiht seiner mehrmaligen scharfen Betonung des Judentums von Mahler einen unbeabsichtigten Beiklang – besonders an einer Stelle, wo es heißt: »A Jud? Ein Auserwählter. Was ein gewaltiger Unterschied ist selbst im Falle der Identität.«[519] Eine rechtsextreme Zeitschrift wie die *Neue Ordnung* hat dankbar und in extenso Weisers typisch philosemitische Auslassungen zitiert.[520] Freilich tut sie Weiser unrecht: er hat sich offenkundig von Thomas Bernhards Übertreibungskunst inspirieren lassen.

Der Mahler-Zyklus des Jahres 1967 schien indessen tatsächlich einen Durchbruch zu bedeuten – ganz im Gegensatz zu den Mahler-Gedenkjahren 1960/61. Wurde damals aus schlechtem Gewissen und mit Pflichtgefühl Mahlers gedacht – ohne daß sich von Seiten des Publikums und der Kritik ernsthaftes Interesse zeigte, so dürfte nun das Publikumsinteresse erwacht und ein wirklicher Umschwung in der Musikkritik erfolgt sein. Mahler wurde nun nicht mehr von älteren ehrwürdigen Herren aus dem Exil dargeboten, sondern von jungen aufstrebenden Stardirigenten aus dem Ausland; Mahler bildete nun nicht mehr Anlaß für nostalgische Musikschriftsteller und Journalisten, den vergangenen Zeiten der Jahrhundertwende und der zwanziger und dreißiger Jahre nachzuhängen, sondern wurde nun im Stil von Bernstein als Komponist der unmittelbaren Gegenwart begriffen, in dessen Werk sich die Katastrophen des Jahrhunderts abzeichneten. Die Schlagzeilen zu diesem Zyklus haben fast etwas Beschwörendes: »Der Durchbruch scheint gelungen«[521], »Der Bann ist gebrochen«[522], »Der Sieger heißt Mahler«[523], »Seiner Botschaft konnte sich keiner entziehen«[524] ... Tatsächlich setzte sich in der Kritik eine neue Position zu Mahler weitgehend durch: geschworene Mahler-Gegner wie Tassié traten zurück, eine an Bernsteins Mahler-Bild orientierte Generation begann die Mahler-Interpretation zu bestimmen; und frühere Mahler-Kritiker oder –Skeptiker versuchten sich nun mit unterschiedlichem Erfolg nach dem neuen Zeitgeist zu richten. Auch der große österreichische Mäzen Manfred Mauthner-Markhof sprach ein deutliches »Votum für Mahler«[525] aus. Welche Kriterien auf offizieller Seite galten, drückt sich allerdings in einer Bilanz der Wiener Festwochen 1967 im Organ der Bundeshauptstadt aus: »Interesse und Echo im Ausland waren größer denn je«[526] – so lautet hier die Schlagzeile. Mahler beschäftigte nun sogar das österreichische Fernsehen: am 15. Juni 1967 wurde eine Sendung gezeigt, in der Ernst Häussermann mit Peter Weiser, Hans Swarowsky, Joseph Wechsberg, Karl Löbl und Herbert Nedomansky über Mahler diskutierte und ein Interview von Löbl mit Bernstein eingespielt wurde.[527]

Wie den diversen, gegenüber 1960 bedeutend zahlreicheren Kritiken zu den einzelnen Konzerten zu entnehmen ist, dürften alle Aufführungen von regem Publikumsinteresse begleitet gewesen sein. Gerhard Kramer schrieb in der *Presse* rückblickend:

»Gleich bemerkenswert wie die großzügige, konsequente und zweifellos auch kühne Planung dieser Konzertreihe ist dabei der Umstand, daß dieses noch vor wenigen Jahren ein sicheres Fiasko verheißende Unternehmen diesmal von einem konstanten Publikumserfolg begleitet war. Er kam ebenso im vorzüglichen Besuch der Konzerte, unabhängig von der Attraktivität der Ausführenden, zum Ausdruck wie in der Dauer und Intensität des Beifalls, die nicht immer mit der Qualität der Wiedergabe allein korrespondierten, sondern offensichtlich dem Werk selbst galten.«[528]

Gerhard Kramer gibt dabei eine erstaunlich kenntnisreiche Darstellung der Mahlerschen Musik – im Unterschied zu den bloß gewendeten Mahler-Kritikern weiß er, die Argumente gegen Mahler aufzugreifen und umzuwerten:

»Das Banale bedeutet für Mahler ein neues Ausdrucksmittel, eine Bereicherung der Palette ebenso wie das scheinbar Folkloristische der Märsche und Ländler, die aber nie reine Materialfunktion wie bei den echten Folkloristen, sondern stets einen durch Verfremdungseffekte noch gesteigerten Ausdruckswert haben.«[529]

»[Bruckner gegenüber] vertritt Mahler das 20. Jahrhundert mit der bereits unerfüllbar gewordenen Sehnsucht nach den verlorenen Paradiesen des Einfachen, Schlichten, Ganzen; mit der Schärfe des Intellekts und dem Unsicher- und Mehrdeutigwerden des Gefühls; mit der schneidenden Ironie, die den bohrenden Schmerz verdecken möchte. Diese Zerrissenheit ist aber jene unserer eigenen Zeit, sie gehört eindeutig der Moderne an. Aber auch in musikalisch-technischer Hinsicht zählt Mahler mehr zum Kommenden als zum Vergangenen, worüber seine anfänglich einfache, oft diatonische Sprache viele hinwegtäuschte: in der souveränen, den Gesetzen des einzelnen Werkes mehr als dem Schema gehorchenden Formbehandlung, der unabhängigen Stimmführung und der scharf charakterisierenden anstatt üppig-sinnlichen Instrumentation und in der von der Schönberg-Schule übernommenen Technik der permanenten Variation (kein Thema wiederholt sich jemals wörtlich).«[530]

»[Peter Weiser konnte eine erfreuliche Bilanz ziehen, als der Zyklus beendet war: er] dankte der Festwochenintendanz für den großen ›Vertrauensvorschuß‹ zum Mahler-Zyklus, dem ein geradezu überwältigender Erfolg beschieden gewesen sei. ›Von nun an‹, so sagte er, ›gehört Mahler endlich zum Repertoire.‹ Das Presseecho gerade auf diesen Zyklus sei so lebhaft gewesen wie nie zuvor, allein *Time* habe beispielsweise – erstmals – einem musikalischen Ereignis einen mehrseitigen Artikel gewidmet. Gegen den Mahler-Zyklus habe es jedoch auch mehr oder weniger versteckten Widerstand gegeben. So erwähnte Weiser den Fall des Ordinarius für Musikwissenschaft an der Wiener Universität, Prof. Erich Schenk, der dem in Wien studierenden Kanadier Timothy Vernon eine Dissertation über Mahler mit der Bemerkung abgeschlagen habe, der Komponist sei ja ›a Jud‹ (!) gewesen.«[531]

Der bei der Pressekonferenz zitierte Ordinarius klagte daraufhin Weiser und erhielt im Gerichtsverfahren recht, da es Weiser nicht gelang, den genannten Studenten zur Zeugenaussage zu bewegen. Weiser hatte die Information über den Vorgang am Wiener Musikwissenschafts-Institut von einem Mitglied der Wiener Symphoniker erfahren.[532] Bereits Jahre davor hatte bekanntlich dieser Ordinarius eine Dissertation über Schreker verhindert, die Gösta Neuwirth schreiben wollte – er tat es, laut Neuwirth, mit eben demselben

›Argument‹, das zu erwähnen Weiser verboten wurde. Was mag aber die Wiener Philharmoniker im Jahre 1990, als sie die *Dritte* von Mahler zur Aufführung brachten, dazu veranlaßt haben, in ihrem Programmheft einen Beitrag Erich Schenks über »Gustav Mahler – der Dirigent«[533] abzudrucken?

Polemisch fiel der Kommentar aus, den Wolf Rosenberg im *Forum* über das Echo des Mahler-Zyklus' in der Wiener Musikkritik publizierte: der 1915 in Dresden geborene Musikschriftsteller und Essayist gehört zusammen mit dem deutschen Schriftsteller Hans Wollschläger zu den wenigen streitbaren Mahler-Verehrern – die in der Mehrzahl aus Deutschland kamen:

> »Das Unglück begann bereits bei den Programmheften. Der ausländische Beobachter – man verzeihe ihm die Einmischung in österreichische Angelegenheiten – weiß, daß es in Wien und Umgebung (genauer: Graz) einige kompetente Leute gibt, die Konkretes zu Mahlers Partituren, seiner spezifischen Kompositionstechnik, der Funktion der Klangfarbe, der Formkonzeption etc. zu sagen hätten. Keiner von ihnen wurde beauftragt, Einführungstexte zu verfassen; statt dessen servierte man den Konzertbesuchern die gängigen Faseleien über Mahler den Menschen, Mahler den Bekenner, Mahler den Zerrissenen, Mahler den Einsamen, Mahler den Erlösungssucher, kurz: Mahler als Courths-Mahler-Figur.«[534]

Im speziellen konzentriert sich Wolf Rosenberg dann auf die Musikkritik von Herbert Schneiber im *Kurier*, sowie Karl Löbl und Franz Tassié im *Express*. Folgt man Rosenberg, so brachte das Jahr des Mahler-Zyklus den endgültigen Übergang der Musikkritik vom offenen Ressentiment zur Phrase.

Im übrigen jedoch behauptete sich seit jener Zeit nur in den einzelnen Bundesländern die verdeckt antisemitische Ranküne, wie man sie aus den frühen sechziger Jahren kennt – so etwa in den Kritiken der *Tiroler Tageszeitung*[535] und in der Klagenfurter *Kleinen Zeitung*[536]. Eine große Ausnahme bildete die Grazer *Kleine Zeitung*, in der Harald Kaufmann die neben Kurt Blaukopf und Lothar Knessl einzige österreichische Mahler-Musikkritik von Rang publizierte. Bemerkenswert daran ist, daß er sich dabei nicht mit den hochkarätig besetzten Aufführungen in der Metropole auseinandersetzte, sondern mit dem Mahler-Zyklus, den Ernst Märzendorfer mit dem Grazer Philharmonikern zur Aufführung brachte. Ja, der Kritiker versteht es, gerade aus den Schwierigkeiten, die das durchaus als mittelmäßig zu bezeichnende Orchester mit der Musik Mahlers hat, deren Eigenart herauszuarbeiten. Über eine Aufführung der *Zweiten* heißt es zunächst:

»Ernst Märzendorfer, dem vom Veranstalter die reizvolle, aber schwierige Aufgabe anvertraut wurde, das Grazer Philharmonische Orchester in ein stilistisch neues Gebiet einzuführen, den technischen Tücken zu begegnen […] Märzendorfer ist der richtige Mann, solche Aufführungen durchzukämpfen […] Nicht, daß kritischen Beobachtern die Aufführung makellos erschien […] Aber solche Gratwanderungen zwischen Gelingen und Straucheln machen ja gerade diese Sinfonie interessant und aufregend, wenn es letzten Endes doch zu keinem Straucheln im Ganzen kommt.«[537]

Sobald sich Kaufmann nun auf die Stellen näher einläßt, wo »das Straucheln« droht, erhellt er wesentlich Momente der Mahlerschen Musik:

»Die Ekstasen dürfen nicht ›rauschen‹, der Zusammenklang der Instrumente muß auch im mehrfachen Forte klar und trocken bleiben, die Stimmführungen müssen hörbar sein. Orchester, die am spätromantischen Mischklang geschult sind, müssen an solchen Exhibitionen des Trennklanges unwahrscheinliche Aufmerksamkeit wenden, um im Tritt zu bleiben. Viel Schönes war auf diesem Weg erreicht.«[538]

Kaufmanns Kritik bietet – im Gegensatz zu den journalistischen Lob- und Haßgesängen in den Zeitungen der Metropole – ein herausragendes Beispiel dafür, daß die Musikkritik selbst keine schulmeisterliche Benotung oder populistische Anbiederung sein muß, sondern eine wirkliche Hilfestellung für den Interpreten und das Publikum bieten kann. Hier wird tatsächlich vermittelt zwischen Ausführenden und Wissenschaft, Publikum und Kunst:

»Für spätere Aufführungen von Mahler-Sinfonien, wie wir sie von Märzendorfer erhoffen, wäre noch extremere Dynamik anzuregen. Schriller, greller, schreiender ist die Stimme von Mahlers Orchester in den Ausbrüchen, noch behutsamer und sentimentalisch-verträumter im Pianissimo. Die Portamente der Streicher (im zweiten Satz) müßten durchaus nicht so verschämt versteckt werden. Sie sind eine Ausdrucksgrimasse falschen Gefühls, das mißverstanden wird, sobald man es biedermeierlich eingemeindet. Das Gefährliche, Wetterleuchtende in Mahlers Musik sollte seiner echten Sehnsucht nach Geborgenheit und Kinderglauben stets vermählt sein.«[539]

In ganz ähnlicher Weise wie bei Harald Kaufmann kommt auch die Kritik von Johannes Frankfurter über die Grazer Aufführung der *Sechsten* dem Ideal der Musikkritik nahe, indem sie den Schwierigkeiten einer gerade nicht idealen Interpretation – was immer das sei – nachspürt:

»Die Erfahrungen des Kapellmeisters Mahler sind [...] in seine Kompositionen hineingenommen, insofern hat er ›Kapellmeistermusik‹ geschrieben. Die Frage der Aufführungspraxis ist bei ihm bereits eine Dimension des Komponierens, vergleichbar darin einem Richard Wagner oder Richard Strauss. Nur, und das macht die Qualität der Mahlerschen Musik zu einem Teil aus, werden die hier auftauchenden Probleme nicht dadurch gelöst, daß sich die Musik dem herrschenden Geschmack anbiedert; sie wird im Gegenteil dadurch komplizierter, sie weiß sehr genau um die Bedingungen des Hörens beim bürgerlichen Konzertpublikum, sie nennt sie beim Namen und wendet sich dann voll Abscheu weg: Das Scherzo der 6. Sinfonie ist darin besonders typisch. Gleich zu Beginn hat die Pauke insistierend gegen den seit Bruckner vertrauten wuchtigen Rhythmus des Dreiertaktes den Auftakt zu betonen, das Thema, das man sich im Scherzo allgemein als spritzig, mit gewisser Lustigkeit erwartet, wird zunächst in in den dunklen Regionen der Violen und Hörner, anschließend in den unbeweglichen Posaunen gebracht. Immer wieder werden liebgewordene Hörerwartungen enttäuscht. Die ›altväterische‹ Gemütlichkeit des Trioteiles wird immer wieder durch den Wechsel von 3/8- und 4/8-Takt empfindlich gestört. [...] Ernst Märzendorfer bleibt diesem Mahler auf der Spur. Er glättet nicht, wo es rauh zugeht, wo hart zugepackt werden muß, zieht er nicht Glacéhandschuhe an. Aus den Grazer Philharmonikern hat er sicherlich das Maximum herausgeholt. Wie genau die Details in dieser riesigen Sinfonie (meist) gelingen, das ist fast verblüffend.«[540]

Eine Ausnahme bildet die in derselben Zeitung erschienene Kritik anläßlich der Aufführung der *Neunten* unter Märzendorfer mit dem Titel »Von jüdischer Art und Kunst« (24. 11. 1971), die nach der Manier des Philosemitismus einfach bestimmte negative Klischeevorstellungen des Judentums, die der Antisemitismus ausgeprägt hat, übernimmt und sie ins angeblich Positive zu wenden versucht, statt sie gesellschaftlich zu bestimmen – und ohne zu bedenken, daß gerade Mahlers Musik solche Identifikationen in Frage stellt:

»Die unendliche Fülle der aufkeimenden Themen, deren unvermitteltes Aufgreifen und Fallenlassen, die unüberbrückte Kluft zwischen formaler Bindung und epischem Aussagewillen, die bei aller Turbulenz dennoch entwicklungsarme Statik des Klanggeschehens, die notgedrungen zu der aller sinfonischer Prinzipien zuwiderlaufenden und oft genug angekreideten verbeulten Architektur dieses Werkes führt, – spiegelt sich nicht die unbekümmerte, sich jeder schematisierenden Exegese höhnend entziehende Selbstsicherheit, mit der der Talmud und die Chassida ein Gleichnis nach dem anderen aus mystischen Tiefen steigen lassen [...]? Und ist nicht gerade der bei Mahler immer wieder frappierende Umschlag von größter tonaler Zersplitterung in süßliche Trivialität und das ebenso überraschende Auftauchen aus dieser, die Fähigkeit Einfachstes, Banalstes mit Kompliziertestem zu unerhörter Funktion zu koppeln, jene Kraft also, überraschende Querverbindungen herzustellen, eines der wesentlichen Merkmale jüdischen Denkens, der Milhauds hochkünstlerische Gassenhauer-Melodik ebenso zu danken ist wie Einsteins Relativitätstheorie?«[541]

Erstaunlich sind nicht nur die Musikkritiken Harald Kaufmanns, die über Märzendorfers Mahler-Zyklus geschrieben wurden, erstaunlich sind auch die Bemerkungen des Dirigenten selbst über seine Auseinandersetzung mit Mahler: auch bei ihm führen die Schwierigkeiten, die er bei der Umsetzung der Partituren mit den Orchestermusikern hatte, zum Einblick in die Strukturen dieser Musik und zur Reflexion über ihre Stellung zur Tradition. Märzendorfers Überlegungen stehen einzigartig da: selten hat ein Mahler-Dirigent soviel gewußt von dem, was er tut; kaum hat je einer sein Mahler-Verständnis so klar artikulieren können. Das Verständnis ist dabei den Konflikten mit den Musikern in der täglichen Probenarbeit abgerungen – und es klärt bis ins Detail darüber auf, warum Mahlers Musik soviel Widerstand entgegengesetzt wurde und was den Zielpunkt antisemitischer Projektion bildete. Aber vielleicht ist es kein Zufall, daß sich das tiefere Mahler-Verständnis in der Provinz artikuliert und nicht in der Metropole. Allerdings war es nicht billig zu haben – als Märzendorfer im Jahre 1963 den Zyklus mit der *Siebenten* abschloß, berichtete er rückblickend:

»Für die Konzerte dieses jetzt gerade abgeschlossenen Mahler-Zyklus [...] habe ich mit einem Probenmaximum gearbeitet. Sechs Proben, wovon der erste Probentag so aussah: ich fange um 9 Uhr an und arbeite bis 18 Uhr; also zweieinhalb Stunden hohe Holzbläser, zweieinhalb Stunden tiefe Holzbläser, dann erste und zweite Violine allein, usf. Nur so geht es mit einem Orchester-Apparat, der den Stil der Mahler-Sinfonien wenig kennt. [...] bei Bruckner weiß ein jeder, wo er ›hintappt‹. Das ist eine bekannte Materie und genau genommen ist es auch viel leichter zu spielen und zu verstehen. Die Tatsache, daß bei Mahler die Bezeichnung in den Stimmen so phänomenal präzise ist, daß der Instrumentalist nur auszuführen brauchte, was in seiner Stimme steht, bringt aber gerade die allergrößte Schwierigkeit mit sich, wenn z. B. von einem Orchestermusiker, der neben sich einen Fortissimo-Akkord der Posaune hört, verlangt wird piano zu spielen. ihn reißt doch sofort der Gesamtklang oder irgendetwas mit und die Klangwirkung erinnert an Richard Strauss und nicht an die eines Gustav Mahler. [...] Es gibt unzählige Dinge, die bei Mahler dem Orchestermusiker abverlangt werden müssen und die er einfach nicht machen will. Dazu gehören die wirklichen Glissandi in den Streichern, dort wo sie vorgeschrieben sind, also das Verfremden und Übertreiben des Ausdrucks. Weiters erlebt man auch seine schlimmsten Überraschungen bei der Aufführung der originalen Bogenstriche. Wenn in der Mahler-Partitur deutlich zweimal Abstrich oder Aufstrich verzeichnet ist und wenn man das ausprobiert, dann schreien die Orchester auf. Sie wollen es nicht machen. Deshalb kommt es ja immer wieder vor – und man kann es bei erstrangigen Orchestern unter erstrangigen Dirigenten sehen –, daß die Striche so umgeändert werden, wie es sich besser spielt. Auch bei den BBC-Leuten unter Pierre Boulez habe ich das 1971 bei der Fünften Sinfonie Mahlers feststellen können. Ich verlange bei meinen Aufführungen von den Streichern, daß die Bindungen so genommen werden, wie es vom Autor gedacht ist, und ich habe feststellen können, um wieviel stärker die Verfremdung und Charakteristik der einzelnen Stellen ist, wenn man sich der Mühsal der Werktreue unterzieht [...] die Orchestermusiker hier im mittel- und südeuropäischen Raum sind mehr, wie ich es bezeichnen möchte, Instinkt-Typen, die gern nach dem spielen, was sie hören oder selbst imaginieren. Wenn man dann etwas verlangt, was ihnen zuwiderläuft – und das ist bei Mahler ununterbrochen der Fall –, dann ist es schon sehr schwierig, seine Vorstellungen durchzusetzen, weil jeder Musiker es besser wissen will, was er mit dem Instrument macht.«[542]

Märzendorfer betont also, daß Mahler zwar nicht gegen die Instrumente geschrieben habe, aber

»gegen die festgelegte Art zu spielen. Ich nenne den Gegenstil, der aus derselben Zeit stammt: Richard Strauss. In einer Richard Strauss-Partitur ist alles nach bestem Klingen gemacht und auch für den eher naiv orientiert spielenden Musiker bringt die größte Dissonanz eine Art Anreiz und Wahrscheinlichkeit. Die wildesten Dissonanzen im ›Heldenleben‹ und im ›Rosenkavalier‹ werden da mit Vergnügen gespielt, bei Mahler aber wird ein Gesicht gezogen, wenn in einem C-Dur-Akkord ein Es hineingespielt werden muß [...] Für mich ist es eigenartig und interessant beim Studium der Partituren die Beobachtung zu machen, daß rein optisch eine Mahler-Partitur von einer Richard-Strauss-Partitur gar nicht weit entfernt erscheint. Bei beiden ist alles auf Hörbarmachung der Details gemacht, nur hat Mahler andere Anliegen, nämlich die der Verfremdung und der Charakterisierung und Strauss die des besten praktischen Klanges.«[543]

Dabei artikuliert Märzendorfer, der 1921 in Oberndorf bei Salzburg geboren wurde und 1940 an der Grazer Oper debütierte, auch als Dirigent ein neues Mahler-Verständnis, das sich deutlich von dem eines Bruno Walter unterscheidet:

»Bruno Walter ist in meinen Augen der größte Mahler-Interpret, derjenige, der mich am meisten berührt hat und dennoch weiß ich, daß er in manchen Stücken explizit auf einer falschen Fährte war. Wenn er über die Vierte ungefähr sagt [...] ›das ist so schön wie eine Mozart-Sinfonie‹, dann beweisen für mich solche Äußerungen, daß er in diesen Werken nichts Ironisches zu sehen vermochte. Wir sehen doch heute wirklich nur die Ironie darin: in dieser Sinfonie tut sich eine Wunderhorn-Welt auf, aber mit Ironie, mit Distanz, mit Übertreibungen und Stilisierungen. Bruno Walter hat die Beziehung mit seinem Musikerherzen – wie in einer Mozart-Sinfonie – dazu hergestellt: unvergleichlich schön. Bruno Walters Aufnahmen oder Konzertmitschnitte vom *Lied von der Erde* oder der *Zweiten* Sinfonie zählen zu den schönsten Plattenaufnahmen, die es überhaupt gibt. Bruno Walter hat meiner Meinung nach alles verstanden, was in dieser Musik steht, er war aber geistig nicht da, wo wir heute sind und hat deshalb manche Problematik nicht beachtet, die sich erst im Laufe der Zeit besser erkennen ließ.«[544]

Märzendorfer machte diese Äußerungen in einem Gespräch mit Mahler-Forschern auf einem Symposium, das in Graz im Jahre 1973 stattfand. Im Gegensatz zu Wien scheint sich Graz seit den sechziger Jahren zu einem Zentrum einer wirklichen Auseinandersetzung mit Mahler entwickelt zu haben: dies zeigt nicht nur der Sammelband, der dieses Symposium und das folgende von 1974, das sich ebenfalls wenn auch nicht ausschließlich mit Mahler beschäftigte, dokumentiert; dies legen auch die sachkundigen Kritiken in der Presse nahe. In mancher Hinsicht zeigt sich allerdings, daß der Dirigent den Wissenschaftlern des Symposiums voraus war: jedenfalls stießen seine Ansichten zu Mahler auf ein Verständnis, das sich sehr an Bruno Walters-Interpretationen zu orientieren schien – und dies gilt auch für Georg Knepler und Erwin Ratz. So widersprach Ratz an einer Stelle:

»Zum Finale der *Siebenten* Sinfonie bin ich nicht der Auffassung von Adorno, der darin Ironie sieht, sondern meine, daß dieser Satz Ausdruck echter naiver Freude ist«.[545]

Und Märzendorfer widerspricht seinerseits:

»Es ist schon Ironie im zweiten und dritten Thema. Alle Grazioso-Episoden sind nicht auf hübsch gemeint, sondern ironisch. Wo es ›kracht‹ und wo die Pauken beginnen, da würde ich dazu neigen, die Musik als gesund musikantisch zu bezeichnen, nicht aber in den Pianissimo-Stellen und bei den Stellen mit intrikater Kontrapunktik (die übrigens eminent schwierig herauszuholen ist).«[546]

Im allgemeinen dominierte in den österreichischen Medien seit Ende der sechziger Jahre eine Mahler-Begeisterung, der allerdings jede intensivere Auseinandersetzung mit der Musik und jede intellektuelle Anstrengung weiterhin ermangelte. Es scheint manchmal, als ob man mit Mahler die eigene Modernisierung feiern wollte, die Öffnung der Provinz zur internationalen Szene hin: die ausländischen Dirigenten (Bernstein, Mehta, Ormandy, Solti …) und Orchester (New York, Philadelphia, BBC, Chicago …) wurden vor allem als Virtuosen bewundert, an dessen internationalem Flair man nun endlich auch partizipieren wollte.

Der Mahler-Zyklus des Jahres 1967 war im wesentlichen von den Wiener Symphonikern getragen worden. Die Wiener Philharmoniker beteiligten sich mit der Aufführung der *Zweiten* unter Bernstein und der *Lieder eines fahrenden Gesellen* unter Böhm. In den darauffolgenden Jahren begann eine schwierige, von inneren Widerständen geprägte Annäherung des Orchesters an den Komponisten. Die Probleme, die es bereits um die Jahrhundertwende mit dessen Werk hatte, schienen – wie schon in den fünfziger Jahren mit Kubelik – wiederzukehren. Es begann mit der *Neunten* unter Klemperer. Lothar Nesch schrieb (in den *Oberösterreichischen Nachrichten*) von einer »passiven Resistenz«, die das Orchester dem Komponisten entgegensetze:

»John Culshaw, der Aufnahmeleiter bei der Gesamtaufnahme von Richard Wagners *Ring* mit den Wiener Philharmonikern, prägte kürzlich in einem Buch das Wort vom ›k.u.k. Orchesterstalinismus‹. Man versteht es jedenfalls in unserem ehrwürdigen Klangkörper, Macht auszuüben und sie anderen Leute schmecken zu lassen. Die Kritik, soweit sie mit Orchestermitgliedern privat verbunden ist, macht dabei durchaus mit, auch wenn es um die Person Otto Klemperers geht. Doch fehlt es auch nicht mehr an Ordnungsrufen für die Philharmoniker, die zum Teil bei der Aufführung von Gustav Mahlers 9. Symphonie d-Moll im Musikverein passive Resistenz übten.«[547]

Mit der Kritik, die mit dem Orchester fraternisiert und dessen Macht als ihre eigene die anderen schmecken läßt, ist wohl ein Journalist wie Franz Endler gemeint. Endler lastete nämlich die Schuld nicht dem Orchester, sondern dem Dirigenten an, dem er Senilität unterstellte: dem Dirigenten wurde »mehr zugemutet, als er zu leisten imstande war.« Die *Neunte* sei »ein großes, bedeutendes, schwieriges, selten gespieltes Werk. Eines, bei dem man dem Orchester nicht nur gelegentlich großartige Anweisungen geben darf, sondern einfach die ganze Zeit auch klar den Takt schlagen muß.«[548] Klemperer sei »dieser Aufgabe nicht mehr voll gewachsen [...] Bei aller Ehrfurcht vor dem Alter und aller Dankbarkeit für viele unvergessene Konzerte. Die Wiener Philharmoniker spielten das in des Wortes mehrfacher Bedeutung letzte vollendete Werk Gustav Mahlers mit Hingabe. Wenn sie sich auf den nicht unkomplizierten Pfaden, die Mahler ihnen vorschreibt, einige Male für Sekunden verloren, so war ihnen dies nicht anzurechnen.«[549] Die Schuld für die Entgleisungen des Orchesters lag demnach beim ehrwürdig senilen Dirigenten und beim kompliziert komponierenden Komponisten.

Eine Woche vor diesem Konzert hatte Klemperer Bruckners *Fünfte* mit demselben Orchester dirigiert – und dies gab den nicht so eng mit dem Orchester verbundenen Musikkritikern Anlaß, das verschieden ausgeprägte Verhältnis der Wiener Philharmoniker zu diesen beiden Komponisten zur Sprache zu bringen. In der *Wiener Zeitung* etwa stand die Bemerkung: »Die Wiener Philharmoniker boten [bei Mahler] eine repräsentative Leistung, wenn auch nicht verschwiegen werden soll, daß ihr inneres Engagement offenbar bei weitem nicht so groß war wie am vergangenen Sonntag bei ihrer Interpretation von Bruckners Fünfter.«[550] »Eher zwiespältig« beschreibt auch Gerhard Mayer in der *Wochenpresse* den »Eindruck, den die Wiener Philharmoniker [...] mit ihrer Wiedergabe der *Neunten* Symphonie von Gustav Mahler hinterließen, der es insgesamt an der nötigen Spannung mangelte. Wozu noch kam, daß die Philharmoniker bisweilen recht unpräzis und beiläufig musizierten.«[551] In der Grazer *Kleinen Zeitung* stellte Helmuth Herrmann, von solchen Vergleichen ausgehend, allgemeine Überlegungen über die Mahler-Rezeption in Österreich an: es sei nur Klemperer »zu verdanken, daß Mahlers *Neunte* Symphonie zu Programmehren gekommen sei«[552], ein Werk, dessen Musik »rätselhafterweise immer noch nicht den Weg zum Herzen sehr vieler und sonst sehr aufgeschlossener Musikfreunde gefunden hat. Wir wagen nicht zu behaupten, daß das latent-antisemitische Gründe hat – wie beliebt ist doch Schnitzler in Wien – aber die weitverbreitete Animosität gegen Mahlers Werk gibt doch zu denken.«[553] Im folgenden stößt der Kritiker – fast zufällig – auf Momente in Mahlers Werk, die erklären können, warum sein Werk die Beliebtheit von Schnitzlers Stücken nicht erreichte:

»Aber Mahler wäre nicht Mahler, wenn er nicht auch in einem so abschiedsschweren und schließlich gottergebenen Werk skurrile und parodistische Töne anschlüge. Im dritten Satz, der mit ›Burleske‹ überschrieben ist, bevölkern schon viele Gestalten die unsichtbare Bühne, wie sie uns wenig später in Karl Kraus' Meisterwerk begegnen werden (Poldi Fesch: ›Heute wird gedraht...‹).«[554]

Ist es Zufall, daß der Kritiker genau in diesem Moment den Blick auf das Orchester wendet?

»Die Wiener Philharmoniker waren in der Mahler-Symphonie bei weitem nicht so überzeugend wie am vergangenen Sonntag in Bruckners *Fünfter*. Man wird das Gefühl nicht los, daß an den philharmonischen Pulten etliche Musiker sitzen, die fest davon überzeugt sind, Mahler habe lediglich Kapellmeistermusik von meisterlicher Faktur geschrieben.«[555]

Am schärfsten aber kritisierte ausgerechnet jener Musikjournalist das Orchester, der selbst noch vor acht Jahren die *Neunte* eine »Monstersymphonie« genannt hatte, und zwar im Sinne eines Horror-Monsters: die drei ersten Sätze hatte er einst als einen »angeschwollenen Rumpf« bezeichnet, von dem man das Adagio am besten abtrennen sollte. Fast hat man den Eindruck, daß die Wiener Philharmoniker lediglich diese Kritik Löbls von 1960 beim Wort genommen haben, in der es über den ersten Satz heißt, er sei »ein schier endloses Andante [...] so schrecklich langatmig, daß dieser Atem dem Hörer oft genug wegbleibt«.[556] Gerade bei diesem Satz nämlich stellt nun Löbl im Jahre 1968 fest, daß

»das halbe Orchester durch kaum verhüllte Aversion, offenkundiges Desinteresse, Mangel an Konzentration und die fehlende Bereitschaft zu aktiver Mitarbeit das Gelingen einer künstlerischen Darstellung in Frage stellt. So geschehen gestern, eben bei jenem ersten Satz der *Neunten*. Gewiß: Klemperer macht es den Musikern nicht leicht. Das tat er auch bei Beethoven und Bruckner nicht. Doch da nahmen die Herren Philharmoniker allesamt Anteil. Mahler ist ihnen, wie man sehen und hören konnte, lästig, wenn er nicht mundgerecht gemacht wird. Einen Satz lang konnte man erschrocken feststellen, daß der Geist, der Gustav Mahler einst aus Wien vertrieb, keineswegs bloß historisch ist.«[557]

Otto Klemperer selbst, neben Bruno Walter der führende Mahler-Dirigent seiner Generation, sagte ein Jahr später im Gespräch mit Peter Heyworth über diese Zusammenarbeit mit den Wiener Philharmonikern:

»[...] einzelne Mitglieder des Wiener Orchesters können sehr unangenehm sein. Sie sind nicht leicht zu behandeln. Aber es ist wunderbar, wie sie spielen, vor allem die Streicher. Ich habe sie zuletzt 1968 dirigiert. Die

*Fünfte* von Bruckner war großartig, die *Neunte* von Mahler war nicht so gut. Aber dafür gab es besondere Gründe. Diese Mahler-Symphonie war lange Zeit in Wien nicht aufgeführt worden. Ein Kritiker schrieb: ›Man konnte feststellen, daß die geistige Haltung, die Mahler aus Wien vertrieb, in keiner Weise der Geschichte angehört.‹«[558]

Und als Heyworth bei Klemperer nachfragt: »Hatten Sie das Gefühl, das Orchester widersetzte sich der Musik?« – antwortet Klemperer:

»Ja, ja! Aber, mein Gott, ich liebe Wien. Vielleicht ist es eine unglückliche Liebe, aber ich liebe es. Ich weiß, die Leute sind falsch, immer sehr zuvorkommend, aber hinter dem Rücken …«[559]

Die Wende im Verhältnis der Wiener Philharmoniker zu Mahler fand in den siebziger Jahren statt. Die materielle Voraussetzung hierfür war der Vertrag mit der Film-Firma UNITEL für die Aufnahme sämtlicher Mahler-Symphonien mit dem Dirigenten Leonard Bernstein. Hinzu kam eine Klausel im Vermächtnis der englischen Mäzenin des Orchesters, Nina Maxwell-Jackson, worin die jährliche Aufführung eines Werkes von Mahlers vorgesehen ist.[560] Die persönliche und künstlerische Voraussetzung für die Katharsis aber war das Engagement Bernsteins für Mahler – und die seltsame Obsession des amerikanischen Dirigenten, das Wiener Orchester und das Wiener Publikum unbedingt zu Mahler zu bekehren. Dies mag mit Bernsteins eigenen zwiespältigen Gefühlen zu Wien und der NS-Vergangenheit dieser Stadt zu tun haben. Ganz ähnlich wie Klemperer spürte er einerseits Ablehnung und Widerstand des Orchesters Mahler gegenüber – andererseits aber bedeutete Wien mit seiner klassischen Tradition die große Herausforderung für den Amerikaner. Bernstein wollte Wien erobern – wie es jeder berühmte Dirigent will. Aber im Unterschied zu den anderen, wählte er den Weg mit den größten Hindernissen: Mahlers Musik. Vermutlich fühlte er sich sogar als gleichsam wiederauferstandener Mahler, der zurückkehrt und den Konflikt mit Orchester, Publikum und Kritik Generationen später neu aufnimmt und endlich zur Versöhnung wendet.

Dieser unbedingte Wille zur Versöhnung zeitigte mitunter seltsame und widersprüchliche Reaktionen. Die ersten Eindrücke Leonard Bernsteins, als er im Februar 1966 für fünf Wochen nach Wien kam, um sein Wiener Operndebüt mit Falstaff zu absolvieren, faßte er in einem Brief an seine Vertraute Helen Coates so zusammen: »Ich weiß nicht, ob ich Wien jemals wirklich *lieben* werde.«[561] Über Bernsteins Reaktion auf das Verhältnis seiner Wiener Partner zur nationalsozialistischen Vergangenheit notierte der Bernstein-Biograph Humphrey Burton:

»Egon Hilbert konnte immerhin auf seinen Widerstand gegen die Nazis verweisen, doch der Geschäftsführer der Wiener Philharmoniker – der Trompeter Helmut Wobisch – war seit 1933 in der Nazi-Partei aktiv gewesen. Bernstein setzte sich mit lässiger Haltung über dessen Vergangenheit hinweg; er nannte ihn in aller Öffentlichkeit seinen ›SS-Mann‹.«[562]

Die Frau von Leonard Bernstein, Felicia, war »eher unangenehm berührt von der anbiedernden Art, mit der die Österreicher ihn [Leonard Bernstein] umwarben«.[563] Bernstein selbst glaubt, wie Joan Peyser berichtet, »daß ihn die Wiener auch aus einem Schuldgefühl heraus bewundern, das in der Behandlung der Juden in früheren Zeiten seine Wurzeln hat«.[564]

Die Kritik und das Publikum verstanden Bernsteins Intention – das Angebot zur Versöhnung – offenbar sofort: schon bei seinen Gastspielen mit den New Yorker Philharmonikern im Jahre 1968 wurde Bernstein immer wieder dankbar, ja in regelrechter Begeisterung, als neuer Mahler-Apostel begrüßt, von dem man sich gerne missionieren ließ: »Mahlers Auferstehung in Bernstein« titelte Löbl[565]. »Ein Leben für Mahler« stand als Überschrift in der *Kleinen Zeitung* und darunter war zu lesen:

»Noch ein paar Bernstein-Gastspiele, und Wien ist eine Mahlerstadt. Bernstein interpretiert Mahler, indem er sich mit dieser hypersubjektiven Welt völlig identifiziert. Bei der Aufführung einer Mahler-Symphonie unter Bernstein wird man immer wieder Zeuge des Wunders der Einswerdung von schöpferischer und nachschöpferischer Genialität. Es ist einfach unmöglich, nicht an musikalische Werte zu glauben, von deren Vorhandensein der Dirigent so felsenfest überzeugt ist. Solche Interpretationen vermögen das musikalische Weltbild zu verändern.«[566]

»Mahlers bester Propagandist« lautet der Titel der Kritik in der *Wiener Zeitung*, die zu erkennen gibt, daß auch in der Begeisterung ein Kritiker vom andern abschreibt, ja daß durch diese Art der Ansteckung eine bestimmte Art von Begeisterung vielleicht erst entsteht:

»Der Wirkung solchen Musizierens kann man sich nicht entziehen. Mit einer Inbrunst ohnegleichen versenkt sich Bernstein in die künstlerische und geistige Welt Gustav Mahlers. Wenn Bernstein Mahler dirigiert, dann beginnen auch Taube zu hören und zu verstehen. Solche Interpretationen vermögen das musikalische Weltbild zu verändern. Hätten doch auch Pfitzner und Schmidt solche Interpreten – das internationale Werturteil über diese Komponisten lautete dann gewiß günstiger!«[567]

Die letzte Bemerkung mit dem Hinweis auf zwei dem Nationalsozialismus verbundene Komponisten zeigt, daß die Versöhnung von Seiten des Publikums und der Kritik durchaus die Haltung einschließen kann, mit der NS-Vergangenheit sich auch weiterhin nicht kritisch auseinanderzusetzen. Es ist an dieser Stelle vielleicht nicht zu weit hergeholt, die Wahl Bruno Kreiskys zum Bundeskanzler ebenfalls im Zeichen einer solchen Versöhnung zu begreifen.

So ist es auch zu verstehen, daß die Mahler-Interpretation, die Pierre Boulez mit dem BBC-Orchester bot, weitgehend abgelehnt wurde: Boulez interpretierte Mahler von der Seite der Avantgarde her, er verweigerte in seiner Art der Darstellung die vorschnelle und restlose Identifikation mit der Musik, blieb vielmehr auf Distanz bedacht und brachte so – über den Umweg der Zweiten Wiener Schule und deren Nachfolger – neue Differenzen ins Spiel, wodurch die vollkommene Versöhnung, der Rausch der Versöhnung gewissermaßen, verweigert wurde. In der *Wiener Zeitung* war in einem nahezu beleidigten Tonfall von einem Mißverständnis zu lesen, wobei die erste Person Plural, die sich hier zu Wort meldet wohl das kollektive Bewußtsein der österreichischen Nation suggerieren soll (schließlich handelt es sich um das offizelle Presseorgan Österreichs):

»Mahlers Werk steht bei den Avantgardisten unserer Tage bekanntlich hoch im Kurs. Man hat den extrem subjektiven Spätromantiker zu einem

Ahnherrn der Moderne gemacht, und dieser günstige Befund öffnete seinem Œuvre Tür und Tor. Wir zählten immer schon zu den aufrichtigen Bewunderern der Kunst Gustav Mahlers [!] und hätten somit allen Anlaß zur Freude. Wenn sich diese dennoch nicht einstellt, so liegt das vor allem daran, daß die Tendenz dieser Mahler-Renaissance in keiner Weise unseren Beifall finden kann.«[568]

Nach Jahrzehnten, in denen man Mahlers Musik mißachtet hatte und erst wieder von ausländischen Dirigenten nahegebracht bekam, geriert man sich nun als Hüter der Mahler-Tradition, der immer schon wußte, wie Mahler zu verstehen sei: nämlich so, daß es mit der Vergangenheit Österreichs keine Auseinandersetzung und mit allen anderen Heroen der Kulturgeschichte, die in diese Vergangenheit verstrickt waren, keine Konflikte geben kann. Vor allem deshalb kann die Mahler-Rezeption durch die internationale Moderne keinen Beifall in der *Wiener Zeitung* finden,

»weil dieser Weltruhm Mahlers von seinen Initiatoren mit einer eindeutigen Tendenz gegen Richard Strauss forciert wird, dessen Werk sie in jeder nur denkbaren Weise herabsetzen. Man stelle sich nur vor, wie Boulez reagiert hätte, wenn ihm nahegelegt worden wäre, etwa die *Sinfonia Domestica* zu dirigieren! [...] Boulez' Interpretation der *Fünften* Symphonie von Mahler war das Musterbeispiel eines Mißverständnisses. Boulez spürte ununterbrochen ›Strukturen‹ nach, wo es doch nichts als subjektive Bekenntnisse zu entdecken gab. Die Folge war ein stahlhart musizierendes Orchester, dem die undankbare Aufgabe zufiel, die subjektiven Bekenntnisse dieses herrlichen Musikers fünfviertelstundenlang zu entstellen. Besonders kraß war die stilistische Fehleinschätzung dieser Musik im Scherzo zu spüren, dessen befreiende Walzerseligkeiten diesmal von einem Blechpanzer zermalmt wurden. Daß unter diesen Umständen das Adagietto mißlingen mußte, war vorauszusehen. Im Rondo-Finale bewirkte die Abstrahierung des Inhalts kontrapunktisch garnierte Langeweile. Wie wunderbar klang dieser Satz vor zwei Jahren unter Bernstein.«[569]

Unfreiwillig enthüllt der Rezensent in seiner Kritik an der Interpretation, was ihn an der Musik Mahlers stört und warum er sie nur als subjektives Bekenntnis gelten lassen will: die neuartigen Strukturen, die Brüchigkeit und Verfremdung der Walzerseligkeit und die kontrapunktische Modernität.

Etwas reflektierter ist die Kritik von Gerhard Kramer, doch auch sie muß zu merkwürdigen Konstruktionen Zuflucht nehmen, um die Differenz von Boulez' Interpretation abwehren zu können:

»Für die Doppelbödigkeit, das brüchig ›Österreichische‹, den Umschlag vom fast an den Kitsch streifenden ›Schönen‹ ins Verzweiflungsvoll-Tragische (wovon speziell die beiden ersten Sätze reden), hat der Romane Boulez kein Organ. Der ›leidenschaftlich wilde‹ Aufschrei des Trios im Trauermarsch gerät distanziert, fast bedächtig, und die gewissen agogisch-rhythmischen Imponderabilien in Marsch, Ländler und Walzer, Sedimente des Folkloristischen, sind wohl ohne das gewisse ›Gspür‹ überhaupt nicht echt zu realisieren. Kein Zweifel, zu wessen Gunsten der unabweisliche Vergleich mit der an derselben Stelle erlebten Interpretation durch Leonard Bernstein auszugehen hätte.«[570]

Allerdings findet sich auch eine Kritik von Karl Löbl, die der Interpretation von Boulez Gerechtigkeit widerfahren läßt und nicht einen Mahler-Interpreten gegen den andern ausspielt und dabei auf den Heimvorteil spekuliert:

»Wenn Mahler überschwenglich wird, bleibt Boulez distanziert. Er stellt die nervösen Visionen, die kolossalen Tongemälde, die bizarren oder ironischen Entwürfe der einzelnen Sätze dar, aber er identifiziert sich nicht damit. Boulez seziert Mahler. Er untersucht die Eigenarten der Instrumentation, der Klangcharakteristik, der Harmonik, und er macht Mahlers Musik transparent. Ihn interessiert mehr das Kühne, Neue, Zukunftsträchtige dieser Musik, weniger ihr schmerzlicher Abschied von einer Welt der Romantik. Diese Welt ist für Boulez eine Welt von gestern, Mahler jedoch, obwohl ihr entstammend, scheint ihm ein Komponist für morgen zu sein. Das war Gustav Mahler auch. Und so klingt seine Fünfte Symphonie in der verständnis- und auch wirkungsvollen, ebenso präzisen wie intensiven Realisierung durch Boulez wie ein Stück Gegenwart.«[571]

Erst im Frühjahr 1972 begann die eigentliche Offensive Leonard Bernsteins: den Wiener Philharmonikern wurde eine Art Radikalkur verabreicht. Nachdem er im Vorjahr die *Neunte* mit großem Erfolg dirigiert hatte, probierte Bernstein nun mit dem Orchester unmittelbar hintereinander drei weitere Symphonien von Mahler: die *Fünfte*, *Dritte* und *Vierte*. Bei den Proben zur *Neunten* und insbesondere zur *Fünften* war Bernstein mit dem Orchester sehr unzufrieden – Proben-mitschnitte bezeugen dies. Rückblickend äußert sich Bernstein darüber:

»Can you imagine, Mahler in his own city, by his own orchestra. [...] They were the great orchestra, the great vienna philharmonic orchestra, the great orchestra of the city, in which Mahlers music had been band – for a long time, for more than a decade. They didn't know it [the music]. They were prejudiced against it. They thought, it is too long and blustery, and needles complicated and over-emotionell and exaggerated. And it showed it in the rehearsal: they resisted and resisted – to a point, where I did loose my temper, because – in Gods name – this was their composer, from this city – as much, at least as much as Mozart, or at least as much as Beethoven, who came from much further away, or Brahms, who came from much further away, from Hamburg. Mahler was born in the environments of Vienna [...] Born in Boehmia. But I mean, this was a sort of a suburb of Vienna. I founded it very hard going. ›Scheiß-Musik‹ I could hear whispers of – untranslateable word. [B. knurrt und murrt mehrmals bösartig].«[572]

In der Fernsehdokumentation von Franz Wagner, der dieses Interview entstammt, folgt ein Mitschnitt von einer Probe, bei dem man Bernstein mit den Philharmonikern förmlich ringen sieht, auf deren Gesichtern sich so etwas wie Fassungslosigkeit über diese Art von Musik abzeichnet.

Bei der *Fünften* dürften die Schwierigkeiten Bernsteins mit dem Orchester auch die Aufführung empfindlich beeinträchtigt haben. Ein Erdbeben während des Sonntagskonzerts im Musikvereinssaal hat die Aufführungs- und Rezeptionsbedingungen zusätzlich verschlechtert. Tatsächlich konzentrierte sich die Berichterstattung mehr auf das Natur- als auf das Kulturereignis. Die witzigste Darstellung findet sich in der Grazer *Kleinen Zeitung* – wobei auch hier die erzieherische, gleichsam josephinische Stellung zum Ausdruck kommt, die Bernstein gegenüber einem sich unmündig gebenden Orchester und Publikum einnahm (Bruno Kreisky hätte sich bei einem ähnlichen Vorfall im Parlament oder bei einer Versammlung gewiß kaum anders verhalten):

»Daß das Wiener Publikum unter dem Einsatz aller Mittel versucht, in den Musikvereinssaal zu gelangen, wenn Leonard Bernstein dirigiert, ist eine bekannte Tatsache. Daß es jedoch auch mit allen Mitteln versucht, aus dem Saal zu gelangen, wenn Bernstein den Taktstock hebt, war bislang noch ungesehen. Doch das in Wien besonders heftige Sonntags-Erdbeben machte möglich, was niemand geahnt hätte: Wien läßt ›Lennie‹ im Stich. Die Rettung vor der schwankenden Riesenorgel, den kreisenden Kristallustern, dem rüttelnden Balkon und dem abstürzenden Stuck, machte sogar den Heros vergessen. Hätte Bernstein jedoch nach kurzem Schreck (während dieser Sekunden hatte sogar das gesamte Wiener Philharmonische Orchester fluchtartig, samt Instrumenten, das Podium geräumt) nicht die Besonnenheit gewahrt und das Auditorium zur Ruhe gerufen, wäre der Ausbruch einer Panik wohl unausbleiblich gewesen.«[573]

Sicher ist, daß die dadurch verursachte Irritation das Problem, das diese Stadt und dieses Orchester mit Mahler hatten, in den Hintergrund drängte und aufschob. Eine charakteristische Formulierung lautete etwa: »Es wäre ungerecht, wollte man unter den außergewöhnlichen Umständen manche orchestrale Mängel kritisieren.«[574] Dennoch finden diese Mängel in so gut wie allen Besprechungen Raum (mit Ausnahme jener von Franz Endler[575], der wieder einmal nichts bemerkt hatte, und Norbert Tschulik[576] – waren die beiden Kritiker nicht in den Saal zurückgekehrt?). Schon über das Konzert am Samstag – die sogenannte öffentliche Generalprobe – das von keinem Erdbeben erschüttert wurde, stand in der *Presse* zu lesen, daß es »einfach grauenhaft gewesen sein soll«[577]. Bernstein sagte nach der Aufführung am Samstag die Radioübertragung des Sonntagskonzertes ab. In den kritischen Berichten finden sich allerdings nicht selten Kriterien, in denen sich die verheimlichten Intentionen der Kritiker verrieten:

»[Der] Bruch zwischen den Intentionen und dem mangelnden Vermögen der Philharmoniker, diesem zu folgen, blieb während des gesamten Konzerts unüberhörbar. Brucknersche Größe [!] erreichte bloß der Trauermarsch der ersten Abteilung, auf den mehr Exertitium verschwendet [!] schien. Das durch Viscontis *Tod in Venedig* popularisierte Adagietto der dritten Abteilung blühte durch das exquisite Streicherspiel auf. Ansonsten klangen große Passagen verhetzt, Soli wurden verpatzt. Auch der Mahler-Spezialist Bernstein schien nach dem Konzert nicht von der Darbietung befriedigt. Mit müde-grantigem Gesicht zeigte er sich bloß dreimal seinem Publikum […] Der Applaus war für ein Bernstein-Konzert recht dünn.«[578]

Die *Salzburger Nachrichten* sprachen milde gesinnt von

»winzigen Mißverständnissen mit dem etwas nervösen Orchester, das offenbar zu wenig Proben gehabt hatte, um sich nach zwanzigjähriger Pause mit dem schwierigen Werk [...] auseinanderzusetzen und gleichzeitig an die recht eigenwillige Auffassung Bernsteins zu gewöhnen. Die kleinen Verständigungsschwierigkeiten äußerten sich vornehmlich an dynamisch stark akzentuierten Stellen, etwa im a-moll-Allegro der ersten Abteilung. [...] Über dem Adagietto lag ein hauchfeiner Schleier elegischer Poesie, so zart und zerreißbar wie ein ajouriertes Batisttuch der Wiener Werkstätten.«[579]

Wieder verrät die Kritik, was ihr an Mahler vor allem gefällt: Viscontis *Tod in Venedig*.

Schärfer fiel die Kritik von Karl Löbl aus (der inzwischen vom *Express* zum *Kurier* gewechselt war), er wiederholte seine Attacke auf die Wiener Philharmoniker und konnte sie dabei argumentativ beachtlich ausbauen:

»Das Verhältnis zwischen den Wiener Philharmonikern und der Musik Gustav Mahlers ist nicht das allerbeste. [...] Zunächst fehlt den Wiener Philharmonikern der Glaube an Mahlers Musik und ihre Botschaft. Sie glauben an Schubert, Beethoven, Brahms, Bruckner, Richard Strauss und Franz Schmidt, aber Gustav Mahler stehen sie reserviert, vielleicht sogar mißtrauisch gegenüber. Daraus erklärt sich auch, daß Österreichs führendes Orchester Mahlers *Fünfte* Symphonie seit 1937 nur ein einziges Mal gespielt hat – und das war vor nunmehr schon 20 Jahren in Salzburg! Wäre nicht Bernstein, gäbe es nicht einen lukrativen Fernsehkontrakt, der die Philharmoniker zur Aufzeichnung sämtlicher Mahler-Symphonien verpflichtet: Man hätte diese Stücke wohl auch künftig in den Abonnementkonzerten gemieden wie in den ersten 25 Jahren nach Kriegsende. [...] Wenn man heutzutage die angeblich typisch europäische Beseeltheit des Orchesterspiels ›leichter in New York, Los Angeles oder Chicago antrifft als in Wien, Berlin oder München, so liegt das wohl auch daran, daß es in unseren Orchestern kaum jüdische Musiker gibt. Die es einst gab, sind tot oder emigriert, und ihre Nachfahren kommen nur zu Gast in die Alte Welt.‹ Das schrieb ich im Oktober 1971, nachdem Solti mit seinem Chicago Symphony Orchestra im Musikverein gastiert hatte. Es gab ein paar Leute, die mir solch eine Äußerung übelnahmen. Doch ihre Richtigkeit hat sich jetzt wieder erwiesen. Denn ich entsinne mich nicht nur der Gäste aus Chicago, die just mit Mahlers *Fünfter* nach Wien kamen, sondern auch des Auftretens von New York Philharmonic unter Bernstein im Konzerthaus, wobei das gleiche Werk aufgeführt wurde. Bei durchaus divergierender Darstellung durch ihre Dirigenten demonstrierten diese beiden amerikanischen Orchester, wie Mahler gespielt werden muß: gleichsam pedallos, unter Vermeidung des romantischen Mischklanges, strukturell klar, etwas exaltiert im Ausdruck, beseelt. In Mahlers Musik passieren meist mehrere Dinge zugleich. Gedanken überlagern einander, Stimmungen wechseln jäh, Schmerzlichkeit wird von Ironie gefärbt, Sentimentales plötzlich heroisiert. Es ist Musik eines naturverbundenen Mystikers jüdischen Glaubens. Dieses eminent jüdische Element in Mahlers Symphonien, diese innere Zerrissenheit und stete Sehnsucht, diese Mischung aus intellektueller Schärfe und gefühlsbetontem Lyrismus, der unüberhörbare innere Konflikt eines aus der österreichischen Provinz, aus kleinbürgerlichen Verhältnissen stammenden Kapellmeisters, dessen Verstand und Fähigkeiten ihn zum musikalischen Machthaber in der ›großen Welt‹ befähigten – all das muß man spüren, hören, das trägt zum Charakter einer Mahler-Symphonie ebenso bei wie ihre kühne formale und klangliche Konzeption. Bernstein kann das richtig darstellen. Er hat es oft genug bewiesen […] Doch seine ganze Hingabe, seine Überzeugungskraft, seine beschwörende Geste und sein weit geöffnetes Musikantenherz, sein Mitgefühl und seine formende Kraft waren diesmal nicht genug. Das Spiel der Wiener Philharmoniker blieb matt, glanzlos, verwaschen. Die Symphonie zerfiel in Details, erinnerte an Vorbilder, ihre Aussage rührte nicht. Es war zuviel Distanz und zuwenig Anteilnahme in der Wiedergabe. Mehr Neigung zu konventionellem als zu kühnem Raumklang. Gustav Mahlers Musik zu spielen, muß wie eine Konfession sein. Sonntag vormittag war nicht zu überhören, daß es konfessionelle Unterschiede gibt.«[580]

Es soll hier nicht diskutiert werden, wie unreflektiert Löbls Hinweis auf das jüdische Element in Mahlers Musik bleibt.[581] Bemerkenswert an dieser Kritik ist der kontroversielle Charakter – er sticht nicht nur unter den Kritiken dieses Konzerts, sondern in der ganzen Geschichte der Musikkritik in Österreich nach 1945 hervor, die mit wenigen Ausnahmen eine Geschichte der Beschwichtigung und Harmonisierung darstellt. Indem sich aber Löbl in den Konflikt begibt, gelangt er zu einer bemerkenswerten intellektuellen Schärfe und gedanklichen Klarheit in der Einsicht in musikalische Zusammenhänge.

Das Konzert brachte einzelne Kritiker endlich sogar zu der Erkenntnis, wie beschränkt das Repertoire der Philharmoniker ist, »daß sie wohl Beethoven und Brahms (beinahe) im Schlaf spielen können, ihre Fähigkeiten aber nicht für Mahler ausreichen«[582], und man hoffte, daß der Orchesterleitung ein Licht aufgehe, um zu erkennen, in welche Sackgasse ihre »stockkonservative Politik« geführt habe.[583]

»Wundern darf man sich über diese Gehversuche, die sich über nunmehr drei philharmonische Abonnement-Konzerte unter dem showgewandten amerikanischen Stardirigenten erstreckten, freilich nicht. Spielten die Philharmoniker bislang Mahler doch stets nur in den äußersten Notfällen. Ein recht verwunderlicher Zustand und eine der Bizzarerien, an denen das Wiener Musikleben so reich ist. Doppelt verwunderlich, weil gerade das Klangbild von Mahlers Symphonien den Philharmonikern wie auf den Leib geschneidert ist.«[584]

All diese rief natürlich Franz Endler auf den Plan: er warf sich erneut für ›sein‹ Orchester ins Zeug und entschuldigte am 29. April die mangelhaften Aufführungen, die er ursprünglich gar nicht bemerkt hatte, mit dem Erdbeben und mit der störenden Technik (die Mahler-Symphonien wurden filmisch aufgezeichnet) während der Konzerte und fuhr fort – entschlossen, sogar die Abonnenten zu belasten, um das Orchester freizusprechen:

»Man las über Hintergründe und Vorhaben und über das Verhältnis der Wiener Philharmoniker zu Gustav Mahler und anderen. Dabei wurden harte Zensuren verteilt und nicht immer gerecht, es ist einiges zurechtzurücken. […] Die Wiener Philharmoniker, die nun gemeinsam mit Bernstein, mit dem ORF, mit anderen Institutionen mit der Verfilmung der Symphonien Mahlers begonnen haben, kommen damit einem Trend der Zeit und einer hier langsam einsetzenden Erkenntnis nach, nicht unbedingt dem dringenden Ruf ihrer Abonnenten. Ihnen Vorwürfe zu machen, weil sie nicht vor zwanzig Jahren für Mahler votierten, ist vielleicht möglich, täuscht aber vor allem darüber hinweg, daß niemand in Wien zwanzig Jahre lang Mahler verlangte. Das Orchester, das sich nie als Sprachrohr einer Minderheit verstanden hat, sondern als Bewahrerin der in Wien etablierten Musik, kommt zum Handkuß. Und zwar in dem Augenblick, da es endlich etwas tut. Ähnlich wäre der Vorwurf zu betrachten, man habe sich angesichts lohnender Verträge entschlossen und aus Freude an telegenem Musizieren, das mit ordentlichem Honorar verbunden ist. Diesen Vorwurf macht man Musikern heute, nicht aber posthum Dirigenten wie Arturo Toscanini, der seine Auftritte gleichfalls kommerziell zu werten wußte, oder zum Beispiel Gustav Mahler selbst, der in den USA nicht die Erfüllung seiner musikalischen Wünsche, sondern den günstigsten Dirigentenvertrag suchte.«[585]

Endler verschweigt an dieser Stelle, daß es andere, nicht kommerzielle Gründe gab, warum Mahler nach Amerika ging, und daß diese Gründe in Wien beheimatet sind und nicht zuletzt von dem Orchester ausgingen, das Endler so übereifrig in Schutz nimmt.

Auf die *Fünfte* folgte nur eine Woche später die *Dritte* – und wenn man den Kritiken glauben darf, änderte sich hier wenig in der Einstellung des Orchesters:

»Was man eine Woche zuvor vielleicht noch dem Erdbeben zuschreiben konnte, trat diesmal ganz deutlich in Erscheinung: Mahler ist nicht Sache der Philharmoniker. Noch nicht. Denn konditioniert wären sie durchaus für die Musik ihres einstigen Dirigenten. Nicht ungestraft aber vernachläßigt man einen Komponisten im Repertoire. Ganz abgesehen von den rein instrumentalen, technischen Mängeln, die die Toleranzgrenze leider allzuhäufig überschritten (vor allem bei den Trompeten), geriet die Interpretation von Mahlers *Dritter* Symphonie merkwürdig distanziert, blieben die Klang-Extasen erstaunlich kalt. Nur selten (vor allem im vierten und sechsten Satz) bekam man eine Ahnung, wie vollendet die Philharmoniker Mahler spielen könnten.«[586]

Im *Kurier* hingegen sah Herbert Schneiber eine Wandlung gekommen:

»Die Philharmoniker, bei der ersten Mahler-›Schlacht‹ vor einer Woche eher auf Sparflamme eingestellt, musizierten diesmal mit schwelgendem Klang und dennoch auf Punkt und Komma.«[587]

Der Kritiker der *Kronen-Zeitung* war nicht dieser Meinung, doch lastete er die Mängel dem Dirigenten an – wobei unklar bleibt, wieviel er von Mahlers Musik und der Schwierigkeit, sie zu dirigieren, versteht. Mahler wird wieder einmal – so scheint es – mit Bruckner verwechselt:

»Dennoch war nicht zu überhören, daß die Philharmoniker zu dieser mystischen Wald-, Wiesen- und Almensymphonie trotz verstärkter Probenarbeit weit weniger Beziehung hatten als zu Mahlers *Fünfter* vor acht Tagen. Von ein paar verwackelten Bläsereinsätzen abgesehen, stimmte auch in den Proportionen des Werkes manches nicht. Sollte Bernsteins geradezu kleinlich komplizierte Schlagtechnik stellenweise die Philharmoniker ein wenig verwirrt haben? Vielleicht! Seine Liebe zum Detail gipfelte jedenfalls in einem exaltierten Herausarbeiten von Nebenereignissen, aus denen sich für den monumentalen ersten Satz kein großer Bogen der Zusammenhänge ergab.«[588]

Karlheinz Roschitz schließt allerdings mit einer erstaunlich hellsichtigen Bemerkung:

»Gewiß ist Bernsteins theatralisch-leidenschaftsbetontes Aufführungskonzept der *Dritten* schon wegen des schimmernden Klangluxus ungemein populär. Aber ist dieses Konzept nicht auch zugleich typisch für eine Zeit, die Mahler gerade erst richtig für sich wiederentdeckt? Wird nicht schon in ein paar Jahren beispielsweise Boulez' kühleres, intellektuell-kritisches (und daher unwienerisches) Mahler-Bild aktueller sein?«[589]

Die ›leichtere‹ und immer schon beliebtere *Vierte* hinterließ dann offenbar den Eindruck einer Läuterung:

»Beim dritten Mahler-Versuch klappte es endlich. Vier Wochen Proben unter Leonard Bernstein, vier Wochen permanenter Auseinandersetzung mit dem Symphoniker Gustav Mahler ließen die Wiener Philharmoniker am vergangenen Sonntag Mahlers *Vierte* Symphonie endlich so spielen, wie man sich eine Mahler-Symphonie von ihnen eigentlich von Anfang an erwartet hatte: vollendet. Hier waren Wollen und Können endlich im Einklang.«[590]

Und von der *Vierten* aus erkennt nun selbst Franz Endler die Mangelhaftigkeit in den Interpretationen der *Fünften* und *Dritten*, die er freilich dem Dirigenten anlastet.[591]

Leonard Bernstein selbst spricht wie von einem Wunder:

»Once they find out however how marvelous this music was, how incredible response of the public was to it. They suddenly realized, that they had become a holy vessel, a vessel for something holy [...].«[592]

Interessant ist, daß der Dirigent bei diesem Wandlungsprozeß der Reaktion des Publikums entscheidende Bedeutung zuerkennt: die spürbare Begeisterung vor allem der jungen Zuhörer trug in dieser Sichtweise wesentlich zur Revision des Mahlerbilds beim Orchester bei.

In der Presse finden sich zu dieser Zeit allerdings immer noch abschätzige Bemerkungen über Mahlers Musik, über deren verdeckt antisemitischen Gehalt man spekulieren kann: So wird etwa in der *Tiroler Tageszeitung* die »Larmoyanz« beklagt, die sich in der *Fünften* bemerkbar mache.[593] Anläßlich der Aufführung der *Sechsten* im selben Jahr durch die Wiener Philharmoniker unter Claudio Abbado bei den Salzburger Festspielen schreiben die *Oberösterreichischen Nachrichten*: die Philharmoniker

»entfalteten sich besonders in jenen vielen Passagen, die fast peinlich an Bruckner erinnern (daß Mahler so viel gestohlen hat?!) Der Einsatz aller Schlaginstrumente, die sich Mahler gemäß zur Lärmentwicklung eignen, einschließlich des überdimensionalen Holzhammers, war von so totaler Tristesse, daß der gewöhnliche Beifall des Publikums als Phönix aus der Asche, allerdings einer grandiosen Asche, emporstieg.«[594]

Doch bleiben solche Bemerkungen die Ausnahme und werden nur am Rande gemacht. Dem Mahler-Boom der siebziger Jahre konnte sich in der Medienlandschaft niemand so recht entziehen. Charakteristisch für die Mahler-Rezeption jener Zeit ist aber offenbar die konfliktlose Integration Mahlers in Musikleben und Musikgeschichte: Mahler sollte so rezipiert werden, daß seine Nähe zur Moderne nicht zur Geltung kam; daß über die Jahre, da er überhaupt nicht gespielt werden durfte, geschwiegen werden konnte, damit nicht kompromittiert würde, wer damals und jahrzehntelang danach seine Rezeption verhindert hat. Signifikant darum die Sorge jener, die erkannten, daß sich mit der Mahler-Renaissance dennoch eine Umschichtung in der internationalen Musikgeschichtsschreibung ereignete:

»Wieder einmal darf im Zusammenhang mit der turbulenten und hektischen Mahler-Renaissance unserer Tage darauf hingewiesen werden, daß sich dagegen vorgebrachte Einwände natürlich keineswegs gegen Gustav Mahler richten, an dessen Genialität nicht zu zweifeln ist, wohl aber gegen die Exklusivität, mit der hier von avantgardistischer Seite Werte verteidigt und hochgehalten werden, die bei anderen Komponisten dieser Stilrichtung geschmäht werden. Über die Frage, wer der bedeutendere Komponist war, Mahler oder Pfitzner, läßt sich diskutieren. Gewiß aber besteht zwischen beiden nicht ein derart gewaltiger Abstand, wie uns ein Vergleich der Aufführungszahlen ihrer Werke in aller Welt zu demonstrieren scheint. Hier wird ein Unrecht begangen, ein grobes und tendenziöses Unrecht [...]«[595]

Auf dieses Unrecht hinzuweisen, verwendet der Kritiker ebensoviel Raum wie für die Besprechung der Aufführung der Mahler-Symphonie selbst, die hierzu gewissermaßen nur den Anlaß bietet. Schwer ist zu ermessen, was der Schreibende mit dem Ausdruck »tendenziös« meint; tendenziös wurde im Nachkriegsösterreich alles genannt, was irgendwie auf die Vergangenheit hinwies.

Auch ohne Leonard Bernstein allerdings hätten sich die Wiener Philharmoniker der allgemeinen Mahler-Renaissance auf Dauer nicht entziehen können. Zu groß war in dieser Zeit der Druck der Schallplattenindustrie und des internationalen Musikbetriebs auf das nationale Musikleben und sein Spitzenorchester geworden, als daß der Widerstand gegen Mahler sich weiter fortsetzen hätte lassen können. Zudem war mit Mahler ein Komponist gefunden, der als modern galt und zugleich doch nicht die atonalen Zumutungen der Zweiten Wiener Schule darbot. Selbst Herbert von Karajan, der noch das Angebot Peter Weisers ausschlug, beim Wiener Mahler-Zyklus von 1967 zu dirigieren, sah sich nunmehr veranlaßt, über das *Lied von der Erde* hinaus, das er 1972 in Salzburg (mit den Berliner Philharmonikern, Christa Ludwig und René Kollo) erneut herausbrachte, sich auch anderen Werken Mahlers zuzuwenden. Dabei ist bemerkenswert, daß er sich neben der *Vierten* die schwierigeren, weniger populären Symphonien aussuchte und mit einem großen Aufwand an Proben umsetzte: die *Fünfte*, *Sechste* und *Neunte*. Merkwürdigerweise arbeitete Karajan dabei ausschließlich mit seinem Berliner Orchester und unternahm keinen einzigen Versuch, diese Werke mit den Wiener Philharmonikern aufzuführen.

Nach Bernsteins Radikalkur des Jahres 1972 herrschte hier allerdings kein Mangel an Dirigenten, um die Wiener Philharmoniker weiterhin mit Mahler zu beschäftigen: es folgte noch im selben Jahr die *Sechste* unter Abbado in Salzburg; und nach eineinhalb Jahren Pause 1974 das Adagio der *Zehnten* mit Mehta und Bernstein, die *Siebente* mit Bernstein; 1975 die *Zweite* mit Mehta, die *Vierte* mit Abbado, die *Achte* mit Bernstein; 1976 die *Sechste* mit Bernstein, die *Vierte* mit Abbado usw. 29 Mahler-Aufführungen der Wiener Philharmoniker im Zeitraum zwischen 1945 und 1966 stehen 126 Mahler-Konzerte in den Jahren 1967 bis August 1991 gegenüber (die Auslandskonzerte eingerechnet). Von den bis August 1991 insgesamt 234 Mahler-Aufführungen des Orchesters hat Leonard Bernstein 51, Bruno Walter 34 und Claudio Abbado 31 dirigiert; es folgt mit einigem Abstand Lorin Maazel mit 8; Bernstein war auch der einzige Dirigent, der das gesamte Œuvre Mahlers mit den Wiener Philharmonikern zur Aufführung brachte.[596]

Viele der Mahler-Konzerte seit den sechziger Jahren fanden auf Auslandstourneen statt – wo dem Orchester stets die Rolle eines Botschafters Österreichs zukam. Mahlers Werke sollten dabei zunehmend wohl auch als Beweis einer gewandelten Nation vorgezeigt werden. In den achtziger Jahren gewann die Beschäftigung mit Mahler darum gesteigerte politische, oder besser: außenpolitische Bedeutung. Kurt Waldheim war 1986 zum Bundespräsidenten gewählt worden – unter anderem darum, weil er seine Tätigkeit in der Deutschen Wehrmacht als Pflichterfüllung bezeichnete und zugleich Teile seiner Wehrmachtszeit als Offizier verleugnete. Diese Wahl führte zur Isolation Österreichs in der gesamten westlichen Welt – und bedeutete für das Land, das sich bereits auf dem Weg zur Europäischen Union befand, eine überaus prekäre Situation. In dieser Lage sprangen die Philharmoniker in die Bresche und eröffneten mit Mahler eine Art Entsatz auf dem Gebiet der Kultur. Im September 1988 – es war das »Bedenkjahr« 50 Jahre nach dem »Anschluß« Österreichs ans Dritte Reich – absolvierten sie ihre erste Tournee nach Israel – in jenes Land, das die diplomatischen Beziehungen zu Österreich nach der Waldheim-Wahl eingefroren hatte. (Der israelische Botschafter in Österreich wurde nicht mehr nachbesetzt, die diplomatischen Geschäfte übernahm ein untergeordneter Beamter.)

Kein anderer Dirigent als Leonard Bernstein – der sich große Verdienste um das Musikleben und den Staat Israels erworben hatte – war geeigneter, dem Orchester den Weg dorthin zu ebnen. Und kein anderer Komponist als Gustav Mahler war geeigneter, das Orchester aus dem übel beleumundeten Land freundschaftlich erklingen zu lassen: Als Versöhnungsgeste gab man die *Sechste* Mahler – bei deren Erklingen allerdings kaum jemand an die Möglichkeit einer reibungslosen Versöhnung glauben kann.

## Von der Renaissance zur Postmoderne?

> *Das Labyrinth ist der richtige Weg für den, der noch immer früh genug ans Ziel ankommt. Dieses Ziel ist der Markt.*
> Walter Benjamin

Mit einigem Recht resümierte Ulrich Schreiber 1991 bei den Toblacher Mahler-Protokollen die Mahler-Renaissance auch als Teil der Studentenbewegung:

»Offenbar war Mahlers Musik, in schönster Einlösung eines Blütentraums der Kulturrevolution von 1968, herabgestiegen aus dem Tempel der elitären Kunst und bewies ihre vorzügliche Eigenschaft als animatorische Kraft zur Umfunktionierung eingeschliffener Rezeptionsweisen, eingefahrener Kulturinstitute. Allerdings erhob in jenem Frühjahr 1971 [als Bernstein die Neunte dirigierte, wozu er ausdrücklich die Jugend eingeladen hatte] der österreichische Soziologe Kurt Blaukopf, der neben seinem deutschen Kollegen und Antipoden Theodor W. Adorno Entscheidendes zu einer auch wissenschaftsgeschichtlich wegweisenden Erkundung des Phänomens Mahlers geleistet hat, kritisch seine Stimme. Nachdem Adorno 1960 in seinem Buch *Mahler. Eine musikalische Physiognomik* die jahrzehntelang gegen Mahler vorgebrachten negativen Urteile in einem Husarenstreich ins Positive gewendet hatte, setzte Blaukopf zu einer Attacke auf die neue Jugendbewegung in Sachen Mahler an.«[597]

Und Schreiber zitiert Blaukopf:

»Mahlers Musik profitiert von einem neuen Stimmungskontext: pathetischer Überschwang, zuvor der mißtrauenden Kritik ausgesetzt, ist zur Attitüde jugendlichen Protests geworden; enzyklopädisches Denk-Gemüse erweist seine Bekömmlichkeit, wenn Marcuse auf seiner Schüssel Brocken der Dialektik Hegels, der Mehrwert-Lehre von Marx und der Libido-Theorie von Freud serviert.«[598]

Wie ernst diese Attacke gemeint war, darüber läßt sich gewiß streiten. Unbestritten ist indessen, wieviel Entscheidendes Blaukopf zu einer auch wissenschaftsgeschichtlich wegweisenden Erkundung des Phänomens Mahlers geleistet hat. Und er stand dabei in Österreich – abgesehen von Erwin Ratz – ziemlich alleine da. Sein Buch *Gustav Mahler oder Der Zeitgenosse der Zukunft*, das 1969 im Molden Verlag in der von Wolfgang Kraus, Elisabeth Stengel und Hans Weigel erschienenen Reihe »Glanz und Elend der Meister« erschien, war neben der Mahler-Monographie von Theodor W. Adorno die für die deutschsprachige Mahler-Rezeption der sechziger und siebziger Jahre wichtigste und einflußreichste Publikation. Dabei könnte Blaukopfs Buch zugleich als Gegenentwurf zu Adornos Studie betrachtet werden: nicht nur richtet sich Blaukopf von vornherein an ein größeres Publikum und kommt diesem in sprachlicher wie musikanalytischer Hinsicht insofern entgegen, als er versucht, komplexe musikalische oder philosophische Fragen möglichst einfach zu formulieren. Doch hinter diesem Unterschied in der Darstellung verbirgt sich ein Gegensatz in der ›Methode‹: Blaukopfs Musiksoziologie ist eine positive, d. h. sie ist das genaue Gegenteil von Adornos negativ-dialektisch bestimmter Musiksoziologie. Blaukopf orientiert sich methodisch eher am Positivismus des Wiener Kreises als an einer kritisch gewendeten Hegelschen Dialektik. Dies ermöglicht ihm jedoch im Unterschied zu Adorno eine genaue, faktenreiche Darstellung der gesellschaftlichen Bedingungen von Mahlers Leben und Werk – wobei Blaukopf eben durchaus auch die antisemitischen Ressentiments gegenüber Mahler[599] und die Konflikte mit den Wiener Philharmonikern[600] offen zur Sprache bringt. Und dies bedeutete noch in den achtziger Jahren keineswegs eine Selbstverständlichkeit: in dem repräsentativen, im Residenz Verlag herausgegebenen *Österreichischen Porträts* von 1985 z. B. weicht der Autor des Beitrags über Gustav Mahler solchen heiklen Themen sorgsam aus und spricht lieber diplomatisch davon, daß sich »das Verhältnis« Mahlers »zu seinem Orchester, auch allmählich zur öffentlichen Meinung der Presse, nicht problemlos« gestaltet habe.[601]

In der Interpretation des Werks von Mahler legt sich Blaukopf deutlich spürbar Zurückhaltung auf, eine skeptische Haltung zu allen großen philosophischen Kategorien und apodiktischen Werturteilen kennzeichnet sein Herangehen, das es ihm aber erlaubt, im unmittelbar Technischen der Musik auf einfache und faßliche Weise die Eigenart der Mahlerschen Musik herauszupräparieren – so z. B. im Falle der Polyphonie, in der Blaukopf zurecht Mahlers Modernität in Hinblick auf die Musik des 20. Jahrhunderts erkennt:

»[Mahler] begnügt sich nicht mit Vielstimmigkeit, sondern schreitet zu komplexer Verschiedenstimmigkeit fort. Um diese gegeneinander drängenden, aneinander zerrenden, miteinander verschmelzenden und immer von neuem sich auffächernden instrumentalen Linien zu beschreiben, brauchten wir hier eine musikwissenschaftlich einwandfreie und zugleich einprägsame Terminologie. Wir müssen uns mit Gleichnissen aus dem optischen Bereich behelfen: Mahlers Verschiedenstimmigkeit hat etwas vom Charakter der Collage in der bildenden Kunst.«[602]

So konnten offenbar Blaukopf im Unterschied zu Adorno auch einzelne Musikkritiker folgen – und mitunter taten sie dies in geradezu überschwänglicher Weise: d. h. sie schrieben von Blaukopf ab, ohne Blaukopf beim Namen zu nennen – etwa Karl Löbl im *Kurier*: früher sei man gewohnt gewesen, »Polyphonie als Vielstimmigkeit zu begreifen«. Mahler indes »hat Polyphonie zur Verschiedenstimmigkeit gemacht, und in seiner Musik ergeben gegeneinander drängende, aneinander zerrende, miteinander verschmelzende instrumentale Linien oft genug den Charakter etwa einer Collage wie in der bildenden Kunst«.[603] Die wortwörtliche Übernahme geht zwar mit einer inhaltlichen Vereinfachung und einer stilistischen Verschlechterung einher, dennoch läßt sich an der geistigen Entlehnung die wohltuende aufklärerische Breitenwirkung von Blaukopfs Mahler-Buch deutlich genug ablesen.

Die wissenschaftliche Auseinandersetzung mit Mahler setzte im Österreich der Zweiten Republik – ganz im Unterschied zur Ersten

– auf außeruniversitären Boden ein und blieb weitgehend darauf beschränkt –; im Gegensatz etwa zu Deutschland (West- wie Ost-), wo seit Ende der sechziger Jahre eine ganze Reihe von Mahler-Forschern an den Universitäten hervortrat: Rudolf Stephan (Berlin), Hans Heinrich Eggebrecht (Freiburg), Constantin Floros (Hamburg), Eberhard Klemm (Leipzig), Ernst Waeltner (München) … An einer deutschen Universität, bei Carl Dahlhaus in Berlin, entstand die erste umfassende und in theoretischen Fragen avancierte Dissertation zur Rezeption Mahlers von Wolfgang Schlüter.[604] Dieser spricht sogar von einer »kopernikanischen Wende« in der Mahler-Forschung an den deutschen Universitäten: von 1945 bis 1971 waren nämlich nur zwei Dissertationen[605] und keine einzige Habilitationsschrift über Mahler verfaßt worden. Was die von der Zeitschrift *Musica* registrierten Lehrveranstaltungen an den Universitäten der BRD und der DDR betrifft, stehen in den Jahren 1948 bis 1966 den 11 Lehrveranstaltungen zu Mahler 41 zu Bruckner gegenüber; in den Jahren 1967 bis 1974 stehen nunmehr 30 Veranstaltungen zu Mahler 19 zu Bruckner gegenüber.[606]

In Österreich fand eine solche kopernikanische Wende nicht statt: erste Dissertationen über Mahler stammen aus der zweiten Hälfte der siebziger Jahre (von Gustav Danzinger und Peter Revers[607] – letztere wurde nur unter Schwierigkeiten an der Salzburger Universität im Jahre 1980 angenommen[608]). Am Wiener Institut für Musikwissenschaft gab es keine einzige Mahler gewidmete Lehrveranstaltung. Wenn die österreichische Mahler-Forschung überhaupt in einem institutionalisierten Rahmen ablief, dann an den Musikhochschulen wie an dem schon erwähnten Grazer Institut für Wertungsforschung Harald Kaufmanns, dessen Nachfolge Otto Kolleritsch angetreten hatte, oder an der Wiener Musikhochschule bei Kurt Blaukopf und Friedrich C. Heller. Daneben ist natürlich die unermüdliche Arbeit der Mitarbeiter der Gustav Mahler Gesellschaft nicht zu vergessen: nach dem Tod von Erwin Ratz 1973 übernahm Karl Heinz Füssl, der langjährige Assistent von Ratz, die Herausgabe der weiteren Bände der kritischen Gesamtausgabe, während sich Kurt Blaukopf dem Archiv und der wissenschaftlichen Arbeit der Gesellschaft widmete; so erschienen hier ab 1976 die *Nachrichten zur Mahler-Forschung* – sechzehn Jahre lang, von 1978 bis 1994, wurden sie von Herta Blaukopf redigiert.[609] Im Jahr 1979 veranstaltete die Gesellschaft gemeinsam mit der Österreichischen Gesellschaft für Musik ein Gustav Mahler-Kolloquium im Wiener Palais Palffy mit rund 20 Vortragenden. Es war der erste Mahler-Kongreß, der in Wien stattfand. Zum Vergleich: in Amsterdam fand das erste Symposium über Mahler im Jahr 1920 statt.[610] 1985 konstituierte sich in Klagenfurt der Gustav Mahler-Verein (unter der Leitung von Gerhard Seydel), dem es nicht nur gelang, das Komponierhäuschen am Wörthersee zu renovieren, sondern auch eine wissenschaftliche Dokumentation zu erarbeiten. Unter der Leitung von Herta Blaukopf wurde überdies eine Gedächtnisausstellung zum 75. Todestag Mahlers im Stadthaus Klagenfurt zusammengestellt. Kurt Blaukopf plante des weiteren jährlich stattfindende Gustav Mahler-Tage mit Konzerten, Ausstellungen und Symposien. Die Idee konnte nicht verwirklicht werden: aus demselben finanziellen Grund, aus dem der Verein sich 1992 wieder auflösen mußte. (Was in Österreich scheiterte, gelang in Italien: von 1981 an fand in dem Südtiroler Ort Toblach, in dessen Nähe Mahler sein letztes Komponisten-Refugium gefunden hatte, jährlich die Gustav Mahler-Musikwoche mit Vorträgen und Diskussionen statt, veranstaltet von einem Toblacher Komitee.)

Für den Stand der Mahler-Forschung am Wiener Institut für Musikwissenschaft unmittelbar nach dem Abgang von Erich Schenk mag der Beitrag von Othmar Wessely beim Internationalen Gewandhaus-Symposium in Leipzig im Jahre 1985 genügend Anhaltspunkte geben: Der Wiener Professor referierte über »Die Chinoiserien im Umkreis von Mahlers *Lied von der Erde*«[611] – der Umkreis in diesem wohl groteskesten Beispiel aus der Rezeptionsgeschichte Mahlers umfaßt das 13. Jahrhundert mit Marco Polo ebenso wie eine Darstellung der China-Mode des 18. Jahrhunderts, über Gustav Mahler erfährt man nichts. Auch der etwas ältere Text von Wessely über Bruckner und Mahler hat ähnlich ausgeprägte satirische Qualitäten:

»Anton Bruckner hat sein Leben im Vormärz begonnen und die für seine menschliche Entwicklung entscheidende Zeit, die ersten 24 Lebensjahre, in ihm zurückgelegt [...] Gustav Mahler ist im Nachmärz zur Welt gekommen und in den sogenannten Gründerjahren herangewachsen, die ihn begreiflicherweise ebenso geprägt haben wie Bruckner der Vormärz [...] Die Lebensschicksale von Bruckner und Mahler lassen bereits weniger Gemeinsamkeiten erkennen, als man nach dem bisher Gesagten vielleicht annehmen würde.«[612]

Der sachkundigste Mahler-Kenner aus Österreich auf dem Leipziger Symposium von 1985 war gewiß Gösta Neuwirth, der wegen Erich Schenk einst Wien verlassen hatte, um über Schreker dissertieren zu können. Neuwirth macht in seinen Ausführungen über die *Zehnte* von Mahler die Differenz deutlich, die ihn vom Mahler-Verständnis seines Lehrers Erwin Ratz trennt – zwei Epochen der Mahler-Rezeption stoßen hier aufeinander und beiläufig, aber zwingend wird die Atmosphäre der Jahre nach 1945 beschworen:

»1973 beim Grazer Mahler-Symposium traf ich nach Jahren wieder mit Erwin Ratz zusammen und fand mich wie zur Zeit, als ich in Wien bei ihm studiert hatte, in eine Diskussion verwickelt, ohne daß er diskutorisch geworden wäre – milde oder altersweise formulierte er, wie früher axiomatisch. Meinen Gedanken, daß manche kontrapunktischen Stellen in Mahlers frühen Werken – gerade die, die davon reden, ›wie es damals war‹ – Verstöße enthielten, Fehler, die das Eingedenken, den Fluß der vertrauten Sprache störten, setzte er kurz und erledigend entgegen: Mahler macht keine Fehler. (Dieses Diktum können Sie noch in Ratz' Ausgabe des Adagios der 10. Sinfonie hineinverfolgen, wo er einen offensichtlichen Fehler Mahlers, das Weglassen eines Schlüssels, ignoriert, indem er die Stelle genauso abdruckt, wie sie bei Mahler steht – fehlerhaft.) Von diesem heftigen Mann war also viel zu lernen, als einem Zeugen, der die Redeweise Mahlers und Schönbergs, die Identität von Intelligenz und Moral auch im persönlichen Scheitern bewahrte, gegen eine Mitwelt österreichischer Nachkriegsjahre, die sich's alle Sozialisten, Christen und Nazis miteinander gerichtet hatten; zu lernen auch durch Widerstand, weil er dem, was wir jungen Komponisten schrieben, überhaupt kein freundliches Verständnis entgegenbrachte. Indem er aber über Bach und Beethoven redete und Webern gegen uns verteidigte, gab er uns einen Begriff davon, wie Tradition verstanden werden konnte, und Tradition war ja gerade in den Händen der Väter und Großväter am tiefsten diskreditiert worden. Er wies jeden Gedanken – noch in jenem letzten Gespräch –, sich mit der unvollendeten 10. Sinfonie Mahlers zu beschäftigen, ganz entschieden zurück. Und ich glaube, daß es nicht wie in Schönbergs Rede religiöse Motive waren, die ihn dazu bestimmten, oder die Scheu vor der Verletzung der Intimität, die der Blick auf gerade dieses Manuskript Mahlers vollziehen muß, sondern ein Grundzug seines musikalischen Denkens, welches besagte, daß, wie er die Bedeutung einer Vorschlagsnote für den ganzen Sonatensatz Beethovens darstellte, jedes Detail eines großen Werks in einem Ganzen vermittelt sei, und daß eben diese Vermittlung, die den Werkcharakter konstituiere, Mahlers Torso der Reflexion grundsätzlich entziehe. Ich handle aber gegen Erwin Ratz' Intention, wenn ich über Mahlers Sinfonie nachdenke, und weiß, daß er zornig wäre, wenn er es jetzt erlebte. Ich tue es freilich nicht, indem ich das Manuskript, das Mahler zurückließ, als er starb, der Spekulation preisgebe. Was kein Werk mehr geworden ist, erlaubt nicht, es in solchem Licht zu sehen. Ich sehe aber die Entstehung eines Werkes, seine Konzeption, der die Totenmaske der Vollendung noch nicht aufgelegt worden ist. Ich denke, daß Mahlers Werk, auch wo es nach nie ermüdender Änderung ein solches geworden ist, in jeder Einzelheit Kunde vom Widerstand gegen das feste und fertige Zeugnis gibt. Daß es die Totenflußgrenze zwischen Konzeption und Vollendung nicht akzeptieren will, daß gerade das Adagio, mit dem die 10. Sinfonie beginnt, den letzten Satz der Neunten, der so sehr vom Ende spricht, wieder aufnimmt, ihm antwortet und ihn auch dementiert.«[613]

Eines der letzten Lebenszeichen, das die alte Generation, die Mahler wie einen Heiligen verehrte, gab, war der Protest gegen Luchino Viscontis Film *Tod in Venedig* von 1972 – ein Film, der in vielfacher Weise und weit über die Novelle von Thomas Mann hinaus auf Gustav Mahler anspielte und vermutlich am meisten zur Popularität Mahlers in den siebziger Jahren beitrug: die Empörten – darunter Otto Klemperer, Fritz Mahler, Klaus Pringsheim, Erwin Ratz, Joseph Rosenstock und Wolfgang Sawallisch – empfanden den Film als Schändung des Heiligtums und publizierten in der *Österreichischen Musikzeitschrift* einen »Protest gegen Mahler-Diffamierung«:

»Indem Aschenbach mit Mahler identifiziert, und dabei willkürlich unterstellt wird, daß die Novelle *Der Tod in Venedig* auf einer Episode in Mahlers Leben basiert, hat der Film das Andenken an den großen Komponisten beschmutzt. Im Film ist dargestellt, wie Mahler, der in Wien unter völlig anderen Umständen starb, den schimpflichen Tod des Helden der Novelle erleidet, der nach dem Autor ›lüsterner Auflösung erliegt‹. Obendrein wird Thomas Mann zu Unrecht beschuldigt, das Bild von Gustav Mahlers edler Persönlichkeit entstellt zu haben, als er ihn angeblich zum Helden dieser erbärmlichen ›Episode‹ machte. Der Schaden, den der Film ›Der Tod in Venedig‹ dem Andenken Gustav Mahlers zufügt, hat bei allen Mahler-Verehrern tiefste Erbitterung hervorgerufen, besonders bei den Unterzeichneten. Wir fordern von Warner Brothers, daß in alle vorhandenen und zukünftigen Kopien des Film ›Der Tod in Venedig‹ die Erklärung aufgenommen wird, daß die Figur des Helden dieses Films frei erfunden ist und absolut nichts mit der Person oder dem Leben Gustav Mahlers zu tun hat; dieselbe Erklärung ist in allen Ankündigungen und in alles den Film betreffende Propagandamaterial aufzunehmen; alle Rückblenden, die wirkliche Episoden aus Mahlers Leben zeigen, wie den Tod seiner Tochter, sind aus allen vorhandenen und zukünftigen Kopien des Films zu entfernen, und der Name Gustav Mahler ist aus sämtlichen Ankündigungen zu eliminieren mit Ausnahme des Hinweises, daß die untermalende Musik von Gustav Mahler stammt, doch in keinerlei Zusammenhang mit der im Film dargestellten Handlung steht.«[614]

In seinem Mahler-Buch wie in einzelnen Artikeln ist Kurt Blaukopf wie kein anderer auf die Bedeutung der Schallplatte für die Mahler-Interpretation und -Renaissance eingegangen. Sein Diktum, Mahler sei durch die Schallplatte erlöst worden,[615] erlangte Berühmtheit – obwohl es wenig zu der skeptischen positivistischen Methode des Autors paßt. Blaukopf meinte dabei vor allem die technischen Möglichkeiten, die das neue Medium im Unterschied zu den Bedingungen des Konzertsaals eröffnete, um Mahlers Musik zu realisieren. Er sieht in der »Heraufkunft der technisch perfektionierten Stereoplatte« den stärksten Impuls der Mahler-Renaissance:

»Mahlers Stunde war gekommen, als die elektroakustische Speicherung und Wiedergabe des Raumklangs möglich wurde. Die Technik bestimmte in hohem Grade den Beginn der neuen Mahler-Epoche.«[616]

In dieser Einschätzung macht sich bemerkbar, daß Blaukopf in seinen Studien seit den dreißiger Jahren immer wieder die Dimension des Klangs in den Mittelpunkt gerückt hat, wobei er sich als Soziologe seit den fünfziger Jahren zugleich intensiv mit den Auswirkungen der neuen elektroakustischen Medien auf das kulturelle Leben beschäftigte. Von hier aus entwickelte er einen gewissermaßen technischen Fortschrittsbegriff, der sich im Unterschied zu den verschiedenen Theorien über den musikalischen Fortschritt nicht auf innermusikalische Veränderungen, sondern ausschließlich auf technische und quantifizierbare Möglichkeiten der Musikinterpretation und -rezeption stützte.

»Mahler war kein Träumer [...] Er verfügte [...] über ein deutlicheres raumakustisches und orchestertechnisches Konzept als etwa Schönberg, Berg und Webern. Seine Grundgedanken hierzu waren sogar zukunftsträchtiger und realistischer als manche Raumklangidee der Avantgarde unserer Tage [...] Die besten Stereoaufnahmen der jüngsten Zeit vermitteln endlich das Klangbild, welches den Intentionen Mahlers näherkommt als fast jede Konzertaufführung. Es gibt kein Hindernis, halligen Fernklang von deutlicher Nähe abzuheben. Es ist für die musikalisch versierten Techniker der Tonaufnahme kein unlösbares Problem, den Balanceforderungen der Partituren Mahlers zu entsprechen. Richtungsmischer und Intensitätsregler, Hallvorrichtung und Bandmontage ermöglichen die Erfüllung aller Vorschriften der Partitur, ohne daß man der riskanten Empfehlung Mahlers, Änderungen in seinen Partituren vorzunehmen, folgen müßte. Die Stunde des Mahlerschen Urtextes ist gekommen. Der in Mahlers Handschrift kundgetane Wille kann erfüllt werden, denn die Technik elektroakustischer Speicherung und Wiedergabe schafft ohne Schwierigkeit jene manipulierten Klangräume, die Mahler braucht, jene artifizielle Deutlichkeit, die im Konzertsaal immer bloß zum Teil und unter größten Opfern erzielbar ist. Mahlers Musik ist durch die Stereoschallplatte erlöst worden.«[617]

Blaukopfs These wäre im Hinblick auf die Mahler-Rezeption in Österreich über den rein technischen Aspekt hinaus zu erweitern: es ist nicht zuletzt dem ökonomischen Druck zu danken, den die großen ausländischen Platten- und Filmkonzerne ausübten, daß sich hierzulande das Musikleben öffnete für den ihm fremd gewordenen Komponisten, der diesem Leben selbst einmal entsprungen war. Blaukopf konnte bereits 1969 vermelden, daß laut Verkaufsstatistik der Schallplattenfirmen der wachsenden Nachfrage nach Mahler ein sinkendes Interesse an Richard-Strauss-Platten gegenüber stehe.[618]

Nach den beiden Gesamtaufnahmen der Mahlerschen Symphonien von Bernstein (mit dem New York Philharmonic und London Symphony) und Kubelik (mit dem Bayerischen Rundfunkorchester), die Anfang der siebziger Jahre vorlagen, folgten weitere Einspielungen sämtlicher Symphonien mit Georg Solti (Chicago Symphony und London Symphony) und Bernard Haitink (Concertgebouw Orkest) sowie zahlreiche nicht mehr übersehbare Einzelaufnahmen unter allen prominenten und weniger prominenten, jungen und alten Dirigenten. Von den prominenten widersetzte sich eigentlich nur einer dem Trend – ein österreichischer: Karl Böhm.

Innerhalb der Schallplatten-Weltverkaufszahlen rechnete Mahlers Œuvre bereits 1975 zu den ersten fünfzig Titeln; Sibelius wird niedriger taxiert, Richard Strauss auf gleicher Höhe, Bruckner noch immer höher als Mahler.[619]

In dem Augenblick, da die Musik Gustav Mahlers den Musikbetrieb erobert hat und hier dauerhaft ein Marktsegment besetzt halten kann, erscheinen die Konflikte, die um seine Musik ausgekämpft wurden, wie ausgelöscht[620]: im Resultat verschwindet das Werden. Diese Auslöschung des Geschichtlichen, die zum beliebigen Nebeneinander der Resultate des Geschichtlichen führt, wird mit dem Begriff der Postmoderne nicht unpassend bezeichnet. Denkt man an Mahler und Österreich, wäre der Übergang von der Renaissance zu einer solchermaßen verstandenen Postmoderne etwa mit den späten achtziger Jahren anzusetzen: die Reise, die Leonard Bernstein 1988 mit den Wiener Philharmonikern nach Israel unternahm, um dort die *Sechste* von Mahler aufzuführen, war eine letzte Aktion, die an die politischen Zusammenhänge der Musik rührte. Danach scheint Mahler beliebig zu werden; er gehört zu den regelmäßigen Programmpunkten der Konzerthäuser, Zyklen und Orchester und erhält nicht zufällig ähnliche »Einschaltquoten« wie Richard Strauss – eben jener Komponist, der immer schon postmodern war. Der Reflexion bleibt damit nichts anderes mehr übrig, als die Geschichte des Nichtbeliebigen vor dem Vergessen zu retten – was hiermit versucht worden ist.

# Interviews

### Pierre Boulez

*Herr Boulez, Sie wissen sicherlich, daß es in der Vergangenheit hier in Wien Vorbehalte gegenüber Mahler gegeben hat – auch innerhalb des wichtigsten Orchesters dieser Stadt und dieses Landes. Nun proben Sie derzeit mit den Wiener Philharmonikern die* Fünfte Mahler. *Wie schätzen Sie das Ressentiment der Wiener Philharmoniker gegenüber Mahler ein – glauben Sie, daß es inzwischen vollkommen überwunden worden ist?*

Ich habe bisher mit diesem Orchester Mahler nur einmal dirigiert – die *Sechste*. Und ich habe dabei überhaupt kein Ressentiment bemerkt. Im Gegenteil: das ist jetzt Teil des *patrimoine*. Die Wiener Philharmoniker sind ein Orchester mit Mahler-Tradition geworden. Das hat sich offenbar sehr geändert. Ich denke, Bernstein hat hier sehr viel gemacht. Das war vermutlich ausschlaggebend, daß sich hier die Meinung geändert hat.

*Sie würden also sagen, daß Bernstein das Hauptverdienst zukommt bei dieser Wandlung der Wiener Philharmoniker und ihres Publikums.*

Ich nehme das an. Es hat natürlich Stücke von Mahler gegeben, die immer wieder gespielt worden sind von den Philharmonikern, so vor allem das *Lied von der Erde*, aber viele Symphonien wurden nie gespielt.

*Besonders jene, die sie jetzt mit diesem Orchester dirigieren, die* Fünfte *und* Sechste, *und die* Siebente ...

Ja. Die *Vierte* hingegen wurde am Anfang viel gespielt. In Frankreich gab es keine Ressentiments wie in Wien, wo dies ja ursprünglich durch die persönlichen Spannungen Mahlers mit dem Orchester, mit der Oper ausgelöst wurde – obwohl es schwer vorstellbar ist, daß solche Spannungen so viele Jahre nachwirken konnten. In Frankreich jedoch wirkte ein Unterschied der Kultur. Für lange Zeit wurden die Mahler-Werke vollkommen ignoriert – ohne ihnen gegenüber bewußt feindlich gesinnt zu sein. Man nannte Mahler und Bruckner immer wie einen Zwilling. Bruckner wird in Frankreich bis heute kaum gespielt – im Unterschied zu Mahler. Ich erinnere mich, in meiner Jugend, bevor ich das erste Mal nach Deutschland – und zwar nach Baden-Baden – kam, habe ich nur zwei Stücke von Mahler gehört: Die *Vierte* Symphonie und das *Lied von der Erde*. Das war alles. Die *Vierte* Symphonie unter [Paul] Kletzki und das *Lied von der Erde* unter Bruno Walter. Aber kein einziger Franzose hat diese Stücke gespielt. Das hat überhaupt nicht dazu gehört. (Später, als Bernstein regelmäßig nach Paris kam, Ende der fünfziger Jahre, dirigierte er manchmal Mahler, die *Zweite* z. B.) Und selbst Messiaen [Boulez nahm bei Messiaen Unterricht], der einen weltoffenen Geist hatte, hat von Mahler überhaupt nicht gesprochen. Er hat Schönberg und Berg erwähnt (nicht Webern): *Lyrische Suite* und *Pierrot Lunaire*, aber über Mahler hat er kein Wort verloren. Messiaen hat übrigens Bruckner abgelehnt – und zwar mit dem Argument, es seien bei ihm zu viele Übergänge. Das war auch ein Klischee ...

*Wagner hingegen ist seltsamerweise immer rezipiert worden in Frankreich ...*

Ja, Wagner schon – und Messiaen war ein großer Bewunderer und Verehrer von Wagner – besonders *Tristan* und die *Meistersinger* hat er geschätzt. Jedenfalls, Wagner war ein großer Name in Frankreich – und bei Bruckner und Mahler gab es eine Kluft. Debussy und Ravel hingegen reagierten auch ablehnend auf Wagner. Das war sicherlich auch eine Folge der Kriege 1870 und 1914 und nicht zuletzt 1939.

*In Österreich und in Deutschland war die Situation natürlich ganz anders, durch den Nationalsozialismus, durch den grassierenden Deutschnationalismus und den Antisemitismus – und darum ist in Österreich immer ein großer Unterschied gemacht worden zwischen Bruckner Wagner auf der einen Seite und Mahler auf der anderen. Und dabei hat der Antisemitismus eine große Rolle gespielt. In Frankreich kam dem Antisemitismus offenbar keine vergleichbare Rolle zu in der Rezeption Mahlers?*

Nein, man hat eben keinen Unterschied gemacht zwischen Bruckner und Mahler. Aber ich erinnere mich auch, ich hatte nach dem

Krieg einen holländischen Schüler, er war nur wenige Jahre jünger als ich, und er sagte, daß man auch in Holland zwischen Mahler und Bruckner kaum Unterschiede machen würde.

*In Deutschland und Österreich reagierte dieses vom Antisemitismus aufgeladene Ressentiment gerade auf jene Momente in Mahlers Musik, die wir heute (seit Adorno eigentlich) als das Moderne begreifen. Sie betonen das ja auch in ihrem Essay über Mahler, daß er das Vulgäre und Theatralische in die Musik hineinnimmt und damit das Erhabene bricht (- und damit auch mit Bruckner und Wagner...) Und eben dies ist offenbar in Deutschland und Österreich als Affront empfunden worden, als ein Angriff auf die deutsche Kultur ...*

... auf die Nobilität der Symphonie. Das wurde sicherlich am Anfang so aufgefaßt. Die erste Reaktion auf Mahler zielt immer auf die Trivialität des Materials, die Rede ist von Kapellmeistermusik, gut gemacht, zuviel Lärm, zu lang, keine Struktur usw. usw. Manches ist in gewisser Weise sogar richtig. Gerade was damals als negativ empfunden wurde, wird heute positiv gesehen ...

*... als modern.*

Ja, ganz genau. Er hat übertrieben und ist damit über dieses Erhabene in der Symphonie hinausgegangen. Man hat nicht die Form seiner Symphonien verstanden, weil diese Form ist in Wahrheit viel komplizierter als die klassische. Es gibt keine Wiederholungen oder keine präzisen ›Schablonen‹ der Form. Sogar im Scherzo ...

*Ganz besonders im Scherzo der Fünften!*

Ja, und die motivische Dichte, die sehr von Wagner beeinflußt ist, worin die kleinste Phase der Musik motiviert wird. Andererseits schreibt Mahler selbst in die Partitur: »Ordinär« – auch im *Lied von der Erde*. Das hatte wiederum großen Einfluß auf Berg – aber nicht auf Schönberg; Schönberg komponierte eher auf dieser Nobilitätsebene. Berg jedoch steht hier ganz deutlich in der Tradition Mahlers – nicht nur in der Oper (dort kann man das »Ordinäre« mit Notwendigkeiten der Handlung begründen) – sondern auch in Opus 6.

*War Mahler für Sie selbst als Komponist eine Zeit lang antiquiert – oder einfach nur zu wenig bekannt?*

Er war mir unbekannt. Es gab keine Möglichkeit, die Partitur zu sehen. Ich habe angefangen, Mahler zu verstehen mit dem *Lied von der Erde*. Und als ich nach Baden-Baden fuhr, habe ich von [Hans] Rosbaud sehr viel über Mahler gelernt. Ich war sprachlos, denn ich kannte fast nichts von all dem. Und Rosbaud sagte zu mir: »Sie müssen das kennenlernen«. Ich erinnere mich, er hat mir ein Band vorgespielt mit der *Neunten Mahler*, die er damals aufgenommen hat mit seinem Orchester – dem Südwestfunk-Orchester Baden-Baden. Und da bin ich wirklich wach geworden für diese Musik. Ich wurde mit einer ganz anderen Welt konfrontiert.

*Alban Berg war für Sie damals bereits die bekannte Welt?*

Die Wiener Schule war gleichsam tägliche Arbeit. Das war seltsam: Es gab Wagner – und dann gab es eine andere Strömung: Debussy, Ravel, Strawinsky usw. – und schließlich Die Wiener Schule. Mahler kam nicht vor.

*Und Richard Strauss?*

Richard Strauss war immer bekannt in Frankreich, vor allem Stücke wie *Till Eulenspiegel*, Opern wie *Elektra* und *Salome*. Strauss war bekannt, Mahler nicht. Wenn man sich Debussys Schriften ansieht, dann entdeckt man einige Besprechungen von Werken Richard Strauss'. Strauss kam ziemlich regelmäßig, um französische Orchester zu dirigieren. Er war ein Begriff, auch für Ravel, denke ich.

Als in Paris die *Zweite* oder *Dritte Symphonie* von Mahler aufgeführt wurde, reagierte das Publikum mit Unverständnis. Man sagt, daß Debussy nach dem ersten Satz weggegangen sei. Die großen Persönlichkeiten der Musik waren jedenfalls eingeladen: Debussy, Dukas, Saint-Saens – und sie reagierten alle negativ. Aber Paul Dukas, der doch sehr vertraut war mit der deutschen Kultur, reagierte auch auf Brahms-Symphonien ablehnend. Negativ in dem Sinne: das ist gut gemacht, aber nichts Neues.

Strawinsky hat in der Schweiz – während des Ersten Weltkriegs – in Zürich die *Achte Mahler* gehört und schreibt darüber, ich glaube, an einen Freund sinngemäß: welche Zeitverschwendung, wenn man eine Stunde braucht, um festzustellen, daß Es-Dur noch Tonalität ist! Also sehr abschätzig, sehr abschätzig.

Eine andere Geschichte, die mir gerade einfällt: [Heinrich] Strobel hat mir erzählt, Strawinsky habe in den dreißiger Jahren eine Symphonie von Bruckner gehört – und sei mit den Worten weggegangen: »Das ist zu dumm«.

*Wodurch hat sich das geändert – diese Rezeptionshaltung gegenüber Mahler?*
Ich glaube, meine Generation hat diese Verbindung gefunden von Wagner zur Wiener Schule. Bei mir war es eine Bewegung von Berg zurück in die Vergangenheit. Man hat nicht gewußt, woher diese Musik Alban Bergs kam – und jetzt ist das ganz klar. Und was das Publikum betrifft, haben Dirigenten wie Bernstein sehr viel Arbeit geleistet – aber es hat in Frankreich, Deutschland und Österreich viel mehr Zeit in Anspruch genommen als in London und Amerika.

*Ich denke, es liegt auch daran, daß sich der Begriff der Musik geändert hat. Das Erhabene der deutschen Kultur existiert nicht mehr in dieser reinen Form als Wunschvorstellung in den Köpfen.*
Ja, und hier haben die Interpreten vieles bewirkt. Sie haben an diese Musik geglaubt, waren überzeugt, das ist eine wichtige Musik und haben sie durchgesetzt. Es war gar nicht leicht. In New York z. B. haben Bruno Walter und Klemperer immer wieder Mahler gespielt – nicht alle Symphonien, aber einige; die *Fünfte*, *Sechste* und *Siebente* am seltensten, die *Neunte* ist erst allmählich bekannter geworden. Zuerst waren die *Erste* und die *Vierte* die am meisten gespielten; dann die *Zweite* und *Dritte*; und erst später wurden auch die *Fünfte*, *Sechste*, *Siebente* und *Neunte* aufgeführt; während die *Achte* durch den großen Aufwand, den sie an Musikern und Chören erfordert, eher selten aufgeführt wurde. Das *Lied von der Erde* hingegen war von Anfang an bekannt; die Leute haben dieses Werk viel schneller verstanden: denn hier gibt es eine ›Erzählung‹, gewissermaßen eine Handlung. Von einigen Symphonien hat man auch nur Auszüge gespielt, z. B. das Adagietto aus der *Fünften*. Bei anderen hat man Striche gemacht. Auch Mitropoulos übrigens tat viel schon in den fünfziger Jahren für Mahler. Bei seinen Aufführungen der *Fünften* oder *Siebenten* sollen die Zuschauer noch nach und nach den Saal verlassen haben. Später dann – wie bereits erwähnt – kommt Bernstein große Bedeutung zu, besonders seiner kompletten ersten Schallplattenaufnahme der Symphonien in den sechziger Jahren.

Und innerhalb Europas setzte sich Mahler zuerst in London und dann erst in Paris durch.

*Es ist eine merkwürdige Bewegung – von Wien aus betrachtet: die großen Mahler-Dirigenten, Walter, Klemperer, ... wurden hier – d. h. aus Deutschland und Österreich – in den dreißiger Jahren vertrieben, kamen nach Amerika und führten dort Mahler ein ...*

... sie haben ihn eingepflanzt ...

*... und von Amerika kommen dann Mitropoulos und Bernstein nach Deutschland und Österreich und machen hier Mahler wieder bekannt. Die Impulse sind immer von außen gekommen: Dirigenten aus dem Ausland – einerseits die Emigranten Walter und Klemperer, andererseits die junge Generation Bernstein und Abbado oder auch Mitropoulos und Kletzki.*

Ja – Kletzki war sehr bekannt auch in Frankreich. Aber die bekanntesten, berühmtesten Dirigenten waren dort Charles Münch und André Cluytens: sie haben nie ein Stück von Mahler dirigiert. Das war vollkommen ausgeschlossen. Obwohl beide der deutschen Kultur sehr verbunden waren: Münch hat Brahms gemacht, Cluytens hat viel Wagner dirigiert.

*Es gibt die Diskussion, inwieweit sich Mahlers jüdische Herkunft in seiner Musik niedergeschlagen hat. Besonders Max Brod hat das jüdische Moment in seiner Musik hervorgehoben. Man muß hier natürlich vorsichtig sein: allgemein läßt sich vermutlich konstatieren, daß Mahlers Situation als Jude in der Gesellschaft in der Musik zum Ausdruck kommt – die Fremdheit, die er empfinden mußte angesichts des Antisemitismus, der ihm hier entgegenschlug. Das ›Jüdische‹ liegt also weniger in jüdischen Musik-Themen und –Rhythmen oder in jüdischer Folklore als in dieser Heterogenität und Fremdheit ...*

Mahler zeigt in seiner Musik keine spezifisch jüdische Welt – ein Ländler, ein Walzer, ein Militärmarsch, ein Kondukt waren nicht jüdisch, es gibt überhaupt keine Tradition von Märschen im Judentum. Seine Elemente sind wirklich Elemente dieser Kultur, der Kultur der Habsburgermonarchie. Es gibt Komponisten – wie Toch z. B. –, bei denen finden sich hingegen Elemente der jüdischen Tradition. Bei Mahler überhaupt nicht, überhaupt nicht.

Ich selbst wußte lange Zeit nicht, daß Mahler Jude war. Ich kümmerte mich nicht um solche Fragen.

*Das Problem bei Mahler ist aber die Diskrepanz, daß dieser Komponist, der in diesem Sinn keine jüdische Musik geschrieben hat, immer als Jude rezipiert worden ist. Er wurde als bevorzugtes Beispiel herangezogen für die alte antisemitische Unterstellung, daß das Judentum nicht kreativ, schöpferisch sein könne, nur ›nachschöpferisch‹, nur im Virtuosentum zu Hause sei. Es handle sich also bei Mahler um »Kapellmeistermusik«, die alles zusammengestohlen habe aus der abendländischen Musiktradition und diese dabei auch noch »zersetzen« würde.*

Man hat dasselbe von Mendelssohn gesagt – und das allerdings auch in Frankreich. Es gibt einen Komponisten namens Vincent d'Indy, er leitete Kompositionskurse. Seine Schüler haben einige Bücher von ihm herausgegeben. Er war ein großer Verehrer von Mozart, Beethoven und Wagner. Aber über Mendelssohn finden Sie hier die Meinung: er sei unfähig, originell zu sein – mit der Begründung: nicht weil er weniger talentiert gewesen wäre, sondern weil er ein Jude war. Also es gab auch in Frankreich einen sehr starken Antisemitismus – denken Sie nur an die Dreyfus-Affäre.

*Aber dieser Antisemitismus hat sich in Frankreich merkwürdigerweise nicht auf die Mahler-Rezeption ausgewirkt – weil Mahler gar nicht rezipiert worden ist.*

Genau. Und Schönberg wurde abgelehnt nicht als Jude, sondern als Repräsentant der mitteleuropäischen Kultur, zu der die Franzosen damals auf Distanz gingen. Diese Distanz gab es nicht nur in der Musik, auch in der Malerei z. B.: Klimt und Schiele wurden vollkommen ignoriert. Erst in den letzten Jahren hat sich das geändert. Kokoschka war etwas mehr bekannt. Die österreichische Literatur hat man mit Musil entdeckt – in den fünfziger Jahren. Freud hingegen hat als großer Intellektueller immer Bekanntheit genossen.

*Freud ist es in Wien übrigens ähnlich ergangen wie Mahler. Er ist als Jude rezipiert worden – weil er die erhabene deutsche Kultur mit dem niedrigen Sexualtrieb systematisch in Zusammenhang gebracht hat (ähnlich wie Mahler die hohe Musik mit vulgären trivialen Momenten). Darum gab es auch hier ein starkes Ressentiment – das wie bei Mahler erst in den sechziger und siebziger Jahren abgebaut wurde.*

In Frankreich war Freud eine Ausnahme. Durch die Surrealisten ist er sehr intensiv rezipiert worden.

*Worauf führen Sie eigentlich das Engagement Kletzkis für Mahler zurück?*

Ich habe die Entwicklung Kletzkis nicht so genau verfolgt. Ich erinnere mich nur an seinen Ausspruch: »Ich armer Jude«. Das war auch ein wenig gespielt – er war nicht arm, und er ist in Frankreich gar nicht als Jude wahrgenommen worden. Er war sehr beliebt, aber wenn er Mahler gespielt hat – ich erinnere mich an ein Konzert mit der *Vierten* – war der Saal nicht voll, weit davon entfernt. Selbst als Klemperer in London die *Neunte Mahler* nach dem Krieg dirigierte, hatte das überhaupt keine große Anziehungskraft. Später dann waren solche Klemperer-Konzerte ausverkauft.

*Wie beurteilen Sie eigentlich die späte Beschäftigung Karajans mit Mahler. War das ein Effekt der Schallplatten-Industrie?*

Ja, das kann man so sehen. Karajan wollte natürlich am Markt ebensolche Erfolge erzielen wie sein großer Konkurrent Bernstein. Aber vergessen Sie nicht, daß er in der Nazi-Zeit seine Karriere begann. Der ›Wirbel‹ um Mahler erreichte ihn dann erst spät und vielleicht dachte er sich, er habe hier etwas verpaßt.

*Interessant ist dabei, daß er sich die weniger bekannten Symphonien vorgenommen hat:* Fünfte, Sechste *und* Neunte.

Vielleicht sagte er zu sich: ›Wenn ich mit etwas Neuem anfange in meinem Alter, ist es besser, mit eher Unbekannterem zu beginnen als mit dem Bekannteren‹. Ich selbst habe zum ersten Mal von Mahler die *Zehnte*, also das Adagio, dirigiert, ich war also vorsichtig. Als mich dann BBC bat, etwas von Mahler aufzunehmen, dirigierte ich auch die *Fünfte*.

*Das war aber wesentlich früher als Karajan.*

Das war ungefähr 65/66. Ich habe ja überhaupt spät begonnen zu dirigieren.

*Bei Karajan und den anderen ›heimischen‹ Dirigenten – und das ›heimisch‹ bezieht sich eben auch auf die Zeit des Nationalsozialismus – existierten bedeutend größere Barrieren.*

Böhm hat ja auch nicht Mahler dirigiert, Krips auch nicht ...

*... Krips hat Mahler dirigiert, unmittelbar nach 1945. Aber Krips durfte ja auch unter dem Nationalsozialismus nicht dirgieren; er war ›belastet‹. Der deutsche Faschismus hat vermutlich bei Dirigenten, die damals Karriere machten, und beim Publikum, das sie damals bewunderte, die Auffassung der Musik*

*nachhaltig geprägt. Gerade bei Karajan zeigt sich in der Art, wie er dirigiert und wie er sich bei Filmaufnahmen abbilden läßt, ganz deutlich ein bestimmter Begriff des Erhabenen in der Musik. Wie sollte er mit diesem Begriff Mahlers Einbrüche des Vulgären dirigieren. Während Bernstein, aus Amerika kommend, keinerlei Schwierigkeiten hatte, das Banale, Triviale buchstäblich zu verköpern. Und Karajan hat auch dann bei seinen Mahler-Interpretationen die Musik immer etwas geglättet, das Vulgäre zurückgenommen – gleichsam durch kosmetische Eingriffe in die Musik, obwohl diese Aufnahmen technisch von bewundernswerter Perfektion sind.*

Die Ablehnung Mahlers hat dabei aber nicht unbedingt und in jedem Fall etwas mit dem Verhältnis zum Judentum zu tun. Zum Beispiel Barenboim, der so gerne Bruckner und Wagner dirigiert, hat mir erzählt, er habe mit Mahler Schwierigkeiten. Die Musik ist ja auch so komplex – es gibt soviele Dimensionen, die im Verhältnis zu dieser Musik eine Rolle spielen; und so gibt es Leute, die können nichts damit anfangen. Sie fühlen sich nicht wohl bei dieser Musik.

*Das sollen sie ja auch nicht unbedingt. Aber es stimmt natürlich, daß das sehr individuelle Motive sein können.*

Denken Sie zum Beispiel umgekehrt an das Verhältnis zu Wagner – bei Leuten aus meiner Generation – Peter Stein z. B. Er kann Wagner nicht leiden. Für ihn ist Wagners Musik absolut gebunden an das Dritte Reich. Er kann davon nicht abstrahieren. Für mich jedoch ist das kein Problem. Ich habe zwar während der Besatzungszeit Wagner gehört – aber das war kein Nazi-Held für mich, das war nur Wagner, ein Komponist wie Beethoven. Ich habe damals 1942/43 die Texte Wagners natürlich überhaupt nicht gekannt. Ich habe das als reine Musik rezipiert.

*Und der Inhalt der Handlung der Wagner-Opern?*

Meistersinger war die erste Wagner-Oper, die ich damals sah und hörte – und ich nahm dabei Beckmesser überhaupt nicht als eine Karikatur eines Juden wahr, überhaupt nicht. Ich fand das lustig – einfach als Karikatur eines Kritikers.

*Während Adorno nur einige Jahre davor – in der Zeitschrift für Sozialforschung – schrieb, es handle sich bei Beckmesser, aber auch bei Mime und Alberich um »Judenkarikaturen«.*

Sicherlich. Unbedingt. Mime besonders. Ich habe in Bayreuth mit Patrice Chereau bei der Inszenierung des *Ring des Nibelungen* darüber gesprochen. Ich habe ihn auf diese »Judenkarikaturen« aufmerksam gemacht; und Chereau hat das auf der Bühne dann gezeigt – ausgestellt – um zu demonstrieren, was Wagner wirklich gewollt hat. Denn es ist vollkommen falsch, diese Intentionen unter den Teppich zu kehren. Das ist da. Man muß es zeigen.

*Damit man es reflektieren kann? Damit es seine geheimnsvolle untergründige Wirkungsweise verliert?*

Ja. Und ich erinnere mich, diese Darstellung Mimes hat die Leute im Publikum damals so schockiert – und sie dachten, Chereau macht sich hier lustig über die Juden. In Wahrheit hat er gezeigt, was im Kopf von Wagner vorgeht.

*Werden Sie weiterhin Mahler dirigieren?*

Sehen Sie, ich habe bereits alle Symphonien, und alle andern Werke Mahlers dirigiert – in London und New York. Mit der *Fünften* war ich mit dem BBC-Orchester auf Tournee, auch mit der *Sechsten*. Die *Siebente* wurde insgesamt seltener von mir gespielt – das liegt an der ökonomischen Schwierigkeit, extra eine Mandoline und Gitarre zu engagieren.

*Werden Sie sich nun auch verstärkt Bruckner zuwenden – da Sie ja bald mit den Wiener Philharmonikern die* Achte Bruckner *spielen werden?*

Ich weiß noch nicht, ich will zunächst meine erste Erfahrung machen. Das ist ein wenig wie damals 1966, als mich Wieland Wagner fragte, ob ich nicht in Bayreuth den *Parsifal* dirigieren wolle. Ich sagte ihm: ich werde es versuchen, wir werden sehen, wie das läuft. So habe ich jetzt keine weiteren Pläne, was Bruckner betrifft. Ich möchte zuerst sehen, wie das wird mit der *Achten Symphonie*. Es ist aber seltsam, daß es mich immer schon stärker zu Mahler hingezogen hat, viel weniger zu Bruckner. Das Material bei Bruckner ist relativ einfach, bei Mahler hingegen gibt es immer viele Wege. Auch die Kompositionstechnik bei Bruckner, diese Stufentechnik, ist weniger attraktiv.

*Es gibt in den langsamen Sätzen der* Siebenten, Achten *und* Neunten *Verbindungen zu Mahler ...*

... vor allem aber zu Wagner – vom Standpunkt der Harmonie aus. Mahler ist da vergleichsweise viel weniger an Wagner gebunden. Mahlers harmonische Sprache ist manchmal viel einfacher als Wagner. Sie ist gebrochen, es gibt Konflikte, aber es gibt nicht diese *Tristan*-Chromatik, die harmonischen Zweideutigkeiten. Bei Bruckner hingegen findet man das manchmal, und das interessiert mich eigentlich am meisten an ihm. Umgekehrt findet man bei Wagners Vorspielen – im *Parsifal*, im *Tristan* – auch diese Stufentechnik wie bei Bruckner. Nur wenn Wagner unmittelbar für die Bühne komponiert, verschwinden diese deutlich gesetzten Stufen.

*Hat ihre* Parsifal-*Interpretation in Bayreuth Widerstand hervorgerufen?*

Es hat die Leute schon geschüttelt. Der *Ring* – das war dann die Revolution im Haus. Die Reaktion war so heftig – nicht nur vom Publikum, im Orchester ebenfalls.

*Schon bei den Proben – auch ohne Bühne?*

Die Bühne hat das nur noch verstärkt.

*Und wie lauteten die Proteste aus dem Orchester?*

Sie haben z. B. gesagt, das sei kein espressivo mehr. Aber ich wollte wirklich die dynamische Differenzierung herstellen, die in der Partitur gefordert wird. Das Orchester aber hatte das jahrelang völlig übertrieben gespielt – das war unerträglich für mich. Jedes crescendo im piano wurde bis zum fortissimo gespielt. Natürlich haben dann die Sänger immer gebrüllt. Es gab überhaupt keine Differenzierung in der ganzen Ausdrucksweise. Z. B. diese Wotan-Monologe – ich habe das pianissimo spielen lassen. Das ist am Anfang wie eine innere Stimme und wenn der Sänger da brüllt, was ist das dann für eine innere Stimme; das macht es einfach trivial. Ich erinnere mich noch im *Rheingold*, wenn das Walhallmotiv zum erstenmal aufgebaut wird in den Blechbläsern – das ist zart und soll auch wie ein Traum klingen. Und die Musiker spielen wie eine Blechkapelle. Das war unerträglich für mich. Manchmal habe ich hart, nicht wirklich hart, aber entschieden gesprochen, und das hat die Musiker schockiert.

Allmählich konnte ich das ändern. Im zweiten Jahr war es viel besser, vom dritten Jahr haben die Musiker es wirklich verinnerlicht.

*Eine pädagogische Meisterleistung.*
Es war eine harte Zeit.
*Für die* Fünfte Mahler *mit den Wiener Philharmonikern machen Sie jetzt relativ wenige Proben?*
Fünf Proben. Den Text, die Noten, kennen die Musiker ja. Das ist kein Problem. Man muß sich nur um die Interpretation kümmern.
*Vor zehn, fünfzehn Jahren hätten Sie gewiß noch mehr Proben für dieses Werk mit diesem Orchester benötigt.*
Ja, sicherlich.
*Bernstein hatte mitunter ja Probleme bei den Proben. Es gibt Interviews, wo er dies sagt, und es gibt Proben-Mitschnitte, wo man das unmittelbar verfolgen kann: er wirft den Musikern vor, sie würden nicht richtig mitgehen.*
Also ich habe vor einem Jahr die *Sechste Mahler* mit dem Orchester gespielt und die Musiker haben wunderbar mitgemacht. Es gab keine Schwierigkeiten.
*Das Orchester hat sich gewandelt seit den siebziger Jahren. Die Schallplatten-Industrie hat hier in Österreich durchaus etwas in Bewegung gebracht. Es handelt sich gewissermaßen um eine zivilisatorische Leistung des Kapitals.*
Ja, das gilt – wie Sie gesagt haben – auch für Karajan. Und für ihn war das sicherlich nicht einfach, so spät noch Mahler kennenzulernen. Im Vergleich zu dem, was er sonst immer dirigiert hat, Strauss und Bruckner, ist Mahler doch etwas ganz anderes. Man muß dazu einen ganz anderen Sinn für die Form haben.
*Ich weiß auch, daß er in Salzburg sehr lange mit den Berliner Philharmonikern z. B. die* Fünfte Mahler *proben mußte – wochenlang.*
Er hat ja auch nie den *Wozzeck* dirigiert, Opus 6 von Berg hat er, glaube ich, einmal gemacht. Das war jedenfalls nichts Alltägliches für ihn.

*Wien, 19. März 1996; Gerhard Scheit, Wilhelm Svoboda*

**Gösta Neuwirth**

*Wir haben von Peter Gülke gehört, daß Sie in den fünfziger bzw. sechziger Jahren hier in Wien Musikwissenschaft an der Universität studierten und Erich Schenk die Annahme Ihres Dissertationsthemas verweigerte. Gülke meinte, sie wollten über Mahler dissertierten, aber es handelte sich, wie Sie eben richtigstellten, um Schreker. Nun liegen die beiden Fälle nicht so weit auseinander.*

Es ist ja interessant, wie Gülke das verschoben hat, daß er es auf Mahler verschoben hat. Es gibt nämlich eine Parallelgeschichte mit einem amerikanischen Studenten der bei Schenk über Mahler dissertieren wollte und der das gleiche zu hören bekam.

*Eine Verschiebung wie eine Art Verdichtung, ein poetisches Verfahren sozusagen.*

… oder ein Verfahren, wie man es aus der Traumtechnik kennt.

*Ja. Aber es ist ganz gut, wenn das jetzt klargestellt wird, bevor das Gerücht weiter wuchert. Schreker und Mahler sind ja, vor allem auch was die Rezeption betrifft, eng benachbart. Es ist kein Zufall, daß Gülke sie vermischt hat.*

Es gab eine Vorgeschichte, die mich hätte warnen können – wenn ich nicht so jung gewesen wäre. Ich erinnere mich, daß Schenk in den Einführungsvorlesungen für die ersten Semester bei den Literaturangaben für das Theoriestudium sagte, für die Formenlehre sollen wir [Karl] Blessinger lesen. Nun ist Blessinger wirklich eine der finstersten Figuren aus der Zeit der NS-Wissenschaft. Für Schenk war das offenbar überhaupt kein Problem. Ich wußte zunächst natürlich auch nichts von Blessinger. Einige Zeit darauf war ich bei Bekannten auf Besuch, sie wußten, daß ich Musikwissenschaft studierte, und drückten mir etwas verschämt ein Buch in die Hand: und zwar das Buch von Blessinger: *Das Judentum in der Musik*. Im Jahr 1955 Erstsemestrigen Blessinger als Einführungslektüre anzugeben … das ist schon bemerkenswert.

*Aus welcher Zeit waren die Bücher, die Schenk empfohlen hat.*

Das meiste war aus der Zeit vor 1933. Der nächste Punkt, der mich skeptisch werden ließ und der mich zugleich auch verdächtig machen mußte, war folgende Geschichte: Wir Studenten mußten damals alle ›Spartieren‹ – d. h. Werke aus dem 18. Jahrhundert, die nur in einzelnen Stimmen vorhanden waren, in Form von Partituren schreiben. Und ich machte bei meiner Arbeit die Taktziffern wie in der Wiener Schule üblich – über mehrere Systeme hinunter – wie man es auch von den UE-Noten her kennt. Und ich weiß nur, als ich meine Partitur dann abgab, sagte Schenk zu mir: »Dieses Schönberg-Zeugs mit diesen Taktziffern machen Sie bei mir nicht!« Ein Partiturbild, daß ihn an die Schönberg-Partituren der UE erinnerte, war also unerwünscht.

*Er kannte diese Partituren aber offenbar.*

Er kannte sie. Und dann gab es noch eine andere Geschichte, die sich damals ereignete. Am Institut saß jemand in der Bibliothek und laß ein Buch heimlich: d.h. er verdeckte es mit einem anderen. Ich fragte ihn, warum er das denn tue, und er sagte zu mir: »Wenn der Laborant sieht, daß ich hier [Heinrich] Schenker lese, kann ich mein Studium aufgeben«. Der Laborant war nach der Auffassung dieses Mitstudenten derjenige, der über den Assistenten bis zum ›Chef‹ weitergab, daß er das Buch eines Juden lese – und dann hätte Schenk gewußt, da ist jemand, der das Buch vom Schenker liest. Da habe ich mir dann schon gedacht, auf so eine Gestapo-Atmosphäre lasse ich mich nicht ein.

*Wann war das?*

Das war auch 1955/56.

*Kurt Blaukopf hat uns erzählt, daß Schenk ihn – wohl wissend, wer er ist – Anfang der sechziger Jahre aus dem Institut werfen ließ.*

Ich wollte mich dem keinesfalls beugen. Das war mir egal, und ich habe meinen Schenker offen hingelegt. Aber wahrscheinlich hatte ich dadurch schon die entsprechende Punze weg. Dann wurde auch noch von der Schiske-Klasse der Musikakademie, der ich ja angehörte, Stücke aufgeführt, so daß ich natürlich als Komponist der schrecklichsten jüngsten Musik angeschrieben war.

*Vielleicht sollten wir das Ganze noch einmal rekapitulieren: Sie sind von Graz nach Wien gekommen?*

Das war Herbst 1954. Davor hatte ich in Graz im Sommer 1954 Matura gemacht und der dortige Landesmusikdirektor Marckhl meinte, nachdem er Kompositionen von mir gesehen hatte, ich sollte doch nach Wien zu Schiske an die Musikakademie gehen, denn mit diesen Kompositionen hätte ich in Graz keine besonderen Chancen. Das habe ich auch gemacht und Schiske hat mich akzeptiert und hat mir auch erlaubt, mehrere Jahrgänge auf einmal zu absolvieren. Ich habe dann ein Doppelstudium begonnen – Komposition an der Musikakademie und Musikwissenschaft, Theaterwissenschaft und Musikethnologie an der Universität Wien. 1956 entschied ich mich für ein bestimmtes Dissertationsthema und zwar war das Anton Webern – aber Schenk reagierte darauf mit der Bemerkung: »Das geht nicht«. Ohne weiteren Kommentar.

*Haben Sie versucht, mit ihm darüber zu diskutieren?*

Er ist – pointiert gesprochen – vor Schreck mit seinem Stuhl einen Meter weit zurückgerückt. Das war nicht möglich, mit ihm darüber zu diskutieren. Aber es kam ziemlich bald der Vorschlag von ihm: ›Schreiben Sie doch was über den *Fernen Klang* von Schreker‹. In dieser Hinsicht war zunächst kein Konflikt erkennbar, außer daß ich von mir aus merkte, daß dieses Terrain ziemlich schwierig war, da fast keine Literatur über Schreker existierte, die über das Jahr 1920 hinausreichte. Es gab auch keine Terminologie in analytischer Hinsicht für diese Art von Musik. Ich mußte mir grundsätzliche methodische Überlegungen machen, wie diese Musik am Ende der Tonalität und vor ihrer späteren Systematisierung zu analysieren sei. Ich fuhr dann im Herbst 1956 nach Berlin, um den Nachlaß Schrekers zu studieren und war überhaupt der erste, der sich um diesen Nachlaß kümmerte. Die Adresse der Witwe Schrekers, bei der sich der Nachlaß befand, erhielt ich von Walter Gmeindl, der einer der ältesten Schüler Schrekers war und zu der Zeit noch an der Musikakademie Partiturstudium unterrichtete. Ich habe dann in den darauffolgenden zwei Jahren eine Studie über Schreker geschrieben, die dann 1959 publiziert wurde. In ihr ging es darum, überhaupt einen ersten Überlick über Werk und Leben Schrekers zusammenhängend zu geben. Natürlich war ich mit meinen 21 Jahren etwas überfordert. Das Buch ist bis vor zwei, drei Jahren immer noch verkauft worden und bestimmte Dinge in diesem Buch sind noch immer produktiv, wenn man von meiner Unerfahrenheit absieht.

*Wo ist es damals erschienen?*
In der Reihe des Bergland-Verlags. Dann habe ich im Winter 1961 eine Rohfassung von 100 Seiten der Dissertation abgegeben. Vorher hatte ich schon ein ausführliches Referat gehalten, und da schon bemerkt, daß die Grundtendenz, die ich aus meinen analytischen Befunden entwickelt hatte – daß nämlich Schreker von seinem musikalischen Material her auf jeden Fall zur Musikgeschichte der neuen Musik gehört – daß diese Auffassung im Dissertantenseminar auf Unverständnis von Seiten Schenks und seiner Assistenten stieß. Schon der terminologische Ansatz wurde sozusagen niedergemacht: nämlich, daß Schrekers Musik zu den modalen Techniken Bartoks in Beziehung gesetzt werden könne und man mit dem traditionellen Dur-Moll-, tonal-funktionalen Bezeichnungssystem an diese Musik nicht herankommt, sondern ein anderes Analysebesteck braucht. Da merkte ich dann deutlich, daß hier niemand über diese Möglichkeiten, wie man eine nicht-tonale Musik analysieren kann, Bescheid wußte. Natürlich habe ich noch etwas anderes gemacht, was schlecht ankam: ich habe eine Hypothese entwickelt, daß Schreker aus der Freudschen Traumtechnik Formkategorien für die Musik entwickelt hat; bestimmte formale Prozesse von Schreker sind dann zu verstehen, wenn man die Freudsche Traumtechnik kennt: also z. B. Bildverdoppelungen, Überblendungen, das ganze Arsenal Freuds. Das war so weit außerhalb des Horizontes dessen, was man dort verstehen konnte, daß alle überfordert waren im Dissertantenseminar. Es gab aber keinerlei Diskussion darüber. Als es dann unmittelbar um den Vortragstermin der Disseration ging, sagte mir Schenk unter vier Augen: ›Über einen Juden können Sie bei mir nicht promovieren‹, und er fügte hinzu, daß ich nunmehr überhaupt keine Möglichkeit mehr habe, hier zu dissertieren.
*Auch nicht mit einem anderen Thema?*
Ja. Er hat mir dann auch die Unterschrift im Studienbuch verweigert, die bestätigt, daß ich bei ihm Doktorand bin, wodurch ich automatisch beim Militär eingezogen werden konnte, da der Aufschub des Präsenzdienstes damit nicht mehr möglich war. Ich ging damals in meiner Verstörung auch zu Professor [Margret] Dietrich

und sie hat versucht, sich mir gegenüber anständig zu verhalten und hat mir gesagt, sie können bei mir dissertieren – allerdings nicht über Schreker. Das war für mich eine moralisch nicht akzeptable Alternative. Es ging doch schließlich darum, daß ein Komponist, den die Nazis in den Tod gejagt haben, 1962 nicht als ›würdiger‹ Gegenstand der Forschung anerkannt wurde. Es hat damals niemand begriffen, daß es mir nicht um den Doktor ging, sondern um den Schreker.

*Sie sind dann nach Berlin gegangen?*
Ja.
*Nach dem Militär?*
Nein. Es gab damals eine Lücke: wenn der Aufschub noch nicht abgelaufen war und der Betreffende noch nicht einberufen worden war, konnte er noch weggehen. Man durfte eben nicht mehr über die österreichische Grenze kommen, denn dann konnte man festgehalten werde, bis die Einberufung zugestellt wurde. Ich hielt mich dann bis zu meinem 36. Lebensjahr außerhalb Österreichs auf – in Westberlin. Ich habe dort schließlich an der FU promoviert – über Schreker. Der dortige Ordinarius Adam Adrio war ein Spezialist für die protestantische Kirchenmusik. Das war wiederum für die Berliner Situation charakteristisch: er sagte mir – »Ich kenne sie nicht. Ich weiß über Schreker nicht viel. Ich nehme Sie, wenn Sie mir zeigen, daß Sie als Musikologe kompetent sind.« Und so habe ich eine Aufnahmeprüfung für das Oberseminar nachgemacht, die damals in Berlin ziemlich schwer war: z. B. auf dem Klavier eine Haydn-Symphonie vom Blatt, d.h. aus der Partitur, vorspielen; lateinische Texte aus dem Stegreif übersetzen und solche Dinge. Nachdem ich die Prüfung bestanden hatte, stellte er mich sogar als wissenschaftliche Hilfskraft an. Und somit kam ich zunächst kaum dazu, mich weiterhin mit Schreker zu beschäftigen, da ich nun mit der protestantischen Kirchenmusik, mit Bibliotheksdienst und Oberseminar vollkommen ausgelastet war. Aber ich habe in dieser Zeit den Grundstock für ein zweites Forschungsgebiet geschaffen, das mich seither beschäftigt, nämlich Musik des 15. Jahrhunderts. Vorher wußte ich über dieses Jahrhundert fast überhaupt nichts und mittler-

weile ist es neben dem 20. Jahrhundert zu meinem Hauptinteresse geworden. Adrio hat mir dann für ein Jahr mit einer Verlängerung von zwei Monaten ein Promotionsstipendium verschafft und in dieser Zeit habe ich dann meine Dissertation über Schreker geschrieben. Den Abschluß machte ich 1968. Wäre das nicht in Wien passiert, wäre ich vielleicht 1962/63 fertiggeworden, und so war es also 1968.

In einer Hinsicht war es ein unheimlicher Bruch, weil es mich von meinen Verbindungen als Komponist zum Musikleben in Wien abgeschnitten hat. Ich bin doch in der Schiske-Klasse gewesen, und dort waren wir jungen Komponisten – Urbaner, Schwertsik, Eröd, Zykan ... – gemeinsam sozusagen am Start. In Berlin hingegen war ich plötzlich von all dem ausgeschlossen – damals waren die Bedingungen für neue Musik in Berlin sehr schlecht. Und hier in Wien hat auch niemand mehr nach mir gefragt – für die Wiener war ich einfach weg – am Amazonas oder sonstwo. Es hat niemand gefragt: ›Gibt's dich noch? Hast du vielleicht ein Stück für uns?‹ Ich war einfach weg. Und brieflich irgendwie zu jammern und zu sagen, führt's mich doch auf, war auch nicht meine Art. Hinzu kam, daß Schiske inzwischen in Wien verstarb, so daß mein Weggehen mich um eine längere produktive Beziehung zu diesem Komponisten und Lehrer gebracht hat und daß ein Jahr darauf auch Harald Kaufmann starb, der von Graz her für mich die wesentliche Bezugsperson war. (Ihn hatte ich noch in Graz während meiner Maturazeit kennengelernt.)

*Mit Erwin Ratz waren Sie auch ursprünglich in Verbindung?*

Ja, ich habe bei ihm an der Musikakademie Formenlehre studiert und durch die Konzerte der IGNM war ich auch mit ihm in ziemlich engen Kontakt. Er hat mir auch die Geschichte erzählt, daß Schenk verhindert habe, daß Egon Wellesz zurück nach Österreich kommen konnte. Ich konnte damals nicht richtig abschätzen, welche Bedeutung das hatte.

*Ratz hat sich ja damals sehr engagiert für Mahler.*

Ja, es war ein eigentümliches Verhältnis. Es gab ja bis 1960 nur wenige Mahler-Aufführungen in Wien. Ich habe da eine deutliche Erinnerung an eine Episode. Damals gab es von der *Neunten* Symphonie meines Wissens nur eine gekürzte Aufnahme von Paul Kletzki. Ratz bekam damals diese Aufnahme gerade bei einer Unterrichtsstunde in die Hand, eine Aufnahme, die er bis damals nicht kannte, und er war so neugierig, daß er sie unmittelbar nach der Unterrichtsstunde – wir Studenten hatten den Raum noch gar nicht verlassen – auf den Plattenteller legte. Gleichzeitig macht er so etwas wie eine Geste, daß er das für sich allein haben wollte. Es bedurfte also eines besonderen Anstoßes von mir, daß ich mich da auch noch hinzustellen konnte. Das heißt, Ratz war nicht darauf aus, Proselyten zu machen und zu sagen: ›Hört's ihr, da ist endlich eine Aufnahme der *Neunten* Mahler.‹ Sondern zunächst war da eine sehr privat zurücknehmende Reaktion. Das fand ich sehr bemerkenswert, wie er hier einen privaten, fast sakralen Raum herstellt. Ich weiß nicht, wie er mit Füssl umgegangen ist, der ja um nicht ganz 10 Jahre älter ist [als ich]. Aber ich war 40 Jahre jünger als Ratz und zu einer intensiven Auseinandersetzung zwischen uns ist es kaum gekommen. Ich habe natürlich von Ratz außerordentlich viel gelernt. Zugleich habe ich bemerkt – und das war typisch für diese Vertreter der Wiener Schule –, daß sie uns Zwanzigjährige, die ihre Ohren Richtung Darmstadt richteten, etwas mißtrauisch betrachteten. Ratz hat über den späten Webern nicht gesprochen und er hatte, glaube ich, zu den ästhetischen Problemen, die Webern nach der Symphonie op. 21 stellt, keine wirkliche Beziehung.

*Schönberg hat er besser gekannt?*

Ja, aber er hat ihn nicht analysiert.

*Und Mahler?*

Mahler auch nicht. Er hat sich ganz auf Beethoven und Brahms konzentriert. Er sah uns als eine Komponistengeneration, die Webern und die Wiener Schule für ihre eigenen Zwecke manipulieren würde. Das war manchmal schwierig. Aber für mich, der ich am stärksten historisch interessiert war, war die Auseinandersetzung mit Ratz außerordentlich produktiv, weil man bei ihm so etwas wie analytische Verantwortlichkeit lernen konnte. Ich habe ihn dann noch einmal Mitte der siebziger Jahre beim Mahler-Kongreß in Graz getroffen und wir hatten eine interessante Diskussion. Ich habe darauf hingewiesen, daß es bei Mahler schon in den *Liedern eines fahrenden Gesellen* musikalische Formulierungen gibt, wo der Verstoß gegen die traditionellen Satzregeln umgedeutet wird in neue formale und ästhetische Kategorien, d. h. wo Mahler bewußt Akzente oder Vorhalte auf den falschen Taktteil setzt, und damit auf einer Ebene so etwas wie einen Fehler macht – und gleichzeitig auf der anderen Ebene wird das zu einer Ausdruckskategorie. Und da hat Ratz gesagt – das ist ein schöner Satz, den habe ich mir gemerkt: »Mahler macht keine Fehler.« Also diese Art von Dialektik war ihm fremd. Der Satz ist für ihn außerordentlich aufschlußreich.

Übrigens war bei einer dieser Diskussionen auch Georg Knepler. Wir sprachen über die Rolle von früh erfahrenem Antisemitismus bei Mahler – etwas, das jedes Kind damals mitbekommen hat. Und ich weiß nur, daß Knepler darauf sagte: »So etwas gibt es nicht. Antisemitismus ist völlig irrelevant für Mahler.« Da war ich irgendwie schockiert und ich habe mich gefragt: wie kommt das? Was führt zu so einer Form von Ausblendung? Und ich denke, daß es das alte Problem des Marxismus ist, der den Antisemitismus nur als Klassenkampf-Phänomen formuliert und alle anderen Kategorien, was sich darin nicht fassen läßt, ausblendet.

*Ich weiß allerdings, daß Georg Knepler das heute etwas anders sieht.*

Das ist interessant. Ich habe das übrigens noch in einem anderen Fall gesehen – und zwar bei Ernst Federn, dem bedeutenden Psychoanalytiker. Wir sprachen über die Nachkriegssituation und ich sagte, die ganze Uni war voller Nazis. Und er meinte: »Ich habe davon nie etwas bemerkt. Ich war immer wieder in Wien und habe davon nie etwas bemerkt.« Was geschieht da? Was für eine Verdrängung? Was haben diese Leute, die man hier vertrieben hat, für ein Heimatgefühl entwickelt, daß sie alles das verdrängen können?

*Um noch einmal zu dieser Sache mit Schenk zurückzukommen: Das ist so merkwürdig, daß er selbst es ursprünglich war, der Ihnen das Thema Schreker als Dissertationsthema vorgeschlagen hat – um dann einige Jahre später zu Ihnen zu sagen: ›Über einen Juden können sie bei mir nicht dissertieren‹. Was, glauben Sie, hatte er ursprünglich für ein Interesse, Ihnen Schreker überhaupt anzubieten?*

Er wollte mir etwas entgegenkommen – da ich ihm doch Webern vorgeschlagen hatte. Also, er hat mich nicht ins Barock geschickt. Auf der anderen Seite gab es eine Tendenz, das merkte ich in den nächsten Jahren, Schreker als einen zu betrachten, der noch gegen die Wiener Schule ausgespielt werden konnte, der die tonalen Grundlagen während der Moderne noch aufrechterhalten hätte – Schreker also als ein etwas schlechterer Joesph Marx.

*Und in diesem Fall hat auch das Judentum keine Rolle gespielt: Schreker ist in dieser Aufassung funktional gewesen im Kampf gegen die Wiener Schule. Das ist doch auch eine Parallele zu dem, was man in der Rezeption von Mahler versucht hat.*

Ja – der Versuch, das kulturkonservative Terrain zu erweitern.

*Und sobald dieser Versuch nicht gelingt, spielt auf einmal das Judentum wieder eine Rolle.*

Ganz recht.

*Das ist ein charakteristischer Mechanismus im Verhältnis Antisemitismus und Moderne.*

Diese Frontstellung Schreker/Wiener Schule, nochtonale/atonale Musik, hat auch damit zu tun, daß sich einige der Schüler Schrekers irgendwie mit den Nazis sozusagen durchgemogelt haben, und da spielten solche Argumentationen vermutlich eine Rolle, daß eben Schreker adaptierbar wäre. Andererseits war meine Auffassung damals schon, daß sich in der Schrekerschen Musik und in den Schrekerschen Opern Elemente finden, die in einer bürgerlichen Musikauffassung sehr viel schwerer zu adaptieren sind als bestimmte Aspekte der Wiener Schule. Das heißt: bei Schreker gibt es Momente, worin der konservative Zug der Wiener Schule zum durchorganisierten und vollkommen in sich zusammenhängenden Werk aufgesprengt wird durch Montage, durch das Nebeneinander …

*Würden Sie sagen, daß das auch für Mahler gilt?*

Ja, ja. Es gibt eine Linie, die von Mahler zu Schreker führt.

*Wien, 15. November 1996; Gerhard Scheit, Wilhelm Svoboda*

## Ernst Scheit, Mitglied der Wiener Philharmoniker

*Wann und mit welchen Dirigenten hast Du Mahler gespielt?*

Ich bin, nach dem Krieg, Ende der vierziger Jahre – zunächst als Mitglied des Staatsopernorchesters, 1950 dann als Mitglied der Philharmoniker – zum Orchester gekommen und damals wurde sehr wenig Mahler gespielt – mit Ausnahme etwa des Besuchs von Bruno Walter in Wien – einem der wenigen Dirigenten, die damals überhaupt Mahler aufgeführt haben. Dazu zählt auch Rafael Kubelik, der seit Mitte der fünfziger Jahre mit dem Orchester gearbeitet hat. Die Kollegen – die alten Kollegen kann man hier sagen – waren nicht sehr eingenommen für Mahler.

*Bei Walter oder nur bei Kubelik?*

Im allgemeinen. Aber Bruno Walter wurde immer geliebt – hier herrschte eine gute Verbindung. Und vielleicht hat es sich dadurch entwickelt, daß das Orchester Mahler näher kennengelernt hat – besonders die jüngeren Leute. Die alten hingegen waren, wie gesagt, nicht so eingenommen.

*Wie hat sich das konkret geäußert?*

Es hat sich so geäußert, daß sie abfällig gesprochen haben: Das sei eine gestohlene, abgeschriebene, teilweise abgeschriebene Musik. Mich hat es immer gewundert, z. B. bei der *Ersten Mahler*, daß sie so dagegen waren. Mir hat es gefallen – und den jüngeren Kollegen auch. Erst als Bernstein gekommen ist, war dann der große Durchbruch.

*Mit Kubelik gab es besondere Schwierigkeiten?*

Er hat zunächst mit der slawischen Musik begonnen – und alle waren eigentlich begeistert. Das ist ja seine Musik. Von dort stammt er ja her – sein Vater war schon ein großer Musiker, Geiger. Und dann hat er begonnen auch Mahler zu dirigieren – die *Erste* Symphonie war meines Wissens das erste Stück von Mahler, das er mit den Wiener Philharmonikern gemacht hat. Und da hatte er das Gefühl, das Orchester war nicht ganz bei der Sache –

*Erinnerst Du Dich, bei welchen Stellen – in welchem Satz?*

Soweit ich mich erinnnern kann, im ersten Satz, bei einer Geigenstelle. Kubelik hat sogar geschimpft, er sagte ungefähr: die Wiener Philharmoniker werden noch einmal froh sein, wenn sie Mahler spielen können. Dann haben wir mit ihm die *Zweite* Mahler im Ausland gespielt, in Luzern und das war ein großer Erfolg.

*Die Konflikte um Mahler gab es nur am Anfang der Zusammenarbeit mit Kubelik?*

Nur am Anfang. Ich erinnere mich nur an die Schwierigkeiten bei der *Ersten*.

*Bei Bernstein wiederholten sich diese Konflikte. Darüber berichtet ja Bernstein selbst in Interviews.*

Er hat geglaubt, die Musiker wollen nicht ›mitgehen‹. Er war ein so impulsiver Musiker, der schließlich die Musiker doch mitgerissen hat. Bei der *Fünften Mahler* hat es Probleme gegeben – ich habe damals nicht mitgespielt, aber wie ich erfahren habe, waren da einige Stellen, wo er nicht zufrieden war. Bei der *Sechsten* war er wieder begeistert. Bernstein war der Mahler-Apostel – bis zu seinem Tod.

*Und Abbado?*

Abbado hat damals beim Festwochenkonzert begonnen – mit der *Dritten*. Und das war sensationell.

*Da verlief alles reibungslos?*

Ja. Mahler klingt ja mit einem Wiener Orchester besonders gut, weil er ja den Klang im Ohr hatte, als er komponierte.

*Mitropoulos hat ebenfalls Mahler mit Euch gemacht?*

Ja, aber eigentlich nicht so viel, wie er in Amerika gemacht hat – ich erinnere mich an die *Achte* in Salzburg, sie ist dann in Wien im Konzerthaus aufgenommen worden.

*Und Klemperer?*

Falls er Mahler mit dem Orchester gespielt haben sollte, so war ich nicht dabei. Er war damals schon sehr gebrechlich. Vielleicht hat er Mahler auch nicht mehr durchgehalten – es ist doch sehr anstrengend, das zu dirigieren. Aber Klemperer war neben Bruno Walter der Mahler-Dirigent seiner Generation.

*Wobei auch sie immer nur bestimmte Werke bevorzugt haben.*

Ja, genau, die *Zweite*, die *Vierte* und das *Lied von der Erde*.

*Und die Ablehnung im Orchester ging von den älteren Kollegen aus?*

Ja, ich kann mich nicht erinnern, daß ein jüngerer irgendetwas dieser Art geäußert hätte. Vielleicht ist das auch politisch bedingt gewesen.
*Aber es ist nicht offen ausgesprochen worden?*
Nein. Sie wollten diese Musik nicht. Wie schon erwähnt, es wurde gesagt, Mahler habe von jedem etwas abgeschrieben, einige Takte.
*Hat man auch gesagt, daß die Musik ›übertrieben‹ sei?*
Ja, übertrieben und typisch jüdisch.
*Also, hat man sie doch in einen Zusammenhang mit dem Judentum gebracht.*
Das kann man nicht verallgemeinern. Ich kann nur von einem bestimmten Kollegenkreis sprechen.
*Wie ist das mit der Programmgestaltung. Was aufgeführt wird, wird vom Dirigenten bestimmt?*
Im wesentlichen schon, das Orchester kann zwar ein Veto einlegen, aber das wurde mit dem Geschäftsführer und dem Vorstand geregelt. Und wenn es wirklich Schwierigkeiten gegeben hat, da wurde eine Versammlung einberufen. Das war sehr selten.
*Die Vorschläge des Dirigenten sind fast immer übernommen worden?*
Ja. Und im übrigen muß man berücksichtigen, daß es früher für philharmonische Konzerte nur drei Proben gab. Und bei Mahler z. B. muß man mehr probieren. Also es kann sein, daß die Ablehnung Mahlers auch damit zusammenhängt.
*Drei Proben waren festgelegt?*
Ja. Die alten Dirigenten haben ohnehin immer dieselben Werke dirigiert. Bei neueren, moderneren kam dann meist eine Probe hinzu.
*Ich danke Dir für dieses Gespräch.*

*Deutschbrodersdorf, 11. Juni 1996; Gerhard Scheit*

## Anmerkungen

[1] Zit. n. Wolfgang Schlüter: Die Wunde Mahler [1981]. In: Gustav Mahler. Musikkonzepte Sonderband. Hg. v. Heinz-Klaus Metzger u. Rainer Riehn. München 1989. S. 115
[2] Ernst Bloch: Geist der Utopie. München, Leipzig 1918. S. 122
[3] C. Rudolf Mengelberg: Über den Stand der Mahler-Pflege. In: Moderne Welt 7/1921-22, S. 30f.
[4] Vgl. hierzu Herta Blaukopf: Amsterdam 1920: Sechs Zeitzeugen feiern Mahler. In: Muziek & Wetenschap. Dutch Journal for Musicology 3/ 1995-96, S. 347-361
[5] Egon Wellesz: Das Mahler-Fest in Amsterdam, Neue Freie Presse, 17. 5. 1920
[6] C. Rudolf Mengelberg (Hg.): Das Mahler-Fest, Amsterdam Mai 1920. Vorträge und Berichte. Wien 1920, S. 3. Vgl. auch Mahler-Feestboek. Mahler-Feest 6-21 Mei 1920. Amsterdam 1920
[7] Zit. n. Herta Blaukopf, Amsterdam 1920, S. 348
[8] Ebd., S. 348
[9] Manifesto. In: Mengelberg (Hg.), Das Mahler-Fest, S. 71
[10] Herta Blaukopf: Amsterdam 1920, S. 350
[11] Alfredo Casella's Festrede. In: Mengelberg (Hg.), Das Mahler-Fest, S. 23
[12] Herta Blaukopf, Amsterdam 1920, S. 352
[13] »Der österreichische Musikschriftsteller (eigentlicher Name: Paul Stefan Grünfeldt), in der Emigration in New York verstorben, hat sich in vielen seiner Schriften für die Musik seiner Zeit eingesetzt. Er war ein hingebungsvoller Bewunderer und Anhänger Mahlers, dem er in den Veröffentlichungen *Gustav Mahlers Erbe* (München 1908), *Gustav Mahler. Eine Studie über Persönlichkeit und Werk* (München 1910) und dem von ihm herausgegebenen Band *Gustav Mahler. Ein Bild seiner Persönlichkeit in Widmungen* (München 1910) ein Denkmal gesetzt hat. Weitaus distanzierter als Richard Specht (ebenfalls einer der ersten Mahler-Biographien) vor allem gegen die Unterschätzung des Komponisten Mahler und dessen Leistungen während der zehnjährigen Leitung der Wiener Hofoper angehend, verzichtet Stefan in seinen Analysen darauf, sich wie so manche Biographen nach ihm als der kenntnisreiche Entdecker musikalischer Finessen in Mahlers Werk und über alles erhabener Läuterer von Mahlers Psyche aufzuspielen. Durch die Zusammenstellung und Herausgabe des oben angeführten Widmungsbuchs zu Mahlers 50.Geburtstag, in dem Beiträge von Mahlers Freunden, Kollegen und Zeitgenossen ein

vielseitiges Licht auf den Jubilar werfen, sowie als mutiger Mitunterzeichner des Aufrufs zu einer Abschiedskundgebung auf dem Bahnhof bei der Abreise Mahlers aus Wien am 9.Dezember 1907 hat sich Stefan um die Anerkennung der Größe Mahlers mehr verdient gemacht als alle nach Mahlers Tod von Eigennutz angespornten Lamentationen.« Alphons Silbermann: Lübbes Mahler Lexikon. Bergisch Gladbach 1993, S. 222

»Trotz des großen Einflusses, den er mehr als zwei Jahrzehnte in Wien ausübte, trotz seiner vielen Schriften wissen wir wenig von ihm. Manche Musiklexika reihen ihn unter Schönbergs Schüler, doch nicht einmal das scheint verbürgt. Als sicher anzusehen ist, daß er Jus studiert hatte, sich darum Dr. Paul Stefan nennen konnte und daß er sozusagen nebenberuflich im Sekretariat des Österreichischen Industriellenverbands arbeitete. Sein Hauptberuf war es, der modernen Kunst, vor allem Arnold Schönberg, den Weg zu bereiten. Wie der gesamte Schönberg-Kreis vergötterte er Mahler, dessen Wiener Direktionszeit er fast zur Gänze miterlebte.« Herta Blaukopf, Amsterdam 1920, S. 353

[14] P(aul) S(tefan): Sache, Leben und Feinde. In: Musikblätter des Anbruch 3–4/1922, S. 60f.

[15] Herta Blaukopf: Amsterdam 1920, S. 355

[16] Felix Salten: Wien und die Musik. Vortrag beim Gustav Mahler-Fest in Amsterdam. Neue Freie Presse, 3. 6. 1920

[17] 1870 in Wien geboren, versuchte sich Specht längere Zeit als Dichter, ehe er sich als Journalist einen Namen machte. »Etwa um dieselbe Zeit, als Mahler Wien verließ, verließ Specht die Redaktion der *Zeit*. Die Ursache war Mahler oder besser: Spechts positive Einstellung zu Mahler, die nicht mit der des ersten Kritikers übereinstimmte.« (Herta Blaukopf: Amsterdam 1920, S. 358) Im Jahre 1909 gründete er gemeinsam mit dem deutsch-böhmischen Publizisten Richard Batka die Musikzeitschrift *Der Merker*, deren Mahler-Nummer (Sonderheft III, 5, 1912) als wichtige Quelle gilt. »Der österreichische Musikschriftsteller, Verfasser zahlreicher Monographien, hat zwei Arbeiten über Mahler hinterlassen: eine kleinere Biographie, die zu Lebzeiten Mahlers 1905 bei Gose und Tetzlaff in Berlin erschienen ist, und eine vielfach zitierte größere, die 1913 bei Schuster & Loeffler in Berlin verlegt wurde. Mahler hatte in das Manuskript der ersten Arbeit Einsicht genommen und brieflich den Verfasser – ›ein solcher tapferer und reproduzierender Pionier‹ – gebeten, einige Änderungen anzubringen. In einem Nachsatz zu dem im Herbst 1904 an Specht gerichteten Brief heißt es: ›Das Ganze hat mir ungemein ge-

fallen; und ich bin erstaunt, wie tief Sie in mein Wesen eingedrungen sind.‹ Was Mahler dem Biographen schriftlich bezeugte, womöglich auch in von ihm mit Specht in stillem Gespräch in Salzburg verbrachten Stunden vertieft (Bemerkung in einem an Alma Mahler gerichteten Brief vom 18. August 1906), hat Specht – einem der ersten Biographen Mahlers und begeisterten Vorkämpfer seiner Musik – nicht nur den Ruf eines der besten, sondern auch intimsten Mahler-Kenner eingetragen. In der Tat enthält die 296 Seiten umfassende Mahler-Biographie aus dem Jahre 1913 eine Unmenge für die Erkenntnis des Lebens und Schaffens des Dirigenten und Komponisten wesentlichen Details. Allerdings, so muß einschränkend gesagt werden, ist Spechts Darstellung von einem solch überzogenen poetischen Ton getragen, daß vielfach das Berichtete ebenso, wie das Musikanalytische durch das Anhimmelnde verdunkelt wird. Darauf ist zu achten, zumal Specht selbst geglaubt hat, sich vor einer unangemessenen Überschätzung seines Verhältnisses zu Mahler schützen zu müssen: ›Nur ich bin Mahler nahegekommen, er mir kaum‹, heißt es gleich im Vorwort der Biographie, und weiter: ›Niemals habe ich mit ihm andere Gespräche als solche über künstlerische Herzenssachen und metaphysische Fragen geführt‹. Derlei Bekenntnisse oder Aussprüche Spechts wie z. B.: ›Mahler war kein guter Mensch, sondern mehr: ein gütiger‹, die darin gipfeln, von ihm zu sagen: ›Er hatte wirklich etwas von Heiligen und etwas vom Kind‹, haben nicht nur die Person Mahlers, sondern auch sein Werk einem Mystifikationsvorgang ausgesetzt, der im Laufe der Jahrzehnte mehr Schaden als verständnisvolles Einvernehmen hervorgerufen hat.« Silbermann: Mahler-Lexikon, S. 219f.

[18] Richard Specht: Gustav Mahlers Sieg. In: Mengelberg (Hg.): Das Mahler-Fest, S. 34

[19] Egon Wellesz: Das Mahler-Fest in Amsterdam. Neue Freie Presse, 31. 5. 1920

[20] »Der in Berlin geborene Dirigent und Komponist, ein begeisterter Anhänger Mahlers, hat sich temperamentvoll für Aufführungen von Mahlers Symphonien eingesetzt. Ihm war es u. a. zu verdanken, daß 1906 unter seiner Leitung in St. Petersburg Mahlers *Zweite* Symphonie zum ersten Mal in Rußland erklang. Bei einem Besuch Frieds bei den Mahlers in Toblach soll sich ein Zwischenfall im Zusammenhang mit Alma Mahlers Liedkompositionen ereignet haben, über den diese in ihren Erinnerungen in einer Weise berichtet, die dazu geführt haben dürfte, daß erklärt wird, Mahler habe Fried als lästig empfunden und mit ›toleranter Herablassung‹ behandelt. Mahler hatte Fried bei Gelegenheit der

Aufführung seines seinerzeit recht erfolgreichen Werkes *Das trunkene Lied* in Wien kennengelernt.« Silberman: Mahler-Lexikon, S. 91

[21] Paul Stefan: Oskar Fried: Das Werden eines Künstlers. Berlin 1911. S. 33

[22] Gustav Mahler: Unbekannte Briefe. Hg. v. Herta Blaukopf. Wien–Hamburg 1983. S. 55

[23] K: Mahler-Zyklus. Arbeiter-Zeitung, 5. 10. 1920

[24] Ebd.

[25] Ebd.

[26] Soma Morgenstern: Alban Berg und seine Idole. Erinnerungen und Briefe. Hg. v. Ingolf Schulte. Lüneburg 1995, S. 48–50

[27] Montanus: Nachwort zum Mahler-Zyklus. Wiener Neueste Nachrichten, 4. 7. 1920

[28] Heinrich Kralik: Mahlerzyklus. Neues Wiener Tagblatt, 4. 10. 1920; vgl. auch Heinrich Kralik: Aus dem Konzertsaal. Neues Wiener Tagblatt, 18. 10. 1920

[29] Theodor Haas: Der »Jude« Gustav Mahler. In: Musikalischer Kurier 31–32/1920, S. 319f.

[30] A. W.: Mahler-Zyklus. Reichspost, 23. 10. 1920

[31] Ebd.

[32] Reichspost, 30. 9. 1920

[33] Morgenstern: Alban Berg und seine Idole, S. 48

[34] Hugo Kauder: Vom Geiste der Mahlerschen Musik. In: Musikblätter des Anbruch 7–8/1920, S. 265

[35] Hans Ferdinand Redlich: Die Welt der V., VI. und VII. Sinfonie Mahlers. In: Musikblätter des Anbruch 7–8/1920, S. 265

[36] Ebd., S. 267

[37] Ebd., S. 267f.

[38] Ebd., S. 268

[39] Hans Ferdinand Redlich: Gustav Mahler. Eine Erkenntnis. Nürnberg 1919. Ein langer Auszug erschien neben Teilen aus Blochs *Geist der Utopie* unter dem Titel »Über Gustav Mahler und Richard Strauss« in der Zeitschrift: Musikalischer Kurier 17/1920, S. 198ff.

[40] Paul Bekker: Gustav Mahlers Sinfonien. Berlin 1921; P. B.: Die Sinfonie von Beethoven bis Mahler. Berlin 1918

[41] Paul Stefan: Mahlers Freunde. In: Musikblätter des Anbruch 7–8/1920, S. 287ff.

[42] Richard Specht: Mahlers Feinde. In: Musikblätter des Anbruch 7–8/1920, S. 278

[43] Ebd.
[44] R.S. Hoffmann: Repräsentative Wiener Mahler-Aufführungen. In: Musikblätter des Anbruch 7–8/1920, S. 310
[45] Ebd., S. 311
[46] Ebd.
[47] Ebd.
[48] Z. B. Gisela Wien-Steinberg: Meine Mahler-Erinnerungen. Neues Wiener Journal, 29. Juni 1921, S. 4; Max Graf: Erlebnisse mit Gustav Mahler. Neues Wiener Journal, 19. und 26. Juni 1921, S. 7–8
[49] Z. B. Richard Specht: Mahler und die Kritik der Gegenwart. In: Musikwelt 1920/1921, S. 169
[50] Max Brod: Gustav Mahler. Beispiel einer deutsch-jüdischen Symbiose. Frankfurt am Main 1961, S. 27
[51] Max Brod: Gustav Mahlers jüdische Melodien. In: Musikblätter des Anbruch 9/1920, S. 378f.
[52] Ebd.
[53] Ebd.
[54] Ebd.
[55] Heinrich Berl: Das Judentum in der Musik. Stuttgart 1926, S. 96
[56] Ebd., S. 157
[57] Heinrich Kralik: Gustav Mahlers X. Symphonie. Uraufführung des Fragments im Opernthesters. Neues Wiener Tagblatt, 13. 10. 1924
[58] Elsa Bienenfeld: Mahlers Zehnte Symphonie. Neues Wiener Journal, 14. 10. 1924; vgl. hierzu auch die Kritiken von Julius Korngold: Mahlers zehnte Symphonie. Neue Freie Presse, 15.10. 1924, und Richard Specht: Gustav Mahlers nachgelassene Symphonie. Eine Erklärung. Neues Wiener Journal, 27. 1. 1924
[59] Reinhard Kannonier: Zwischen Beethoven und Eisler. Zur Arbeitermusikbewegung in Österreich. Wien 1981, S. 99
[60] Erinnerungen. Zum letzten Arbeiter-Symphoniekonzert Gustav Mahlers Dritte Symphonie, Arbeiter-Zeitung, 9. 6. 1922. Über das Verhältnis zwischen Victor Adler und Gustav Mahler schrieb Bach: »Victor Adler hat schon den jungen Gustav Mahler persönlich gekannt und er war schon damals von der Genialität des Künstlers überzeugt gewesen. Wie weit in späteren Jahren die persönlichen Beziehungen zu Mahler reichten, kann ich nicht angeben. Eine Verbindung war jedenfalls durch den gemeinsamen Freund Siegfried Lipiner, den Dichter, Philosophen und Bibliotheksdirektor des Parlaments, gegeben. Wohl aber weiß ich, daß Adler aufrichtige Bewunderung auch für den Komponisten Mahler hegte.

Er, der jedem falschen Schein, jedem Getue abhold war, sah im ganzen Werke Mahlers die Flamme reicher Leidenschaft und echten Menschentums glühen. Ihm schien es selbstverständliche Pflicht des Sozialisten, der neuen Kunst, dem angefeindeten Künstler, der von der Zukunft erhofft, was die Gegenwart verweigert, mit allen Kräften zu helfen. Victor Adler hätte es niemals begriffen, daß man einen Musiker danach beurteilen solle, ob sein Werk mit den Schöpfungen vor hundert Jahren übereinstimme, oder gar, ob es so wohlgefällig sei wie die flachen Nachahmungen einer Vergangenheit. Er wünschte, daß man die Klasse der Zukunft, eben die Arbeiterschaft, auf die Gaben vorbereitete, die der Künstler spendet. Er forderte die Unterstützung in Wort und Schrift, durch Erläuterungen dessen, was der Künstler mit seinem neuen Werk beabsichtigt, durch Anerkennung dieser Leistung. Es wäre verfehlt gewesen, einen Mahler sofort der Arbeiterschaft vorzusetzen, die kaum noch an die großen klassischen Werke gewöhnt war. Aber es war für Adler kein Zweifel, daß alles, was die Arbeiter-Symphoniekonzerte brachten, deren treuer Gast Adler von Anbeginn gewesen ist, nicht dazu benützt werden dürfe, um die Arbeiter von jeder neuen Erscheinung abzuschrecken, sondern im Gegenteil, sie darauf vorzubereiten. Einmal, es sind fast zwanzig Jahre her, besuchte er mit mir die Generalprobe zur ersten Aufführung der *Dritten* Symphonie von Gustav Mahler. Er war ergriffen, hingerissen, begeistert. Auf dem Heimweg sagte er mir, nach manchem tiefen Wort über die eben gehörte Musik: ›Dazu müssen wir es auch noch bringen.‹ Wir haben es dazu gebracht, vor drei Jahren, als zum erstenmal im Arbeiter-Symphoniekonzert die *Dritte* Symphonie gespielt wurde. Wenn Adler dies erlebt hätte, den Triumph des Werkes, den Triumph der Arbeiter, die dieses Werk erobert hatten, er hätte seine Freude gehabt. Gustav Mahler hat sich immer dem politischen Leben und allem Parteimäßigen ferngehalten. Daß er sozialpolitisch gefühlt hat, weiß jedermann, der mit ihm in Berührung kam, und er hat es öffentlich bewiesen. Bei den Wahlen des Jahres 1901 gab der ›K.u.K. Direktor der K.u.K. Staatsoper‹ Gustav Mahler offen seinen Stimmzettel für den sozialdemokratischen Kandidaten seines Wahlkreises ab. Der Kandidat hieß Victor Adler. Die Christlichsozialen tobten, das *Deutsche Volksblatt* konnte sich an Beschimpfungen nicht genug tun. Aber wenn es noch eines Beweises bedürfte, daß ein Mann, dessen ganzes Lebenswerk ihn unter die Neuerer, unter die Umstürzler, unter die Revolutionäre reiht, ein Mann, der ebenso zu leiden bereit war, wie er die Leiden andrer nach Kräften zu mildern bemüht war, daß ein solcher Mann dem Sozialismus nahestand, so möge dies folgende Anekdote aus seinem Leben beweisen: Es war der 1.Mai 1905. Ein berühmter Komponist, dessen Name nichts zur Sache tut [Es handelte sich um Pfitzner], war Gast im Hause Mahler. […] Der Gast erschien mittags mit folgenden Worten: ›Nein, wie schrecklich, diese Leute auf der Straße, diese unintelligenten, halb vertierten Gesichter, diese verfallenen Weiber, dieses Gedränge, dieser Geruch! Ich konnte nur mit Mühe weiter und bin deshalb zu spät gekommen.‹ Etwas später erschien Mahler und sagte: ›Du mußt entschuldigen, aber es war herrlich. Diese entschlossenen, fröhlichen Menschen, diese Freude, diese Heiterkeit, diese Kraft! Es war so schön, ich konnte nicht anders, ich bin ein Stück mitmarschiert, daher meine Verspätung.‹« D. B.: Tagesneuigkeiten. Victor Adler und Gustav Mahler. Arbeiter-Zeitung, 11. 11. 1926

[61] Gustav Mahlers Zehnte Symphonie. Zum heutigen Arbeiter-Symphoniekonzert. Arbeiter-Zeitung, 13. 2. 1926

[62] D(avid) B(ach): Gustav Mahlers Zehnte Symphonie vor den Arbeitern. Das nächste Arbeiter-Symphoniekonzert, Arbeiter-Zeitung, 7. 2. 1926

[63] A.L.: Arbeiter-Symphoniekonzert im Internationalen Musikfest. Arbeiter-Zeitung, 24. 6. 1932

[64] pp: Arbeiter-Symphoniekonzerte. Arbeiter-Zeitung, 30. 11. 1932

[65] Imposante Mahler-Feier in der Staatsoper. Ausstellung der Mahler-Büste im Foyer der Oper. Neues Wiener Journal, 19. 5. 1931

[66] Alma Mahler-Werfel: Mein Leben. Frankfurt am Main 1976, S. 192

[67] Ebd.

[68] Aufstellung des Gustav Mahler-Denkmals auf einen späteren Zeitpunkt verschoben! Anton Hanak über die Wandlungen seines Denkmalentwurfs und neue Projekte. Aufgabe des ursprünglich geplanten Ausstellungsplatzes. Neues Wiener Journal, 21. 5. 1933

[69] Mahler-Werfel: Mein Leben, S. 197

[70] Joseph Marx: Philharmonisches Konzert. Bemerkungen zu Mahlers Werk. Neues Wiener Jounal, 14. 12. 1931

[71] Hans Jaklitsch: Die Salzburger Festspiele. Verzeichnis der Werke und der Künstler 1920–1990. Band III, Salzburg und Wien 1991

[72] Joseph Marx: Bruno Walter als Dirigent und Solist. Mozart: Klavierkonzert d-moll; Wagner:Wesendonk-Lieder; Mahler: Erste Symphonie. Neues Wiener Journal, 11. 4. 1933

[73] Roland Tenschert: Der faustische Zug in Gustav Mahlers Wesen und Werk. In: Die Musik 9/1927, S. 651ff.

[74] Hanns Gutman: Der banale Mahler. In: Anbruch 3/1930, S. 102ff.

[75] Hans F. Redlich: Mahlers Wirkung in Zeit und Raum. In: Anbruch, 3/1930, S. 93ff.
[76] Erwin Stein: Mahlers Sachlichkeit. In: Anbruch, 3/1930, S. 99ff.
[77] Theodor W. Adorno: Mahler heute. In: Anbruch 3/1930, S. 86–92; zitiert wird hier und im folgenden nach dem Abdruck des Aufsatzes in den Gesammelten Schriften Bd. 18. Frankfurt am Main 1984, S. 226–234; hier 226f.
[78] Ebd.
[79] Ebd.
[80] Ebd., S. 227
[81] Ebd., S. 228
[82] Ebd., S. 230
[83] Ebd.
[84] Ebd., S. 232
[85] Vgl. hierzu Wiener Zeitung, 15. 5. 1936, S. 10
[86] Vgl. hierzu Wiener Zeitung, 25. 4. 1936, S. 9
[87] Neue Freie Presse, 12. 8. 1935
[88] Vgl. hierzu Josef Reitler in der Neuen Freien Presse vom 9. 4. 1935, der ebenfalls dringend nahelegt, Mahler mit Bruno Walter und den Wiener Philharmonikern auf Schallplatte aufzunehmen.
[89] Neues Wiener Tagblatt, 19. 5. 1936
[90] F. D. [Fritz Deutsch]: Bruno Walter spricht über Mahler. Neues Wiener Journal, 19. 5. 1936; vgl. hierzu auch: Bruno Walter über Gustav Mahler. Neue Freie Presse, 19. 5. 1936
[91] Vgl. ebd.
[92] Neues Wiener Journal, 19. 5. 1936
[93] Vgl. hierzu: Volks-Zeitung, 19. 4. 1936
[94] Vgl. hierzu Mahler-Gedenkfeiern. Neue Freie Presse, 26. 5. 1936
[95] Gustav Mahler-Gedenkfeier in der Staatsoper. Neue Freie Presse, 15. 6. 1936
[96] Kr.: Gustav Mahler-Gedächtnisfeier. Neues Wiener Tagblatt, 28. 4. 1936
[97] Fritz Deutsch: Bruno Walter dirigiert. Die große Aufführung der Achten Symphonie Mahlers. Neues Wiener Journal, 17. 5. 1936
[98] Neues Wiener Journal, 17. 5. 1936
[99] Neues Wiener Journal, 17. 5. 1936
[100] Joseph Marx: Was dünket Euch um Gustav Mahler? Neues Wiener Journal, 16. 5. 1936
[101] Ebd.
[102] Ebd.

[103] Brief vom 27. 3. 1935. Theodor W. Adorno – Ernst Krenek. Briefwechsel. Frankfurt am Main 1974, S. 75
[104] Neues Wiener Journal, 15. 5. 1936
[105] Deutsches Volksblatt, 21. 3. 1936
[106] Das Linzer Programm der christlichen Arbeiter Österreichs – erörtert von Dr. Karl Lugmayer. Wien 1924, S. 10
[107] Deutsches Volksblatt, 21. 3. 1936
[108] Deutsches Volksblatt, 25. 4. 1936
[109] Roland Tenschert: Theater, Kunst und Musik. Salzburger Festspiele. Gedenkfeier für Gustav Mahler. Reichspost 21. 8. 1936
[110] Roland Tenschert: Dreimal sieben Variationen über das Thema Richard Strauss. Wien 1944 (2. Aufl. 1945)
[111] A. W.: Karl Schuricht dirigiert Mahlers ›Zweite‹. Reichspost, 6. 3. 1934
[112] M. S.: Philharmonisches Konzert. Reichspost, 17. 4. 1934
[113] Ebd.
[114] Dr. F. B.: Schlesinger: Mahler und die ›Reichspost‹. Der Stürmer (Wien), 28. 4. 1934
[115] Ebd.
[116] Alois G. Topitz: Zur Würdigung Mahlers. Der Stürmer (Wien), 24. 2. 1934
[117] Einer der Autoren hörte z. B. von einem Musikliebhaber, er sei mit dem alten Orchesterdiener der Staatsoper, der bereits zur Mahler-Zeit tätig war, befreundet, und dieser habe erzählt, daß Mahler sich in seinen Urlaubsort die Opernpartituren nachschicken ließ, um daraus für seine Symphonien abzuschreiben.
[118] Topitz, Zur Würdigung Mahlers
[119] Ebd.
[120] Ebd.
[121] Ebd.
[122] Vgl. vor allem das Lexikon der Juden in der Musik (Zusammengestellt im Auftrag der Reichsleitung der NSDAP v. Theo Stengel. Berlin 1940); Karl Blessinger: Judentum und Musik (Ein Beitrag zur Kultur- und Rassenpolitik. Berlin 1944; bearb. Neuaufl. von: Mendelssohn – Meyerbeer – Mahler. Drei Kapitel Judentum in der Musik als Schlüssel zur Musikgeschichte des 19. Jahrhunderts. Berlin 1939; Otto Schumann: Geschichte der deutschen Musik. Leipzig 1940, S. 366f.; Hans Joachim Maier: Kleine Deutsche Musikgeschichte. Stuttgart 1940, S. 296–313
[123] Mahler-Werfel: Mein Leben, S. 205 u. 214
[124] Neues Wiener Journal, 16. 5. 1936

[125] Geheimbericht und vertrauliche Briefe Papens an Hitler. Zit.n. Der Hochverratsprozeß gegen Dr. Guido Schmidt vor dem Wiener Landesgericht. Die gerichtlichen Protokolle. Wien 1947, S. 404f.

[126] Vgl. hierzu Fred K. Prieberg: Musik im NS-Staat. Frankfurt am Main 1982, S. 377f.

[127] Die Juden in der Musik von Generalmusikdirektor Prof. Leopold Reichwein. Völkischer Beobachter; 2. Beiblatt/274, 30. 9. 1932

[128] Max Roden: Nun kommt das Mahler-Denkmal. Auf dem Grinzingerplatz in Wotrubas Gestaltung. Volks-Zeitung, 14. 7. 1936

[129] W. D.: Ausstellung der Entwürfe zum Mahler-Denkmal. Neue Freie Presse, 12. 7. 1936

[130] Ebd.

[131] Mahler-Werfel: Mein Leben, S. 197

[132] Ebd., S. 206

[133] Heinrich Damisch: Die Verjudung des österreichischen Musiklebens. In: Der Weltkampf 15 (Juni 1938) 174, S. 255ff.

[134] Karl Blessinger: Judentum und Musik. Ein Beitrag zur Kultur- und Rassenpolitik. Berlin 1944 (Veränderte Neuaufl. v. Mendelssohn, Meyerbeer, Mahler. Drei Kapitel Judentum in der Musik als Schlüssel zur Musikgeschichte des 19.Jahrhunderts. Berlin 1939), S. 115, 140, 148

[135] Damisch: Die Verjudung, S. 257

[136] Ebd.

[137] Ostdeutsche Rundschau, 27. 6. 1912

[138] Wiener Figaro. Mitteilungsblatt der Wiener Mozartgemeinde, Dezember 1942

[139] Vgl.: Gert Kerschbaumer, Karl Müller: Begnadet für das Schöne. Der rot-weiß-rote Kulturkampf gegen die Moderne. Wien 1992, S. 215–218

[140] So schreibt z. B. Josef Reitler über die Aufführung der *Dritten*: »Die Monologe der Posaune, der fühlsamen Ruferin in der Wüste des Seins, hat Professor Schatzinger meisterhaft in Phrasierung und wechselndem Ausdruck geblasen. [...] Die Philharmoniker haben an Bravour und rhythmischem Elan, an Feinheit des Klanges und Klangintensität wirklich das Äußerste geleistet. Man wäre versucht, von Rosés Solovioline und Wunderers Oboe bis zur Tuba des Herrn Knapke und den Virtuosen des Schlagwerkes den Namen jedes einzelnen Musikers rühmend zu nennen, um der Leistung des ganzen Orchesters gerecht zu werden.« Philharmonisches Konzert. Neue Freie Presse, 9. 4. 1935

[141] Kr. [Heinrich Kralik]: Gustav Mahler-Gedächtnisfeier. Neues Wiener Tagblatt, 28. 4. 1936

[142] r. [Josef Reitler]: Philharmonisches Konzert, Dirigent: Bruno Walter. Neue Freie Presse, 28. 4. 1936
[143] Gustav Mahler: 9. Symphonie. Leipzig 1912. Handexemplar von Bruno Walter, Bibliothek der Universität für Musik und darstellende Kunst Wien, Signatur: A I 38871
[144] Vgl. hierzu auch Wiener Zeitung, 6. 12. 1934
[145] Paul Stefan: Ein paar Worte über Mahler. In: Zeitschau, Monatsschrift, Dezember 1934
[146] C. L. [Carl Lafite?]: Philharmonisches Konzert. Neue Freie Presse, 19. 1. 1937
[147] r. [Josef Reitler]: Außerordentliches Philharmonisches Konzert. Neue Freie Presse, 6. 11. 1934
[148] Ebd.
[149] Ebd.
[150] Drei verschiedene Schallplattenaufnahmen – zwei mit den Wiener Philharmonikern (mit Thorborg/Kullmann 1936 – CBS 11054 D/60 D; Ferrier/Patzak 1952 – Dec 6.48048 DP) und eine mit dem New York Philharmonic (Miller/Häfliger 1960 – CBS 77248) – können dies auf jeweils verschiedene Weise belegen.
[151] EMI 1 C 147–01 402/03 M
[152] Bruno Walter: Gustav Mahler. Ein Portrait. Wien 1936. Zitiert wird nach der Ausgabe Wilhelmshaven 1989. S. 93
[153] Ebd., S. 79
[154] Ebd., S. 91
[155] Ebd., S. 96
[156] Ebd., S. 11
[157] Ebd.
[158] Neues Wiener Journal, 19. 5. 1936
[159] Heinrich Kralik: Gustav Mahler. Zum fünfundzwanzigsten Todestag. Neues Wiener Tagblatt, 19. 5. 1936
[160] Ebd.
[161] Ebd.
[162] Ebd.
[163] Ebd.
[164] Willi Reich: Kleines Mahler-Brevier. Wiener Zeitung, 17. 5. 1936
[165] Willi Reich: Gustav Mahlers menschliche Persönlichkeit. Zu Bruno Walters Kulturbundvortrag, 20. 5. 1936
[166] Ebd.
[167] Vgl. hierzu Walter Pass, Gerhard Scheit, Wilhelm Svoboda: Orpheus

im Exil. Die Vertreibung der österreichischen Musik 1938 bis 1945. Wien 1995, S. 69ff.
[168] Vgl. hierzu Ernst Krenek: Die amerikanischen Tagebücher 1937–1942. Dokumente aus dem Exil. Hg. v. Claudia Maurer Zenck. Wien–Köln–Weimar 1992; sowie Pass, Scheit, Svoboda: Orpheus im Exil, S. 85ff.
[169] [Ernst Krenek] Bruno Walter: Gustav Mahler. New York 1941. Die Übersetzung ins Amerikanische besorgten James A.Galston und Lotte Walter Lindt.
[170] Ernst Krenek: Böhme, Jude, Deutscher, Österreicher. Manuskript. Poughkeepsie, N. Y. 1941. »In Wien übersetzt 1955«. Archiv der Internationalen Gustav Mahler Gesellschaft ZS 105 a.
[171] Ebd., S. 1
[172] Hans Ferdinand Redlich: Gustav Mahler. Eine Erkenntnis. Nürnberg 1919. Ein langer Auszug erschien neben Teilen aus Blochs Geist der Utopie unter dem Titel Über Gustav Mahler und Richard Strauss in der Zeitschrift Musikalischer Kurier 17/1920, S. 198ff.
[173] Krenek: Böhme, Jude, Deutscher, Österreicher, S. 2
[174] Ebd.
[175] Ebd., S. 2f.
[176] Ebd., S. 3
[177] Ebd., S. 3
[178] Ebd., S. 4f.
[179] Ebd., S. 7
[180] Ebd., S. 9
[181] Ebd.
[182] Ebd., S. 10
[183] Ebd., S. 11
[184] Ebd., S. 12
[185] Ebd.
[186] Ebd., S. 14
[187] Ebd., S. 15
[188] Ebd.
[189] Ebd., S. 16
[190] Ebd., S. 17
[191] Ebd., S. 18f.
[192] Ebd., S. 22
[193] Ebd.
[194] Ebd., S. 23
[195] Ebd., S. 24

[196] Alfons Wallis: Gustav Mahler. Zum 75. Geburtstag. Neues Wiener Tagblatt, 6. 7. 1935
[197] Paul Bekker: Gustav Mahlers Sinfonien. Berlin 1921, S. 219
[198] Alfons Wallis: Gustav Mahler. Zum 75. Geburtstag. Neues Wiener Tagblatt, 6. 7. 1935
[199] Theodor W. Adorno: Mahler heute. In: Anbruch 3 (1930), S. 86–92; zitiert wird hier und im folgenden nach dem Abdruck des Aufsatzes in den Gesammelten Schriften Bd. 18. Frankfurt am Main 1984, S. 226–234; hier 226f.
[200] Ebd., S. 230
[201] Theodor W. Adorno – Ernst Krenek: Briefwechsel. Frankfurt am Main 1974, S. 58
[202] Theodor W. Adorno: Gesammelte Schriften Bd. 19. Frankfurt am Main 1984, S. 243
[203] Hektor Rottweiler [Theodor W. Adorno]: Marginalien zu Mahler. Bei Gelegenheit des fünfundzwanzigsten Todestages. In: 23 – Eine Wiener Musikzeitschrift 26–27/1936, S. 14
[204] Ebd., S. 16f.
[205] Ebd., S. 18
[206] Ebd., S. 18f.
[207] Theodor W. Adorno: Mahler. Eine musikalische Physiognomik. [1960] Gesammelte Schriften Bd. 13. Frankfurt am Main 1971, S. 309
[208] Brief vom 1. 6. 1936. Adorno – Krenek, Briefwechsel, S. 116
[209] Ernst Krenek: Zeit und Ewigkeit. In: Forum 79–80/1960, S. 282
[210] Theodor W. Adorno: Drei Dirigenten. In: Anbruch 7/1926, S. 315–319
[211] U.: Musica Viva-Orchester, Gustav Mahler-Zyklus. Neue Freie Presse, 10. 11. 1937
[212] U.: Musica Viva-Konzert. Neue Freie Presse, 19. 12. 1937
[213] Ebd.
[214] Zit. n. Theodor W. Adorno: Über den Fetischcharakter in der Musik. In: Zeitschrift für Sozialforschung 7/1938, S. 337
[215] Vgl. hierzu Pass, Scheit, Svoboda: Orpheus im Exil, S. 39ff. Im amerikanischen Exil wurde Simon dann zum Lehrer von Benny Goodman im klassischen Fach, arbeitete als Lehrer und Musiker mit zahlreichen anderen prominenten Kollegen zusammen (Bernstein, Mitropoulos, Krenek, Schönberg etc.); siehe ebd., S. 102ff.
[216] EMI 1 C 147–01 402/03 M
[217] Persönliche Mitteilung von Kurt Blaukopf in einem Gespräch mit den Autoren am 10. 11. 1996

[218] Vgl. hierzu Mahler-Werfel: Mein Leben, S. 232
[219] BA, R 55/874, S. 220; zit. n. Oliver Rathkolb: Führertreu und gottbegnadet. Eliten im Dritten Reich. Wien 1991, S. 126
[220] Vgl. hierzu: Eike Geisel, Henryk M. Broder: Premiere und Pogrom. Der Jüdische Kulturbund 1933–1941. Texte und Bilder. Berlin 1992
[221] Vgl. hierzu Der Tod Paul Stefans. In: Austro American Tribune 12/1943, S. 6
[222] Paul Nettl: The Controversial Gustav Mahler. In: Music Journal 5/1960, S. 32
[223] Hugo Kauder: Zum Musikleben. In: Austro American Tribune 8/1944, S. 8
[224] Ebd.
[225] Ebd.
[226] So schrieb Werfel eine Einleitung zu einem Mahler-Zyklus unter Erno Rapee, der 1942 von ABC Network produziert wurde – abgedruckt in: Chord and Discord (New York) 4/1946, S. 49f.
[227] Alfred Mathis [Alfred Rosenzweig]: Gustav Mahler, composer-conductor. In: The Listener (London) 993/ 1948, S. 236; Ders.: Mahler's unfinished symphony. In: The Listener 1033/1948, S. 740. Zu Alfred Rosenzweig allgemein und zu seiner gepanten Mahler-Biographie vgl. Vladimir Karbusicky: Mahler in Hamburg. Chronik einer Freundschaft. Hamburg 1996, S. 178f.
[228] J. K.: London wird Mahler-bewusst. Zeitspiegel, 5. 12. 1942
[229] J. K.: Philharmonische Meditationen. Zeitspiegel, 11. 4. 1942
[230] L. Ch.: Verboten in Deutschland – bejubelt in Mexico. In: Freies Deutschland 6/1943, S. 30
[231] Marcel Rubin: Gustav Mahlers musikalische Rolle. In: Austria Libre 7–8/1945, S. 6
[232] Zit. n. Arnold Schönberg: Briefe. Hg.v. Erwin Stein. Mainz 1958, S. 271
[233] Ebd., S. 273
[234] Ebd., S. 276
[235] Ebd., S. 277
[236] Theodor Reik: The Haunting Melody. New York 1953, S. 360
[237] Ebd., S. 362
[238] Ebd., S. 365
[239] Ebd., S. 367, 375f.
[240] Mahler-Werfel: Mein Leben, S. 312
[241] Dolchstoß für Österreich, Wiener Montag. 15. 2. 1954. Zu dem offenen Brief von Alma Mahler-Werfel, Bruno Walter u. a., seinen wirklichen

Motiven und den Reaktionen darauf in der österreichischen Presse vgl. Helga Embacher: Neubeginn ohne Illusion. Juden in Österreich nach 1945. Wien 1995, S. 148f.

[242] Gert Kerschbaumer: Das musikalische Riesenrad. In: Kerschbaumer/Müller, Begnadet für das Schöne, S. 13. Der junge Burgschauspieler Oskar Werner war dabei und gibt uns einen Eindruck von diesen Konzert und der Bedeutung der Wiener Philharmoniker für das Wiener Kulturleben: »Clemens Krauss hat dirigiert. Der durfte noch, die waren doch alle dann belastet. Dann kommen die Philharmoniker heraus, genau so, wie sie im Keller waren: der eine mit einer Knickerbocker, der andere mit einem Pullover. Zuerst haben die Wiener zu applaudieren angefangen, dann hat das abgeebbt, und was Ungeheures ist geschehen: Der ganze Saal ist aufgestanden. Ihre Philharmoniker kommen! Sie haben stehend das Fürstenorchester empfangen. Und dann haben sie nichts Geringeres gespielt als die Unvollendete. Ich muß jetzt noch weinen, nur wenn ich's erzähl.« Zit.n. Jürg Stenzl: Musik von weißen Männern. Falter 51–52/1996, S. 31

[243] Peter Lafite: Der wiedergewonnene Gustav Mahler. Die Philharmoniker spielen seine Erste Symphonie, Neues Österreich, 5. 6. 1945

[244] Ebd.

[245] Signe Scanzoni/Götz Klaus Kende: Der Prinzipal. Clemens Krauss. Fakten, Vergleiche, Rückschlüsse. Tutzing 1988, S. 184

[246] Bezeichnenderweise wird in dem weitschweifigen Werk von Scanzoni/Kende in keine Weise auf den Mahler-Dirigenten Krauss Bezug genommen.

[247] Friedrich Wildgans: Gustav Mahler. Zum 35. Todestag. In: Österreichische Musikzeitschrift (ÖMZ) 6/1946, S. 206

[248] Ebd.

[249] Ebd., S. 207

[250] Zeno von Liebl: Mahlers Dritte Symphonie. Wiener Kurier, 17. 9. 1945

[251] Ebd.

[252] Ebd.

[253] Luis Fürnberg (Nuntius): Gustav Mahlers Heimkehr. In: Österreichisches Tagebuch 2/1946, S. 9

[254] Ebd.

[255] Ebd.

[256] Marcel Rubin: Musik. In: Österreichisches Tagebuch 14/1948, S. 30; vgl. auch den Mahler-Artikel von Marcel Rubin: Mahler – ein Balzac der Musik. In: Österreichisches Tagebuch 5/1948, S. 15

[257] Hans Jaklitsch: Die Salzburger Festspiele. Verzeichnis der Werke und der Künstler 1920–1990. Salzburg und Wien 1991, S. 61
[258] Ebd., S. 67
[259] Elisabeth Höngen singt Mahler. Im III. Philharmonischen Konzert. Wiener Kurier, 30. 11. 1945
[260] Mahler im Pro-Arte-Konzert. Wiener Kurier, 20. 1. 1948
[261] Karl Böhm: Ich erinnere mich ganz genau. Autobiographie, München 1973, S. 29. Böhms Biograph Franz Endler schreibt in diesem Zusammenhang: »Als nicht in erster Linie demonstrativ intellektueller Dirigent hat Böhm seine Abneigung, anders als anekdotisch oder höflich von Begegnungen mit Meistern zu sprechen, nie verloren. Und immer auch etwas Mimikry betrieben. Indem er zum Beispiel behauptete, er habe Bruckner geliebt, zu Mahler aber wenig Zugang gefunden. In alten Konzertprogrammen aus den Jahren als Generalmusikdirektor in Darmstadt findet man die Bestätigung, daß er in Wahrheit auch Gustav Mahler dirigiert hat, als dieser zwar tot, jedoch noch keineswegs populär war. Große Worte sind Böhms Sache nie gewesen.« Karl Böhm. Ein Dirigentenleben von Franz Endler. Hamburg 1981, S. 103. Bemerkenswerterweise findet sich aber in der Publikation Karl Böhm – Begegnung mit Richard Strauss (herausgegeben von Franz Eugen Dostal), Wien 1964, S. 14 wohl der Hinweis auf Uraufführungen von Joseph Marx durch Karl Böhm (die Nordlandrhapsodie und die Castelli romani), in der beigegebenen ausführlichen Dokumentation über die von Böhm dirigierten Bühnenwerke und Konzerte (2.740 Opernvorstellungen und 1.114 Konzerte) fehlt allerdings jeglicher Bezug zu Gustav Mahler. Angeführt sind Werke von Bach bis Schiske. Der Verfasser erklärt seine bewußte Auswahl (S. 72) mit den Worten: »Bei den Konzerten konnte aus Platzgründen nur eine kleine Auswahl geboten werden, da die Liste der Werke gerade auf diesem Gebiete sehr umfangreich ist.«
[262] Bruno Walter dirigierte wieder die Wiener Philharmoniker. Ovationen für den großen Künstler nach Schluß des Konzertes. Wiener Kurier, 14. 5. 1948
[263] Bruno Walter huldigt Gustav Mahler. Festkonzert mit der Zweiten Symphonie des Meisters. Wiener Kurier, 19. 5. 1948
[264] Harriette Krips (Hg.): Josef Krips. Ohne Liebe kann man keine Musik machen. Erinnerungen. Wien–Köln–Weimar 1994, S. 202
[265] Krips: Josef Krips, S. 63
[266] Clemens Hellsberg: Demokratie der Könige. Die Geschichte der Wiener Philharmoniker. Mainz–Zürich–Wien 1992, S. 508f. sowie Otto

Strasser: Und dafür wird man noch bezahlt. Mein Leben mit den Wiener Philharmonikern. München 1978, S. 200

[267] Böhm – beileibe kein exponierter Mahler-Dirigent – betreute übrigens die südamerikanische Erstaufführung des *Liedes der Erde*. Böhm: Ich erinnere mich ganz genau, S. 87

[268] Krips: Josef Krips, S. 179

[269] Ebd.

[270] So schreibt Schostakowitsch: »Was ich am meisten bedauere, ist, daß ich nicht meine *Fünfte* Symphonie in Ihrer wunderbaren Interpretation, wie mir meine Freunde berichteten, hören konnte. Ich hatte aber die Gelegenheit, im Radio Schuberts *Unvollendete* unter Ihrer Leitung zu hören, welche mich stark beeindruckte und um so mehr bedauern läßt, daß ich alle Ihre Konzerte versäumen mußte …« Ebd., S. 180

[271] Ebd., S. 184

[272] Ebd.

[273] Wiener Revue, 12/1946, zit. n. Krips: Josef Krips, S. 184

[274] Schostakowitschs Fünfte im Philharmonischen Konzert, Wiener Kurier, 4. 2. 1947

[275] In diesem Zusammenhang nicht uninteressant ist die Tatsache, daß Otto Klemperer 1953 die Ausreise aus den USA zu einem Konzert nach Wien verweigert wurde – Marcel Rubin, Amerikanisches Ausreiseverbot für Klemperer. Dem Dritten Reich entronnen, im Vierten Reich festgehalten, Österreichische Volksstimme, 14.3.1953. Auch ist dem damaligen Frankfurter Generalmusikdirektor Georg Solti die Einreise in die USA mit der Begründung, er sei in den Jahren 1946 bis 1951 Mitglied der Gesellschaft deutsch-sowjetische Freundschaft in Bayern gewesen, verweigert worden. Solti wurde ungefähr einen Monat später die Einreise erlaubt. Weltpresse, 16. 7. 1953 sowie Georg Solti darf doch nach USA, Die Presse, 14. 8. 1953

[276] Krips: Josef Krips, S. 229

[277] Ebd.

[278] Salzburger Volkszeitung, zit. n. Krips: Josef Krips, S. 230

[279] Die Presse, 21. 7. 1950, zit. n. Krips: Josef Krips, S. 233

[280] Krips: Josef Krips, S. 237

[281] Ebd.

[282] AdR, Wien, BKA, AA Kult.33/1950, Zl.125.883/50, zitiert nach: Kerschbaumer/Müller: Begnadet für das Schöne, S. 71

[283] Außerhalb seiner Heimat wurde Krips bis zuletzt sehr geschätzt. So widmet ihm Glenn Gould das folgende kleine Porträt: »Ich erinnere mich

an eine Plauderei mit Josef Krips, als er für ein Konzert nach Toronto kam. Wir hatten schon alle Beethoven-Konzerte zusammen gespielt; Krips wollte etwas von Mozart spielen, und mir gingen allmählich die Entschuldigungen aus – schließlich, man erzählt einem Wiener ja nicht, das Mozart mittelmäßig ist. Jedenfalls, Krips liebte es, beim Tee ganze Sinfonien oder Konzerte durchzusingen – er hatte das ganze klassische österreichisch-deutsche Repertoire im Kopf -, und als ich ihm gegenüber erwähnte, daß ich gerade KV 491 eingespielt hatte, bestand er darauf, das von der ersten bis zur letzten Note durchzugehen. (Ich war das Fagott und/oder die Celli, und Krips sang oder gestikulierte für alle anderen.) Er war ein bemerkenswerter Dirigent, wissen Sie, der am meisten unterschätzte seiner Generation meiner Meinung nach. Er war auch der einzige, der es für mein Gehör je fertiggebracht hat, daß Bruckner richtig wirkte, und nie war ich näher dran, Mozart zu lieben, als in dieser Teestunde.« Glenn Gould: Von Bach bis Boulez. Schriften zur Musik I. Herausgegeben und eingeleitet von Tim Page. München 1987, S. 60

[284] Krips: Josef Krips, S. 317
[285] Ebd., S. 466
[286] Strasser, Und dafür wird man noch bezahlt, S. 160
[287] Erich Wolfgang Partsch: Zur Geschichte der Internationalen Gustav Mahler Gesellschaft. In: ders.: Gustav Mahler. Werk und Wirken. Neue Mahler-Forschung aus Anlaß des vierzigjährigen Bestehens der Internationalen Gustav Mahler Gesellschaft. Wien 1996, S. 11f.
[288] Interview mit Ernst Scheit, 11. 6. 1996
[289] P(eter) L(afite): Österreichs Sendboten in England. Wiener Kurier, 30. 6. 1949
[290] Kletzki, Paul, in: Alain Paris, Lexikon der Interpreten klassischer Musik im 20.Jahrhundert. Kassel 1992, S. 378
[291] Heute dirigiert Paul Klecki in Wien. Gespräch mit dem berühmten Orchesterleiter. Wiener Kurier, 19. 4. 1950
[292] Krips leitet ›Lied von der Erde‹. Werke von Mahler und Marx in außerordentlichem Festkonzert. Wiener Kurier, 21. 4. 1950, Orchesterlieder und Kammermusik. Heimische Komponisten auf dem Programm der Veranstaltungen, Wiener Kurier, 12. 5. 1950
[293] Ebd.
[294] Ebd.
[295] Gould: Von Bach bis Boulez, S. 127
[296] Kurt Blaukopf: ›Symphonie der Tausend‹. Mahlers Achte Symphonie unter Hermann Scherchen. Der Abend, 16. 4. 1951

[297] Musikfest und festliche Musik. Wiener Kurier, 17. 4. 1951
[298] Kurt Blaukopf: Klemperers Mahler-Feier. Mahlers Zweite Symphonie wurde gestern aufgeführt. Der Abend, 19. 5. 1951
[299] Jaklitsch: Salzburger Festspiele, S. 73
[300] Roland Tenschert: Begeisterung um Furtwängler. Der Meister leitete das 2. Philharmonikerkonzert. Wiener Kurier, 1. 12. 1952
[301] Rudolf Klein: Gestern im Musikverein: Klecki dirigierte Strauß und Mahler. Das letzte Abonnementkonzert im Zyklus ›Die große Symphonie‹. Wiener Kurier, 10. 5. 1951 sowie mg: Gestern im Musikvereinssaal: Schubert und Mahler unter Klecki. Drittes Konzert im Zyklus ›Die große Symphonie‹. Wiener Kurier, 6. 12. 1951
[302] Rudolf Klein: Zum Musikkongreß: Festliche Musik unter Bruno Walter. Wiener Kurier, 19. 5. 1952
[303] Strasser: Und dafür wird man noch bezahlt, S. 230
[304] Jaklitsch: Salzburger Festspiele, S. 76
[305] Dr.-t-k: Philharmonisches Konzert. Wiener Zeitung, 8. 3. 1955
[306] Interview mit Ernst Scheit, 11. 6. 1996
[307] Ebd.
[308] Ebd.
[309] Strasser: Und dafür wird man noch bezahlt, S. 230
[310] Hellsberg: Demokratie der Könige, S. 547
[311] Dokument (Fotokopie) ohne Quellenangabe, S. 754, Archiv der Internationalen Gustav Mahler Gesellschaft, ZS 14–I
[312] Norbert Tschulik [: Einleitender Essay.], in: Manfred Wagner: Geschichte der österreichischen Musikkritik in Beispielen. Mit einem einleitenden Essay von Norbert Tschulik. Tutzing 1979, S. 23
[313] Joseph Marx: Der Klassiker Gustav Mahler. Otto Klemperer dirigierte die Wiener Symphoniker. Wiener Zeitung, 23. 6. 1955
[314] Persönliches hat Bestand. William Steinberg dirigierte Werke von Mahler und Einem. Wiener Zeitung, 17. 5. 1956
[315] Für die Zeit nach 1945 sind an einflußreichen Kritikern Peter Lafite und Rudolf Klein zu nennen, die im *Wiener Kurier* publizierten; Erich Schenk, auf den noch näher einzugehen sein wird, schrieb 1948/1949 in der *Wiener Tageszeitung* ebenso wie Erik Werba, der vor allem als Liedbegleiter reüssierte; in der Nachfolgezeitung *Neue Wiener Tageszeitung* rezensierten Alexander Witeschnik, Roland Tenschert und Fritz Skorzeny; Tenschert wechselte zum *Wiener Kurier*, Karl Löbl begann bei der *Weltpresse* unter der Leitung von Max Graf; Hermann Ullrich leitete die Kulturredaktion des *Neuen Österreich*; in der Zeitung *Die Presse* übernahm dann in den

sechziger Jahren nach dem Tode von Heinrich Kralik Franz Endler die Stelle des Musikjournalisten; in der *Volksstimme* dominierte jahrelang Marcel Rubin mit seinen Kritiken, in der *Wiener Zeitung* schrieb Norbert Tschulik.

[316] Dr.-t-k: Weises Maß und künstlerische Reife. Philharmonisches Konzert unter Bruno Walter. Wiener Zeitung, 8. 11. 1955

[317] Ebd.

[318] Norbert Tschulik: Stille und kämpferische Tragik. Im Musikverein: Prächtiger Saisonbeginn unter Josef Krips. Wiener Zeitung, 5. 10. 1956

[319] Gustav Koslik leitete das Niederösterreichische Tonkünstlerorchester von 1952 bis 1963 und setzte sich primär für das symphonische Schaffen Gustav Mahlers und der Werke von zeitgenössischen österreichischen Komponisten ein. Vgl.: Ein bisserl mehr? Ursula Simek über 50 Jahre Symphonieorchester-Tradition. In: Morgen 110/1996, S. 27

[320] Dr. H. H.: Gesang und Instrumentalmusik. Liederabende Peter Pears und Marguerite Wood – Das Tonkünstlerorchester spielte Mahlers ›Vierte‹. Wiener Zeitung, 16. 11. 1955

[321] Partsch: Zur Geschichte der Internationalen Gustav Mahler Gesellschaft, S. 13

[322] Georg Eisler: Skizzen. Schriften und Zeichnungen. Wien 1990, S. 16

[323] Partsch: Zur Geschichte der Internationalen Gustav Mahler Gesellschaft, S. 13ff.

[324] Am Rande notiert. Die Presse, 14. 2. 1956

[325] Partsch, Zur Geschichte der Internationalen Gustav Mahler Gesellschaft, S. 17

[326] Zit. n. Pamela M. Potter: Die deutscheste der Künste. Musikwissenschaft und Gesellschaft von der Weimarer Republik bis zum Ende des Dritten Reichs. Stuttgart 2000, S. 187. Vgl. hierzu auch: Willem de Vries: Sonderstab Musik. Organisierte Plünderungen in Westeuropa 1940–45. Köln 1998, S. 57, 81, 105, 111f. In dem von ihm selbst verfaßten Beitrag zu seiner Person in der alten MGG (Die Musik in Geschichte und Gegenwart. Bd. 11. Kassel usw. 1963. Sp.1665) hält sich Schenk zugute, daß er Adler – der bereits 1941 verstarb – vor der Verschleppung in ein Lager und dessen Bibliothek vor dem Zugriff der NS-Behörden bewahrt habe.

[327] Interview mit Gösta Neuwirth, 15. 11. 1996

[328] Ebd.

[329] Ebd.

[330] Ebd.

[331] Ebd.
[332] Ebd.
[333] Ebd.
[334] Ebd.
[335] Ebd.
[336] Erich Schenk: Kleine Wiener Musikgeschichte. Wien 1946, S. 193f.
[337] Ebd., S. 197
[338] Ebd., S. 200f.
[339] Erich Schenk: 950 Jahre Musik in Österreich (Bellaria Bücherei 4). Wien (1946), S. 109f.
[340] Ebd., S. 111f.
[341] Helmut A. Fiechtner: Gustav Mahler. In: Große Österreicher I. Wien 1947, S. 55 u. 58
[342] Fritz Högler: Geschichte der Musik. Von der Wiener Klassik bis zu Gegenwart. Wien 1949, S. 274
[343] Ebd., S. 274f.
[344] Eberhard Preussner: Musikgeschichte des Abendlandes. Eine Betrachtung für den Musikliebhaber (Orpheus-Bücher 6/7). Wien 1951. S. 661f.
[345] Ebd., S. 663
[346] Alfred Orel: Musikstadt Wien. Wien 1953, S. 311
[347] Max Graf: Geschichte und Geist der modernen Musik. Wien 1953, S. 116
[348] Ebd., S. 118
[349] Ebd., S. 119
[350] Vries: Sonderstab Musik, S. 58, 81, 88f., 255
[351] Hans Joachim Moser: Musikgeschichte in hundert Lebensbildern. Stuttgart 1952, S. 814
[352] Ebd., S. 817
[353] Ebd., S. 821
[354] Ebd., S. 822
[355] Ebd., S. 824
[356] Egon Wellesz: Mahler und unsere Zeit. 110. Niederrheinisches Musikfest, 1.–4. Juni 1956. Düsseldorf 1956, S. 67
[357] Hans Ferdinand Redlich: Mahler, Gustav. In: Die Musik in Geschichte und Gegenwart. Band 8. Kassel–Basel–London–New York 1960, S. 1489ff.
[358] Siehe hierzu in diesem Buch S. 187ff.
[359] Partsch: Gustav Mahler, S. 20
[360] Herbert Schneiber: Mahler hat es in Wien heute noch schwer. Rafael

Kubelik leistete Pionierarbeit, aber das philharmonische Abonnementspublikum gab zum Teil die Karten zurück. Neuer Kurier, 4. 3. 1957

[361] Der vernachlässigte Gustav Mahler. Volksstimme, 5. 3. 1957

[362] Denkwürdiges Mahler-Konzert. Rafael Kubelik dirigierte die Neunte Symphonie. Die Presse, 5. 3. 1957

[363] Ebd.

[364] Harriette Krips: Josef Krips, S. 63

[365] Herbert Schneiber: Lauter Meisterwerke. Gestern im Konzerthaus: Moralt dirigierte. Neuer Kurier, 12. 4. 1957

[366] Fritz Skorzeny: Was mir die ewige Liebe erzählt ... Mahlers *Dritte* Symphonie unter Hans Swarowsky. Ein außerordentlicher Abend. Neuer Kurier, 23. 5. 1957

[367] Marcel Rubin: Die Wiederentdeckung Gustav Mahlers. Volksstimme, 23. 5. 1957

[368] Ebd.

[369] Gespräch mit einem Mahler-Interpreten. In: Otto Kolleritsch (Hg.): Gustav Mahler. Sinfonie und Wirklichkeit. Graz 1977, S. 101

[370] Herbert Schneiber: Mahler leitete und läutete die Saison ein. Philharmonischer Auftakt mit Mendelssohn und Mahler unter Mitropoulos. Neuer Kurier, 23. 9. 1957

[371] Alexander Witeschnik: Eine feste Burg ist unser Gott. Mitropoulos eröffnete das Philharmonische Jahr mit Mendelssohn und Mahler. Österreichische Neue Tageszeitung, 24. 9. 1957

[372] Von diesem Konzert existiert ein Mitschnitt, der von der CD Firma Hunt Production vertrieben wird (HUNTCD 522)

[373] Soma Morgenstern: Alban Berg und seine Idole. Erinnerungen und Briefe. Hg.v.Ingolf Schulte. Lüneburg 1995, S. 48–50

[374] Linzer Tagblatt, 21. 6. 1958

[375] Berta Gantner: II.Abonnementskonzert in Dornbirn. Vorarlberger Nachrichten, 5. 11. 1958

[376] Harald Kaufmann: Viel zu wenig Publikum: Endlich eine Mahler-Sinfonie in Graz. Neue Zeit, 28. 1. 1958

[377] haku: Gehemmte Festspiel-Diskussion. Hofrat Dr.Paumgartner im Kreuzfeuer der Fragen. Salzburger Volksblatt, 5. 3. 1958

[378] Herbert Schneiber: Mahlers Griff nach den Sternen. Gestern im Musikverein: die ›Achte‹ unter der Leitung von Hans Swarowsky. Neuer Kurier, 10. 6. 1958

[379] Kr.: Gustav Mahlers ›Symphonie der Tausend‹. Im großen Musikvereinssaal mit Hans Swarowsky am Pult. Die Presse, 11. 6. 1958

[380] H.: Die Symphonie der Tausend. Arbeiter-Zeitung, 1. 6. 1958
[381] -t-k: Übersteigertes Streben nach der Höhe. Mahlers 8. Symphonie beim Europäischen Chorfest. Wiener Zeitung, 11. 6. 1958
[382] Die grauen Haare werden kommen. Express am Morgen, 23. 10. 1957
[383] Große Musik und große Orchester. Volksstimme, 28. 10. 1957
[384] Ebd.
[385] Große Dirigenten im Konzerthaus. Volksstimme, 13. 4. 1958
[386] Y.: Gustav Mahlers ›Auferstehungssymphonie‹. Neues Österreich, 13. 4. 1958
[387] w-l: Ergreifender Abschied. Mahlers ›Lied von der Erde‹ im Abonnementkonzert der Tonkünstler. Österreichische Neue Tageszeitung, 6. 1. 1959
[388] Kubelik als Mahler-Apostel. Das letzte Konzert der Salzburger Festspiele 1959. Salzburger Volkszeitung, 1. 9. 1959
[389] Salzburger Festspiele: Prachtvoll lebendiges ›Lied von der Erde‹. Das letzte Orchesterkonzert unter der Leitung von Rafael Kubelik. Die Presse, 1. 9. 1959
[390] Ebd.
[391] Ebd.
[392] R. Wolf: Abschied in Resignation. Die Wiener Philharmoniker unter Rafael Kubelik. Salzburger Volksblatt, 1. 9. 1959
[393] Ebd.
[394] k-e-p: Ohne Titel. Wiener Zeitung, 28. 10. 1959
[395] F. W.: Reise um die Erde in vierzig Tagen. Arbeiter-Zeitung, 22. 11. 1959
[396] Das Land Oberösterreich entsandte ebenfalls einen Beamten, der mittleren Hierarchie zugehörig, Oberrat Wopelka. Attersee: Gustav-Mahler-Freunde kamen. Internationales Publikum bei der Enthüllung einer Gedenktafel in Steinbach. Linzer Volksblatt, 7. 9. 1959
[397] K(arl) L(öbl): Der Amerikaner Mahler. Express am Morgen, 29. 12. 1959
[398] Die Zeit, 4. 3. 1960
[399] Ernst Mengler: Wien im Gustav Mahler-Jahr. Rhein-Zeitung (Koblenz), 23. 7. 1960
[400] Kr: Offizielle Mahler-Feier – blieb ›inoffiziell‹. Die Presse, 28. 7. 1960
[401] Egon Wellesz: Gustav Mahler und die Wiener Oper. Festrede, gehalten am 26. Juni in der Wiener Staatsoper. Neue Deutsche Rundschau 2/1960, S. 255ff.
[402] Bruno Walter: A propos Gustav Mahler. In: Österreichische Musikzeitschrift (ÖMZ) 6/1960 (Schwerpunktheft Gustav Mahler), S. 281
[403] Erwin Ratz: Persönlichkeit und Werk. Gustav Mahler zum 100. Geburtstag. In: ÖMZ 6/1960. S. 286f. Vgl. auch Erwin Ratz: Gustav Mahler.

In: Die Großen Deutschen. Deutsche Biographie in 4 Bänden hrsg. v. Hermann Heimpel u. a. Berlin o. J., S. 267–276
[404] Ratz: Persönlichkeit und Werk, S. 286
[405] Ebd., S. 289
[406] Ebd.
[407] Ebd.
[408] Ebd., S. 290
[409] Ebd.
[410] Ebd., S. 291
[411] Illustrierte Kronen-Zeitung, 12. 2. 1960. Aufgrund von Protesten sah sich Endler zu einer Berichtigung veranlaßt und nahm den Ausdruck »Halbmenschen« zurück.
[412] Hermann Ullrich: Gustav Mahler und Wien im Wandel der Zeiten. In: ÖMZ 6/1960, S. 300
[413] Ebd.
[414] Ebd., S. 301
[415] Dolf Lindner: ›Gustav Mahler und seine Zeit‹. In: ÖMZ 6/1960, S. 311
[416] Ausstellung Gustav Mahler und seine Zeit. Wien 1960, S. 3 (Gestalter: F. Hadamowsky, L. Nowak, K. Gladt, A. Mitringer, F. Wernigg, H. May – Gesamtgestaltung: W. Bahner. Katalogredaktion: F. Hadamowsky.)
[417] Theodor W. Adorno: Epilegomena. Forum, September 1961. Abgedruckt in erweiterter Form in: Gesammelte Schriften. Bd. 16. Frankfurt am Main 1978, S. 339
[418] Ebd.
[419] Ausstellung Gustav Mahler und seine Zeit, S. 3f.
[420] Ebd., S. 4
[421] Ebd., S. 80
[422] Ebd.
[423] Ebd., S. 63
[424] Ebd.
[425] Ebd., S. 16
[426] Georg Knepler: Wer weiß, wohin ein Samenkorn fällt. Gedenkblatt für Gustav Mahler zu seinem 100. Geburtstag am 7. Juli 1960
[427] Ebd.
[428] Ebd.
[429] Ebd.
[430] Ebd.
[431] Vgl. Georg Knepler: Gustav Mahlers Musik – Versuch einer Wertung. In: Kolleritsch (Hg.): Gustav Mahler. Sinfonie und Wirklichkeit, S. 9–15

[432] Lothar Knessl: Die Zerreißprobe der Musik. Dem Wegbereiter Gustav Mahler gebührt volle Aufmerksamkeit. Heute, 16. 1. 1960
[433] F. T.: Gustav Mahler aus Prag. Express, 14. 6. 1960
[434] Franz Tassié: Plagen und Geigenprimadonna. Express, 2. 12. 1966
[435] Franz Tassié: Mehr als problematischer Symphoniegigant. Express, 21. 11. 1960
[436] Volksstimme, 16. 6. 1960
[437] Alfred Rosenberg: Der Mythus des 20. Jahrhunderts. 7. Aufl. München 1942, S. 365
[438] Karl Löbl: Die Zeit, die ist ein sonderbar Ding. Express, 3. 10. 1960
[439] Ebd.
[440] Helmut A. Fiechtner: Mahlers Neunte unter Mitropoulos. Die Furche, 8. 10. 1960
[441] Dr. E. W.: In memoriam Mahler und Mitropoulos. Das kleine Volksblatt, 22. 11. 1960
[442] F. E.: Wenn Mahler Frohsinn komponiert. Illustrierte Kronen-Zeitung, 22. 11. 1960
[443] F. D.: Die Siebente von Mahler. Arbeiter-Zeitung, 22. 11. 1960
[444] Ebd.
[445] Ebd.
[446] H. Schneider: Der Komponist der Gründerzeit. Neue Zeit Klagenfurt, 6. 6. 1960
[447] Sie äußerte sich hier neben den bereits erwähnten Artikeln im Express vor allem auf der Leserbriefseite, so schrieb etwa ein Herr Dr. Karl Sixta aus Wien in der Zeitung *Heute* vom 29. 10. 1960, daß »der unverkennbaren Lokalnote in den Programmen der Wiener Philharmoniker durch die seit Jahren im Gange befindliche [!] Gustav Mahler-Hypertrophie Genüge getan ist«.
[448] Der Kurier (23. 6. 1960) schreibt von einem leeren Saal, die Kronen Zeitung (24. 6. 1960) von einem »beinahe leeren Mozart-Saal«.
[449] Theodor W. Adorno: Mahler. Wiener Gedenkrede 1960. Gesammelte Schriften. Bd. 16. Frankfurt am Main 1978, S. 323
[450] Ebd., S. 324
[451] Ebd., S. 324f.
[452] Ebd., S. 326
[453] Ebd., S. 333
[454] Ebd., S. 335
[455] Ebd., S. 327f.
[456] Ebd., S. 337

[457] rid: Eulen nach Athen zu tragen ... Kurier, 23. 6. 1960
[458] Ebd.
[459] Ebd.
[460] Mi: Theodor Adorno sprach über Mahler. Die Presse, 23. 6. 1960
[461] Berta Gantner: Von den Wiener Festwochen 1960. Vorarlberger Nachrichten, 29. 6. 1960
[462] Harald Kaufmann: Philosophie der Musik. Neue Zeit (Graz), 10.10.1964
[463] Heinz Steinert: Adorno in Wien. Über die (Un-)Möglichkeit von Kunst, Kultur und Befreiung. Wien 1989
[464] Georg Solti: Solti über Solti. Unter Mitarbeit von Harvey Sachs. München 1997, S. 104
[465] Kr: Ein versäumtes Gedenkjahr? Vor 50 Jahren starb Mahler. Die Presse, 18. 5. 1961
[466] Ebd.
[467] Ebd.
[468] K. B.: Zum 102. Geburtstag. Neues Österreich, 23. 9. 1962
[469] Viktor Matejka: Das alles ist Wien. Karajan spendet für Mahler. In: Österreichisches Tagebuch 9/1960, S. 3
[470] Mahler-Zentenarfeiern in Amerika. Neue Zürcher Zeitung, 24. 2. 1960
[471] Ebd.
[472] K. B.: Zum 102. Geburtstag. Neues Österreich, 23. 9. 1962
[473] Volksstimme, 19. 3. 1964
[474] A. K.: Salzburger Nachrichten, 20. 6. 1960
[475] Petra Krafft: Vom erweckten Gustav Mahler zum lebendigen Anton Bruckner. Salzburger Nachrichten, 8. 5. 1961
[476] F. T.: Gustav Mahler aus Prag. Express, 14. 6. 1960
[477] G. B.: Zyklopenhafte ›Pastorale‹. Illustrierte Kronenzeitung, 8. 3. 1963
[478] Y.: Swarowsky dirigiert Mahler. Neues Österreich, 3. 3. 1963
[479] Herbert Schneiber: Musik – ihrer Zeit um Jahrzehnte voraus. Kurier, 2. 3. 1963
[480] Vgl. etwa Georgina Szeless: Mahler ist Bruckner ebenbürtig im Geiste der Musik. Oberösterreichische Nachrichten, 7. 11. 1964: »Wahrlich vergaß man darüber alle sonst Mahler entgegengebrachten Zweifel, die auf dem Gebiet der nicht sehr häufigen Gattung, des Orchesterliedes, auch unangebracht wären, weil er hier Unerreichtes, Unvergängliches schuf, zu dem man nicht erst bekehrt zu werden brauchte.«
[481] Vgl. hierzu etwa Demokratisches Volksblatt, 29. 5. 1964; Salzburger Nachrichten, 29. 5. 1964
[482] Vgl. G. B.: Mahlers vertonte Auferstehung. Illustrierte Kronenzeitung,

16. 4. 1963
[483] Vgl. hierzu etwa: Herbert Schneiber: Aufbruch mit Mahler. Kurier, 25. 4. 1964; Erwin Mittag: Werk zwischen den Zeiten. Die Presse 25. 5. 1964; Prof. Schmidek: Unser Jahrhundert bricht erst an. Volksblatt, 26. 6. 1964; Otto Bruenn: Mahlers monumentale ›Achte‹ zum Beginn. Salzburger Nachrichten; selbst Franz Tassié, der auffälligste und ausfallendste Mahler-Gegner dieser Jahre macht hier Konzessionen: Ein goldschwerer Festwochenauftakt. Express, 25. 4. 1964

[484] Gottfried Kraus: Bruno Walter und die magische Norm. Salzburger Nachrichten, 9. 1. 1964

[485] Marcel Rubin: Eine Tat für Gustav Mahler. Volksstimme, 2. 4. 1963

[486] Mi: Kein Zeichen von Ethusiasmus. 2. 3. 1963

[487] Kurier, 4. 6. 1964

[488] Vgl. ebd.

[489] Volksblatt, 4. 6. 1964

[490] Vgl. hierzu auch den Artikel in der *Wochen-Presse* vom 18. 7. 1964, wo als weiterer Grund für das Verhalten der Wiener Veranstalter angegeben wird, daß die Künstler aus Bayern die Sängerin Wilma Lipp als Solistin abgelehnt haben – die ihnen als Gattin des Generalsekretärs der Gesellschaft der Musikfreunde nahegelegt wurde, da bereits eine andere Sängerin unter Vertrag gestanden habe.

[491] Harald R. Hampel: Besuch bei einem Jubilar. (Gespräch um Gustav Mahler). In: Der Fremdenverkehr, Juni 1960, S. 67

[492] Ebd.

[493] Ebd.

[494] Sie war 1959 angebracht worden. *Die Furche* schrieb darüber am 14. 9. 1963: »Gerade weil eine Gedenktafel in Steinbach das Andenken Mahlers ehrt, ist die Bedürfnisanstalt an der Entstehungsstätte zweier Symphonien eine Visitenkarte geschmacklosester Art. Daß so etwas geschehen konnte ist schlimm. Schlimmer noch – wenn es bestehen blieb.« Die Internationale Gustav Mahler Gesellschaft sorgte schließlich 1985 dafür, daß es nicht bestehen blieb. Charakteristisch ist allerdings, wie für Mahler argumentiert wird: auch hier wird mit dem schlechten Eindruck argumentiert, den der skandalöse Umstand auf das Ausland machen könnte. Zugleich wird für Mahler geworben, indem darauf hingewiesen wird, daß er ein Förderer Bruckners war.

[495] Lothar Knessl: Das klagende Lied. Neues Österreich, 17. 10. 1961

[496] Vgl. hierzu ÖMZ 9/1960

[497] Das dafür gesammelte Geld erhielt 1971 die Gustav Mahler Gesellschaft.

[498] Interview mit Peter Weiser, 17. 12. 1996. Weiser betonte uns gegenüber allerdings, daß Karajan nur darum abgelehnt habe, da ihm zu wenig Probenzeit zur Verfügung gestanden hätte. Dies wiederum erscheint uns als Vorwand. Nicht zufällig zieht sich das Argument durch die gesamte Geschichte der Mahler-Verhinderung, eröffnet von den Wiener Philharmonikern zu Mahlers Lebzeiten.

[499] Viktor Matejka: Das alles ist Wien. Karajan spendet für Mahler. In: Österreichisches Tagebuch 9/1960, S. 3

[500] In einer Programmbeilage des Konzerthauses zum Konzert vom 26. 9. 1975 schreibt Rudolf Klein »In Memoriam Hans Swarowsky«: »Im Jahre 1957 dirigierte er im Konzerthaus zum erstenmal die *Dritte* Symphonie des Meisters, ein Werk, das zu seinen bevorzugten Interpretationen zählte; 1963 hat er sie uns wieder geschenkt, vier Jahre später neuerlich, und noch einmal im Jahre 1972. Mahlers *Erste* Symphonie erklang unter seiner Leitung 1961, die *Neunte* 1969, die *Sechste* 1971, im selben Jahr das *Lied von der Erde* und – im letzten seiner Konzerte an dieser Stelle – im April 1974 die *Siebente* Symphonie. Damit steht Hans Swarowsky im Rahmen der vom Wiener Konzerthaus unternommenen Mahler Renaissance an erster Stelle.«

[501] gel: Die Bernstein-Welle. Die Wochen-Presse, 7. 9. 1963; vgl. hierzu auch die Besprechung von Georg Soltis Aufnahme der *Vierten* mit dem Concertgebouw-Orchester in: Neuen Österreich, 7. 8. 1963

[502] Heinrich Kralik: Vom Traum zur Wachheit. Die Presse, 5. 2. 1965

[503] Ebd.

[504] Ebd.

[505] Ebd.

[506] Karl Löbl: Keimende Meisterschaft und große Virtuosität Publikum bejubelte zwei festliche Ereignisse. Express, 17. 8. 1965

[507] Hugo Huppert: Gustav Mahlers Sphärenmusik. Volksstimme, 18. 8. 1965

[508] Ebd.

[509] Ebd.

[510] Georgina Szelless: Trotz der Mahlereien verblaßt Mahlers Gemälde. Oberösterreichische Nachrichten, 17. 8. 1965

[511] Ebd.

[512] Walter Krauss: Bernsteins Rückkehr. Ein Gespräch mit dem Dirigenten. Stuttgarter Zeitung, 26. 5. 1966

[513] Leonard Bernstein: Gustav Mahler – Seine Zeit ist gekommen. In: Neue Zeitschrift für Musik 128/1967, S. 450–452

[514] Ebd.

[515] Ebd.
[516] Ebd.
[517] Peter Weiser: Mahler con fuoco. Die Presse, 21. 4. 1967
[518] Ebd.
[519] Ebd.
[520] Neue Ordnung 9–10/1967, S. 20
[521] Die Presse, 22. 6. 1967
[522] Kurier, 16. 6. 1967
[523] Volksblatt, 27. 6. 1967
[524] Express, 12. 6. 1967
[525] Die Furche, 3. 6. 1967
[526] Stadt Wien – Offizielles Organ der Bundeshauptstadt, 5. 7. 1967
[527] Vgl. Karlheinz Roschitz: Der Bann ist gebrochen. Kurier, 16. 6. 1967
[528] Gerhard Kramer: Der Durchbruch scheint gelungen. Die Presse, 22. 6. 1967
[529] Ebd.
[530] Ebd.
[531] Kurier, 27. 6. 1967
[532] Interview mit Peter Weiser, 17. 12. 1996
[533] Programmbuch der Wiener Philharmoniker. 17./18. 2. 1990, S. 181ff.
[534] Wolf Rosenberg: Mensch Mahler. Das Echo auf den Wiener Mahler-Zyklus. In: Neues Forum 162–163/1967, S. 540f.
[535] Hier schreibt am 10. 2. 1968 ein oder eine Dr. Pick-Straffner: »Gewiß kann man ins Treffen führen, daß vor allem auch mit Mahler und seiner großen Sehnsucht nach der erd- und volksverbundenen einfachen Linie die Aufmerksamkeit präzis auf die Folklore gerichtet wurde. Verarbeitungen solcher Sujets von Janacek, Kodaly, vor allem von Bartok, um nur Beispiele zu nennen, sind weltweit über die von Mahler hinausgedrungen. Der unvergeßliche Dirigent der Wiener Oper bleibt bei großem Ernst und unbestritten souveränem Können in seinen Zitierungen zu notengetreu, um nicht immer wieder trivial zu wirken.« Norbert Tschulik spricht am 25. 3. 1970 über Mahlers *Achte* von einem »an sich problematischen monströsen Aufwand, den Mahler in diesem Werk getrieben« habe.
[536] Hier heißt es am 12. 6. 1968 über ein Konzert von Männergesangsverein und Singakademie: »Und dann kamen die *Kindertotenlieder* von Gustav Mahler, und man fragte sich, wie kommen diese Klagelieder mit ihrer Allerseelenstimmung auf das Programm. Ihr künstlerischer Wert ist bis heute umstritten. In keinem anderen Werk hört man den Eklektiker Mahler so heraus wie in diesen Liedern. Weber, Wagner, Strauss und

Bruckner finden sich in ihnen zusammen. Vor allem ohne Tristan: ›Sich sehnen und sterben‹, geht es nicht. Dazwischen klingen volkshafte Melodien auf, die schon ans Banale grenzen. Und alles zusammen ist in eine Lermoience [sic!] getaucht, die in ihrer Eintönigkeit ermüdet [...] Wie wundervoll in ihrem Stimmungsgehalt, wie tiefschürfend in Melodien getaucht und weise, ist dagegen ›Naenie‹ von Johannes Brahms [...]«

[537] Harald Kaufmann: Die Stunde Mahlers ist endlich gekommen. Neue Zeit (Graz), 17. 12. 1968
[538] Ebd.
[539] Ebd.
[540] Johannes Frankfurter: Kapellmeister sind hier gern gesehen. Neue Zeit, Graz, 25. 11. 1970
[541] Von jüdischer Art und Kunst. Neue Zeit, Graz, 24. 11. 1971
[542] Gespräch mit einem Mahler-Interpreten. In: Sinfonie und Wirklichkeit. Hg. v. Otto Kolleritsch. Graz 1977, S. 94f.
[543] Ebd., S. 96f.
[544] Ebd., S. 101
[545] Ebd., S. 102
[546] Ebd.
[547] Lothar Nesch: Begeisternde Mahler-Interpretation Klemperers. Oberösterreichische Nachrichten, 11. 6. 1968
[548] Franz Endler: Ehrfurcht und Dankbarkeit. Die Presse, 11. 6. 1968
[549] Ebd.
[550] H-n.: Der große Abschied. Wiener Zeitung, 11. 6. 1968
[551] Gerhard Mayer: Musikalische Alltagskost. Wochenpresse, 12. 6. 1968
[552] Helmuth Herrmann: Mahlers Abschied vom Leben. Kleine Zeitung, 15. 6. 1968
[553] Ebd.
[554] Ebd.
[555] Ebd.
[556] Karl Löbl: Die Zeit, die ist ein sonderbar Ding. Express, 3. 10. 1960
[557] Karl Löbl: Gegen Widerstand. Express, 10. 6. 1968
[558] Gespräche mit Klemperer. Geführt und herausgegeben von Peter Heyworth. Frankfurt am Main 1974, S. 168f.
[559] Ebd.
[560] Das Programmheft der Wiener Philharmoniker bedankt sich hierfür in einer Mischung aus taktloser Annäherung und schlechtem Geschmack: »Wer sie beobachtete, konnte sich an das Wort erinnern, das einst Grillparzer von seiner ewigen Braut Kathi Fröhlich sagte: ›Wie Säufer in

Wein, so betrinkt sie sich in Musik‹ […] Nina Maxwell hatte nur Freunde. Trotzdem war sie einsam, wir haben sie nie in Begleitung gesehen.« Philharmonische Matinee in memoriam Nina Maxwell-Jackson. Konzertprogramm 5. Abonnementkonzert der Wiener Philharmoniker 15.2.1976. S.175f.

[561] Humphrey Burton: Leonard Bernstein. Die Biographie. München 1994, S. 467

[562] Ebd., S. 469

[563] Ebd., S. 471

[564] Joan Peyser: Leonard Bernstein. München 1991, S. 476

[565] Express, 6. 9. 1968

[566] Hellmuth Herrmann: Ein Leben für Mahler. Kleine Zeitung, 10. 9. 1968

[567] Mahlers bester Propagandist. Wiener Zeitung. 7. 9. 1968

[568] H-n.: Mißverstandener Gustav Mahler. Wiener Zeitung, 29. 4. 1970

[569] Ebd.

[570] Gerhard Kramer: Kein Organ für Mahler. Die Presse, 29. 4.1970

[571] Karl Löbl: Kein Blick zurück. Express, 28. 4. 1970

[572] Interview mit Leonard Bernstein. In: In Memoriam Leonard Bernstein. Eine Dokumentation von Franz Wagner. Eine Produktion des ORF 1990

[573] erma: Bernstein weckt die Elemente. Kleine Zeitung, 13. 4. 1972

[574] Gerhard Mayer: Reklamebeben. Wochenpresse, 19. 4. 1972

[575] Endler schrieb: »Es war vor allem ein minutiös vorbereitetes [Konzert] […] Die Philharmoniker […] dürfen dieses Konzert zu ihren besten zählen, sie spielten unter besonderen Umständen eine besondere Musik und sehr oft der schmerzhaften Vollkommenheit der Musik nahe.« Die Presse, 17. 4. 1972

[576] Norbert Tschulik: Gustav Mahler mit intensivster Hingabe dienend. Tiroler Tageszeitung, 18. 4. 1972

[577] Meinhard Rüdenauer: Die Erde bebte zur getrübten Freundschaft. Oberösterreichische Nachrichten, 18. 4. 1972; im Gegensatz dazu war der Referent der *Wiener Zeitung* von der Samstagaufführung durchaus angetan, allerdings dürfte sich seine Aufmerksamkeit mehr auf Bernsteins optische Ausdrucksweise konzentriert haben, vgl. Wiener Zeitung, 18. 4. 1972

[578] erma: Bernstein weckt die Elemente. Kleine Zeitung, 13. 4. 1972

[579] Ruediger Engerth: Mahlers Fünfte und das Erdbeben. Salzburger Nachrichten, 18. 4. 1972

[580] Karl Löbl: Schwierigkeiten mit Mahler. Kurier, 23. 4. 1972

[581] Vgl. hierzu auch den Artikel, aus dem er seine eigenen Worte zitiert:

Amerika hat Seele. Kurier, 3. 10. 1971
[582] Meinhard Rüdenauer: Die Erde bebte zur getrübten Freundschaft. Oberösterreichische Nachrichten, 18. 4. 1972
[583] Ebd.
[584] Gerhard Mayer: Mahler-Gehschule. Wochenpresse, 9. 5. 1972
[585] Franz Endler: Mahler hat eine Chance. Die Presse, 29. 4. 1972
[586] G[erhard] M[ayer]: Kalte Extasen. Wochenpresse, 26. 4. 1972
[587] Kurier, 24. 4. 1972
[588] Karlheinz Roschitz: Bernstein macht sie populär. Illustrierte Kronenzeitung, 24. 4. 1972
[589] Ebd.
[590] Mayer: Mahler-Gehschule
[591] Vgl. Franz Endler: Die himmlischen Freuden. Die Presse, 8. 5. 1972
[592] Interview mit Leonard Bernstein. In: In Memoriam Leonard Bernstein. Eine Dokumentation von Franz Wagner. Eine Produktion des ORF 1990
[593] Norbert Tschulik: Gustav Mahler mit intensivster Hingabe dienend, Wiener Zeitung, 18. 4. 1972
[594] Lieselotte Friewald: Überdimensionaler Holzhammer. Oberösterreichische Nachrichten, 21. 8. 1972
[595] H-n.: Botschaft von der Fülle des Lebens. Wiener Zeitung, 25. 4. 1972
[596] Vgl. Clemens Hellsberg: Die Wiener Philharmoniker und das symphonische Werk Gustav Mahlers. In: CD-Beiheft der Gesamtaufnahme der Symphonien Mahlers mit den Wiener Philharmonikern unter Lorin Maazel. Sony SX14K48198, S. 72–76
[597] Ulrich Schreiber: Aufstieg und Niedergang zum Klassiker – Mahlers Popularität auf Schallplatte. In: Mahler und die Schallplatte. Toblacher Mahler Protokolle I. Hg.v. Attila Csampai. Regensburg 1992, S. 31
[598] Kurt Blaukopf: Auf neuen Spuren zu Gustav Mahler. In: HiFi-Stereophonie 5(1971), S. 360
[599] Kurt Blaukopf: Gustav Mahler oder Der Zeitgenosse der Zukunft. Wien 1969, S. 159–165
[600] Ebd., S. 175–184
[601] Wolfgang Schreiber: Gustav Mahler. In: Jochen Jung (Hg.): Österreichische Porträts. Leben und Werk bedeutender Persönlichkeiten von Maria Theresia bis Ingeborg Bachmann. Salzburg–Wien 1985, S. 30
[602] Ebd., S. 221f.
[603] Karl Löbl: Unterwegs in die Zukunft. Kurier, 25. 6. 1974
[604] Wolfgang Schlüter: Studien zur Rezeptionsgeschichte der Symphonik Gustav Mahlers. Berlin 1983, Diss; Eine Art Zusammenfassung der Ar-

beit findet sich unter dem Titel Die Wunde Mahler in dem Mahler-Sonderband der Musik-Konzepte, München 1989, S. 7–149

[605] Monika Tibbe: Über die Verwendung von Liedern und Liedelementen in instrumentalen Symphoniesätzen Gustav Mahlers. Berlin/West 1970, Diss.; Helmut Storjohann: Die formalen Eigenarten in den Sinfonien Gustav Mahlers. Hamburg 1952, Diss.

[606] Vgl. Schlüter: Die Wunde Mahler, S. 20

[607] Gustav Danzinger: Die 2. Symphonie von Gustav Mahler, Wien 1976, Diss; Peter Revers: Die Liquidation der musikalischen Struktur in den späten Symphonien Gustav Mahlers. Salzburg 1980

[608] Laut persönlicher Auskunft von Walter Pass, der damals als Dozent in Salzburg wirkte.

[609] Zur Tätigkeit der Mahler Gesellschaft vgl. Gustav Mahler. Werk und Wirken. Neue Mahler-Forschung aus Anlaß des vierzigjährigen Bestehens der Gustav Mahler Gesellschaft. Hg. v. Erich Wolfgang Partsch. Wien 1996

[610] Vgl. hierzu Blaukopf: Amsterdam 1920, Sechs Zeitzeugen feiern Mahler, S. 347–361

[611] Othmar Wessely: Die Chinoiserien im Umkreis von Mahlers ›Lied von der Erde‹ In: Gustav Mahler. Leben Werk Interpretation Rezeption. Internationales Gewandhaus-Symposium 1985. Leipzig 1990, S. 93f.

[612] Othmar Wessely: Anton Bruckner und Gustav Mahler. In: ÖMZ 2/1977, S. 58

[613] Gösta Neuwirth, in: Gustav Mahler. Leben Werk Interpretation Rezeption. Internationales Gewandhaus-Symposium 1985. Leipzig 1990, S. 116f.; vgl. weiters: Gösta Neuwirth: Zur Geschichte der 4. Symphonie, in: Rudolph Stephan (Hg.): Mahler-Interpretation. Aspekte zum Werk und Wirken von Gustav Mahler. Mainz u. a. 1985, S. 105–110

[614] Protest gegen Mahler-Diffamierung. In: ÖMZ 6/1972, S. 357

[615] Kurt Blaukopf: Mahlers Erlösung durch die Schallplatte. In: HiFi-Stereophonie 10/1967, S. 755; sowie: K.B.: Hintergründe der Mahler-Renaissance, in: Sinfonie und Wirklichkeit. Hg. v. Otto Kolleritsch. Graz 1977, S. 16–23

[616] Blaukopf: Gustav Mahler, S. 299

[617] Ebd., S. 299 u. 304f.

[618] Ebd., S. 298

[619] Die Zahlenangaben folgen Helmut Storjohann auf dem Symposium Mahler 1975, Kultur Forum Bonn Center, 11.–14. 12. 1975; zit. n. Schlüter: Die Wunde Mahler, S. 19

[620] Symptomatisch ist hier die neueste (Selbst)Darstellung der Wiener Philharmoniker in Clemens Hellsbergs *Demokratie der Könige* (Die Geschichte der Wiener Philharmoniker. Mainz–Zürich–Wien 1992). Die Konflikte des Orchesters mit Mahler, die sich ein dreiviertel Jahrhundert, von Mahlers Antritt in Wien bis zu Bernsteins Mahler-Konzerten, hinzogen, werden geglättet oder verschwinden ganz – sei es dadurch, daß Kubelik in den Hintergrund tritt oder Walter und Bernstein hymnisches Lob erhalten. Noch dort, wo selbst Hellsberg der Frage nicht mehr ausweichen kann, im Fall der unmittelbaren Auseinandersetzungen zu Lebzeiten Mahlers, bewährt sich seine Methode, die sich wirklich in einem einzigen Satz zusammenfassen läßt: »öffentliche Angriffe auf Kollegen sind nun einmal eine undiskutable Vorgangsweise« (S. 310). Den Antisemitismus auf Seiten des Orchesters zählt Hellsberg zu den »Klischees« (S. 319) und bewertet die Auseinandersetzung insgesamt mit merkwürdiger Emphase als »Freiheitskampf« der Philharmoniker (S. 295). Die Frage ist allerdings, ob jemand wie Franz Schmidt, damals Solocellist, später arrivierter Komponist, in dieser Hinsicht ein typischer oder untypischer Philharmoniker war: Schmidt bezeichnete Gustav Mahler in einem Brief an den Kollegen Alexander Wunderer, als »Schwindler, Possenreißer und Theatermacher«; berichtete stolz, daß er vor dem Konzertmeister Rosé ausgespuckt habe und glaubte fest daran, daß eine Verschwörung der »musikalischen (richtiger unmusikalischen) Zionisten« gegen ihn im Gange sei (zit. n. Nobert Tschulik: Franz Schmidt. Wien 1972, S. 20f.).

# Zur Würdigung Mahlers.

Von Alois G. Topitz.

Montag, den 12. Feber, sprach im Wiener Rundfunk ein Dr. Pisk — der Name dürfte eine Abkürzung des Namens Piskatschy sein — über das Thema "Goethes Faust in der Musik". In diesem Vortrag wurde eine Anzahl jüdischer Tondichter erwähnt, indem sie in das Thema hineingepreßt wurden, im Schlußsatz auch Mahler, dessen "reines Herz" und "hohes Streben" die Vorlesung beschloß. (Von Goethe hätte sich dies gar nicht behaupten lassen bei der Einstellung des Vortragenden.) Da nun die Juden Mahler als den ihren bei jeder Gelegenheit würdigen, soll dies auch von seiten des Wirtsvolkes ein wenig versucht werden.

Reichwein hat in seinem Aufsatz "Ver die Juden in der Musik auch Mahler zu jenen Größen gezählt, denen ein Schaffen von wertvollen Werken nicht nachgesagt werden kann. Mahler hatte es ja als Jude leicht, sich unter Aufgebot aller gleichraffischen Beziehungen "machen zu lassen". Bei seinem ersten Opernwerke hatte er den glänzenden Gedanken, sich der Förderung Richard Wagners zu bedienen. Es gelang ihm, bei den Bayreuther Festspielen als Orchestermitglied unterzukommen. Eines Tages "faßt er sich ein Herz", nähert sich dem Meister mit seiner fertigen Oper und bittet um Durchsicht. Wagner verlangt das Textbuch. Mahler bringt es. Nach einigen Tagen holt es Mahler und erfährt von Wagner das Urteil: "Scheußlich! — scheußlich!" Mahler will darauf bestehen, daß Wagner auch die Partitur durchsehe. Doch dieser lehnt mit Festigkeit ab: "Von Musik verstehe ich nichts, da müssen Sie zu Liszt gehen!"

Als Wiener Hofoperndirektor hatte er einen Vertrag, nach welchem ihm für jede Neueinstudierung 1000 Dollar gebührten. Mahler wäre kein Jude gewesen, wenn er diese Gelegenheit nicht reichlich ausgenützt hätte. Für manche solche Geldsack-Neueinstudierungen benötigte man nur einige Tage Zeit. Da wurde etwa bei einer Neueinstudierung von "Tannhäuser" entgegen den Vorschreibungen Richard Wagners die eine Tür von der linken auf die rechte Seite gestellt und noch einige ähnliche Umstellungen vorgenommen, daß die überraschten Sänger am Abend in Verwirrung kamen, und die 1000 Dollar waren wieder einmal verdient.

Mahler suchte aus Sängern und Orchester das Beste herauszuholen, aber nicht indem er seine Untergebenen mit dem heiligen Feuer seines "reinen Herzens" und seines "hohen Strebens" erfüllte, sondern indem er mit brutaler Gewalt das Beste herauspreßte. Wenn ein Orchestermitglied bei einer Probe einen Fehler machte, so "flog" es. Dabei war ihm sein Schwager Rosé behilflich, der sich seinerzeit hatte kaufen lassen, um Mitglied der Hofburgkapelle werden zu können. Er schmiß zum Beispiel einmal den Harfenisten hinaus und veranlaßte den Harfenisten der Münchner Oper, mit seiner Familie nach Wien zu übersiedeln. Doch nach einem Jahr hatte er auch diesen auf die Straße geworfen. Der arme war ja doch nur ein Gol gewesen. Der Pensionsfonds der Philharmoniker war damals in wenigen Jahren vollkommen leer geworden.

Eine Sängerin — ich glaube: Elizza — rettete eines Tages eine Aufführung der "Zauberflöte", indem sie in zwei Rollen einsprang, beide erstmalig sang und hiebei besonders als "Königin der Nacht" einen großen Erfolg erzielte. Bei der Probe am nächsten Tag erwartete man, daß Mahler der Sängerin vor dem Personal Dank und Anerkennung aussprechen würde. Wirklich wendete sich der Direktor an die Sängerin und sagte:

"Ich habe Sie gestern angehört und kann wirklich nur staunen, darüber staunen, daß Sie sich nicht schämen, mit ihrem großen Mund vor die Rampe zu treten!" Die Sängerin erlitt einen Ohnmachtsanfall und mußte ein Hütteldorfer Sanatorium aufsuchen.

Mit besonderem Eifer war Mahler bemüht, die Symphonien Beethovens zu "verbessern" und durch zusätzliche Blechinstrumente-Stimmen mehr Effekte zu erzielen und solcherart einen Sondererfolg zu erzielen. Das wurde ihm aber doch gründlichst ausgetrieben, und zwar vom Konzertpublikum selbst.

Diese und noch andere Schlaglichter habe ich von dem verstorbenen Paukisten der Oper, Professor Weber, erfahren. Vor etwa vier Jahren traf ich auf einer Reise den ebenfalls schon verstorbenen Professor Klein (Ballettkapellmeister). Dieser bestätigte mir die Richtigkeit und setzte hinzu, er könnte mir noch mehr darüber erzählen, aber es sei sogar heute noch für einen Philharmoniker nicht ratsam, sich über diese Mahler-Zeit abfällig zu äußern.

Nun, vielleicht könnte doch ein alter Philharmoniker noch einiges erzählen? Heute sind wir ja Gottseidank so weit, daß wir uns die "reinen Herzen" und das "hohe Streben" der auserwählten Gäste unseres Volkes etwas näher ansehen, um zur guten Stunde von dem Altersweib Hausrecht der Wirte Gebrauch zu machen.

\*

### Eine englische Stimme über Mahler.

Nun wollen wir noch eine Stimme zitieren, der Voreingenommenheit gegen jüdische Komponisten gewiß nicht vorgeworfen werden kann. Die Londoner "Times" vom 10. d. M. — ein Blatt ausgesprochen jüdischer Prägung — setzt sich

# CONCERTGEBOUW – AMSTERDAM
## MAI 1920

# MAHLER-FEST

Sämtliche Werke Gustav Mahlers in einem Zyklus von 9 Konzerten

## Dirigent: WILLEM MENGELBERG

Mitwirkende: Die Damen: Cahier / Durigo / Förstel
Hoffmann-Onegin / Noordewier / Reidel / Die Herren: Denijs
Duhan / Urlus / Concertgebouw-Orchester / „Toonkunst"-Chor

### PROGRAMME

**1. KONZERT .... 6. MAI 1920**
Das klagende Lied, Lieder eines fahrenden Gesellen, Erste Sinfonie

**2. KONZERT .... 8. MAI 1920**
Zweite Sinfonie

**3. KONZERT .... 10. MAI 1920**
Dritte Sinfonie

**4. KONZERT .... 12. MAI 1920**
Vierte und fünfte Sinfonie

**5. KONZERT .... 14. MAI 1920**
Sechste Sinfonie, Kindertotenlieder

**6. KONZERT .... 15. MAI 1920**
Lieder, Siebente Sinfonie

**7. KONZERT .... 17. MAI 1920**
Das Lied von der Erde

**8. KONZERT .... 18. MAI 1920**
Neunte Sinfonie

**9. KONZERT .... 21. MAI 1920**
Achte Sinfonie

Abonnement (unpersönlich) 40 Gulden / Zuzüglich städtische
Steuer / Schriftliche Vorausbestellung erbeten
an das
## CONCERTGEBOUW – AMSTERDAM

**Personenregister**

Die Endnoten wurde nur berücksichtigt, soweit es sich nicht um Quellenangaben bzw. Zitatnachweise handelt.

Abbado Claudio 222, 224, 225, 226, 230, 256, 258, 274, 291
Adler Guido 13, 14, 15, 26, 36, 115, 118, 154, 312
Adler Victor 38, 59, 297, 298
Adorno Theodor W. 50, 53, 54, 62, 84, 90, 107, 108, 109, 110, 111, 112, 185, 192, 198, 199, 202, 203, 204, 205, 206, 207, 208, 227, 240, 259, 260, 261, 271, 277
Adrio Adam 285, 286
Alwin Carl 59
Ancerl Karel 213
Anday Rosette 132, 134, 143
Auernheimer Raoul 58

Bach David Josef 29, 37, 41, 46
Bach Johann Sebastian 94, 121, 169, 264, 308
Bachrich Ernst 25
Bahr Hermann 15, 29, 115
Bahr-Mildenburg Anna 115
Barber Samuel 86
Barenboim Daniel 277
Barta Erwin 9
Bartók Béla 157, 284, 321
Batka Richard 294
Bauer-Lechner Natalie 31, 44
Bechert Paul 77
Beethoven Ludwig van 13, 16, 51, 52, 65, 69, 96, 121, 128, 131, 134, 136, 138, 144, 164, 171, 183, 186, 194, 195, 201, 214, 216, 217, 221, 225, 229, 243, 249, 251, 253, 264, 265, 275, 277, 287
Bekker Paul 29, 52, 106, 166
Benjamin Walter 259
Berg Alban 24, 35, 56, 90, 151, 152, 180, 218, 267, 270, 271, 272, 273, 280
Berg Helene 219
Berger Theodor 219
Berl Heinrich 34
Berlioz Hector 29
Bermann Fischer Gottfried 58
Bernhard Thomas 231
Bernstein Felicia 245
Bernstein Leonard 10, 79, 147, 182, 184, 211, 221, 222, 224, 226, 227, 230, 231, 232, 240, 241, 244, 245, 246, 248, 249, 250, 251, 252, 253, 255, 256, 257, 258, 259, 268, 269, 270, 273, 274, 276, 277, 280, 290, 291, 305, 326
Beutin Wolfgang 185
Bienenfeld Elsa 29, 36, 46
Bischof Rainer 9
Bischoff Norbert 138
Bittner Emilie 39, 56
Bittner Julius 160
Blaukopf Herta 9, 13, 14, 16, 263
Blaukopf Kurt 10, 115, 143, 144, 234, 259, 260, 261, 262, 263, 266, 267, 282
Blessinger Karl 75, 155, 281
Bloch Ernst 10, 304
Bockel Rolf von 9
Bodansky Arthur 31

329

Böhm Karl 137, 139, 241, 268, 276, 308, 309
Böhme Jakob 26
Borchardt Georg 185
Boulez Pierre 9, 19, 208, 222, 238, 246, 247, 248, 255, 269, 270
Brahms Johannes 163, 166, 167, 171, 173, 183, 185, 191, 221, 249, 251, 253, 287, 322
Braun Gerald 9
Braun Hans 143
Brod Max 32, 33, 34, 166, 274
Bruckner Anton 16, 19, 56, 64, 66, 81, 93, 94, 95, 96, 105, 106, 117, 120, 129, 131, 133, 134, 138, 149, 152, 164, 166, 167, 183, 195, 199, 201, 202, 212, 213, 214, 215, 217, 221, 233, 236, 238, 243, 244, 250, 251, 262, 263, 264, 268, 270, 271, 273, 277, 278, 279, 280, 308, 310, 319, 322
Burger Roland 9
Burton Humphrey 245
Busoni Ferrucio 18
Byron George Gordon Noel Lord 164

Cahier Sara 57
Casella Alfredo 13, 14, 25
Chatschaturjan Aram 138
Chéreau Patrice 278
Chopin Frederic 47
Cluytens André 274
Coates Helen 245
Cortse Mimi 180
Csokor Franz Theodor 58
Culshaw John 241
Czerwenka Oskar 143

Dahlhaus Carl 262
Damisch Heinrich 75, 76, 77, 78
Danzinger Gustav 262
Debussy Claude 66, 67, 103, 270, 272
Delius Frederic 18
Dermota Anton 132
Deutsch Fritz d.i. Dorian Frederic 59, 60, 87
Deutsch Leo 121
Dietrich Margret 158, 284
Dobretsberger Joseph 58
Dohnanyi Christoph von 223
Dollfuß Engelbert 65, 70, 74, 78
Dostal Franz Eugen 308
Dostojewskij Fedor Michajlovic 164
Downes Olin 122, 211
Dukas Paul 272
Dulles John Foster 127

Eggebrecht Hans Heinrich 262
Eichendorff Joseph Freiherr von 189
Einem Gottfried von 182, 219
Eis Maria 128
Eisinger Irene 119
Eisler Georg 152
Eisler Hanns 37, 152, 153, 175
Endler Franz 190, 200, 241, 250, 253, 254, 255, 308, 312, 316, 323
Engel Gabriel 101
Eröd Ivan 286

Fanta Robert 128, 129, 131, 137, 183
Federn Ernst 288
Ferrier Kathleen 133
Fiechtner Helmut A. 161, 199
Figl Leopold 135, 137, 140, 141, 151

Fischer Ernst 128, 132
Fischer-Dieskau Dietrich 144, 227
Floros Constantin 262
Foerster Josef B. 31
Frankfurter Johannes 236
Freiberg Gottfried 170
Freud Sigmund 92, 123, 124, 125, 260, 275
Fricsay Ferenc 209
Fried Oskar 17, 18, 19, 22, 23, 25, 30, 46, 47, 48, 65, 78, 113, 116, 117, 171, 225, 295
Friedland W. 166
Friedrich II. 101
Früh Eckart 9
Fuchs Robert 121
Fürnberg Luis 132, 133
Füssl Karl Heinz 159, 262, 287
Furtwängler Wilhelm 30, 46, 112, 136, 144, 146, 171

Gál Hans 119
Gehmacher Friedrich 75
Gielen Michael 179
Giordano Umberto 13
Gluck Christoph Willibald 73
Glück Franz 219
Gmeindl Walter 157, 283
Goebbels Joseph 108
Goehr Karl 120
Goethe Johann Wolfgang 94, 176, 177, 178, 188
Goldschmidt Berthold 119
Goodman Benny 305
Gould Glenn 309, 310
Goya Francesco 29
Graf Max 164, 165, 311
Grillparzer Franz 322
Gröger Friedrich 72

Gruber Primavera 9
Güden Hilde 133, 150
Gülke Peter 9, 281
Gutman Hanns 50

Haas Theodor 22
Hadraba Josef 137
Händel Georg Friedrich 94, 169
Haerdtl Karl 219
Häussermann Ernst 232
Hainisch Michael 45
Haitink Bernhard 268
Hanak Anton 73
Harnoncourt Nikolaus 10
Harris Roy 133
Hartmann Karl Amadeus 180, 215, 216
Haydn Joseph 16, 121, 167, 169, 183, 221, 285
Hauswirth Emmy 10
Hegel Georg Wilhelm Friedrich 260
Heine Heinrich 121
Heller Friedrich C. 262
Heller Leo 77
Hellsberg Clemens 147, 326
Henze Hans Werner 180
Herlinger Ruzena 42
Hermann Helmuth 242
Herzmanovsky Orlando Fritz von 217
Heyworth Peter 243, 244
Hilbert Egon 135, 219, 245
Hilmes Oliver 9
Hirschfeld Robert 29
Hitler Adolf 64, 69, 70, 71, 74, 81, 115, 120, 131
Högler Fritz 163
Höngen Elisabeth 133, 134, 136
Hoffmann E.T.A. 28

Hoffmann Rudolf Stefan 30
Hofmannsthal Hugo von 75
Hohenberg Arthur 77
Hornbostel Theodor 58
Huppert Hugo 225
Huth Henriette 116
D'Indy Vincent 275

Innitzer Theodor 151
Jánacek Leoš 321
Jelinek Elfriede 9
Jerger Wilhelm 128
Joachim Joseph 166
Jokl Ernst 29
Jonas Franz 191

Kabasta Oswald 46
Kálmán Emmerich 108
Kalmar Rudolf 219
Kalter Sabine 119, 120
Kanitz Ernst 77
Kannonier Reinhard 37
Karajan Herbert von 137, 139, 183, 186, 219, 220, 221, 257, 276, 277, 280, 320
Kassowitz Gottfried 219
Kauder Hugo 26, 32, 42, 49, 118
Kaufmann Harald 175, 207, 234, 235, 236, 237, 262, 286
Kerber Erich 58
Kieffer Jean Egon 219
Kienzl Wilhelm 58
Kisseljow Evgenij D. 137
Klein Josef 69
Klein Rudolf 145, 311
Klemperer Otto 66, 67, 79, 117, 118, 133, 144, 148, 185, 186, 222, 241, 242, 243, 244, 265, 273, 274, 276, 291, 309

Kleinwächter 184
Klemm Eberhard 262
Kletzki Paul 142, 145, 158, 179, 222, 270, 274, 275, 276, 287
Klimt Gustav 275
Klinger Max 68
Knapke Friedrich 302
Knappertsbusch Hans 46
Knepler Georg 9, 118, 119, 194, 195, 196, 240, 288
Knepler Hugo 77
Knessl Lothar 196, 197, 203, 218, 234
Kodaly Zoltan 321
Körner Theodor 136
Kokoschka Oskar 275
Kojetinsky Max 175
Kolleritsch Otto 262
Kollo René 257
Konrath Anton 30
Korngold Julius 29, 30
Koslik Gustav 150, 151, 215, 312
Kostmann Jenö 119, 120
Kracauer Siegfried 92
Krafft Petra 212
Kralik Heinrich 21, 22, 35, 87, 88, 89, 176, 181, 182, 186, 193, 208, 209, 219, 223, 224, 312
Kramer Gerhard 232, 248
Kraus Gottfried 213, 214
Kraus Karl 15, 92, 102, 242
Kraus Wolfgang 260
Krauss Clemens 44, 45, 46, 112, 113, 128, 130, 307
Kreisky Bruno 246, 249
Krenek Ernst 35, 62, 90, 92, 93, 94, 95, 96, 97, 98, 99, 100, 101, 102, 103, 104, 105, 106, 107, 108, 110, 111, 112, 117, 120, 305

Krips Hariette 141
Krips Josef 128, 132, 133, 134, 136, 137, 138, 139, 140, 141, 142, 150, 170, 183, 196, 214, 222, 276, 309, 310
Kubelik Rafael 10, 79, 145, 146, 147, 168, 169, 170, 181, 182, 198, 200, 215, 216, 222, 241, 290, 291, 313, 314, 326
Kucera Josef 9
Kugel Georg 77
Kunschak Leopold 62, 63

Lafite Peter 129, 143, 311
Lehár Franz 218
Levine James 222
Lichtenberg Georg Christoph 51
Lichtenstein Paul 119
Lie Benno 77
Lindner Dolf 191
Lipiner Siegfried 297
Lipp Wilma 319
Liszt Franz 64
Löbl Karl 179, 184, 199, 224, 225, 232, 234, 243, 245, 248, 251, 252, 261, 311
Löhr Friedrich 31
Löwe Ferdinand 120
Loewe Karl 30
Loewenstein Oscar 58
Löwy Otto 127
Louis Rudolf 22, 29
Ludwig Christa 180, 209, 257
Lustgarten Egon 29

Maazel Lorin 180, 222, 258
Maderna Bruno 230
Märzendorfer Ernst 173, 235, 236, 237, 238, 239, 240

Mahler (Werfel) Alma Maria 35, 44, 45, 57, 58, 59, 61, 62, 70, 73, 74, 78, 115, 120, 127, 135, 153, 195, 295, 306
Mahler Anna 136, 137
Mahler Fritz 265
Maikl Georg 60
Mann Thomas 265, 266
Marcuse Herbert 260
Mark-Neusser Paula 60
Marckhl Erich 156, 282
Marx Joseph 46, 48, 56, 59, 61, 62, 128, 142, 148, 149, 151, 158, 160, 161, 216, 217, 260, 289, 308
Matejka Viktor 209, 220
Mathei Elsa Maria 143
Mathis Alfred d.i. Alfred Rosenzweig 119
Mautner-Markhof Manfred 232
Maxwell-Jackson Nina 244, 323
Mayer Gerhard 242
Mehta Zubin 222, 230, 240
Mendelssohn Ignaz 77
Mendelssohn Bartholdy Felix 8, 66, 67, 166, 169, 198, 275
Mengelberg Willem 12, 16, 17, 31, 46, 57, 82, 83, 113, 141, 171
Messiaen Olivier 270
Michalek-Merlitschek Rita 60
Miklas Wilhelm 44
Milhaud Darius 237
Milinkovic Georgine 143
Mitropoulos Dimitri 117, 122, 172, 173, 174, 175, 184, 199, 211, 273, 274, 291, 305
Moltkau Hans 175
Morgenstern Soma 20, 24, 25, 26, 174
Moser Hans Joachim 165, 166

Mozart Wolfgang Amadeus 16, 121, 129, 136, 183, 221, 275, 310
Muck Karl 31
Müller Adelheid 116
Mueller Leo 9
Münch Charles 210, 274
Musil Robert 92, 275
Mussolini Benito 71

Nedbal Oskar 30
Nedomansky Herbert 232
Neitzel Otto 26
Nesch Lothar 241
Nettl Paul 117
Neubauer Josef 219
Neumann Vaclav 212
Neuwirth Gösta 9, 154, 155, 156, 158, 160, 233, 264, 281
Nietzsche Friedrich 51, 230
Noll Alfred J. 9
Novalis d. i. Georg Philipp Friedrich Freiherr von Hardenberg 26, 230
Nowak Leopold 219

Obermeyer Hermann 153
Orel Alfred 164
Ormandy Eugene 60, 210, 240
Osborn Franz 119

Papen Franz von 58, 70
Pass Walter 10
Patzak Julius 133, 143
Paulmann Klaus 185
Paumgartner Bernhard 176, 214
Pernter Hans 57, 58, 70
Peters Reinhard 214
Petersen Peter 9
Petrassi Goffredo 180
Peyser Joan 245

Pfitzner Hans 151, 163, 190, 191, 193, 226, 246, 257, 299
Pick-Straffner 321
Pisk Paul Amadeus 37, 68
Polnauer Josef 219
Preussner Erhard 163
Pringsheim Klaus 154, 265
Prokofjew Sergej 131, 195
Puccini Giacomo 13
Purcell Henry 133

Rankl Karl 142, 222
Ratz Erwin 10, 152, 153, 156, 158, 159, 167, 173, 174, 175, 184, 187, 188, 189, 203, 219, 240, 260, 262, 264, 265, 286, 287, 288
Ravel Maurice 270, 272
Redlich Hans Ferdinand 26, 27, 28, 50, 51, 93, 167, 168
Reger Max 47, 102, 161
Reich Willi 90
Reichwein Leopold 46, 72
Reik Theodor 123, 124
Reiner Fritz 210
Reinhardt Max 75
Reitler Josef 82, 83, 302
Reitter Albert 78
Renard-Kinsky Marie 60
Revers Peter 262
Reznicek Emil Nikolaus von 31
Rintelen Anton 74
Ritter Alexander 52
Rodin Auguste 44, 127, 135
Röbbeling Hermann 58
Römer Ernst 121
Rohm Wilhelm 219
Roller Alfred 29, 44, 69, 75, 115
Rosbaud Hans 272
Roschitz Karlheinz 255

Rosé Alfred 81
Rosé Arnold 58, 69, 76, 302
Rosenberg Alfred 72, 154, 198
Rosenberg Wolf 234
Rosenstock Joseph 265
Rosenthal Friedrich 59
Rosenzweig Alfred 118
Roth Joseph 91, 92, 93, 101
Rubin Marcel 121, 133, 171, 172, 215, 309, 312

Saint-Saens Camille 272
Salmhofer Franz 135, 137, 219
Salten Felix 13, 14, 15, 16, 29, 58
Sanzogno Nino 179
Sawallisch Wolfgang 265
Schalk Franz 30, 35, 45, 75, 76
Scharlitt Bernhard 31
Schatzinger Leopold 302
Scheit Ernst 9, 146, 290
Schelling Friedrich Wilhelm Joseph von 26
Schenk Erich 154, 155, 156, 157, 160, 161, 233, 263, 264, 281, 282, 283, 284, 286, 288, 311, 312
Schenker Heinrich 156, 282
Scherchen Hermann 90, 112, 113, 114, 115, 143, 222
Schiele Egon 275
Schiller Friedrich 94
Schirach Baldur von 108, 116
Schiske Karl 156, 219, 282, 283, 286, 308
Schlick Moritz 92
Schlüter Wolfgang 262
Schmid Heinrich 136
Schmidt Franz 56, 72, 121, 151, 152, 246, 251, 326
Schneiber Herbert 168, 170, 173, 214, 234, 254
Schnitzler Arthur 15, 16, 242
Schönberg Arnold 13, 25, 26, 36, 37, 38, 39, 54, 76, 90, 104, 118, 119, 121, 122, 123, 133, 151, 152, 155, 167, 194, 211, 226, 229, 233, 264, 265, 267, 270, 271, 275, 282, 287, 294, 305
Schönherr Karl 58
Scholz Franz 143
Scholz Inge 9
Schostakowitsch Dmitri 131, 138, 139, 179, 182, 195, 309
Schrecker Franz 30, 121, 151, 156, 157, 158, 159, 160, 233, 264, 281, 283, 284, 288, 289
Schubert Franz 16, 35, 50, 66, 93, 96, 121, 128, 129, 131, 136, 166, 167, 172, 182, 212, 214, 217, 251, 309
Schüller Richard 127
Schütz Franz 72
Schumann Elisabeth 57
Schuricht Carl 64
Schuschnigg Kurt von 57, 58, 70, 71, 78, 120
Schwarz Rudolf 116
Schwarzenberg Johann Fürst von 45
Schwarzwald Eugenie 25, 36
Schwertsik Kurt 286
Seefried Irmgard 134
Sejna Karel 197, 212
Seydel Gerhard 263
Sibelius Jean 104, 268
Simon Eric 114, 305
Sixta Karl 317
Skorzeny Fritz 171, 311
Skrjabin Alexander 47, 103, 165
Solti Georg 10, 208, 222, 240, 251,

268, 309
Specht Richard 13, 14, 15, 29, 31, 32, 44, 293
Spörr Martin 30
Springer Max 65
Stalin Josef Wissarionowitsch D. 131
Starhemberg Ernst Rüdiger von 57, 70, 71
Staub Herta 128
Staud Josef 71
Stefan Paul 13, 14, 15, 29, 44, 46, 80, 82, 98, 117, 190, 293, 294
Stein Erwin 26, 50, 53, 117
Stein, Peter 277
Steinberg William 222
Steinert Heinz 207
Steinitzer Max 31
Stengel Elisabeth 260
Stephan Rudolf 262
Stern Julius 58
Steuermann Eduard 25, 59, 60, 114
Stokowski Leopold 31
Strasser Otto 145, 146
Straßer Ernst 77
Strauss Richard 16, 32, 33, 65, 75, 83, 100, 102, 103, 107, 118, 131, 163, 183, 190, 191, 192, 201, 218, 221, 226, 236, 238, 239, 247, 251, 267, 268, 272, 280, 321
Strauss Walter 226
Strauß Johann 16, 121, 138, 218
Strawinsky Igor 9, 18, 66, 67, 151, 272
Strindberg August 29, 164
Strobel Heinrich 272
Suk Josef 212
Swarowsky Hans 171, 176, 209, 213, 215, 219, 222, 232, 320

Tandler Julius 45, 73
Tassié Franz 197, 198, 201, 213, 225, 232, 234, 319
Tenschert Roland 48, 49, 64, 65, 311
Thielemann Christian 10
Thorberg Kerstin 59
Toch Ernst 274
Topitz Alois G. 68
Toscanini Arturo 254
Trebitsch Siegfried 58
Truman Harry 140
Tschaikowski Pjotr Iljitsch 128
Tschulik Norbert 149, 150, 178, 250, 312, 321

Uhl Alfred 179
Ullrich Hermann 190, 191, 311
Urbach Ernst 119, 120
Urbanner Erich 286

Vernon Timothy 233
Visconti Luchino 226, 250, 251, 265
Vogelweide Walther von 16

Waeltner Ernst 262
Wagner Franz 249
Wagner Richard 13, 34, 45, 47, 50, 68, 94, 95, 97, 98, 99, 131, 151, 160, 183, 198, 213, 214, 215, 229, 236, 241, 270, 271, 273, 275, 277, 278, 279, 321
Waldheim Kurt 258
Waldstein Wilhelm 219
Wallis Alfons 106, 107
Walter Bruno 18, 22, 30, 45, 46, 47, 48, 57, 58, 59, 65, 66, 67, 72, 76, 77, 78, 79, 80, 82, 83, 84, 85, 86,

87, 89, 90, 91, 92, 100, 102, 103, 111, 112, 113, 115, 116, 117, 118, 120, 127, 132, 133, 134, 135, 136, 143, 144, 145, 146, 147, 149, 150, 152, 153, 168, 171, 181, 184, 186, 190, 211, 213, 214, 219, 222, 225, 239, 240, 243, 258, 270, 273, 274, 290, 291, 306, 326
Weber Franz X. 69
Weber Carl Maria von 183, 321
Webern Anton von 37, 38, 39, 42, 43, 59, 78, 90, 112, 151, 152, 156, 157, 159, 267, 283, 287, 289,
Wechsberg Joseph 232
Weigel Hans 260
Weill Kurt 86
Weingartner Felix 58, 59
Weiser Peter 211, 220, 230, 231, 232, 233, 234, 257, 320
Weiss Erwin 219
Wellesz Egon 12, 16, 142, 156, 167, 186, 286
Werba Erik 311

Werfel Franz 58, 60, 61, 78, 115, 118
Werner Oskar 307
Wessely Othmar 263
Wickenburg Erik H. 219
Wiesenthal Grete 58
Wildgans Anton 216
Wildgans Friedrich 130
Wirtitsch Manfred 9
Witeschnik Alexander 173, 311
Wobisch Helmut 153, 245
Wolf Hugo 56, 93, 121, 161, 163, 192
Wollschläger Hans 7, 234
Wopelka 315
Wotruba Fritz 73, 74
Wunderer Alexander 302

Zadek Hilde 143
Zemlinsky Alexander 25, 36, 40, 132, 151
Zsolnay Paul 58
Zykan Otto M. 286

## KULTURGESCHICHTE BEI SONDERZAHL

Ruth Beckermann / Christa Blümlinger (Hg.)
**Ohne Untertitel**
Fragmente einer Geschichte des österreichischen Kinos
416 S., 36 Abb. [1996], EUR 25,– / ISBN 3 85449 090 9

Martin Bernhofer (Hg.)
**Das Buch meines Lebens**
Erinnerungen an das Lesen
234 S. [1999], EUR 16,– / ISBN 3 95449 150 6

Evelyn Deutsch-Schreiner
**Theater im ›Wiederaufbau‹**
Zur Kulturpolitik im österreichischen Parteien- und Verbändestaat
412 S., 84 Abb. [2001], EUR 36,– / ISBN 3 85449 156 5

Jürgen Egyptien
**Der »Anschluß« als Sündenfall**
Hans Leberts literarisches Werk und intellektuelle Gestalt
304 S., 33 Abb. [1998], EUR 29,– / ISBN 3 85449 115 8

Michael Ehn / Ernst Strouhal
**Luftmenschen**
Die Schachspieler von Wien
72 S., 27 Abb. [1998], EUR 10,50 / ISBN 3 85449 141 7

Eva Grabherr (Hg.)
**Das Dreieck im Sand**
50 Jahre Staat Israel
288 S., 32 Abb. [1997], EUR 21,50 / ISBN 3 85449 118 2

Cornelia Grosser / Sándor Kurtán /
Karin Liebhart / Andreas Pribersky
**Genug von Europa**
Ein Reisejournal aus Ungarn und Österreich
376 S., 35. Abb. [1999], EUR 21,50 / ISBN 3 85449 159 X

Wolfgang Kos
**Eigenheim Österreich**
Zu Politik, Kultur u. Alltag nach 1945
176 S., 54 Abb. [1994], EUR 16,– / ISBN 3 85449 065 8

## KULTURGESCHICHTE BEI SONDERZAHL

Wolfgang Kos / Georg Rigele (Hg.)
**Inventur 45/55**
Österreich im ersten Jahrzehnt der Zweiten Republik
496 S. [1996], EUR 21,50 / ISBN 3 85449 092 5

Michael Ley
**Abschied von Kakanien**
Antisemitismus und Nationalismus im Wiener Fin de siècle
304 S. [2001], EUR 21,50 / ISBN 3 85449 178 6

Brigitte Forster/Hans-Harald Müller (Hg.)
**Leo Perutz**
Unruhige Träume – Abgründige Konstruktionen
Dimensionen des Werks, Stationen der Wirkung
264 S. [2002], EUR 21,50 / ISBN 385449 197 2

Konrad Paul Liessmann / Gerhard Weinberger (Hg.)
**Perspektive Europa**
Modelle für das 21. Jahrhundert
152 S. [1999], EUR 18,– / ISBN 3 85449 152 2

Peter Payer
**Hungerkünstler**
Eine verschwundene Attraktion
128 S. [2002], EUR 14,50 / ISBN 3 85449 188 3

Alfred Pfabigan
**Die Enttäuschung der Moderne**
Essays
192 S. [2000], EUR 16,– / ISBN 3 85449 166 2

Wolfgang Straub
**Willkommen**
Literatur und Fremdenverkehr in Österreich
272 S., 42 Abb. [2001], EUR 21,50 / ISBN 3 85449 186 7

Marina Tichy / Sylvia Zwettler-Otte
**Freud in der Presse**
Rezeption Sigmund Freuds und der Psychoanalyse
in Österreich 1895–1938
408 S. [1999], EUR 36,– / ISBN 3 85449 131 X